2024年版

共通テスト
過去問研究

日本史B

JN172662

教学社

✅ 共通テストってどんな試験？

　大学入学共通テスト（以下，共通テスト）は，大学への入学志願者を対象に，高校における基礎的な学習の達成度を判定し，大学教育を受けるために必要な能力について把握することを目的とする試験です。一般選抜で国公立大学を目指す場合は原則的に，一次試験として共通テストを受験し，二次試験として各大学の個別試験を受験することになります。また，私立大学も9割近くが共通テストを利用します。そのことから，共通テストは50万人近くが受験する，大学入試最大の試験になっています。以前は大学入試センター試験がこの役割を果たしており，共通テストはそれを受け継いだものです。

✅ どんな特徴があるの？

　共通テストの問題作成方針には「思考力，判断力，表現力等を発揮して解くことが求められる問題を重視する」とあり，「思考力」を問うような出題が多く見られます。たとえば，日常的な題材を扱う問題や複数の資料を読み取る問題が，以前のセンター試験に比べて多く出題されています。特に，授業において生徒が学習する場面など，学習の過程を意識した問題の場面設定が重視されています。ただし，高校で履修する内容が変わったわけではありませんので，出題科目や出題範囲はセンター試験と同じです。

✅ どうやって対策すればいいの？

　共通テストで問われるのは，高校で学ぶべき内容をきちんと理解しているかどうかですから，普段の授業を大切にし，教科書に載っている基本事項をしっかりと身につけておくことが重要です。そのうえで出題形式に慣れるために，過去問を有効に活用しましょう。共通テストは問題文の分量が多いので，過去問に目を通して，必要とされるスピード感や難易度を事前に知っておけば安心です。過去問を解いて間違えた問題をチェックし，苦手分野の克服に役立てましょう。

　また，共通テストでは思考力が重視されますが，思考力を問うような問題はセンター試験でも出題されてきました。共通テストの問題作成方針にも「大学入試センター試験及び共通テストにおける問題評価・改善の蓄積を生かしつつ」と明記されています。本書では，共通テストの内容を詳しく分析し，過去問を最大限に活用できるよう編集しています。

　本書が十分に活用され，志望校合格の一助になることを願ってやみません。

Contents

● 過去問掲載内容
＜共通テスト＞
　本試験　3 年分（2021〜2023 年度）
　　日本史A　本試験 2 年分（2022・2023 年度）
　追試験　1 年分（2022 年度）
　第 2 回　試行調査　日本史B
　第 1 回　試行調査　日本史B
＜センター試験＞
　本試験　5 年分（2016〜2020 年度）

＊ 2021 年度の共通テストは，新型コロナウイルス感染症の影響に伴う学業の遅れに対応する選
　択肢を確保するため，本試験が以下の 2 日程で実施されました。
　第 1 日程：2021 年 1 月 16 日(土)および 17 日(日)
　第 2 日程：2021 年 1 月 30 日(土)および 31 日(日)
＊ 第 2 回試行調査は 2018 年度に，第 1 回試行調査は 2017 年度に実施されたものです。

日本史B

共通テストについてのお問い合わせは…
独立行政法人 大学入試センター
志願者問い合わせ専用（志願者本人がお問い合わせください）**03-3465-8600**
9：30〜17：00（土・日曜，祝日，5 月 2 日，12 月 29 日〜1 月 3 日を除く）
https://www.dnc.ac.jp/

共通テストの
基礎知識

本書編集段階において，2024年度共通テストの詳細については正式に発表されていませんので，ここで紹介する内容は，2023年3月時点で文部科学省や大学入試センターから公表されている情報，および2023年度共通テストの「受験案内」に基づいて作成しています。変更等も考えられますので，各人で入手した2024年度共通テストの「受験案内」や，大学入試センターのウェブサイト（https://www.dnc.ac.jp/）で必ず確認してください。

 共通テストのスケジュールは？

A **2024年度共通テストの本試験は，1月13日（土）・14日（日）に実施される予定です。**
「受験案内」の配布開始時期や出願期間は未定ですが，共通テストのスケジュールは，例年，次のようになっています。1月なかばの試験実施日に対して出願が10月上旬とかなり早いので，十分注意しましょう。

9月初旬	「受験案内」配布開始

志願票や検定料等の払込書等が添付されています。

10月上旬	**出願** （現役生は在籍する高校経由で行います。）

1月なかば 共通テスト	2024年度本試験は1月13日（土）・14日（日）に実施される予定です。

自己採点

1月下旬	国公立大学の個別試験出願

私立大学の出願時期は大学によってまちまちです。
各人で必ず確認してください。

共通テストの出願書類はどうやって入手するの？

🅰 **「受験案内」という試験の案内冊子を入手しましょう。**

　「受験案内」には，志願票，検定料等の払込書，個人直接出願用封筒等が添付されており，出願の方法等も記載されています。主な入手経路は次のとおりです。

現役生	高校で一括入手するケースがほとんどです。出願も学校経由で行います。
過年度生	共通テストを利用する全国の各大学の窓口で入手できます。 予備校に通っている場合は，そこで入手できる場合もあります。

 個別試験への出願はいつすればいいの？

🅰 **国公立大学一般選抜は「共通テスト後」の出願です。**

　国公立大学一般選抜の個別試験（二次試験）の出願は共通テストのあとになります。受験生は，共通テストの受験中に自分の解答を問題冊子に書きとめておいて持ち帰ることができますので，翌日，新聞や大学入試センターのウェブサイトで発表される正解と照らし合わせて**自己採点**し，その結果に基づいて，予備校などの合格判定資料を参考にしながら，出願大学を決定することができます。

　私立大学の共通テスト利用入試の場合は，出願時期が大学によってまちまちです。大学や試験の日程によっては**出願の締め切りが共通テストより前**ということもあります。志望大学の入試日程は早めに調べておくようにしましょう。

 受験する科目の決め方は？

🅰 **志望大学の入試に必要な教科・科目を受験します。**

　次ページに掲載の6教科30科目のうちから，受験生は最大6教科9科目を受験することができます。どの科目が課されるかは大学・学部・日程によって異なりますので，受験生は志望大学の入試に必要な科目を選択して受験することになります。

　共通テストの受験科目が足りないと，大学の個別試験に出願できなくなります。第一志望に限らず，**出願する可能性のある大学の入試に必要な教科・科目は早めに調べ**ておきましょう。

● **科目選択の注意点**

地理歴史と公民で2科目受験するときに，選択できない組合せ

❌「世界史A」と「世界史B」　❌「日本史A」と「日本史B」　❌「地理A」と「地理B」　❌「倫理」と「倫理，政治・経済」　❌「政治・経済」と「倫理，政治・経済」

● 2024 年度の共通テストの出題教科・科目（下線はセンター試験との相違点を示す）

教　科	出題科目	備考（選択方法・出題方法）	試験時間（配点）
国　語	『国語』	「国語総合」の内容を出題範囲とし，近代以降の文章（2問100点），古典（古文（1問50点），漢文（1問50点））を出題する。	80 分（200 点）
地理歴史	「世界史A」「世界史B」「日本史A」「日本史B」「地理A」「地理B」	10 科目から最大 2 科目を選択解答（同一名称を含む科目の組合せで 2 科目選択はできない。受験科目数は出願時に申請）。『倫理，政治・経済』は，「倫理」と「政治・経済」を総合した出題範囲とする。	1 科目選択 60 分（100 点） 2 科目選択*¹ 解答時間 120 分（200 点）
公　民	「現代社会」「倫理」「政治・経済」『倫理，政治・経済』		
数学 ①	「数学Ⅰ」『数学Ⅰ・数学A』	2 科目から 1 科目を選択解答。『数学Ⅰ・数学A』は，「数学Ⅰ」と「数学A」を総合した出題範囲とする。「数学A」は 3 項目（場合の数と確率，整数の性質，図形の性質）の内容のうち，2 項目以上を学習した者に対応した出題とし，問題を選択解答させる。	70 分（100 点）
数学 ②	「数学Ⅱ」『数学Ⅱ・数学B』『簿記・会計』『情報関係基礎』	4 科目から 1 科目を選択解答。『数学Ⅱ・数学B』は，「数学Ⅱ」と「数学B」を総合した出題範囲とする。「数学B」は 3 項目（数列，ベクトル，確率分布と統計的な推測）の内容のうち，2 項目以上を学習した者に対応した出題とし，問題を選択解答させる。	60 分（100 点）
理科 ①	「物理基礎」「化学基礎」「生物基礎」「地学基礎」	8 科目から下記のいずれかの選択方法により科目を選択解答（受験科目の選択方法は出願時に申請）。 A　理科①から 2 科目 B　理科②から 1 科目 C　理科①から 2 科目および理科②から 1 科目 D　理科②から 2 科目	【理科①】2 科目選択*² 60 分（100 点） 【理科②】1 科目選択 60 分（100 点） 2 科目選択*¹ 解答時間 120 分（200 点）
理科 ②	「物理」「化学」「生物」「地学」		
外国語	『英語』『ドイツ語』『フランス語』『中国語』『韓国語』	5 科目から 1 科目を選択解答。『英語』は，「コミュニケーション英語Ⅰ」に加えて「コミュニケーション英語Ⅱ」および「英語表現Ⅰ」を出題範囲とし，「リーディング」と「リスニング」を出題する。「リスニング」には，聞き取る英語の音声を 2 回流す問題と，1 回流す問題がある。	『英語』*³ 【リーディング】80 分（100 点） 【リスニング】解答時間 30 分*⁴（100 点） 『英語』以外【筆記】80 分（200 点）

＊1　「地理歴史および公民」と「理科②」で2科目を選択する場合は，解答順に「第1解答科目」および「第2解答科目」に区分し各60分間で解答を行うが，第1解答科目と第2解答科目の間に答案回収等を行うために必要な時間を加えた時間を試験時間（130分）とする。

＊2　「理科①」については，1科目のみの受験は認めない。

＊3　外国語において『英語』を選択する受験者は，原則として，リーディングとリスニングの双方を解答する。

＊4　リスニングは，音声問題を用い30分間で解答を行うが，解答開始前に受験者に配付したICプレーヤーの作動確認・音量調節を受験者本人が行うために必要な時間を加えた時間を試験時間（60分）とする。

 ## 理科や社会の科目選択によって有利不利はあるの？

A 科目間の平均点差が20点以上の場合，得点調整が行われることがあります。

　共通テストの本試験では次の科目間で，原則として，「20点以上の平均点差が生じ，これが試験問題の難易差に基づくものと認められる場合」，得点調整が行われます。ただし，受験者数が1万人未満の科目は得点調整の対象となりません。

● 得点調整の対象科目

地理歴史	「世界史B」「日本史B」「地理B」の間
公　　民	「現代社会」「倫理」「政治・経済」の間
理　科②	「物理」「化学」「生物」「地学」の間

　得点調整は，平均点の最も高い科目と最も低い科目の平均点差が15点（通常起こり得る平均点の変動範囲）となるように行われます。2023年度は理科②で，2021年度第1日程では公民と理科②で得点調整が行われました。

 2025年度の試験から，新学習指導要領に基づいた新課程入試に変わるそうですが，過年度生のための移行措置はありますか？

A あります。2025年1月の試験では，旧教育課程を履修した人に対して，出題する教科・科目の内容に応じて，配慮を行い，必要な措置を取ることが発表されています。

「受験案内」の配布時期や入手方法，出願期間などの情報は，大学入試センターのウェブサイトで公表される予定です。各人で最新情報を確認するようにしてください。

 WEBもチェック！　〔教学社 特設サイト〕

共通テストのことがわかる！

http://akahon.net/k-test/

試験データ

※ 2020 年度まではセンター試験の数値です。

　最近の共通テストやセンター試験について，志願者数や平均点の推移，科目別の受験状況などを掲載しています。

● 志願者数・受験者数等の推移

	2023 年度	2022 年度	2021 年度	2020 年度
志願者数	512,581 人	530,367 人	535,245 人	557,699 人
内，高等学校等卒業見込者	436,873 人	449,369 人	449,795 人	452,235 人
現役志願率	45.1%	45.1%	44.3%	43.3%
受験者数	474,051 人	488,384 人	484,114 人	527,072 人
本試験のみ	470,580 人	486,848 人	482,624 人	526,833 人
追試験のみ	2,737 人	915 人	1,021 人	171 人
再試験のみ	—	—	10 人	—
本試験＋追試験	707 人	438 人	407 人	59 人
本試験＋再試験	26 人	182 人	51 人	9 人
追試験＋再試験	1 人	—	—	—
本試験＋追試験＋再試験	—	1 人	—	—
受験率	92.48%	92.08%	90.45%	94.51%

※ 2021 年度の受験者数は特例追試験（1 人）を含む。
※ やむを得ない事情で受験できなかった人を対象に追試験が実施される。また，災害，試験上の事故などにより本試験が実施・完了できなかった場合に再試験が実施される。

● 志願者数の推移

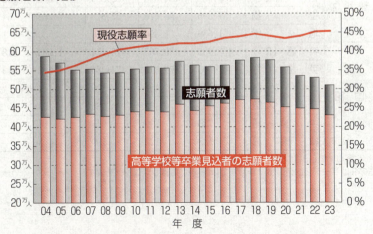

● 科目ごとの受験者数の推移（2020～2023 年度本試験）　　　　（人）

教　科	科　目	2023 年度	2022 年度	2021 年度①	2021 年度②	2020 年度
国　語	国　　　語	445,358	460,967	457,305	1,587	498,200
地 理 歴 史	世 界 史 A	1,271	1,408	1,544	14	1,765
	世 界 史 B	78,185	82,986	85,690	305	91,609
	日 本 史 A	2,411	2,173	2,363	16	2,429
	日 本 史 B	137,017	147,300	143,363	410	160,425
	地　理　A	2,062	2,187	1,952	16	2,240
	地　理　B	139,012	141,375	138,615	395	143,036
公　　民	現 代 社 会	64,676	63,604	68,983	215	73,276
	倫　　　理	19,878	21,843	19,955	88	21,202
	政 治・経 済	44,707	45,722	45,324	118	50,398
	倫理, 政治・経済	45,578	43,831	42,948	221	48,341
数学①	数　学　Ⅰ	5,153	5,258	5,750	44	5,584
	数 学 Ⅰ・A	346,628	357,357	356,493	1,354	382,151
数学②	数　学　Ⅱ	4,845	4,960	5,198	35	5,094
	数 学 Ⅱ・B	316,728	321,691	319,697	1,238	339,925
	簿 記・会 計	1,408	1,434	1,298	4	1,434
	情報関係基礎	410	362	344	4	380
理科①	物 理 基 礎	17,978	19,395	19,094	120	20,437
	化 学 基 礎	95,515	100,461	103,074	301	110,955
	生 物 基 礎	119,730	125,498	127,924	353	137,469
	地 学 基 礎	43,070	43,943	44,320	141	48,758
理科②	物　　　理	144,914	148,585	146,041	656	153,140
	化　　　学	182,224	184,028	182,359	800	193,476
	生　　　物	57,895	58,676	57,878	283	64,623
	地　　　学	1,659	1,350	1,356	30	1,684
外 国 語	英 語 (R※)	463,985	480,763	476,174	1,693	518,401
	英 語 (L※)	461,993	479,040	474,484	1,682	512,007
	ド イ ツ 語	82	108	109	4	116
	フ ラ ン ス 語	93	102	88	3	121
	中 国 語	735	599	625	14	667
	韓 国 語	185	123	109	3	135

・2021 年度①は第 1 日程，2021 年度②は第 2 日程を表す。

※英語のRはリーディング（2020 年度までは筆記），Lはリスニングを表す。

● 科目ごとの平均点の推移（2020～2023 年度本試験）　　　　（点）

教　　　科	科　　目	2023 年度	2022 年度	2021 年度①	2021 年度②	2020 年度
国　　　語	国　　　　語	52.87	55.13	58.75	55.74	59.66
地 理 歴 史	世　界　史　A	36.32	48.10	46.14	43.07	51.16
	世　界　史　B	58.43	65.83	63.49	54.72	62.97
	日　本　史　A	45.38	40.97	49.57	45.56	44.59
	日　本　史　B	59.75	52.81	64.26	62.29	65.45
	地　　理　　A	55.19	51.62	59.98	61.75	54.51
	地　　理　　B	60.46	58.99	60.06	62.72	66.35
公　　　民	現　代　社　会	59.46	60.84	58.40	58.81	57.30
	倫　　　　理	59.02	63.29	71.96	63.57	65.37
	政　治・経　済	50.96	56.77	57.03	52.80	53.75
	倫理, 政治・経済	60.59	69.73	69.26	61.02	66.51
数学　数学①	数　　学　　I	37.84	21.89	39.11	26.11	35.93
	数 学 I・A	55.65	37.96	57.68	39.62	51.88
数学②	数　　学　　II	37.65	34.41	39.51	24.63	28.38
	数 学 II・B	61.48	43.06	59.93	37.40	49.03
	簿　記・会　計	50.80	51.83	49.90	—	54.98
	情 報 関 係 基 礎	60.68	57.61	61.19	—	68.34
理科　理科①	物　理　基　礎	56.38	60.80	75.10	49.82	66.58
	化　学　基　礎	58.84	55.46	49.30	47.24	56.40
	生　物　基　礎	49.32	47.80	58.34	45.94	64.20
	地　学　基　礎	70.06	70.94	67.04	60.78	54.06
理科②	物　　　　理	63.39	60.72	62.36	53.51	60.68
	化　　　　学	54.01	47.63	57.59	39.28	54.79
	生　　　　物	48.46	48.81	72.64	48.66	57.56
	地　　　　学	49.85	52.72	46.65	43.53	39.51
外 国 語	英　語（R※）	53.81	61.80	58.80	56.68	58.15
	英　語（L※）	62.35	59.45	56.16	55.01	57.56
	ド　イ　ツ　語	61.90	62.13	59.62	—	73.95
	フ　ラ　ン　ス　語	65.86	56.87	64.84	—	69.20
	中　　国　　語	81.38	82.39	80.17	80.57	83.70
	韓　　国　　語	79.25	72.33	72.43	—	73.75

- ・各科目の平均点は 100 点満点に換算した点数。
- ・2023 年度の「理科②」，2021 年度①の「公民」および「理科②」の科目の数値は，得点調整後のものである。
  得点調整の詳細については大学入試センターのウェブサイトで確認のこと。
- ・2021 年度②の「―」は，受験者数が少ないため非公表。

● 数学①と数学②の受験状況（2023年度）　（人）

受験科目数	数学①		数学②				実受験者
	数学Ⅰ	数学Ⅰ・数学A	数学Ⅱ	数学Ⅱ・数学B	簿記・会計	情報関係基礎	
1科目	2,729	26,930	85	346	613	71	30,774
2科目	2,477	322,079	4,811	318,591	809	345	324,556
計	5,206	349,009	4,896	318,937	1,422	416	355,330

● 地理歴史と公民の受験状況（2023年度）　（人）

受験科目数	地理歴史						公民				実受験者
	世界史A	世界史B	日本史A	日本史B	地理A	地理B	現代社会	倫理	政治・経済	倫理, 政経	
1科目	666	33,091	1,477	68,076	1,242	112,780	20,178	6,548	17,353	15,768	277,179
2科目	621	45,547	959	69,734	842	27,043	44,948	13,459	27,608	30,105	130,433
計	1,287	78,638	2,436	137,810	2,084	139,823	65,126	20,007	44,961	45,873	407,612

● 理科①の受験状況（2023年度）

区分	物理基礎	化学基礎	生物基礎	地学基礎	延受験者計
受験者数	18,122人	96,107人	120,491人	43,375人	278,095人
科目選択率	6.5%	34.6%	43.3%	15.6%	100.0%

・2科目のうち一方の解答科目が特定できなかった場合も含む。
・科目選択率＝各科目受験者数／理科①延受験者計×100

● 理科②の受験状況（2023年度）　（人）

受験科目数	物理	化学	生物	地学	実受験者
1科目	15,344	12,195	15,103	505	43,147
2科目	130,679	171,400	43,187	1,184	173,225
計	146,023	183,595	58,290	1,689	216,372

● 平均受験科目数（2023年度）　（人）

受験科目数	8科目	7科目	6科目	5科目	4科目	3科目	2科目	1科目
受験者数	6,621	269,454	20,535	22,119	41,940	97,537	13,755	2,090

平均受験科目数
5.62

・理科①（基礎の付された科目）は，2科目で1科目と数えている。

・上記の数値は本試験・追試験・再試験の総計。

共通テスト
対策講座

> ここでは，これまでに実施された試験をもとに，共通テストについてわかりやすく解説し，具体的にどのような対策をすればよいか考えます。

菅野 祐孝　Kanno, Yuko
　旺文社「大学受験ラジオ講座」講師などを歴任し，現在，代々木ゼミナール個別指導。40余年に及ぶ受験指導を通して多くの受験生を大学合格に導く。著書に『共通テスト日本史〔文化史〕』（教学社），『日本史図版・史料読みとり問題集』（山川出版社），『タテヨコ 日本史 総整理 テーマ史』（旺文社）など多数。

どんな問題が出るの？

まずは，大学入試センターから発表されている資料から，共通テスト「日本史B」の作問の方向性を確認しておきましょう。

共通テスト「日本史B」作問の方向性

共通テスト「日本史B」の「問題作成の方針」には，次の点が示されています。

- 歴史に関わる事象を多面的・多角的に考察する過程を重視する。用語などを含めた個別の事実等に関する知識のみならず，歴史的事象の意味や意義，特色や相互の関連等について，総合的に考察する力を求める。
- 問題の作成に当たっては，事象に関する深い理解に基づいて，例えば，教科書等で扱われていない初見の資料であっても，そこから得られる情報と授業で学んだ知識を関連付ける問題，仮説を立て，資料に基づいて根拠を示したり，検証したりする問題や，歴史の展開を考察したり，時代や地域を超えて特定のテーマについて考察したりする問題などを含めて検討する。

すなわち，共通テスト「日本史B」の特徴は

①歴史に関わる事象を**多面的・多角的に考察させる**
②歴史的事象の意味・意義，特色や相互の関連等について**総合的に考察させる**
③初見の資料を用い，**資料中の情報と手持ちの知識との関連付け**や，資料に基づく仮説検証を求める
④歴史の展開や，**時代・地域を超えたテーマ**について考察させる

ところにあるといえます。「多面的・多角的な考察」，意味・意義，特色や相互の関連に関する「総合的な考察」などが求められると聞くと，不安に思う人もいるかもしれませんが，センター試験でも，①〜④にあてはまるような問題は出題されていました。
　大事なのは，共通テストのねらいを正しく理解し，そのうえで対策に臨むことです。共通テストの作問の方針が反映された問題とその解法については，「ねらいめはココ！」で紹介しています。

共通テスト徹底分析

> ここからは，共通テストの特徴について，試行調査の問題やセンター試験の過去問も踏まえながら解説していきます。

 ## 試験時間・配点・大問構成

　共通テストの試験時間は 60 分，配点は 100 点と，センター試験からの変更はありません。大問数と大問構成も大枠はセンター試験と同様でした。ただし，第 4 問の近世の大問に近代（幕末・明治）に関する設問が含まれることもあるなど，今後もある程度柔軟に出題がなされる可能性があります。

● 大問別の出題内容

第1問	第2問	第3問	第4問	第5問	第6問
テーマ史	原始・古代	中世	近世	近現代	

 ## 問題の分量

　問題ページ数・解答個数をみてみると，共通テストの問題ページ数はセンター試験並みでしたが，解答個数は 32 個に減少し，その分，1 題ごとに提示される史資料の読解量が増えたといえます。

● 問題の量

	2023年度本試験	2022年度本試験	2021年度第1日程	2021年度第2日程	第2回試行調査	第1回試行調査
問題ページ数	32 ページ	32 ページ	31 ページ	29 ページ	30 ページ	36 ページ
設問数（解答個数）	32問(32個)	32問(32個)	32問(32個)	32問(32個)	33問(36個)	30問(31個)

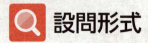 設問形式

　共通テストでもセンター試験と同じく，マークシート方式による選択式となっています。正文・誤文選択問題はセンター試験に比べてやや減少したものの，変わらず出題されており，文章の正誤や語句などの組合せ問題が出題の多くを占める点も，センター試験から変化はありませんでした。年代・時代配列を求める問題は，センター試験でも定番であった3つの文章の配列問題が中心です。

　なお，2017・2018年度に実施された試行調査では**「二つ選べ」式の問題**や，解答個数2個にわたる**連動型の問題**など，センター試験にみられなかった解答形式がありました。連動型の問題は，前で選択した項目によって後の答えが変わるというものでした。また，選択肢に模式図やカードが取り入れられるといった傾向がみられました。

　共通テストは総じて試行調査よりも設問形式がシンプルになり，センター試験に戻った感がありますが，こうした新形式の出題が今後もないとは限りません。問題を解くにあたっては，問題文をじっくり吟味し，条件の見落としやマークミスがないようにしましょう。

● 設問形式

	2023年度 本試験	2022年度 本試験	2021年度 第1日程	2021年度 第2日程	第2回 試行調査	第1回 試行調査
正文・誤文選択	7問	7問	6問	8問	10問(11個)	9問
組合せ	20問	19問	21問	19問	15問(16個)	14問
年代・時代配列	5問	6問	4問	4問	2問	2問
選択（図版・カード・用語など）	0問	0問	1問	1問	5問	4問
連動型	0問	0問	0問	0問	1問(2個)	1問(2個)

 問題文

　共通テストでは，リード文を中心とするセンター試験の出題形式から大幅に変更され，会話文や主題学習など，メモやスライドを用いるなどした，実際の授業風景を想定した出題が多くなっています。これは 2022 年度から実施されている学習指導要領に示される「主体的・対話的で深い学び」を反映させた結果と思われます。

　主題学習や発表といった臨場感あふれる場面設定と会話形式の出題は，今後もスタンダードな問題として定着するとみてよいでしょう。

● 問題文のタイプ

	2023 年度 本試験	2022 年度 本試験	2021 年度 第 1 日程	2021 年度 第 2 日程	第 2 回 試行調査	第 1 回 試行調査
リード文	2	2	3	5	2	3
主題学習	2	2	0	2	3	5
発表・レポート	0	0	2	2	2	3
会話文	5	4	2	2	0	1

（注）　大問単位，もしくは中間が設けられている場合は中間単位でカウント。

 資料

　センター試験からの大きな変化は，資料（文字資料や図版・グラフ・統計表・年表・図表・地図などの視覚資料）の数と種類が増えたことです。センター試験では4〜9 問であったのが，共通テストでは 13〜18 問となっています。共通テストでは，多種多彩な資料から情報を的確に読み取る力が求められています。

　文字資料（史料）として，2023 年度には，『常陸国風土記』『日本書紀』『続日本紀』『朝野群載』「九条殿遺誡」，『建武以来追加』（大意），『大内氏掟書』（大意），『長崎実録大成』『自由燈』『長商卒業生の生活と意見』「入坑（母子）」，沖縄国際海洋博覧会に関する新聞記事の見出し，2022 年度には，憲法十七条・養老令・延喜式の一節を提示した年代配列問題，『朝鮮王朝実録』『鴨の騒立』『蛛の糸巻』，「野非人之儀ニ付風聞書」旧幕府引継書，『大日本外交文書』『海外在勤四半世紀の回顧』，山口県「県政事務功程」，「太陽暦頒行ノ詔」を出典とする内容解読問題が出題されました。ほとんどが初見史料ですが，注を手がかりに読むと文意は把握できる内容です。

　またそのほか，2023 年度は仁和寺・金沢文庫所蔵「日本図」，「元禄常陸国絵図」，

戦国時代の京都地図，中世の流通模式図，『安政文雅人名録』，炭鉱労働者の出身地別・勤続年数別の比率表，2022年度は嵯峨天皇を中心とする略系図，1925～50年の生まれ年別男性名のランキング表，正倉院に残る計帳，『石山寺縁起絵巻』，中世の遺跡の位置を示す日本地図，鉄道開通時の時刻表，鉄道の旅客輸送人数と営業距離の表，戦後に撮影された鉄道関係の写真，鉄道・自動車・高速道路などに関する統計表が取り上げられました。

　史資料対策としては，日頃から文字資料に親しみ，苦手意識をなくすとともに，教科書に掲載されている地図・絵図・写真などの視覚資料については単に「見る」ものではなく，「丁寧に読み解く」ものであることを認識して学習することが大切です。

● 資料の量

資料（うち複数資料）		2023年度本試験	2022年度本試験	2021年度第1日程	2021年度第2日程	第2回試行調査	第1回試行調査
資料（うち複数資料）		16問（7問）	18問（5問）	13問（1問）	15問（2問）	23問（19問）	24問（11問）
	文字資料	9問	8問	6問	9問	10問	11問
	図版	3問	2問	3問	1問	5問	7問
	グラフ・統計表	1問	2問	2問	1問	3問	4問
	年表	3問	3問	0問	4問	5問	4問
	図表	2問	2問	1問	2問	6問	7問
	地図	1問	1問	1問	0問	3問	0問

（注）　資料の点数ではなく，資料に関わる小問数でカウント。

難易度

　2023年度の共通テストでは，リード文を提示して設問を立てるセンター試験の形式を踏襲した問題も出題されましたが，類推力や判断力などの幅広い思考力を試す共通テストのねらいを反映させた問題が増加しました。

　一つのテーマに焦点を当てた会話形式の出題や，主題学習といった場面を想定した共通テスト独特の出題も定着し始めました。メモ・年表・カード・スライドなどのほか，今後も多様な材料が登場するものと思われます。

　センター試験と比較すると，史資料の出題はかなり増加しましたが，2022年度第3問 問3の『石山寺縁起絵巻』の馬借の図や，第6問 問5の「松川事件における列車転覆の写真」など，教科書に掲載されている図版も出題されています。

　共通テストの特徴として，2023年度第1問の「地図から考える日本の歴史」，第4

問の「江戸時代における人々の結びつき」，第5問の「劇の台本作成」場面，第6問の「旅から見た近現代史」，2022年度第1問の「人名から見た日本の歴史」や第3問の「中世の海と人々との関わり」，第5問の「日本とハワイとの関係」など，斬新なテーマ・設定が目立ちます。2022年度第2問の「日本古代の法」，第4問の「近世の身分と社会」，第6問の「鉄道を中心とする近現代の交通史」については比較的出題頻度の高い分野ですが，ところどころに難問が散見されるほか，歴史事象の内容を提示し，そこから歴史用語を推定させる問題もみられました。そのため，2022年度は全体的にかなり難化したといえます。共通テスト・センター試験を通して過去最低の平均点だったことがそれを物語っていますが，2023年度はやや易化したとみえ，平均点も無難なラインに戻りました。

　共通テストは全体的に，**「国語力がモノを言う」**といっても過言ではありません。したがって対策としては，一問一答的な単語暗記の学習だけでなく，教科書を読む際にも，文章全体を熟読し吟味する習慣をつけましょう。

　以上のように，共通テストには，いくつかの注目すべき変更点があります。ただ，「問題作成の方針」によると，基本的な考え方として，「これまで評価・改善を重ねて**きた良問の蓄積を受け継ぎつつ**，高等学校教育を通じて大学教育の入口段階までにどのような力を身に付けていることを求めるのかをより明確にしながら問題を作成する」と示されています。

　実際，共通テストの問題がセンター試験と多くの点で似通っていることからも，センター試験の過去問研究が共通テスト対策に役立つことは間違いありません。

ねらいめはココ！

　ここでは，共通テスト「日本史Ｂ」で今後も出題が予想される形式について，解き方のポイントと対策を具体的にみていきます。問題のどこに着目して，どのように解けばよいのかをマスターすることで，共通テストに対応するための力を鍛えましょう。

共通テストで注目すべき出題形式

　共通テストでは，「知識・技能」だけでなく，「思考力・判断力・表現力」を発揮して問題を解くことが求められるとされています。先に確認した「日本史Ｂ」の「問題作成の方針」とあわせて考えると，歴史用語を単純暗記するのではなく，その意味・意義，相互の関連等を理解しようと努めることが共通テスト対策の大前提となってきます。さらに，歴史の解釈は一つではないことを踏まえて多面的・多角的に考察する力，既習の知識を活用しながら史資料を読み解く力，歴史の大きな流れをとらえた上で，出来事の順序や因果関係を考察する力が問われるといえます。
　具体的な出題形式としては，下記のような問題が対策の要になってきます。

> ・考察・評価問題
> ・歴史用語の推定問題
> ・史資料問題
> 　文字資料／写真・絵図／グラフ・統計表
> ・テーマ史問題

　このうち上の２つはセンター試験ではみられなかった新しい形式であり，出題されても焦らないよう解き慣れておく必要があります。下の２つはセンター試験でも出題されてきた形式で，資料の数と種類が増えたり問われ方が変わったりと多少変化はあっても，センター試験の応用版だといえますので，極端に恐れる必要はありません。ここで解き方や対策を確認し，得点源にしましょう。

多面的・多角的に考察させる
考察・評価問題

　共通テストおよび試行調査では，センター試験にはなかった，生徒の作成したレポート・発表資料・年表などを題材に，歴史の転換点とその理由を考察させる問題や，時代の評価をさせる問題が出題されており，注目されます。

例題1　次の文章は，ある生徒が書いたレポートの要旨である。これを読んで，下の問いに答えよ。

> 　日本は海に囲まれている。海を介して外からの波が日本に大きな影響を与えたことが分かる。日本の歴史を見た場合，外からの文明的な波は大きく三つあった。一つ目は7〜8世紀で，中国の影響の下に日本の古代国家が成立した。二つ目は15〜16世紀で，中国とともに南蛮諸国からの影響が強かった。そして，三つ目が19〜20世紀で，欧米の波というべき時代で，近世から近代へと大きく転換した。
> 　そうすると，<u>10〜14世紀や17〜18世紀</u>は，外からの波が少なかった時代ということができる。

　歴史には様々な見方がある。下線部の時代には「外からの波」が少なかったという見方に対する反論として成り立つものを，次の①〜④のうちから一つ選べ。

① 　この時代には，海外渡航許可書を持った貿易船が東南アジアに行っており，その交流を通して「外からの波」は少なくなかった。

② 　この時代には，中国に公式の使節が派遣され，先進的な政治制度や文化などがもたらされており，「外からの波」は少なくなかった。

③ 　この時代には，長崎の出島の商館を窓口にして，ヨーロッパの文物を受け入れており，「外からの波」は少なくなかった。

④ 　この時代には，中国との正式な国交はなかったが，僧侶や商人の往来を通して「外からの波」は少なくなかった。

（第2回試行調査　第3問　問2・改題）

　生徒のレポートをもとに，歴史に対する様々な見方を考えさせるという目新しい設定ですが，海外との交流の歴史的推移を押さえていれば対応できる問題です。①〜④の文中にあるキーワードを手がかりに，文頭の「**この時代**」が何時代（または何世紀）かを見極めることが先決です。

①**不適**。「海外渡航許可書」とは朱印状のこと。また「東南アジアに行って」とあるので，東南アジアに行った「貿易船」は，中国船と出会貿易を行った朱印船とわかります。したがって，17世紀の江戸時代初期のことと判断します。

②**不適**。「中国に公式の使節が派遣」から遣隋使か遣唐使，遣明使と推定されます。遣隋使・遣唐使は6世紀末〜9世紀，遣明使は15〜16世紀であり時代条件に合致しません。

③**不適**。「長崎の出島の商館」が窓口となった貿易とは，江戸時代の長崎貿易のことなので，時代条件に合致しないと判断します。

④**適当**。「中国との正式な国交はなかった」という一節から，9世紀末期の遣唐使中止以降のことと推定します。日中関係は「僧侶や商人」を介した日宋貿易によって継続されたことを想起すれば，時期的にも条件に合致するとわかるはずです。

正解…④

例題2　近代と現代の時代の転換点を考えた場合，次の二つのできごとがその転換点にあたるのではないかという意見が出た。あなたが転換点として支持する**歴史的事象**を次の①・②から一つ選び，その理由を下の③〜⑧のうちから一つ選べ。なお，**歴史的事象**と**理由**の組合せとして適当なものは複数あるが，解答は一つでよい。

歴史的事象
①　ポツダム宣言の受諾　　②　1945年の衆議院議員選挙法改正

理由
③　この宣言には，経済・社会・文化などに関する国際協力を実現するための機関を創設することが決められていたから。
④　この宣言には，共産主義体制の拡大に対して，日本が資本主義陣営に属することが決められていたから。
⑤　この宣言には，日本軍の武装解除など，軍国主義を完全に除去することが決められていたから。
⑥　従来，女性の選挙権は認められてきたが，被選挙権がこの法律で初めて認められるようになったから。

⑦　初めて女性参政権が認められて選挙権が拡大するとともに，翌年多くの女性議員が誕生したから。

⑧　この法律により，女性が政治集会を主催したり参加したりすることが可能になったから。

（第2回試行調査　第6問　問7・改題）

　「適当なものは複数あるが，解答は一つでよい」とあるように，**正解が2通りある連動型の問題**です。共通テストでは出題されていませんが，今後出題される可能性もありますので，準備をしておきましょう。本問では，①のポツダム宣言受諾を選んだ場合は「この宣言には」で始まる③〜⑤から一つ，②の衆議院議員選挙法改正を選んだ場合は女性の政治参加について述べている⑥〜⑧から一つ，理由としてふさわしい文章を選べばよいのです。

　それぞれの選択肢をみていくと，③は国際連合設立の基本理念となった**大西洋憲章**の説明であり，④のような宣言は存在しません。⑥の女性の参政権は1945年の衆議院議員選挙法改正によってはじめて認められたので，「従来，女性の選挙権は認められてきた」は誤りです。⑧の「女性が政治集会を主催したり参加したりすること」は，1922年の治安警察法第5条の改正によって実現したため，これも不適です。

正解…①を選んだ場合，理由は⑤
②を選んだ場合，理由は⑦

対策　共通テストでも消去法は有効！

　このタイプの問題ではまず，設問文をよく読み，意図を正確にくみ取るとともに，問題の本質を見抜くことです。**例題1・2とも歴史の捉え方が一つではないことを示す問題**で，難しく思う人もいるかもしれませんが，選択肢の中には**解答の決め手となるヒントが満載**なので，それを手がかりに**既習の知識を動員**させて考えれば，おのずと正解にたどり着けるようになっています。その際，ケアレスミスを防ぐ意味でも，直接答えを求めるよりは**消去法を使ったほうが確実**でしょう。ポイントに示したように，選択肢を一つ一つ吟味しながら，条件に合致しないものを除いていくのです。

歴史用語の「理解」が肝心
歴史用語の推定問題

　共通テストや試行調査では，用語の知識のみを問う問題が減少するとともに，設問文や選択肢で歴史用語を明示せず，歴史的事象を具体的に説明した文章から歴史用語を想起させ，それを手がかりに解答させる問題が一部でみられます。共通テストならではの新しい傾向といえます。十分に対策しておきましょう。

例題3　日本の人道支援や国際貢献の歴史について調べていたＦさんたちは，1870年代における博愛社（日本赤十字社の前身）の設立は，この時期に起こったあるできごとと関係があると気付いた。このできごとを説明した文章として正しいものを，次の①〜④のうちから一つ選べ。

① 　特権を奪われたかつての支配階級が，その不満を背景に政府と激しく対立した。
② 　帝国主義列強間の覇権争いにより，多くの国を巻きこんだ総力戦が４年続いた。
③ 　中国での排外運動をきっかけに，朝鮮半島・満州をめぐる対立が激化した。
④ 　南満州鉄道の線路の爆破をきっかけに，日本が軍事行動を開始した。

（日本史Ａ　参考問題例〔2019年公表〕問題例2　問1・改題）

　博愛社設立のきっかけとなったできごとが問われています。①〜④の選択肢には説明対象となる歴史用語が示されていませんので，文中のキーワードから何のできごとに関する文章かを推定し，その上で西暦年代を特定しなければなりません。

①適当。「特権を奪われたかつての支配階級」から1876年の**秩禄処分**や**廃刀令**で特権を失った武士階級を，また「政府と激しく対立」から翌1877年の**西南戦争**を想起しましょう。1870年代という時代条件に合致しています。

②不適。「帝国主義列強間の覇権争い」から，**三国同盟**と**三国協商**の対立を考え，４年間の「総力戦」から1914年に勃発した**第一次世界大戦**と判断します。大正時代のできごとで時代条件に合致しません。

③不適。「中国での排外運動」といえば**義和団事件**が考えられます。1900年のことですから，時代条件に合致しません。

④不適。「南満州鉄道の線路の爆破」は**柳条湖事件**のことであり，1931年からはじまる**満州事変**の契機となりました。昭和初期のできごとで時代条件に合致しません。

正解…①

例題4 2000年代には先住民族の権利に関する国際連合宣言が出されたが，国内でも少数民族の文化を尊重することが求められている。この経緯を歴史的に説明した次の**説明文**の空欄 ア ・ イ に入る文の組合せとして正しいものを，下の①〜④のうちから一つ選べ。

説明文

　1869年に蝦夷地は北海道と改称され， ア が設置された。政府はアイヌを旧土人と呼称し，1899年には日本語の使用を義務付けるなどの法律を定め同化政策を進めた。この法律は，1997年に イ が制定されたことにより廃止された。2008年には，アイヌを先住民族と認める国会決議が行われた。

　a　鉄道や鉱山の経営を行う国策会社

　b　土地の開発や産業振興を進める役所

　c　アイヌ文化を振興するなど民族としての誇りが尊重されることを目的とした法律

　d　アイヌ民族に農業への従事を勧めるなど民族を保護することを目的とした法律

　①　アーa　　イーc　　　②　アーa　　イーd

　③　アーb　　イーc　　　④　アーb　　イーd

（日本史A　参考問題例〔2019年公表〕問題例2　問6・改題）

　空欄**ア・イ**に入る用語を推定しながら文章を読むと，**ア**は**開拓使**，**イ**は**アイヌ文化振興法**であることがわかります。次に，この2つの語句の説明文を選ばなければなりませんが，**a**は**南満州鉄道株式会社**（1906年設立），**d**は「保護」という名目のもとに同化政策を進める拠り所となった**北海道旧土人保護法**（1899年制定）の説明であり，たとえ**b**が開拓使，**c**がアイヌ文化振興法の説明とわからなくても，正解を絞り込むことができます。　　　　　　　　　　　　　　　　　　**正解…③**

対策　歴史用語の単純暗記は通用しない！

　例題3は歴史用語を伏せた文章を提示して，文意から歴史用語を推定させ，それをもとに時期を考察させる問題です。また，センター試験では空欄に入る歴史用語の組合せ問題は定番でしたが，**例題4**は空欄前後の文章から歴史用語を想起し，その意味・内容を考えて組み合わせる問題です。このタイプの出題では，**歴史用語そのものについての「理解」**が求められています。したがって教科書を学習しながら，歴史用語を暗記するだけではなく，**意味や意義をきちんと整理しておかなければなりません。**

史資料問題
情報の読み取りと知識の活用がカギ

✓ 文字資料（史料）問題

　史資料問題の中でも文字資料問題は頻出です。共通テストでも，史料文の内容や関連知識について，X・Y 2文の正誤組合せ問題，正文・誤文の4択問題，2つの正文の組合せ問題といった形式で問われ，センター試験の形式を踏襲した出題がほとんどです。ただし，選択肢に史料文を用いたり，史料文が書かれた意図や時代背景などの考察を求めたりする出題が一部でみられることには注意が必要です。

例題5　次の史料は，紀伊国那賀郡神野真国荘の成立に当たって作成されたものである。この史料に関して述べた下の文X・Yについて，その正誤の組合せとして正しいものを，下の①〜④のうちから一つ選べ。

　紀伊国留守所 ^(注1) が，那賀郡司に符す ^(注2)
　このたび院庁下文のとおり，院の使者と共に荘園の境界を定めて牓示 ^(注3) を打ち，山間部に神野真国荘を立券し ^(注4)，紀伊国衙に報告すること。
　　康治二（1143）年二月十六日

　　　　　　　　　　　　　　　　　　　　　（早稲田大学所蔵，大意）

（注1）　留守所：国司が遙任の場合に，国衙に設置された行政の中心機関。
（注2）　符す：上級の役所から下級の役所へ文書を下達すること。
（注3）　牓示：領域を示すために作られた目印のこと。杭が打たれたり，大きな石が置かれたりした。
（注4）　立券：ここでは牓示を打ち，文書を作成するなど，荘園認定の手続きを進めることを指す。

X　史料は，院庁の命を受けて，紀伊国衙が那賀郡司に対して下した文書である。
Y　史料では，那賀郡司に対し，院の使者とともに現地に赴き，荘園認定のための作業をするよう命じている。

① X　正　　Y　正　　　　　② X　正　　Y　誤
③ X　誤　　Y　正　　　　　④ X　誤　　Y　誤

　　　　　　　　　（2021年度 本試験 第1日程 日本史B 第3問 問1(1)・改題）

　まず，設問文をヒントに，何に関する史料かを正確につかみましょう。史料文には難しい用語も出てきますが，注に必ずヒントがあることがわかります。

Ｘ．正文。史料冒頭に「紀伊国の留守所から，那賀郡司に文書を下達する。このたび院庁の命令文書のとおり…」とあり，〈院庁→紀伊国の留守所→那賀郡司〉という命令系統が読み取れます。

Ｙ．正文。史料２～３行目には「院が派遣した使者と一緒に荘園の境界を決めて杭を打ち，山間部に神野真国荘を認定する手続きを進め，その結果を紀伊国の役所に報告するように」とあり，迷わず正文だと判断できます。　　　　　正解…①

対策 注を手がかりに文意を読み取る

　初見史料を中心とした文字資料問題が必ず出題されています。ただし，設問文や注を手がかりに解読すれば，文意は容易につかめるように工夫されていますから，さほど心配はありません。文中から時代を特定するキーワードや判断の根拠となる情報を探すとともに，教科書学習で得た知識も総動員して正誤を判断しましょう。普段の学習で史料文にあたる際には，時代背景と関連づけた理解も大切です。

写真・絵図問題

　共通テストおよび試行調査では，写真・絵図に表現されている内容（情報）を読み取らせ，時代背景や歴史的意義などを考察させる形式がみられ，メモなどの文字資料（史料）をともなう場合もあります。

例題6　高校の授業で「貨幣の歴史」をテーマに発表をすることになった咲也さんは，古代の銭貨について調べ，**メモ**を作成した。事前学習のために博物館に行くと，鎌倉時代の市場の図が展示されていた。図に関して述べた下の文 a 〜 d について，最も適当なものの組合せを，下の①〜④のうちから一つ選べ。

咲也さんの**メモ**

古代の銭貨はなぜ発行されたのか？			
	7世紀後半　8世紀前半		10世紀半ば
銭貨発行	■富本銭　　　■和同開珎　…複数回の銭貨発行あり…　■古代最後の銭貨発行		
	…古代には，米や布・絹なども貨幣として通用している…		
都城造営	藤原京　　　平城京	長岡京　平安京	

まとめ
・唐の制度にならい，国家が銭貨を鋳造・発行した。
・銭貨の流通について，国家は自ら鋳造したものしか認めなかった。
・国家が発行した銭貨は，都城の造営をはじめ，様々な財政支出に用いられた。

図　『一遍上人絵伝』（清浄光寺所蔵，部分）

銭さし

参考写真：江戸時代の銭さし

a　当時の日本では，宋などの銭貨が海外から大量に流入しており，この場面のような銭貨の流通は一般的であったと考えられる。

b　当時の日本では，国家による銭貨鋳造は停止しており，この場面のような銭貨の流通は例外的であったと考えられる。

c　この場面に描かれている建物は，頑丈な瓦葺きの建築である。

d　この場面には，銭貨のほかにも，古代に貨幣として通用していたものが描かれている。

① a・c　　② a・d　　③ b・c　　④ b・d

（2021 年度 本試験 第 1 日程 日本史B 第 1 問 問 2・改題）

　図は『一遍上人絵伝』に描かれた福岡市の場面で，鎌倉時代における交換経済の発達ぶりを示す好資料として，ほとんどの教科書に掲載されています。図から市場のようすを読み取りつつ，メモにある情報や知識をまじえながら正誤を判断していきましょう。

a．適当。図に銭さしがみえるように，宋銭は日宋貿易によって商品として輸入され，売買の手段として普及するようになりました。鎌倉時代後期になると，荘園の一部では，年貢・公事などを銭で納入する代銭納（銭納）も始まりました。

b．不適。咲也さんのメモに「10 世紀半ば 古代最後の銭貨発行」とあるように，国家による銭貨の鋳造は 958 年，乾元大宝をもって終了していましたが，鎌倉時代には宋銭などの輸入銭が交換経済の媒体として機能したので，「銭貨の流通は例外的であった」は明らかに誤りです。

c．不適。図からは瓦屋根を確認することはできません。市場の建物は掘立柱を用いた簡素な構造でした。

d．適当。咲也さんのメモにある「古代には，米や布・絹なども貨幣として通用している」が大きなヒントです。図の中央には布を手に持つ女性の姿が描かれています。　　　　　　　　　　　　正解…②

対策 日ごろから図版・写真に親しむ！

　例題 6 では図版を読む力が試されただけではなく，歴史的知識の有無も問われています。試行調査では，絵図から情報を読み取らせた上で，理由などを考察させる問題も出題されていました。その場合，写真や絵図の中の特徴的な部分に着目し，当時の社会的・文化的状況と結びつけて考察できるかどうかが試されます。教科書に登場する写真・絵図はもちろんのこと，手持ちの資料集なども活用して必ず目を通しておきましょう。その際，図版に付された説明文をしっかり読むことが大切です。

✅ グラフ・統計表問題

　グラフ・統計表については，主に近現代の社会・経済分野で，数値を読み取らせた上で，その変化の意味や背景を考察させる問題が出題されています。試行調査では，複数のグラフ・統計表・文字資料・地図などを組み合わせた問題もみられました。

例題7　次のメモを読み，グラフのa～dが示すものとして正しい組合せを，下の①～④のうちから一つ選べ。

メモ

(1)　明治から大正にかけての乳児死亡率は150～180台で推移していたが，1940年には二桁台まで低下した。

(2)　婚姻率は，敗戦直後に最高を記録し，1988年からは一時，上昇傾向を見せた。

(3)　「第1次ベビー・ブーム」期に生まれた「団塊の世代」が子どもを生み始めた1973年前後には，「第2次ベビー・ブーム」が出現した。

(4)　敗戦後，死亡数は減少したが，1980年頃から増加した。

グラフ

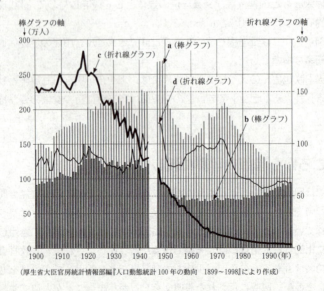

（厚生省大臣官房統計情報部編『人口動態統計100年の動向　1899～1998』により作成）

(注1)　1944～46年は資料不備のためデータなし。
(注2)　乳児死亡とは生後1年未満の死亡をいう。
(注3)　乳児死亡率＝乳児死亡数÷出生数。婚姻率＝婚姻届出件数÷日本人人口。それ
　　　　ぞれ1,000倍，10,000倍に換算した比率で示した。

① a　出生数　　　b　死亡数　　　c　乳児死亡率　　　d　婚姻率
② a　出生数　　　b　死亡数　　　c　婚姻率　　　　　d　乳児死亡率
③ a　死亡数　　　b　出生数　　　c　乳児死亡率　　　d　婚姻率
④ a　死亡数　　　b　出生数　　　c　婚姻率　　　　　d　乳児死亡率

（2021年度 本試験 第1日程 日本史A 第1問 問4・改題）

　グラフや統計表は変化を表しています。まずは最も大きな変化に注目し，その上
でその前後の動きをみてみるとよいでしょう。
　棒グラフの軸の単位が（万人）とあるように，棒グラフa・bは出生数・死亡数
のいずれかです。メモ(3)に記された出生数の情報から，1973年前後に山の一つが
ある棒グラフaが出生数だと判断します。また，(4)に記された死亡数の情報から，
敗戦後に減少し，1980年頃から再び上昇している棒グラフbが死亡数です。
　残る折れ線グラフc・dは乳児死亡率・婚姻率のいずれかです。乳児死亡率につ
いてのメモ(1)の情報から，明治～大正期（1900～26年）には150～180台と高かっ
たものの，徐々に低下し，1940年には約80と二桁台になっている折れ線グラフc
が乳児死亡率とわかります。また，婚姻率についてのメモ(2)の情報から，敗戦直後
に最も大きな山があり，その後の増減を経て，1988年から少し上昇する折れ線グ
ラフdが婚姻率であることが読み取れます。　　　　　　　　　　　　正解…①

対策 グラフの読み取りに慣れる！

　「読み取りを要する」といっても，高度な作業が求められるわけではありません。
与えられた情報をグラフや統計表の中に見出すことができるかどうか，選択肢の記述
がグラフや統計表と一致しているかどうかさえ確認すればよいだけのことがほとんど
です。読み取った内容と時代背景とのつながりを推測する力が求められることもあり
ますが，グラフや統計表の数値を一つ一つ検証するとともに，教科書で学んだ知識を
総動員して判断すれば，確実に得点できるのです。センター試験を含め，過去問をい
くつか解いてコツをつかみましょう。

歴史の展開や時代・地域を超えたテーマを問う
テーマ史問題

　共通テストではセンター試験と同様，第1問は時代を縦断したテーマ史問題です。特定テーマに関しては，各時代の特徴や変遷を理解しておくことが大切です。

例題8　建築・彫刻・絵画・工芸・書道など，形状や色彩などによって美を表現する芸術は，日本の歴史においても時代とともに大きな特色を生み出しながら変化・発展してきた。これについて次の問い（問1〜2）に答えよ。

問1　それぞれの時代の絵画とその特徴について述べた文として**誤っているもの**を，次の①〜⑨のうちから二つ選べ。

①　弥生時代の銅鐸の中には，稲作のようすを線画で示したものもある。
②　古墳終末期のキトラ古墳の石室には，四神などの壁画が描かれている。
③　奈良時代末期には，阿弥陀如来が来臨する姿を描いた来迎図が描かれた。
④　平安時代初期に密教が盛んになると，仏の世界図として曼荼羅が描かれた。
⑤　院政期以降に盛んに制作された絵巻物の場面は，左から右に展開する。
⑥　鎌倉時代には，似絵と呼ばれる人物の肖像画が描かれるようになった。
⑦　室町時代に盛んになった水墨画は，雪舟によって大成された。
⑧　安土桃山時代には，屏風や襖などに濃絵と呼ばれる金碧濃彩画が描かれた。
⑨　江戸時代に，鈴木春信が多色刷の浮世絵版画である錦絵を創始した。

問2　日本の絵画とアジア・ヨーロッパの美術との関係について述べた次の文X・Yについて，その正誤の組合せとして正しいものを，下の①〜④のうちから一つ選べ。

X　法隆寺金堂の壁画は，中国の敦煌石窟壁画やインドのアジャンター石窟壁画とともにアジアにおける仏教壁画を代表するものであったが，焼損した。
Y　19世紀中ごろのパリ万国博覧会に葛飾北斎の浮世絵などが出展されたことから，19世紀後半にはヨーロッパ各地でジャポニスムの風潮が高まった。

①　X　正　Y　正　　　②　X　正　Y　誤
③　X　誤　Y　正　　　④　X　誤　Y　誤

（本書オリジナル）

問1　こうした出題に備えるには，時代ごとに流行した絵画のジャンルを押さえた上で，具体的な例をいくつか覚えておくことです。③の来迎図は奈良時代末期ではなく平安時代の国風文化期以降に盛んに描かれました。また，⑤の院政期以降に盛んになった絵巻物では場面が右から左に展開すること，⑨の江戸時代に鈴木春信によって創始された多色刷の浮世絵版画（錦絵）は絵師・彫師・摺師による総合芸術であったことなどを理解しておきましょう。なお，共通テストではこのように正解を2つ選ばせる問題も想定されます。　　　　　　**正解…③・⑤**

問2　**X．正文**。法隆寺金堂壁画は白鳳文化期の遺構で，1949年に焼損しました。アジャンター石窟壁画はそのモデルになったといわれています。

Y．正文。ジャポニスム（日本趣味）の広がりは，モネやゴッホなどフランス印象派の多くの画家たちの作品にみることができます。　　　　　　**正解…①**

対策　焦らずに基本知識を最大限活用する！

　共通テストでも，主題学習に焦点を当てたテーマ史が出題されていますが，テーマがどんなに斬新でも，設問そのものは教科書で学習した知識を活用して正しい判断ができるかどうかを試す基礎的な内容が中心です。知識の整理や流れの把握には，テーマ史を扱った問題集が役立つかもしれません。また，**日本史と世界史との交差を意識した出題**がみられることもあり，世界史との関連も大事ですから，つねに**「国際社会の中の日本」**という視点を忘れずに学習をすすめましょう。

時代別の分析と対策

　共通テストと第1回・第2回試行調査やセンター試験とを比較して，時代別の出題内容に大きな変化はありませんでした。これまで何がどのように出題されてきたのかを押さえ，対策に生かしましょう。

 ## 全時代からまんべんなく出題！

　共通テストの大問構成は，センター試験と同様，時代別となっています。また，下のグラフで確認できるように，原始時代から現代までまんべんなく出題されるものの，近現代の比重が大きい点にも変わりありません。共通テストはもちろんのこと，試行調査やセンター試験の各大問において具体的にどのような傾向がみられたのか知っておくことは，共通テスト対策に大いに役立つでしょう。

参考 時代別の出題比率

- 共通テストは2022・2023年度の日本史B本試験，2021年度の日本史B本試験第1日程・第2日程，センター試験は2016〜2020年度の日本史B本試験のデータをもとに作成。
- 「テーマ史」は複数の時代にまたがる出題。

📖 テーマ史

✅ 特定のテーマから日本史全体を見渡す

　一つのテーマに焦点をあてて，原始・古代から現代までを概観する形式の出題を「テーマ史」といいます。主題学習の設定が取り入れられることも多く，センター試験では毎年第1問に出題されてきました。共通テストでも，**第1問にテーマ史**が出題されています。内容的には史資料を使用し，それらを読み取り考察する力を多面的な角度から試す問題がやや多くなったのが大きな特徴です。

　それでは具体的にどのようなテーマが出題されたのか，概観してみましょう。

● 時代をまたぐテーマ史

	本試験	追試験
2023 年度	地図から考える日本の歴史	―
2022 年度	人名から見た日本の歴史	日本社会における戦士の歴史
2021 年度　第1日程 第2日程	貨幣の歴史 女性史	―
第2回試行調査	原始・古代〜近現代の開発・災害	
第1回試行調査	古代〜中世の会議と意思決定の方法	
2020 年度	教育と歴史認識に関わる諸問題	古代〜近代の天皇
2019 年度	地名からみる日本の歴史	ユネスコの「世界の記憶」
2018 年度	地域振興に必要な歴史的視座	外国文化の影響と時代の推移
2017 年度	手紙文から読み解く日本の歴史	近代初期の史料解読
2016 年度	史料としての日記	奈良に関する歴史的考察

✅ テーマ史の攻略法

　センター試験は会話形式での出題が主流で，日記や手紙文の形式をとることもありましたが，共通テストも出題のスタイルそのものに大きな変化はなく，第1問には会話形式を取り入れたテーマ史が出題されています。上の表のとおり，多彩なテーマが対象となっています。

　なお，テーマ史といっても，それぞれの時代から**特定のテーマに沿った基本事項を集めた出題**ですから，まずは時代ごとの学習の中できちんと整理すればよいのです。

ただし，共通テストでは，センター試験に比べて，**知識の活用や総合的な判断が求め**
られる点には注意が必要です。

原始・古代

原始時代は生活文化史に注意

センター試験では，過去に荒神谷遺跡と江田船山古墳や，三内丸山遺跡と大森貝塚
の位置をそれぞれ選ばせる地図問題が出題されていました。

共通テストでは，原始時代の個々の細かい遺跡名など，歴史用語そのものを問う出
題は少ないですが，当時生きていた人々の生活状態を類推させるような問題は出題の
範囲に入ります。ですから，人々の住居や生業などの特徴を旧石器時代・縄文時代・
弥生時代に分けて整理しておくことが大切です。

古代史は政治と文化がヤマ

政治史では，中央集権国家の確立や律令制度に関する問題は重要です。東アジア情
勢と国内政治とのかかわりも押さえておくべきでしょう。センター試験では，平安初
期から中世の院政期までを見通す長いスパンの出題もよくみられました。

史料問題をみると，センター試験本試験では，2015年度の鹿子木荘の寄進のよう
に教科書掲載の史料も出題されましたが，2019年度の『入唐求法巡礼行記』のよう
な初見史料も出題されてきました。

2022年度の史料問題は，正倉院に残る計帳を提示し，そこから読み取れる内容に
ついての正文組合せ問題，憲法十七条・養老令・延喜式に規定された内容を読み，そ
れを年代順に並べさせる配列問題が出ましたが，前者の第2問 問3は難問でした。

文化史では，原始・古代の生活文化と宗教文化が柱となるでしょう。一般には仏教
文化の推移がテーマとなるのですが，2023年度は第2問に陰陽道の歴史が出題され
ました。浄土信仰も頻出分野で，2017年度本試験で出されており，第1回試行調査
でもみられました。2022年度本試験では，第1問 問4で平安初期の文化の特徴が問
われ，第2問 問2で奈良～平安時代の仏教文化に関する基礎知識が問われました。

文化史は写真で確認しておこう

原始・古代の文化史では，**写真を用いた出題が多い**のも特徴です。第1回試行調査
では，浄土信仰に関する出題で複数の写真が使用されています。

　原始・古代の文化は旧石器，縄文，弥生，古墳，飛鳥，白鳳，天平，弘仁・貞観，国風と，それぞれの大きな特徴をとらえ，それに関わる遺物や作品がどの文化に属するのかをすぐに思い出せるように何度も見直しましょう。写真などの視覚資料を駆使して確実に理解しておくことがポイントです。遺物や作品については細かいものまでやみくもに覚える必要はありませんが，教科書に掲載されているものだけは，確実にモノにしておくことが大切です。

 # 中　世

 ## 社会・経済史が重要だが政治・外交史も抜かりなく

　中世は，センター試験では政治史を中心に，外交・社会・経済・文化に対する理解や周辺知識を問う混合問題が出題されてきました。

　第1回試行調査では「伯耆国東郷荘下地中分絵図」を用いた土地制度に関する基礎的理解を問う問題，2021年度の共通テスト第1日程では紀伊国那賀郡神野真国荘の成立にまつわる史料や絵図の読み取り問題など，社会・経済史に重点を置いた問題が出題されました。

　2022年度本試験は外交史を中心とする出題で，海上交通・陸上交通に関する基礎知識も問われました。会話をもとにした問題構成で，誤文選択，年代配列，図版の読み取り，史料解読，日中関係に関連する地図など，センター試験と同じ出題形式でした。

　2023年度は，中世の京都に焦点を当て，地図と撰銭令の史料，模式図を示しながら中世の流通経済と文化を探る問題が出ました。

　2022年度は政治史と文化史，2023年度は政治史が出題の中心から外れましたが，ねらわれやすい分野もたくさんあるので，教科書を中心に時代の特徴や歴史の大きな流れを理解することが大切です。鎌倉幕府と室町幕府における統治支配の共通点や相違点，日明貿易と日朝貿易の展開，守護大名と戦国大名の性格の対比，御成敗式目や分国法など中世の法制についての理解などは確実に固めておくようにしましょう。

図版を攻略する

　センター試験の中世の出題では，史料問題に加え，**写真・絵図などの図版から当時の社会状況を読み取らせる問題**も定番でした。試行調査でも同様の出題がみられ，共通テストでもこの傾向が続いています（2023年度第3問など）。

　センター試験本試験で出題された図版としては，2018年度の『大山寺縁起絵巻』

などがありますが、『洛中洛外図屛風』は 3 回、『一遍上人絵伝』にいたっては 8 回も出題されています。共通テストの 2021 年度第 1 日程でも出題がみられた『一遍上人絵伝』の備前国福岡市や中世武士の館の場面は、当時の社会の様子をよく伝えるもので、これまでの出題頻度に鑑みても、今後も注意を要する図版といってよいでしょう。また、2022 年度には『石山寺縁起絵巻』が出題されました。

✅ 文化史・地図・前後する時代とのつながりに注意

　センター試験では文化史についても濃密に出題されており、共通テストでも政治・社会・経済とのつながりで出題されています。古代史と同様、重要な文化財は**写真で確認**しておきましょう。その際、ただ眺めるのではなく、キャプションをよく読み、その作品の視覚的な特徴を押さえることがポイントです。また、**地図を用いた問題**も出題されています。貿易港の位置についてはセンター試験で何度も出題されてきましたが、大輪田泊・堺・博多など日本だけではなく、寧波など中国の港の位置もチェックしましょう。

　なお、中世史は、古代から近世の流れの中で出題されることもあるので、前後する時代とのつながりを意識して学習することが大切です。

近　世

✅ 社会・経済史の出題にも注意

　センター試験では、江戸時代の政治、社会・経済、文化がメインとなっており、他の時代と比べると、社会・経済史の出題が目立っていました。

　2021 年度は政治・外交史の出題が目立ちましたが、2022 年度においてはほとんどが**社会・経済史**がからむ出題で、2023 年度は社会史に外交史を加えた内容でした。近世の社会史では、「身分と社会」、「町と町人」、「村と百姓」に関する正しい理解を問う問題が中心で、社会の動きに関する史料を読ませ、その内容を吟味させる問題が出たこともあります。

　政治・外交史については、幕政と藩政、江戸初期外交（諸外国との関係と鎖国の形成過程）、江戸後期外交（異国船の来航と開国までの経緯）などは年表形式で整理し、異国船や外国人については来航地を地図で確認するとよいでしょう。また、近世の琉球と蝦夷地の動向も頻出分野なので、年代や人物を中心に、幕府支配のありかたを正しく理解することが大切です。

　安土桃山時代については、センター試験での出題自体はそれほど多くありませんで

したが，共通テストでは今後，中世史とからめて問われる可能性があるので，信長・秀吉が関与した事件や秀吉の政策・外交などを固めておきましょう。

✅ 史料・資料文の読解は必須

　史料問題については，センター試験の頃から**初見史料が多い**ですが，現代語での補足や注が付けられています。注を手がかりに読めば文意は容易に把握できる内容ですので，初見でも恐れる必要はありません。

　共通テストでは，知識そのものを問うのではなく，得た知識をもとに様々な視点から歴史的事象を考察できるかどうかに主眼が置かれています。ですから，考察の題材となる史料・資料文を活用した出題は必至です。「用語を暗記する」学習以上に，教科書やそこに掲載されている史料の「内容を咀嚼する」学習が求められているのです。

✅ 文化史と図版はこまめに整理しよう

　近世においても文化史の対策ははずせません。センター試験の時代には『長篠合戦図屏風』と菱川師宣の『見返り美人図』が過去に3回も出題されており，文化財の写真チェックは欠かせません。

　2022・2023年度は文化史に関する図版は出題されませんでしたが，2022年度には東洲斎写楽・出雲阿国・初代市川団十郎の活躍時期を時代順に配列させる問題が出ました。人物の活躍した時代や文化名を基準に考えれば容易に解答できる問題でした。

　近世の文化については，まず，それぞれの時期の文化の特徴を押さえ，文学と美術については"作品と作者"，学問では"人物と業績"をまとめることがポイントです。また，**視覚資料の読み取り**が今後も求められる可能性がありますので，教科書に掲載されている絵図や写真に目を通しておくことが大切です。

📖 近現代

✅ さまざまな資料から歴史的事象を考察させる問題

　第5問と第6問は近現代史の問題です。センター試験の第5問では，明治時代を中心に幕末もからめた出題が続いていましたが，試行調査や共通テストにもその傾向が引き継がれました。2023年度も幕末から明治期が範囲でした。また，第6問は近代から現代までが問われ，全大問の中で最も多く設問が設けられている点も変化がありません。

　2023年度の第5問は，劇の台本を作成するにあたって時代考証を行う場面など，斬新な設定がみられました。

　2022年度の第5問は，「日本とハワイとの関係」について会話文をもとに構成し，近代外交の特徴や歴史事象を問う出題でした。『大日本外交文書』と『海外在勤四半世紀の回顧』，山口県「県政事務功程」を読ませる史料問題は，当時の外交事情をも考慮させるなど，ややレベルの高い内容でした。また問3の年代配列問題は，文章の内容から歴史事象を推定させ，そこから年代を判断させるやや難しい内容でした。

　第6問については，2023年度は「旅」をキーワードに近現代の諸相を考察する問題，2022年度は「鉄道の歴史とその役割」に焦点を当てた近現代の陸上交通に関する問題で，統計表や写真，史料も用いられました。

　近現代史については，統計表やグラフなどどんな資料が用いられても，数値の変化や違いを丁寧に読み取れば，決して難しくはない問題が出題されています。

✅ 近現代史は頻出分野が目白押し

　近現代史の範囲は，幕末・明治時代から昭和・平成・令和時代に至るまでです。頻出すると思われる分野がある程度絞れますので，以下に分野別の項目を列挙します。
政治史：明治維新期の諸改革，自由民権運動と立憲国家の確立，議会政治の展開，戦後の政党内閣の復活，55年体制後の政治
社会・経済史：松方財政，産業革命と資本主義の確立，大戦景気，恐慌に対する経済政策，戦時経済統制下での国民生活，戦後の経済復興，高度経済成長期の諸相
外交史：明治初期の対外関係，条約改正，日清・日露戦争と講和条約の内容，第一次世界大戦とワシントン体制，満州某重大事件以降の日中関係，戦後の安保体制と国際社会への復帰

✅ 「政治・経済」や「世界史」との関連を意識する

　共通テストで取り上げられたテーマは，図版などを含めて日本史の授業でも扱われる内容ですが，政治・経済がからんだ問題や，国際社会の側からの視点で考察させる問題は今後も出題される可能性があります。「政治・経済」の基本的な用語の意味を確認しておくとともに，近現代の世界史上の動向に目を配っておくとよいかもしれません。

分野別の攻略法

歴史の学習というとどうしても政治史中心に偏りがちですが，共通テストでもセンター試験と同様，すべての分野から出題されています。ここが差のつくポイントです。

社会・経済史と文化史がカギ

学校の授業は政治史や外交史を中心に進められます。時代の流れをつかむための，言ってみれば「日本史の基本中の基本」だからです。

しかし，共通テストでは，各時代について，**より深く**，**より総合的な理解**が求められます。そこで重要になるのが社会・経済史と文化史です。

特に社会・経済史関係では土地制度史や交通・運輸史，貨幣経済史，資本主義発達史などが重要テーマとなります。共通テストでは図版が多く用いられ，中でも荘園絵図が目立っています。

文化史は大問1題での出題はありませんが，大問ごとに最低一つは文化史に関する記述がリード文や選択肢の中に入っています。また，文化史そのものが直接問われる出題だけでなく，文化史についての知識の有無が得点に影響する出題もあります。

共通テストにおいて社会・経済史や文化史が無視できないのは，地名の由来，自然災害の歴史，食文化の発達と変遷，人々の移動と物流など，日常生活や身近な題材を用いて考察させる傾向が強まったことが，その背景にあるからです。

	政治史	社会・経済史	文化史	外交史	その他
共通テスト	17%	31%	12%	11%	29%
センター試験	23%	20%	16%	9%	32%

参考　分野別の出題比率

共通テストは2022・2023年度の日本史B本試験，2021年度の日本史B本試験第1日程・第2日程，センター試験は2016〜2020年度の日本史B本試験のデータをもとに作成。

社会・経済史はテーマ学習を

社会・経済史に関する記述は，教科書のあちこちにちりばめられています。「〜時代の人びとの生活」「〜の発達」などという項目にまとめられていることもありますが，土地政策や政治のあり方に関連して述べられる場合も多くあります。

この分野については，テーマ史として再構成してみるのが最も有効です。「農業と土地政策」「商業・産業（そして貿易）」「身分秩序」「民衆運動」というようなテーマごとにまとめてみましょう。

その際には，「その時代の政治とどのような関わりをもっていたのか」というようなヨコのつながりを意識しましょう。そうすれば，どちらの分野についても理解が深まるという相乗効果が期待できます。これが分野別に学習する最大のメリットです。

文化史は時代の雰囲気をつかむ

文化史は最も苦手意識が根強い分野でしょう。「文化史＝ひたすら暗記」という暗いイメージもありますが，最も効果的な学習法を伝授しましょう。それは各文化の時代感覚（＝時代の雰囲気）をつかむことです。これについては，教科書では他の分野（政治・経済・社会・外交）における変化とからめて記述されています。

たとえば，桃山文化については「富と権力を集中した統一政権のもとで育まれた豪華絢爛な文化」などと説明されているでしょう。これをじっくりと読んだ上で，代表的な作品名および写真を確認し，その雰囲気を実感するのです。こうした手順でダイナミックに理解すると，文化の特徴も作品も忘れにくくなります。

しかし，教科書によって，掲載されている写真や作品にバラツキがあります。そこでお薦めしたいのが，拙著『共通テスト日本史〔文化史〕』（教学社）です。各時代の雰囲気をわかりやすく説明した上で，センター試験の過去の出題を十分に踏まえ，共通テストでねらわれると考えられる文化史の写真や作品名を網羅しているので，短時間で文化史がマスターできます！

センター
過去問の上手な使い方

ここまで述べてきた通り，共通テストはセンター試験と全く異なる試験なのではなく，似たような問題も多く出題されています。共通テストの過去問が少ない現状では，センター試験の過去問研究も共通テスト対策の要となります。そこで，共通テストに向けて，センター試験の過去問をどのように活用して対策をすればよいか，まとめてみました。ぜひ参考にしてください。

1 問題文・史資料の読解力を養う

共通テストでは読解力がモノを言います。センター試験では，大問ごとに長めのリード文が設けられていますので，過去問に掲載されているリード文だけをじっくり読み進め，文意を理解する練習をするのも効果的です。教科書にはない切り口で関連事項がまとめられていることもあるので，受験勉強を進めていく上で知識の整理に役立つかもしれません。史料文については，注を手がかりに大意を把握できれば十分です。共通テストで今後も出題が予想される初見史料を用いた問題は，センター試験でも数多く出題されていましたから，共通テストに向けたトレーニングに大いに役立つでしょう。図版・グラフ・統計表・地図といった視覚資料についても，センター過去問の演習を通じて基本的な読み解き方を身につけておくことです。

2 基礎固め＋苦手克服を徹底する

共通テストでは，単純な知識問題は減少していますが，知識・理解は確かな思考の土台となるものです。まずは教科書を熟読して時代の特徴を押さえましょう。その時代，どんな政治が行われていたのか，社会はどのような状況だったのか，外国とはどのような交流があったのか，国内ではどんな文化が開花していたのかについて，一言で答えられるように，時代の基本をがっちりつかむことです。その上で，センター試験の過去問を用いて，**苦手な時代・分野をつぶし，知識の穴を埋めていく**と万全でしょう。

3 正文・誤文を見極める力をつける

　歴史的事象について「正しい理解がなされているか」を問う上で，正文・誤文を見極める力をみる問題は，センター試験に引き続き，共通テストでも重要になってきます。ここで，解き方をおさらいしておきましょう。

例題9　鎌倉時代の学問・文学や宗教・思想について述べた文として正しいものを，次の①～④のうちから一つ選べ。

① 北条義時は学問に関心をもち，和漢の書物を集めた金沢文庫を設けた。

② 伊勢神宮の神官度会家行は，本地垂迹説による唯一神道を完成させた。

③ 日蓮は，「南無阿弥陀仏」をとなえると極楽浄土へ往生すると説いた。

④ 平氏の興亡を描いた『平家物語』が，琵琶法師により平曲として語られた。

　　　　　　　（2016年度 センター試験 日本史B 本試験 第3問 問3・改題）

　文章の正誤判断を求める出題形式の中でも，最もオーソドックスな正文選択問題です。消去法も活用して着実に選択肢を絞っていきましょう。

①誤文。金沢文庫を設けたのは，北条義時ではなく**北条実時**です。一文字違いの似た人名であり，なんとなく人名だけを覚えていたのでは太刀打ちできません。

②誤文。度会家行が唱えたのは**伊勢神道**で，唯一神道は室町時代に吉田兼倶によって唱えられました。江戸時代の山崎闇斎＝垂加神道，平田篤胤＝復古神道とともに4点セットで覚えておきましょう。

③誤文。「南無阿弥陀仏」は念仏です。日蓮は「南無妙法蓮華経」の題目を勧めました。

　　　　　　　　　　　　　　　　　　　　　　　　　　　　　　正解…④

対策 あいまいな知識は命取り！

　正文・誤文選択問題では，すべてが正文にみえたり，すべてが誤文にみえたりするものです。出題者は上の例題9の①のように，**イメージ的に似ているもの**や，③の念仏と題目のように混同しやすい事柄を文中にちりばめています。判定がきわどい文章が並ぶときもありますから，あいまいな知識が一番の命取りとなります。たとえば次の2つの文では，どちらが正しいでしょうか。

　　　① 1874年に警視庁が設置された。
　　　② 1874年に警察庁が設置された。

　「警視庁」と「警察庁」。確かに混同しやすい事項です。しかし，これに即答できないということは，知識があいまいである証拠です。警察庁の設置は戦後の1954年なので，この場合は①が正文ということになります。

　そのほかにも下記のように混同しやすい歴史用語はたくさんあります。学習中にあいまいな箇所にぶつかったら，すぐに教科書や用語集で確認するくせをつけましょう。

〔混同しやすい事項の例〕　条里制と条坊制，阿倍仲麻呂と阿倍内麻呂，円仁と円珍，『令義解』と『令集解』，北面の武士と西面の武士，『愚管抄』と『歎異抄』，文永の役と文禄の役，貫高と石高，桜田門外の変と坂下門外の変，蛮社の獄と安政の大獄，『西洋紀聞』と『西洋事情』，『華夷通商考』と『赤蝦夷風説考』，『蘭学事始』と『蘭学階梯』，井上馨と井上毅，黒田清隆と黒田清輝，憲政会と憲政党，三・一五事件と五・一五事件，治安警察法と治安維持法など

☑ 誤文を見つける 5 つの鉄則

①歴史用語をチェックする

　まずは年代や地名・人名や事項名などの歴史用語とその説明に誤りがないかをチェックしましょう。選択肢の文章には短いものが多く，大部分はこの方法で解決します。

②問題条件を見落とすな

　与えられた選択肢が，歴史的にはすべて正文である場合もあります。設問文やリード文をもう一度読み，大事な条件を読み落としていないかを確認しましょう。「時代条件に合致しない」というタイプの誤文がよくみられるので，特に注意が必要です。

③因果関係に誤りはないか

　一見正しいようにみえる文章でも，よく吟味すると因果関係が誤っていることがしばしばあります。たとえば，次のような文章があるとします。

　　　　　1950 年に朝鮮戦争が始まったので，1954 年に自衛隊が発足した。

前半の「1950 年に朝鮮戦争が始まった」と後半の「1954 年に自衛隊が発足した」は，それぞれ正しい記述です。しかし，両者の間に直接的な因果関係はないので「朝鮮戦争が始まったので」とするのは誤りだといえます（朝鮮戦争の勃発と直接的に関係があるのは"警察予備隊"です）。

④主語と述語の関係に着目する

　たとえば，次のような文章があるとします。

　　　　　明治政府は文部省を設置して教育行政の近代化を図り，
　　　　　同志社英学校を設立するなどして人材の養成を図った。

前半までは正しい記述ですが，同志社英学校を設立したのは新島襄であり，明治政府ではありません。主語と述語が矛盾しています。

⑤"超・断定的"な表現に注意

　「絶対」「すべての」「完全に」といった"100％"を意味する表記には注意が必要です。歴史では白黒はっきりしている事柄はそう多くないので，もし断定的な表現が出てきたら何度も文章を読んで吟味してみる必要があります。

4 時間配分の感覚をつかむ

　共通テストでは，問題文や史資料の読解量が増えるとともに，考察が必要な問題が多く出題されています。本番で時間が足りなくなってしまわないよう，センター試験の過去問を利用して，制限時間を意識した演習を行っておきましょう。まずは，過去問を60分かけて実際に解き，1問にどれくらいの時間をかければよいのか，時間配分の感覚をつかんでおきましょう。もし難問にぶつかったらどのような気持ちになるか，体感しておくことには大いに意味があります。そのようなときには，簡単に解けそうな問題から片づけるといった対処法も覚えておくことです。慣れてきたら，さらに短い時間で解き終える練習を積んでおくと，より安心でしょう。

5 オススメのセンター過去問

　共通テストでは思考力を問うような問題が出題されています。これまでのセンター試験の問題の中では，史資料問題の各タイプ——「文字資料（史料）問題」「写真・絵図問題」「グラフ・統計表問題」「地図問題」——や，一部の「年代・時代配列問題」「テーマ史問題」で思考力が試されてきたと考えられます。ぜひ取り組んでほしいオススメの過去問をセンター試験日本史B本試験から紹介します。

☑ 文字資料（史料）問題

　史料文を提示し，内容の読解を求める問題が中心です。初見史料の出題が多く，史料文の丸暗記は通用しません。**史料文中のキーワードを見抜く力**とともに，**手持ちの知識と照らし合わせながら，内容を正確に読み取る力**を鍛えましょう。

```
●オススメの過去問
2020年度〔1〕問6  津田左右吉『古事記及び日本書紀の新研究』（近代／初見史料）の
                   内容読解，関連知識
2019年度〔2〕問5  那須国造碑文（古代／初見史料）の内容読解，関連知識
2018年度〔6〕問8  石橋湛山「池田外交路線へ望む」（現代／初見史料）の内容読解，
                   関連知識
2017年度〔4〕問5  「先手組への指示」（近世／初見史料）の内容読解
2016年度〔2〕問4  「新羅使からの購入予定品目」（古代／初見史料）の内容読解，関
                   連知識
```

写真・絵図問題

　作品の図版と作者名を組み合わせるような単純な選択問題も出題されていますが，共通テスト対策になりうるのは，写真や絵図から情報を読み取った上で，正しい（もしくは誤っている）説明を選んだり，年代順に並べ替えたりする問題です。過去には，リード文の下線部に関連して，同時代の出来事を描いた絵を選ぶ問題も出ています。

●オススメの過去問
2020 年度〔6〕問 8	農地改革にかかわる風刺漫画の内容読解，関連知識
2018 年度〔1〕問 2	土地制度にかかわる図の内容読解，関連知識
〔3〕問 4	「中世の農耕」を描いた図の内容読解，関連知識
2017 年度〔1〕問 5	「近現代における日本海の往来」に関する写真の年代整序
2016 年度〔6〕問 2	「関東大震災後の都市文化」に関する図の内容読解，関連知識

グラフ・統計表問題

　主に近現代の社会・経済分野に関して，統計表・グラフを用いて，データを種別に比較したり，データの経時変化の背景を答えたりする問題です。表・グラフから傾向を読み取る技能だけでなく，**時代背景の考察**が求められます。簡単な計算を伴うこともあり，センター過去問を通して解き慣れておきましょう。

●オススメの過去問
2017 年度〔6〕問 6	「米の生産」に関する統計表の読み取り，計算，背景知識

✓ 地図問題

　センター試験では，歴史上の事項にかかわる都市・場所を特定した上で，白地図上の位置を答える問題，条坊図をもとに，左京・右京の位置や方角を答えたり，条・坊を数えて住居・寺院の位置を割り出したりする問題などが出題されていました。**外交や社会・経済に関する動きや位置関係を地図上で空間的に把握する力**が問われています。

●オススメの過去問
2018 年度〔1〕問 6	日露間の国境線，関東都督府の所在地
2017 年度〔1〕問 4	尼子氏・毛利氏にかかわりのある銀山，日本海側の開港地
2016 年度〔6〕問 8	四日市ぜんそく発生地，革新知事・美濃部亮吉の政務地

年代・時代配列問題

　センター試験の年代・時代配列問題の中には，年代把握だけでは解きにくく，歴史の大きな流れや時代背景，出来事の因果関係などを考察する力が求められる問題が散見されます。共通テストでも歴史的事象を時系列で把握しているかが重視されるため，センター試験の過去問が参考になると思われます。

●オススメの過去問
2020 年度〔4〕問 2　戦国時代〜近世初期の貿易
2019 年度〔2〕問 4　国司制度の推移
2018 年度〔4〕問 2　近世日本が海外から取り入れた技術・文化
2017 年度〔4〕問 6　江戸時代中後期の尊王思想の興隆

テーマ史問題

　一つのテーマにかかわる歴史的事項について，時代を縦断して問う問題です。各時代に関する基本的な学習はもちろんのこと，時代ごとの推移・変化が整理・把握できているかがみられます。こうしたねらいは，歴史的事象の展開を問うとする共通テストにも引き継がれていると考えられます。

●オススメの過去問
2020 年度〔1〕問 3　古代〜近現代の教育
2019 年度〔1〕問 2　飛鳥〜昭和時代の貨幣
2018 年度〔1〕問 2　土地制度の変遷
　　　　　〔1〕問 3　衣装の歴史
2017 年度〔1〕問 2　原始・古代〜近世の瀬戸内地方
2016 年度〔1〕問 3　印刷・出版
　　　　　〔1〕問 5　弥生時代〜近代の米の生産と価格

攻略アドバイス

先輩方が共通テストやセンター試験攻略のために編み出した「秘訣」があります。これらのセンパイ受験生の声をヒントに，あなたも攻略ポイントを見つけ出してください！

✔ 教科書がすべての基本！

日本史の学習では「教科書が基本」といわれますが，それは共通テストでも変わりません。まずは手元にある教科書を読んでみましょう。それが共通テスト対策の第一歩なのです！

考えながら教科書を読み込むことが一番重要だと思います。用語だけを単純に覚えるのではなく，なぜそうなったかの理由に着目して読むとより効果的です。　　　　　　　　　　　　　　　　R. I. さん・京都府立大学（文学部）

オススメ　『山川 一問一答日本史』（山川出版社）

日本史学習において教科書や資料集の精読は必須です。"５Ｗ１Ｈ"を意識して，太字語句になっているような重要な出来事・人物等について自分の言葉である程度説明できるように，歴史の流れを頭の中で整理していきましょう。　　　　　　　　　　　　　　Y. A. さん・千葉大学（理学部）

時代の流れを押さえよう！

「日本史＝暗記科目」と思われがちですが，共通テストでは，歴史の流れの理解が重視されています。細かい知識をやみくもに暗記するのではなく，重要事項を押さえながら，それぞれの時代のイメージをつかむよう心がけましょう。

共通テストは，知識云々ではなく，歴史の流れの理解のほうが重点的に問われるようになりました。やはり，教科書を読み込むのが一番だと思います。政治・経済・社会・文化，まんべんなく読み込んでください。

Y. M. さん・京都大学（法学部）

 日本史は時代の流れをつかめばこちらの勝ちです。やはり暗記するだけでは限界があるので，だいたいの時代の流れを理解することで，ただ覚えるだけという作業を，減らすことができます。 S. F. さん・広島大学（法学部）

史資料問題対策を忘れずに！

共通テストでは，文字資料や写真・図版・グラフなどの視覚資料から考察させる問題が多く出題されています。限られた試験時間の中でこうした問題に対処するには慣れが必要です。センター試験でも史資料問題はよく出題されていました。センター過去問はもちろんのこと，史料集や図説も活用して十分に対策をしておきましょう。

史料問題を解く際のポイントは，必要な情報をすぐに見分けることだと思います。センター過去問などを使って史料問題に慣れてください。

R. O. さん・同志社大学（文学部）

 オススメ 『共通テスト過去問研究 日本史B』（教学社）

知識のほか，読解力や資料を正確に読み取る力が問われるためコツをつかむ必要があります。実戦問題集を使って自分なりの解き方を確立させたり，持っている知識を問題と結びつける練習をすることがおすすめです。

N. G. さん・早稲田大学（文化構想学部）

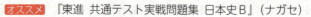 オススメ 『東進 共通テスト実戦問題集 日本史B』（ナガセ）

✓ 特有の出題形式に慣れる！

　正文・誤文選択問題や配列問題など，特有の形式の問題が出題されています。以下の先輩方のアドバイスも参考にしながら，自分なりの対策を立ててください。

> 　知識だけでなく問題文を速く，正確に理解する能力も必要とされるのではと思います。教科書精読などで基本的な知識を身につけたうえで，本番を想定した模試や問題集で練習を積み，出題形式になれることが大切です。
>
> R. T. さん・一橋大学（社会学部）
>
> オススメ 『石川晶康 日本史B講義の実況中継』シリーズ（語学春秋社）

✓ 社会・経済史，文化史に注意！

　「日本史＝政治史」というイメージがあるかもしれませんが，社会・経済史は大きなウエートを占めています。文化史も政治・外交史などとからめるなどして問われています。おろそかにせずに学習しておけば，大きな得点源になるでしょう。

> 　政治史が主と考えられがちだが，実際は産業や文化史の出題比率も高い。政治史で大まかな流れをつかんだ上で，産業・文化史の肉付けを行うのが有効だろう。
>
> Y. T. さん・九州大学（工学部）
>
> オススメ 『金谷の日本史「なぜ」と「流れ」がわかる本』シリーズ（ナガセ）

✓ センター試験を含め過去問を最大限活用する

　共通テストの対策には，センター試験の過去問も十分に活用できます。大問構成はほぼ同じなので，演習を通して時間配分の感覚を身に付けられます。また，全範囲からまんべんなく出題されており，知識の総整理や弱点の発見にも役立ちます。

> 　思考力を問う問題として資料問題が出題されますが，基本的に日本史の知識がしっかりしていれば問題なく解けます。知識の確認としては，センター試験が時代・分野をまんべんなく問うて網羅してくれていて，過去問の分量も多いので，十分利用できると思います。
>
> S. K. さん・奈良女子大学（文学部）
>
> オススメ 『共通テスト過去問研究 日本史B』（教学社）

過去問 INDEX

活用法 1 　苦手分野の集中学習に

> 江戸時代の流通が苦手。過去問INDEXの「江戸時代の社会・経済」から関連した出題を探すことができるので，苦手を克服しておこう！

　苦手分野の出題検索に活用できます。類似した問題を集中的に解くことで，効率よく得点アップが図れます。解説や教科書もよく読んで，理解を深めておきましょう。過去問を解いてみて間違えた問題については，似たようなテーマの問題を探して重点的に取り組んでみることをオススメします。

活用法 2 　出題形式の研究に

> 史料やグラフを用いた問題が苦手。INDEXを見ると，すべての時代でまんべんなく出題されていることがわかる。まとめて対策しておこう！

　出題年度を表示しているところに「★」があるのは史料問題，「☆」があるのは視覚資料を用いた問題です（上の「凡例」も参照してください）。これらの形式も慣れてしまえば怖くありませんので，苦手な人は実際の過去問を使って重点的に演習しておくことをオススメします。

● 近代の社会・経済

● 近代の文化

● 終戦〜国際社会への復帰

● 高度経済成長〜現代

● 近現代の雑題

テーマ史

解答・解説編

Keys & Answers

解答・解説編

凡　例

CHECK：設問に関連する内容で，よく狙われる事項をチェックとして示しています。
NOTE：関連づけたり整理したりして覚えるべき事柄を，図や表でまとめています。

✓ **解答・配点に関する注意**

　本書に掲載している正解および配点は，大学入試センターから公表されたものをそのまま掲載しています。

日本史Ｂ　本試験

問題番号 (配点)	設　問		解答番号	正　解	配　点	チェック
第1問 (18)	A	問1	1	④	3	
		問2	2	③	3	
		問3	3	②	3	
		問4	4	①	3	
	B	問5	5	②	3	
		問6	6	③	3	
第2問 (16)	A	問1	7	②	3	
		問2	8	③	3	
		問3	9	④	4	
	B	問4	10	①	3	
		問5	11	①	3	
第3問 (16)		問1	12	①	4	
		問2	13	③	3	
		問3	14	④	3	
		問4	15	④	3	
		問5	16	①	3	

問題番号 (配点)	設　問		解答番号	正　解	配　点	チェック
第4問 (16)		問1	17	②	3	
		問2	18	①	3	
		問3	19	③	3	
		問4	20	①	4	
		問5	21	②	3	
第5問 (12)		問1	22	④	3	
		問2	23	⑤	3	
		問3	24	②	3	
		問4	25	④	3	
第6問 (22)	A	問1	26	④	3	
		問2	27	①	3	
		問3	28	④	3	
	B	問4	29	②	3	
		問5	30	③	4	
		問6	31	②	3	
		問7	32	④	3	

自己採点欄

100 点

（平均点：59.75 点）

第1問 ── 地図から考える日本の歴史

A 標準 《古代〜中世の政治・外交》

問1 　1　 正解は④

①誤文。行方郡については史料1に，地方豪族である茨城の国造と那珂の国造が朝廷から派遣された「総領」に請願して成立したとあるので，「地方豪族の話し合いで決定した」は誤り。

②誤文。史料3によれば，陸奥国と常陸国の六郡を割いて石城国を置いたとあるので，「既存の一か国を分割して」は誤り。

③誤文。史料1から，常陸国行方郡の設置は「癸丑の年」（＝653年）とわかるので，「大化改新より前に」は誤り。

④正文。史料3から，石城国の設置は「養老2年」（＝718年）とわかる。これと同じ年に**大宝律令**に続く**養老律令**が制定された。大宝律令の制定は大宝元年（＝701年）なので，「国郡の行政区画の変更は，大宝律令の制定以降にも行われた」という説明は正しい。

問2 　2　 正解は③

Ⅰ．**天龍寺船**は，夢窓疎石の勧めを受けた足利尊氏・直義らにより，後醍醐天皇の冥福を祈るための寺院造営費を得る目的で，1342年に元へ派遣された。

Ⅱ．三別抄は高麗王朝のもとで編制された3つの精鋭部隊のこと。1270年に済州島を拠点として元に抵抗したが，1273年に鎮圧された。

Ⅲ．中山王の**尚巴志**が北山・中山・南山を統一して琉球王国を建てたのは1429年で，王府は首里に置かれた。琉球はその立地を生かして，東アジア諸国間における中継貿易で利をあげ，貿易港那覇は国際港として発展した。

よって，Ⅱ（鎌倉時代，1270年）→Ⅰ（南北朝時代，1342年）→Ⅲ（室町時代，1429年）の順となり，③が正解。

問3 　3　 正解は②

Ｘ．**正文**。古代の関には反乱を起こした人物が地方に逃亡するのを防ぐ役割もあった。先生の説明文にも述べられているとおり，畿内で発生した**平城太上天皇の変**（薬子の変）のときにも関が封鎖された。

Ｙ．誤文。先生の説明文の10〜11行目に「昆布や，アザラシの毛皮などの北方産物が交易されていた」とあるので，「その地の産物は忌避された」は誤り。

よって，Ｘ─正，Ｙ─誤となり，②が正解。

B　標準　《近世〜近代の測量・地図と全時代の考察》

問4　4　正解は①

アには「各地の村高」が，イには「幕府が東蝦夷地を直轄地としたこと」が入る。

ア．国絵図には村名や村高などが明記されたことから，地域の経済力を把握するための参考資料としても機能したことがわかる。

イ．幕府が東蝦夷地を直轄にしたのは1799年で，伊能忠敬は1800年に箱館から測量を始め，その後1816年まで各地をめぐって測量をおこなった。ロシアとの間で国境が定められたのは，1855年の日露和親条約においてである。

問5　5　正解は②

X．1875年，朝鮮沿岸の江華島に派遣された日本の軍艦の挑発行為に対し，朝鮮側が砲撃し，日本側も報復攻撃した（＝a・江華島事件）。その翌年，清の朝鮮に対する宗主権の否定，釜山ほか2港の開港，日本の領事裁判権の承認，無関税特権の獲得などの不平等な内容で，日朝修好条規が調印された。甲申事変（＝b）は1884年に朝鮮の独立党が日本公使と結んで起こしたクーデタ。

Y．第一次世界大戦（＝d）による世界的な船舶不足の中で，日本はイギリス・アメリカに次ぐ世界第3位の海運国に成長し，大戦景気と呼ばれる好況により，多くの船成金も生まれた。日露戦争（＝c）前後の時期には繊維産業の分野で輸出が目立ったものの，軍需品や重工業資材の輸入が増加したため，「戦争に伴う輸出増加」という現象は見られず，貿易収支も常に赤字だった。

よって，X－a，Y－dが正しい組合せとなり，②が正解。

問6　6　正解は③

a．誤文。史料2に「諸国の堺を定めしむ」とあるので，「国と国との境は確定されなかった」は誤り。

b．正文。地図2には，実在する龍及国・唐土・高麗・蒙古国・新羅国のほか，想像上の羅刹国・雁道などの国も描かれている。

c．正文。地図3の国絵図には，村名・村高（酒寄村・八百八十一石余）や，宗教施設（権現・大御堂），地理的情報（道路・筑波山・郡境）など，村落支配に不可欠な情報が克明に記されている。

d．誤文。「陸の地図より海図が重視され」以下の内容は，マリさんとケントさんの会話からは読み取れない。

よって，b・cが正しい組合せとなり，③が正解。

第2問 —— 古代の陰陽道

A 標準 《陰陽寮と陰陽師の動き》

問1 　7　 正解は②

① 誤文。男性ではなく，女性が正しい。土偶は女性をかたどったものが多く，安産や豊猟を祈願したものと思われる。

② 正文。「魏志」倭人伝に「鬼道を事とし能く衆を惑はす」とあるので，卑弥呼は司祭者的な性格を持っていたと考えられる。

③ 誤文。壱岐島ではなく，沖ノ島が正しい。玄界灘に浮かぶ沖ノ島には，福岡県にある宗像大社の沖津宮として海神が祀られている。4世紀後半から9世紀にかけての祭祀遺物が大量に出土しており，航海の安全を祈る儀式が行われていたと考えられる。

④ 誤文。「鹿の骨」を焼く行為は，吉凶を占うためにおこなう太占である。

問2 　8　 正解は③

X．「天皇の詔書作成などを担当」したのは左弁官に含まれる中務省（＝ b）で，「八省筆頭」とあるように，最も重要な省であった。兵部省（＝ a）は右弁官に含まれる役所で，軍事関係や武官の人事などを司った。

Y．「天皇のそばに仕えて機密文書を扱う役所」は，蔵人所（＝ c）である。810年の平城太上天皇の変（薬子の変）を機に設置され，藤原冬嗣と巨勢野足が初代の蔵人頭に就任した。検非違使庁（＝ d）は都の治安維持を扱う役所として設置され，のちには旧来の刑部省・京職・弾正台などの警察機能も吸収し，訴訟や裁判なども扱うようになった。

よって，X－ b，Y－ c が正しい組合せとなり，③が正解。

問3 　9　 正解は④

Ⅰ．菅原道真に関する説明文。藤原氏を外戚としない宇多天皇によって重用され，宇多天皇の退位後に右大臣となったが，対立する藤原時平の讒言によって，901年に大宰府へ左遷された。

Ⅱ．長屋王に関する説明文。左大臣として政界を主導したが，藤原四子（武智麻呂・房前・宇合・麻呂）の策謀により，729年の長屋王の変で自殺に追い込まれた。

Ⅲ．早良親王に関する説明文。桓武天皇の弟で，桓武天皇が即位すると皇太子になったが，新都造営の責任者である藤原種継の暗殺事件に関わったとして785年に淡路へ配流され，その途中で死去した。

よって，Ⅱ（729 年）→Ⅲ（785 年）→Ⅰ（901 年）の順となり，**④**が正解。

B　標準　《暦の影響と貴族の生活》

問4　[10]　正解は**①**

Ｘ．正文。史料1には，国司が任国に赴任するときは「必ず吉日時を択び」とあり，任国の居館に入る日時も「吉日時」を選び，国司交替の手続きも「吉日」を選ぶように記されている。

Ｙ．正文。史料2には，起床後に「暦を見て日の吉凶を知る」とあり，年中行事についても，「ほぼ件の暦に注し付け，日ごとに視るの次に先ずその事を知り，兼ねてもって用意せよ」とある。

よって，Ｘ―正，Ｙ―正となり，**①**が正解。

問5　[11]　正解は**①**

ａ．正文。天皇が時間を支配しているという観念を示すために，陰陽寮で作成された暦は，天皇から太政官を通じて各官司に下賜するという形式をとった。

ｂ．誤文。リード文Ｂの冒頭に，「陰陽寮の重要な仕事の一つに，暦の作成があった」とあるので，「地方の役所」で「暦を独自に作成していた」は誤り。

ｃ．正文。史料2の4～5行目に，「年中の行事は，ほぼ件の暦に注し付け，日ごとに視るの次に先ずその事を知り，兼ねてもって用意せよ」とある。

ｄ．誤文。リード文Ａの末尾に，「天皇や貴族たち個人の要請にも応え，事の吉凶を占ったり，呪術を施したりした」とあるので，「貴族の個人的な吉凶は占わなかった」は誤り。

よって，ａ・ｃが正しい組合せとなり，**①**が正解。

第3問　やや難　《中世の京都》

問1　[12]　正解は**①**

Ｘ．ａ．適当。中世に商業の中心地だった場所などからは，大量の銭貨の入った甕・壺などが出土することがあるので，調査対象としてふさわしい。会話文の後ろから3～5行目にあるキョウさんの発言「この頃の酒屋にはたくさんの銭が集まっていたんだろうね」「黒い丸の場所の地中にはものすごい量の銭の入った容器が眠っているかもよ」がヒントになる。

ｂ．不適。農具は農業に用いる道具なので，調査対象としてふさわしくない。

Ｙ．ｃ．適当。見世棚は，店舗に商品を並べて販売する方式やその店舗のことを意味する言葉なので，調査対象としてふさわしい。中世の京都を描いた『洛中洛外

　　『図屏風』によって，見世棚の様子をうかがうことができる。

　ｄ．不適。「粟田口」（図1の右端）のように，京都の関所は市街の周辺に設置され
　　たので，調査対象としてふさわしくない。

　よって，Ｘ－ａ，Ｙ－ｃが正しい組合せとなり，**①**が正解。

問2 　13　 正解は**③**

　Ⅰ．法勝寺は白河天皇の発願で創建された院政期（平安後期）の御願寺である。

　Ⅱ．法成寺は藤原道長が造営した摂関期（平安時代中期）の寺院である。

　Ⅲ．禅宗の一派である臨済宗（栄西）や曹洞宗（道元）が宋から伝来し，禅宗寺院
　　が建立されたのは，12世紀末〜13世紀前半（平安末期〜鎌倉前期）のことであ
　　る。

　よって，Ⅱ（平安中期）→Ⅰ（平安後期）→Ⅲ（平安末期〜鎌倉前期）の順となり，
③が正解。

問3 　14　 正解は**④**

　ａ．誤文。ｂ．正文。洪武銭（洪武通宝）に着目すると，史料1では「取引に使用
　　しなさい」とし，史料2では「排除しなさい」と，扱いが異なっているので，使
　　用禁止の対象とされた銭の種類は一致していない。

　ｃ．誤文。ｄ．正文。永楽銭（永楽通宝）に着目すると，史料1では「使用しなさ
　　い」とし，史料2では「選別して排除してはならない」としている。どちらの法
　　令でも，わざわざ流通を促していることから，実際は好んで受け取ってもらえず，
　　市中での需要が低かったと判断できる。室町時代には従来の**宋銭**とともに，永楽
　　銭などの**明銭**も流通していたが，明銭の通用価値は不安定だった。

　よって，ｂ・ｄが正しい組合せとなり，**④**が正解。

問4 　15　 正解は**④**

　①正文。『鳥獣戯画』は，中世初期の貴族社会や仏教界など世相を風刺的に描いた
　　絵巻物である。

　②正文。『愚管抄』は，1220年に慈円が著した歴史書で，「道理」の理念と「末法
　　思想」にもとづいて歴史の展開を叙述した。

　③正文。池坊専慶は室町時代後期の僧で，立花の名手としても活躍し，後世，生け
　　花の流派である池坊花道（華道）の祖と仰がれた。

　④誤文。「大和絵」が誤り。『瓢鮎図』は禅の公案を題材とした禅機画で，水墨画を
　　開拓した如拙の作品である。

問5　　16　正解は①

　Ｘ．中国大陸から日本列島にもたらされたものは，**宋銭・明銭**などの中国銭なので，鋳造された**銭**（＝ a）が正しい。産出された**金**（＝ b）は，日本からの輸出品なので該当しない。

　Ｙ．「京都の市場」と「地方の主要都市」のように，遠隔地間での取引や決済に用いられた制度は**為替**（＝ c）である。借上（＝ d）は高利貸のことなので該当しない。

　Ｚ．荘園領主におさめる年貢は，現物の米で納入するのを原則としたが，貨幣経済の進展によって銭での納入も行われたので，**代銭納**（＝ e）が正しい。酒屋役（＝ f）は，室町幕府が京都・奈良の酒造業者に課した税なので，該当しない。

　よって，**Ｘ－ａ，Ｙ－ｃ，Ｚ－ｅ**が正しい組合せとなり，①が正解。

第4問　標準　《江戸時代における人々の結びつき》

問1　　17　正解は②

ア．**ａ．適当**。「諸大名が江戸に屋敷をかまえ国元との間を往来するようになった」とは 1635 年の武家諸法度で制度化された**参勤交代**をさす。空欄の直前にある「17 世紀前半に」という記述がヒントになる。

　ｂ．**不適**。江戸時代の関所は「入鉄砲に出女」を取り締まる重要な役割を果たしたが，明治政府の殖産興業政策の一環として，**1869 年**に廃止された。

イ．ｃ．**不適**。寺社参詣は 18 世紀以降に盛んになったが，御蔭参りの場合でも，旅の基本は**陸路**だったので，水上交通の発達とは関係ない。

　ｄ．**適当**。年貢米など大量の物資を安価で輸送するには，陸路よりも水上交通のほうが適していた。「17 世紀中頃」までには河川舟運が整備されたほか，大坂～江戸間では**菱垣廻船**の運航も始まっていた。

　よって，**アーａ，イーｄ**が正しい組合せとなり，②が正解。

問2　　18　正解は①

　Ⅰ．幕府が**糸割符制度**を創始したのは 1604 年である。

　Ⅱ．江戸で**十組問屋**が結成されたのは 1694 年である。

　Ⅲ．「株仲間として広く公認した」「銅座や真鍮座，人参座を設けた」から**田沼時代**（1767～86 年）のことと判断する。

　よって，**Ⅰ**（17 世紀初期・江戸前期）**→Ⅱ**（17 世紀末期・江戸中期）**→Ⅲ**（18 世紀後期・江戸後期）の順となり，①が正解。

問3　**19**　正解は③

X．誤文。右から４人目の「興斎」が仕えているのは津山藩，７人目の「古処」が
　仕えているのは備前藩とある。両方とも現在の岡山県にあった藩なので，「関東
　以外の場所に領地を有する大名には仕えることができなかった」は誤り。

Y．正文。右から４人目の「興斎」が得意とする文化ジャンルは「蘭学」となって
　いるので，西洋の学術・文化を研究している者もいたことがわかる。

よって，X－誤，Y－正となり，③が正解。

問4　**20**　正解は①

a．正文。史料２の５〜７行目に，「海防庁許氏より咨文一通，寧波府鄞県黄氏よ
　り咨文一通差し送り，（中略）菅沼氏より回咨二通，両所に相渡さる」とある。

b．誤文。史料２の２〜４行目に，「船頭鄭青雲，財副林栄山，外に童天栄・黄福，
　この二人は日本に渡海馴れたる者にて，少々日本詞を覚えたる由にて，通弁・介
　抱のため差し添え」とあるので，日本まで同行したのは役人ではなく，船頭・船
　員や通訳・介抱にあたった人である。

c．正文。江戸時代に正式に国交を結んで外交使節が行き来していたのは朝鮮と琉
　球王国のみである。オランダ・中国（清）とは，貿易はおこなっていたが，正式
　な国交はなかった。

d．誤文。問題文によると，この漂流事件は1751年に起こった。幕府では，1715
　年に新井白石が海舶互市新例を発布し，清船の貿易額は年間で船30隻，銀6000
　貫に制限していたので，「まだ制限されていなかった」は誤り。

よって，a・cが正しい組合せとなり，①が正解。

問5　**21**　正解は②

①誤文。会話文の４行目でナツさんが「同じ主君に仕える家臣たちは，主君の家の
　一員とみなされ」と述べているように，大名の家臣団は，主君と家臣の関係を家
　になぞらえてとらえていたが，必ずしも本当に血縁関係があったわけではないの
　で，「血縁によって結びついている集団」は誤り。

②正文。会話文６〜７行目でアキさんが，「百姓たちは，日頃は村で過ごして，村
　や地域の中で深い結びつきをもっていたんじゃないかな」と推察しているように，
　江戸時代の村には百姓の生活を支える自治的組織が生み出され，幕府や藩もその
　ような村の自治に依存して年貢収納や村民掌握にあたった（＝村請制）。

③誤文。俳諧や川柳は，江戸時代中期以降，町人文化が開花する中で広く庶民に享
　受された文芸なので，「武士の文化」という点が誤り。

④誤文。寄場組合（改革組合村）は1827年，治安と農村秩序の維持のために関東
　地方の農村を対象に結成させた組織なので，「奉公人や出稼ぎ人」が誤り。

第5問 《幕末から明治にかけての日本》

問1 22 正解は④

X.「牧野りん」が生まれたのは 1860 年という設定なので，彼女が4歳になるのは **1864 年**である（満年齢で計算した場合）。この年，「**イギリス・フランス・アメリカ・オランダ**」の四国連合艦隊が**下関**（＝b）を砲撃する事件が起こった。**鹿児島**（＝a）は，1863 年の**薩英戦争**でイギリスの砲撃を受けた。両事件によって，薩長両藩は攘夷が不可能であることを知った。

Y.「牧野りん」が 13 歳になるのは **1873 年**である。この年，殖産興業政策を推進する中心官庁として**内務省**が設置され，初代内務卿に**大久保利通**（＝d）が就任した。**寺島宗則**（＝c）は外交面で活躍した政治家で，のちに**外務卿**に就任。在任中，1875 年の**樺太・千島交換条約**，1876 年の**日朝修好条規**などの締結にあたり，1878 年には**条約改正交渉**も担当した。

よって，X－b，Y－dが正しい組合せとなり，④が正解。

問2 23 正解は⑤

Ⅰ．1876 年の**敬神党の乱（神風連の乱）**に関する説明文である。熊本の士族が同年の**廃刀令**などに不満を抱き，熊本鎮台を襲撃した。

Ⅱ．1887 年に外相を辞任した**井上馨**に関する説明文である。1883 年完成の**鹿鳴館**に象徴される欧化主義を進め，条約改正交渉にあたったが，世論の非難を浴びて辞任した。

Ⅲ．1867 年に流行した「**ええじゃないか**」に関する説明文である。幕末の混乱期に起こった民衆の狂乱で，男性の女装，女性の男装，派手な衣装や仮装などが見られた。

よって，Ⅲ（1867 年）→Ⅰ（1876 年）→Ⅱ（1887 年）の順となり，⑤が正解。

問3 24 正解は②

X．**正文**。男性と女性との知識の差については，史料5～6行目に「教うると教えざるとの差い，又世に交ることの広きと狭きとに依るもの」と，その理由が端的に指摘されている。

Y．**誤文**。小学校に**国定教科書制度**が導入されたのは **1903 年**である。岸田俊子の文章は 1884 年に発表されたものなので，まだ国定教科書に基づく義務教育は行われていない。

よって，X－正，Y－誤となり，②が正解。

問4　25　正解は④

タク…誤り。屯田兵は，北海道開拓と士族授産を目的として明治政府が設けた制度なので，対象となったのは士族である。したがって，「屯田兵に応募できたのは平民だけだよね」という発言は誤り。

ユキ…正しい。憲政党は 1898 年に自由党と進歩党が合同して成立した政党である。「牧野りん」が生まれたのは 1860 年という設定なので，彼女が 20 歳で結婚したとすれば，1880 年の出来事ということになる。したがって，「憲政党の結成は，りんが設定上で結婚した年よりも後のことだよね」という発言は正しいと判断できる。

カイ…正しい。「牧野りん」のドイツ滞在が 21 歳から 8 年間のことだとすれば，1881〜89 年頃の出来事ということになる。1882 年から 1883 年にかけて，伊藤博文はドイツを含むヨーロッパ諸国を歴訪し，憲法調査をおこなっている。したがって，「明治政府の要人がドイツで憲法調査を行っているよね」という発言は正しいと判断できる。

よって，タクさんのみ間違っているので，④が正解。

第6問 ── 旅から見た近現代の歴史

Ａ　易　《近現代の教育と外交》

問1　26　正解は④

アには「全国画一的に」が，イには学校教育法が入る。

ア．学制は，フランスの制度にならって 1872 年に公布された。全国を 8 大学区に分け，1 大学区に 1 つの大学校と 32 の中学校を，1 中学区に 210 の小学校を設置するという「全国画一的」な規定であった。国民皆学などの理念を示したが，受益者負担主義を採用するなど，国民生活からかけ離れ，「地方の実情を考慮」したものとはいえない構想だったために，各地で学制反対一揆も起きた。

イ．1947 年に公布され，六・三・三・四の新学制について規定したのは学校教育法である。教育令は学制の画一路線を改めるべく，アメリカの制度を取り入れて 1879 年に発布されたものなので該当しない。

問2　27　正解は①

Ｘ．正文。上海は，アヘン戦争の講和条約である南京条約によって，1842 年に開かれた。安政の五か国条約は 1858 年に締結されたので，「締結よりも前に開港していた」は正しい。

Ｙ．正文。史料 1 の 4〜5 行目に，「戦勝の結果利権を得て新設された東華紡績工

場の見物」とある。また，３〜４行目に，「『東洋鬼』の罵声を浴びつつ支那人街や城内などの見物をなし」とあることから，上海市民の反応がうかがえる。

よって，**X**―正，**Y**―正となり，①が正解。

問3 28 正解は④

①誤文。朝鮮総督府の初代総督に就任したのは，桂太郎ではなく，寺内正毅である。

②誤文。19〜21日の訪問先である新京神社や，22日の訪問先である奉天神社は，満州国内の神社である。

③誤文。「日中戦争のきっかけとなる衝突」は，北京郊外の盧溝橋で 1937 年に発生した。22日の訪問地である奉天の郊外で起こったのは，1928 年の張作霖爆殺事件と，満州事変のきっかけとなった 1931 年の柳条湖事件である。

④正文。関東都督府は 1906 年に旅順に設置され，関東州の管轄などにあたった。

B (やや難) 《近代の労働事情と戦後の国際関係》

問4 29 正解は②

a．正文。勤続年数３年未満の労働者の比率を見ると，炭鉱Ａ・炭鉱Ｂでは９割を超え，炭鉱Ｃ・炭鉱Ｄ・炭鉱Ｅでは８割以上，炭鉱Ｆでも８割近くを占めている。

b．誤文。他府県出身比率が最も高い炭鉱Ｄと，他府県出身比率が最も低い炭鉱Ｂを比較すると，炭鉱Ｄのほうが勤続年数１年未満の労働者の比率は少なく，勤続年数３年以上の労働者の比率は多いので，「他府県出身の労働者が多ければ多いほど，勤続年数が短くなる傾向があった」という指摘は誤っている。

c．誤文。史料２の１〜３行目に，炭鉱労働者の妻が 10 歳にも満たない息子に幼児を背負わせ，４人分の弁当を持ち，「ワレも滑らず，うしろも転ばぬ様に気を配りつつ」，坑道の先端にいる夫のもとへ子どもを連れて下りていくようすが記されているので誤り。

d．正文。史料２の４〜６行目に，「他人に幼児を預けると十銭（中略）いるから大変，よって学校は間欠長欠になるわけであった」と記されているので正しい。

よって，a・d が正しい組合せとなり，②が正解。

問5 30 正解は③

「ジャパン・ツーリスト・ビューロー」は，外国人旅行客の誘致を目的として 1912 年に設立された組織で，戦後の改称により日本交通公社となった。

①誤文。地方改良運動は，第２次桂太郎内閣のときに内務省の主導で行われた，地方行政の財政基盤の強化などを目的とした運動である。

②誤文。日露戦争後に高まったのは，黄色人種が白色人種の脅威になるとする黄禍

論である。**ファシズム**は 1920 年代のイタリアで出現し，日本では 1930 年代に高
まった。

③**正文**。産業革命の中で，原料品や重工業製品などの輸入が増加（＝輸入超過）し
たために，貿易収支はほぼ毎年のように大幅な赤字が続いた。

④誤文。「独立運動」として，朝鮮で**三・一独立運動**が起こったのは 1919 年である。

問6　31　正解は②

a．**正文**。b．誤文。沖縄の施政権がアメリカから返還されたのは 1972 年 5 月で
ある。1 つ目の「1975 年に『沖縄海洋博』　復帰記念し大々的に」という記事は
1971 年 3 月のものなので，海洋博の開催は，沖縄がアメリカ施政権下にあった
時期から検討されていたとわかる。

c．誤文。d．**正文**。5 つ目以降の記事には，「本土の人たちの祭り」「観光客は増
えても本土の資本が吸いあげ」「聞こえてくる本土への恨み節」とあり，沖縄で
は不信感が募り，景気回復を歓迎する論調は読み取れない。

よって，**a・d** が正しい組合せとなり，②が正解。

問7　32　正解は④

X．誤文。西ヨーロッパではアメリカを中心に 1949 年に**北大西洋条約機構
（NATO）**が結成されたが，東アジアでは「アメリカを中心とする多国間の共同
防衛組織」は結成されなかったので誤り。

Y．誤文。第 1 回アジア・アフリカ会議は，中国・インドを中心として，1955 年
にインドネシアのバンドンで開催された。

よって，**X―誤，Y―誤**となり，④が正解。

日本史Ａ　本試験

問題番号 （配点）	設　問		解答番号	正解	配点	チェック
第1問 （22）	A	問1	1	②	3	
		問2	2	①	3	
	B	問3	3	②	4	
		問4	4	③	3	
	C	問5	5	④	3	
		問6	6	③	3	
		問7	7	③	3	
第2問 （12）		問1	8	④	3	
		問2	9	⑤	3	
		問3	10	②	3	
		問4	11	④	3	
第3問 （22）		問1	12	①	3	
		問2	13	②	3	
		問3	14	②	3	
		問4	15	③	3	
		問5	16	④	3	
		問6	17	③	3	
		問7	18	①	4	

問題番号 （配点）	設　問		解答番号	正解	配点	チェック
第4問 （22）	A	問1	19	④	3	
		問2	20	①	3	
		問3	21	④	3	
	B	問4	22	②	3	
		問5	23	③	4	
		問6	24	②	3	
		問7	25	④	3	
第5問 （22）	A	問1	26	②	3	
		問2	27	③	3	
	B	問3	28	④	3	
		問4	29	④	3	
	C	問5	30	①	3	
		問6	31	②	3	
		問7	32	③	4	

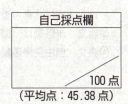

自己採点欄

100 点

（平均点：45.38 点）

第1問 ── 切手から考える近代の日本

A 易 《近代の切手の特徴》

問1　1　正解は②

アには前島密が，イには大阪紡績会社が入る。

ア．前島密は駅逓頭として1871年，それまでの飛脚制度に代えて郵便制度を創始し，「はがき」「郵便切手」などの用語も定めた。金子堅太郎は伊藤博文のもとで，井上毅・伊東巳代治らとともに大日本帝国憲法の起草にあたった。

イ．渋沢栄一は，華族らの出資を得て1882年に大阪紡績会社を設立し，翌年に操業を始めた。大阪紡績会社はイギリス製の機械や電灯を用いて昼夜2交代制で操業し，蒸気力による近代最大の紡績工場として発展した。八幡製鉄所は官営工場として1897年に設立され，1901年に操業を開始した。ドイツの技術を採用し，大冶鉄山の鉄鉱石を原料，筑豊炭田の石炭を燃料に鉄鋼生産をすすめた。

問2　2　正解は①

①誤文。図1の「銭四十八文」の切手が，図2では「五厘」となっているので，料金単位は文から厘に変更されたことがわかる。したがって「銭から厘に変更」は誤り。

②正文。図2の楕円形の上部に「大日本帝国」と記されている。

③正文。図2の楕円形の下部に「JAPANESE」，四角に「5R」と見える。

④正文。図2の周囲に「他の切手と切り離すための小穴（目打ち）」が見える。

B 易 《大正時代の切手と帝王像の扱い》

問3　3　正解は②

キリコさんの発言に「関東大震災が発生したために，印刷した切手のほとんどが焼失してしまったよ」とあることから，この切手は1923年頃に印刷されたものであると判断できる。

①誤文。満州国は1932年に建国されたので，当時は存在していない。

②正文。第一次世界大戦後，1919年にヴェルサイユ条約が締結され，日本は赤道以北の南洋諸島の委任統治権を認められた。

③誤文。米騒動は，関東大震災よりも前の1918年に発生した。

④誤文。自由民権運動の激化事件は明治時代の出来事なので，時代が合致しない。

問4 ┃ 4 ┃ 正解は③

X．**誤文**。史料1～2行目に，「帝王将相の像を民間常用の郵便切手，若くは他の種の品類に印刻するが如きは，欧米に於る慣習にして」とあるので，「欧米に実例がないことが分かる」は誤り。

Y．**正文**。史料3～4行目に，「政府たるもの徒に欧風を模倣して国体の如何を弁ぜず，皇室の尊厳を冒瀆するを顧みず」と欧化（西洋化）を「失体」として批判しているので，国粋主義の立場から主張したものとわかる。

よって，X－誤，Y－正となり，③が正解。

C　標準　《戦時中の切手》

問5 ┃ 5 ┃ 正解は④

Ⅰ．「一億玉砕」は，太平洋戦争中の小磯国昭内閣（1944～45年）で用いられたスローガンである。「本土決戦に備えて」という部分がヒントになる。

Ⅱ．「臥薪嘗胆」は，日清戦争後の三国干渉（1895年）で高まった，ロシアに対する敵対意識を表すスローガンである。

Ⅲ．「満蒙は日本の生命線」とは，満州事変が起こる1931年に松岡洋右が唱えていたスローガンである。「関東軍は日本の利権を確保するため，満州全域に侵攻した」という部分がヒントになる。

よって，Ⅱ（日清戦争後～日露戦争前，1900年前後）→Ⅲ（満州事変，1931年）→Ⅰ（太平洋戦争中，1944～45年）の順となり，④が正解。

問6 ┃ 6 ┃ 正解は③

①誤文。1925年にラジオ本放送が始まると，翌年に東京・大阪・名古屋の放送局を統合し，日本放送協会（NHK）が設立された。

②誤文。円本は大正末期から昭和初期にかけてブームとなった1冊1円の廉価本のことである。

③正文。「リンゴの歌（唄）」は，1945年に上映された戦後初の映画「そよかぜ」の主題歌・挿入歌で，並木路子が歌ってヒットした。

④誤文。トーキー（talkie）は有声映画のことで，1931年から上映された。

問7 ┃ 7 ┃ 正解は③

X．a．**不適**。絵はがきの下に「教育勅語渙発五十年記念」とある。教育勅語は1890年に発布されたので，この絵はがきは1940年のものとわかる。したがって太平洋戦争前なので，「敗戦後に軍国主義的な教育から解放された学校の様子を表している」は誤り。

b．**適当**。1940 年の絵はがきなので，「日中戦争下」は正しい。また，子供たちはみな「日の丸」の旗を振って国威発揚を体現していることから，「国家主義が影響を及ぼしている学校の様子」が読み取れる。

Y．c．**適当**。絵はがきの中に，「南京陥落」の四文字が見える。南京陥落は 1937年 12 月で，その前後から日本軍は略奪・暴行・殺害などの行為を繰り返した（＝**南京事件**）。その結果，**蔣介石**の国民政府は首都を南京から漢口，さらに**重慶**へと移して日本への抗戦を続けたため，日中戦争は長期化・泥沼化した。

d．**不適**。西安事件は 1936 年，張学良が蔣介石を監禁して内戦停止と一致抗日を求めた事件である。したがって 1937 年の南京陥落をきっかけに，「中国では西安事件が発生した」は誤り。

よって，**Ｘ－ｂ，Ｙ－ｃ**が正しい組合せとなり，**③**が正解。

第2問 ── 日本史Ｂの第5問に同じ。

第3問 やや難 《税が経済・社会に与えた影響》

問1 12 正解は①

①**正文**。政府の税収合計額は，1875 年の 5,919 万円から 1880 年の 5,526 万円に**減少**した。

②**誤文**。1875 年から 1915 年の間において，酒税の収入金額が地租の収入金額を上回ったのは，1900 年，1910 年，1915 年の 3 度あった。

③**誤文**。1890 年に開かれた第一議会では，全 300 議席中，立憲自由党が 130 議席，立憲改進党が 41 議席と，民党が過半数の 171 議席を占めたので，「民党が衆議院で一度も多数派を形成することができず」は誤り。

④**誤文**。1910 年の地租収入は，1890 年と比べると 2 倍弱に増加しているが，国税収入額合計に占める割合を見ると，1890 年の 60 ％から 24 ％に大幅に低下した。したがって，「わずかな上昇にとどまった」は誤り。

問2 13 正解は②

イにはインフレーションが，**ウ**には「米を売却すれば政府の収入を増やせる」が入る。

イ．西南戦争の戦費調達のために政府は多額の**不換紙幣**を増発し，国立銀行も不換紙幣を発行したことから，**インフレーション**がおこり**物価騰貴**を招いた。

ウ．インフレーションで物価が高いときに政府が米を売却すれば政府の収入を増やすことができる。

問3 　14　 正解は②

Ｘ．正文。史料1の2～3行目に，「兵に庶民を取ると雖も，租額敢て減ぜず，而して諸税ますます加う」とある。

Ｙ．誤文。秩禄処分は家禄・賞典禄を全廃する政策で，その対象は士族である。

よって，Ｘ―正，Ｙ―誤となり，②が正解。

問4 　15　 正解は③

Ⅰ．綿糸の輸出量がはじめて輸入量を上回ったのは1897年である。日清戦争前後には繊維産業を中心とする軽工業部門において産業革命が進行し，日本近代紡績業が確立した。

Ⅱ．官営富岡製糸場が設立されたのは1872年。フランスの技術を採用し，先進的な生産技術の導入と工女の養成が図られた。

Ⅲ．第一次世界大戦による大戦景気で，工業生産額がはじめて農業生産額を上回り，全産業生産総額の半分以上を占めるようになった。

よって，Ⅱ（1872年，殖産興業政策の推進期）→Ⅰ（1897年，産業革命期）→Ⅲ（大戦景気期，農業国から工業国へ転換期）の順となり，③が正解。

問5 　16　 正解は④

①誤文。史料2の詩が掲載されたのは詩歌雑誌『明星』。文芸雑誌『キング』ではない。

②誤文。『万朝報』は黒岩涙香が経営・主宰した新聞で，はじめ非戦論を展開していたが，日露戦争に際して黒岩が主戦論に転じた。そのため，幸徳秋水・堺利彦らは退社して1903年に平民社を起こし，『平民新聞』を発刊して非戦論を唱えた。

③誤文。老舗の跡継ぎの人物に対し，「君死にたまふことなかれ」と無事を願っているのだから，「兵役免除の対象になっていた」は誤り。

④正文。「旅順の城はほろぶとも，ほろびずとても，何事ぞ」の部分から，戦争を疑問視する心情がうかがえる。また，「老舗を誇るあるじ」「親の名を継ぐ君」「あきびとの家の習ひ」という表現によって，商家の伝統意識を強調していることから，老舗の存続を願う気持ちを読み取ることができる。

問6 　17　 正解は③

ａ．誤文。「ドイツの中国大陸への進出」が誤り。ロシアが南下政策をとって不凍港を獲得することへの警戒心が強かったためである。

ｂ．正文。日英通商航海条約は1894年，陸奥宗光外相のときに調印され，領事裁判権の撤廃や関税率の引上げ，相互対等の最恵国待遇などを約した。

ｃ．正文。関税収入を比較すると，1890年は439万円，1900年は1,700万円なの

で，4倍弱増加したことがわかる。

d．誤文。関税自主権が1911年に完全回復したにもかかわらず，関税収入を比較すると1910年は3,994万円，1915年は3,216万円と減少し，国税収入額に占める割合も13％から10％に減少していることがわかる。

よって，b・cが正しい組合せとなり，③が正解。

問7　　18　　正解は①

①正文。間接税とは，納税者と租税負担者が異なる税のことである。酒税の場合，買い手の消費者が酒の代金とともに税金を支払う租税負担者になり，売り手の酒店が納税者となる。したがって酒税の税率をいくら上げても，酒屋の数が増えるわけではないので，「有権者数の増加にはつながらなかった」は正しい。

②誤文。地租を負担したのは，地主や自作農など土地所有者（地券所有者）で，選挙権は，一定額の直接国税（地租や所得税）を納める25歳以上の男子に限られていた。また，国税収入全体に占める地租の割合が低下した背景には，松方財政以降，土地を手放して小作農に転落する自作農や下層農民が多くなった事情があった。地租の占める割合が低下する一方，衆議院議員選挙法が改正され，そのたびに有権者数は増加したので，収入全体に占める地租の割合と選挙権の有無には相関関係はない。したがって，「地租の割合が次第に低下していった。そのため，選挙権を失う地主が多かった」は誤り。

③誤文。日清戦争後，1895年の下関条約によって日本は賠償金を得たが，政府は戦後経営の一環として，安定的な財源確保のために地租増徴案を提出するなど，増税策を打ち出したので「減税が行われ」は誤り。その結果，1898年，第2次山県有朋内閣のときに，地租が地価の2.5％から3.3％に引き上げられた。また，「政府の税収合計額が減少した。この影響で有権者が減少した」も誤り。

④誤文。第1次加藤高明内閣は，1925年に普通選挙法とともに治安維持法を公布した。その背景には，普選実施による無産政党員の進出に対する懸念や，1925年の日ソ基本条約によって流入すると想定された共産主義思想への警戒心があった。したがって「同内閣は警戒していなかった」は誤り。

第4問 ── 日本史Ｂの第6問に同じ。

第5問 —— アジア太平洋戦争と戦後の政治・外交・社会

A やや難 《戦局の転換と国内状況》

問1 [26] 正解は②

①誤文。皇居前広場で**飯米獲得人民大会（食糧メーデー）**が実施されたのは，1946年5月1日の復活メーデーの後（1946年5月19日）である。

②正文。「文科系学生の徴兵猶予が停止され」，**学徒出陣**が実施されたのは1943年9月である。

③誤文。**大東亜会議**は1943年11月に東京で開催されたが，ドイツ・イタリアの代表者は参加していない。

④誤文。**農山漁村経済更生運動**は1932年，斎藤実内閣のときに農村救済請願運動に応える形で内務省・農林省が主体となって実施した。

問2 [27] 正解は③

a．誤文。史料1末尾に，「米国は，この原子爆弾が多く使用されないうち，諸君が此の戦争を止めるよう天皇陛下に請願される事を望むものである」とあり，これを「日本国民に告ぐ‼」と題して散布したので，アメリカが作成した伝単とわかる。

b．正文。史料1にあるように，アメリカは「広島にただ一個だけ投下された際如何なる状態を惹起したかはそれを見れば判るはずである」の一文を入れることで原子爆弾のもつ驚異的な破壊力を認識させ，それによって，日本国民の戦意の低下と戦争の終結をねらっている。

c．正文。史料1にある「三国共同宣言」とは，1945年7月に採択された**ポツダム宣言**である。アメリカのトルーマン，イギリスのチャーチル（のちアトリー），ソ連のスターリンが，ベルリン郊外のポツダムで会談し，対日戦の終結方法などについて討議した。

d．誤文。広島に投下された原爆について言及しているので，1945年8月6日以降に散布された伝単だとわかる。

よって，b・cが正しい組合せとなり，③が正解。

B 標準 《戦後の政治・社会・経済》

問3 [28] 正解は④

Ⅰ．日本民主党と自由党の保守合同によって**自由民主党**が結成されたのは1955年で，初代総裁に鳩山一郎が就任した。ここから日本社会党との二大政党時代（＝

55年体制）が始まった。

Ⅱ．「総選挙で衆議院第一党になった」のは日本自由党である。総選挙は **1946年**,
戦後初めて行われ，39名の女性議員も誕生した。その際，日本自由党総裁の鳩
山一郎が公職追放処分を受けたために，吉田茂が日本進歩党の協力を得ながら第
1次吉田茂内閣を組織した。

Ⅲ．総選挙で**日本社会党**が衆議院第一党になったのは **1947年**で，日本社会党委員
長の片山哲が，民主党・国民協同党との3党連立内閣を組織した。日本国憲法下
で成立した初の内閣であると同時に，社会主義政党が政権の座に就いた最初の内
閣でもあった。

よって，Ⅱ（1946年，第1次吉田茂内閣）→Ⅲ（1947年，片山哲内閣）→Ⅰ（1955
年，第3次鳩山一郎内閣）の順となり，**④**が正解。

問4　　**29**　　正解は**④**

史料2の1〜2行目に，「一九四五年八月一日，あの運命の日，あれから既に五年
有余の歳月が流れ去りました」とあるので，この趣意書が書かれたのは1950年と
わかる。X・Yに記された出来事が，1950年よりも前のことか，後のことかを考
えればよい。

X．誤文。中部太平洋のビキニ環礁で，アメリカが水爆実験を行ったのは **1954年**
である。日本の漁船**第五福竜丸**が被曝し，翌年には広島で第1回原水爆禁止世界
大会が開かれた。したがって，この趣意書が書かれた当時は，まだ水爆実験は行
われていないので，「第三次世界大戦の危機」に水爆実験は含まれない。

Y．誤文。『経済白書』に「もはや戦後ではない」と記されたのは **1956年**である。
平和像の建設が計画された当時は，まだこの『経済白書』は刊行されていない。

よって，X―誤，Y―誤となり，**④**が正解。

C　**標準**　《近現代の政治・経済・外交》

問5　　**30**　　正解は**①**

①誤文。「変動為替相場制から固定為替相場制に移行」が誤り。**1971年のドル＝シ
ョック**を機に，1ドル＝360円だった固定相場は1ドル＝308円に切り上げられ，
1973年からは**変動為替相場制に移行**した。

②正文。航空機の購入をめぐる収賄容疑（＝**ロッキード疑獄事件**）が発覚したのち，
1976年には元首相の田中角栄が逮捕された。

③正文。1967年に公害対策基本法が制定され，大気汚染・水質汚濁などの公害問
題を担当する機関として，**1971年**に環境庁が設置された。

④正文。1973年の第4次中東戦争を機に，アラブ石油輸出国機構（＝OAPEC）は

原油価格を引き上げたため，日本経済も**石油危機**に陥った。それを機に年平均の経済成長率は低下し，**1974年**の国民総生産（＝GNP）が戦後はじめて**マイナス成長**を記録し，1950年代半ばから続いてきた高度成長の時代が終わった。

問6　31　正解は②

①誤文。史料3の6〜7行目に，「戦争の真実と実態を，切実に語ってきかせたい」とあるように，子どもたちには「かっこいい」戦争，「イカす」戦争という認識しかなかった。したがって「東京大空襲の実態が認識されている」は誤り。

②正文。「日本国内に置かれたアメリカ軍基地」とはたとえば沖縄の米軍基地のことで，ベトナム戦争に際しては嘉手納基地から B52 爆撃機が飛び立つなど，後方基地としての役割を担った。

③誤文。「1970年代前半」が誤り。「アメリカの日本防衛義務を明確に示した**新安全保障条約**」は 1960年 に調印された。

④誤文。沖縄本島が誤り。1944年に日本軍が玉砕した**サイパン島**から飛来した。

問7　32　正解は③

X．「1945年1月」に空襲を受けた都民の体験記は第2巻，その空襲に関する新聞報道は第4巻を参照すればよい。

Y．「1945年3月9日から10日の東京大空襲」の体験記は第1巻，その地域に関する日本政府の被害状況認識については，副題に「軍・政府（日米）公式記録集」とある第3巻を参照すればよい。

よって，X−c，Y−b が正しい組合せとなり，③が正解。

日本史Ｂ 本試験

2022年度

問題番号 （配点）	設 問		解答番号	正 解	配 点	チェック
第1問 （18）	A	問1	1	②	3	
		問2	2	④	3	
		問3	3	⑤	3	
	B	問4	4	③	3	
		問5	5	①	3	
		問6	6	①	3	
第2問 （16）		問1	7	①	3	
		問2	8	④	3	
		問3	9	④	4	
		問4	10	③	3	
		問5	11	②	3	
第3問 （16）		問1	12	④	4	
		問2	13	⑥	3	
		問3	14	①	3	
		問4	15	④	3	
		問5	16	①	3	

問題番号 （配点）	設 問		解答番号	正 解	配 点	チェック
第4問 （16）		問1	17	③	3	
		問2	18	④	3	
		問3	19	②	3	
		問4	20	④	4	
		問5	21	①	3	
第5問 （12）		問1	22	①	3	
		問2	23	④	3	
		問3	24	②	3	
		問4	25	③	3	
第6問 （22）	A	問1	26	③	3	
		問2	27	②	4	
		問3	28	①	3	
		問4	29	④	3	
	B	問5	30	②	3	
		問6	31	④	3	
		問7	32	②	3	

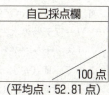

自己採点欄

100 点

（平均点：52.81 点）

第1問 ── 人名から見た日本の歴史

A　[難]　《苗字と姓》

問1　[1]　正解は②

アには「苗字（名字）＋名（個人名）」が，イには「近代国家の国民として把握する」が入る。

ア．会話文に「北条政子の場合，平氏の一族であり，平政子が正式な名前と考えられている」とあり，メモの内容から「平」は姓であるとわかるので，「北条政子」という名前は，苗字（名字）＋名（個人名）と判断できる。

イ．士農工商の封建的身分制度を撤廃して，新たに華族・士族・平民の族籍を設けて四民平等を実現させたので，「華族・士族・平民の身分を撤廃する」は明らかに誤り。政府は1870年に平民に対して苗字の使用を許可し，1875年には平民苗字必称義務令を出して，近代国家の国民として把握しようとした。

問2　[2]　正解は④

Xは源義仲，Yは足利持氏についての説明である。

X．「育った信濃国の地名」とは木曽をさす。「敵対する一族」とは平家の一族。「都から追い落とし」たのは1183年で，「朝日（旭）将軍」と呼ばれた。また，「従兄弟との合戦で敗死」とは，源義経・源範頼の軍に敗れて近江粟津で死去したことをさす。

Y．苗字として名乗った「所領の地名」とは下野国の足利をさす。「室町幕府から東国支配を任された」とは，鎌倉公方に就任したことである。「将軍と対立して自害に追い込まれた」とは，6代将軍足利義教と対立した1438〜39年の永享の乱をさす。

問3　[3]　正解は⑤

Ⅰ．近松門左衛門は元禄文化を代表する浄瑠璃作者で，17世紀後期から18世紀初期（＝江戸時代中期）にかけて活躍した。

Ⅱ．江川太郎左衛門（英竜・坦庵）は伊豆韮山の代官で，反射炉を築くなど19世紀前期（＝江戸時代後期）に活躍した。

Ⅲ．ウィリアム＝アダムズは，1600年（16世紀最後の年）に豊後臼杵湾に漂着したリーフデ号の水先案内人。江戸時代初期には家康の外交顧問として活躍し，イギリス・オランダとの通商にも尽力した。

よって，Ⅲ（安土・桃山時代〜江戸時代初期，16〜17世紀）→Ⅰ（江戸時代中期，17〜18世紀）→Ⅱ（江戸時代後期，19世紀）の順となり，⑤が正解。

B　やや難　《子どもの名づけ方の特徴》

問4　4　正解は③

a．誤文。嵯峨天皇が在位した時代は平安時代の初期である。「和風化」が顕著となるのは平安時代中期以降の，国風文化が開花する時代である。

b．正文。嵯峨天皇は礼法や殿舎・諸門の呼び方を中国風に改めるなど，唐風を意識した政策を展開した。また，平安初期の弘仁・貞観文化では，唐風書家の三筆の活躍や中国の歴史や漢文学を学ぶ紀伝道の隆盛にみるように，「唐風化」の影響が強く認められる。

c．正文。嵯峨天皇には多くの皇子・皇女が生まれたが，皇位継承にあずかれない子どもも多くなった。皇族の増加は必然的に国家財政の圧迫を招くので，天皇は源氏の姓を与えて皇子・皇女を臣籍降下させた。そうした賜姓皇族は嵯峨天皇の時代以降に多くなったが，源氏の「源」という字は，臣籍降下しても「血筋の源は皇室と同じ」という中国的な考え方に起因するもので，ここにも唐風化の影響を見ることができる。

d．誤文。嵯峨天皇の皇子には「良」，仁明天皇の皇子には「康」という共通の漢字がついている。そうした名づけ方も中国の慣習にならったものであるが，それは皇位継承の順番とは全く関係がない。

よって，b・cが正しい組合せとなり，③が正解。

問5　5　正解は①

X．正文。「アメリカ・イギリスに宣戦布告」から，1941〜45年の太平洋戦争期を考えればよい。表を見ると，「勇」「進」「勝」など戦争勝利を祈願するような名前が優勢だったことがわかる。

Y．正文。「天皇の代替わりにともなう改元」から，昭和改元を考えればよい。昭和改元は1926年末だったので，新年の1927年から翌1928年にかけては，「昭」や「和」の字を冠した名前が優勢となった。

よって，X−正，Y−正となり，①が正解。

問6　6　正解は①

a．正文。メモの「姓」の欄には「姓は大王から氏に与えられた称号」，「天皇は姓を持たない」とある。

b．誤文。「夫婦同姓が原則」が誤り。「江戸時代以前における日本の支配階層」とあるので，たとえば鎌倉時代の源頼朝と北条政子，室町時代の足利義政と日野富子などの例を考えればよい。

c．正文。苗字の公称は，帯刀・切捨御免とともに武士の特権として認められてお

り，支配層である武士の身分を象徴するあり方でもあった。

ｄ．誤文。夫婦同姓は1898年施行の明治民法によって法的に規定され，政府は妻に夫の姓を名乗らせることによって家制度の確立を図ろうとした。したがって「啓蒙思想の普及を図るため」は明らかに誤り。

よって，ａ・ｃが正しい組合せとなり，①が正解。

第2問　やや難　《古代の政治・外交・文化》

問1　　7　　正解は①

①正文。600年以前における日中間の使節派遣を見ると，478年に倭王武が宋の順帝に上表文を送ったのが最後であった。したがって「100年以上前」は正しい。

②誤文。曇徴は610年に来日した高句麗の僧なので，「帰国して」は誤り。

③誤文。冠位十二階は603年，憲法十七条は604年に制定されているので，「この遣隋使の派遣以前」は誤り。

④誤文。「新しい律令」とは701年の大宝律令をさす。したがって「新しい律令の施行を中国に宣言するために」は明らかに誤り。

問2　　8　　正解は④

Ｘ．ａ．不適。「真言宗が広まった」とあるので，「唐で仏教を学んだ僧」とは空海をさす。空海は804年の遣唐使に留学生として入唐し，806年に帰国した。したがって時期はＹ。

ｂ．適当。「正式な戒律が伝えられた」とあるので，「来日した唐僧」とは鑑真をさす。鑑真は753年に坊津に来日し，翌年入京したので時期はＸ。

Ｙ．ｃ．不適。来迎図が盛んに描かれたのは，浄土教が流行した平安中期以降である。したがって，Ｘ・Ｙともに時期的には合致しない。

ｄ．適当。「密教」，「両界曼荼羅」というキーワードから平安初期の弘仁・貞観文化を考える。したがって時期はＹ。

よって，Ｘ－ｂ，Ｙ－ｄが正しい組合せとなり，④が正解。

問3　　9　　正解は④

ａ．誤文。史料の右から8行目に「課口一人」とある。調・庸を負担した課口は，史料の右から12行目の「男於伊美吉伊賀麻呂 年四十七」1人である。調・庸は17〜65歳の良民男子に課された負担なので，史料右から10行目に見える「課戸主従六位上於伊美吉子首 年七十九」と11行目の「嫡子於伊美吉豊人 年十四」の2人と，史料左側に見える「奴」4人はすべて課税対象外となる。

ｂ．正文。史料右から2〜3行目に「去年の計帳に…十五人」「今年の計帳に…

「十五人」とある。**計帳は毎年作成された**ので，このような表記から年ごとの戸の人数の変動がわかる。

ｃ．**誤文**。史料の左から２行目と６行目の人名の下に「逃」という表記があるので，「逃亡した奴や婢は，計帳から削除されており，解放された」は誤り。

ｄ．**正文**。史料に「左下唇黒子」「左頬黒子」とあるように，計帳には個人を識別するために，**本人の身体的特徴も記されている**。

よって，ｂ・ｄが正しい組合せとなり，**④**が正解。

NOTE **戸籍と計帳**

戸籍	…班田の基本台帳→６年に一度作成（氏姓の根本台帳／保存期間は30年）
計帳	…調・庸賦課の基本台帳→毎年作成（容貌など身体的特徴も記す）

問４ **10** 正解は**③**

西暦年代・時代名・天皇名のいずれか一つを基準に考えるとよい。

Ⅰ．718年に成立した**養老令**に収められた租税負担に関する賦役令の一節である。

Ⅱ．604年に制定された**憲法十七条**の一節である。

Ⅲ．927年に完成した**延喜式**の一節である。

よって，Ⅱ（604年，飛鳥時代，推古天皇）→Ⅰ（718年，奈良時代，元正天皇）→Ⅲ（927年，平安時代，醍醐天皇）の順となり，**③**が正解。

問５ **11** 正解は**②**

①**正文**。天智天皇のときに冠位法度の事（近江令とする説もある），天武天皇のときに**飛鳥浄御原令**が編纂されているので，令は「律よりも先行して整備された」ことがわかる。

②**誤文**。「律令の編纂は，天皇の代替わりごとに行われた」ものではない。**大宝律令**が制定されたのは701年，文武天皇のときで，元正天皇のとき，718年に**養老律令**が制定された。

③**正文**。820年，嵯峨天皇のときに最初の格式として『**弘仁格式**』が成立したので「大宝律令の編纂から100年以上遅れた」は正しい。

④**正文**。「遣唐使が派遣されなくなった」のは９世紀である。その後，10世紀に入ると醍醐天皇の命で907年に延喜格，927年に延喜式が完成した。

第3問 　やや難 　《中世の海と人との関わり》

問1 　12 　正解は④

①正文。室町時代に博多商人の神屋（谷）寿禎が，朝鮮から灰吹法と呼ばれる金・銀の精錬技術を石見銀山に伝えた。

②正文。鉄砲は戦国武将の間に新鋭武器として普及し，需要の高まりを背景に，和泉堺や近江国友，紀伊根来・雑賀など国内でも製造されるようになった。

③正文。瀬戸内海沿岸や日本海沿岸などでは廻船が発達し，千石船の運航によって年貢米など米の大量輸送も可能となった。

④誤文。倭寇は朝鮮半島や中国大陸沿岸を中心に活動した商業的な海賊集団。「アジアを自由に移動した」は誤り。また，日本側は明や高麗（のち朝鮮）から再三にわたって倭寇の禁止を求められていたので，「国家権力による保護を得て」も明らかに誤り。

問2 　13 　正解は⑥

Ⅰ．毛利輝元は，安土・桃山時代に豊臣秀吉に服属した大名で，五大老の一人として活躍した。

Ⅱ．重源は，平安時代末期から鎌倉時代初期にかけて活躍した僧侶で，勧進上人として南都焼打ち後の東大寺の復興に尽力した。

Ⅲ．平忠盛は，平安時代後期に鳥羽上皇と結んで昇進した武将で，瀬戸内海の海賊平定などで武功をあげ，平氏繁栄の基礎を築いた。

よって，Ⅲ（平安時代後期）→Ⅱ（平安時代末期～鎌倉時代初期）→Ⅰ（安土・桃山時代）の順となり，⑥が正解。

問3 　14 　正解は①

Ｘ．正文。図に描かれた運送業者は馬借で，その機動性を活かして1428年には近江国で一揆を起こし，正長の徳政一揆を誘発した。

Ｙ．正文。馬借は大津・坂本など港湾や陸上交通の要地で発達し，船で運ばれた物資を京都や奈良などに輸送した。

よって，Ｘ―正，Ｙ―正となり，①が正解。

問4 　15 　正解は④

ａ．誤文。銀は日本の輸出品である。灰吹法の伝播を背景に日本国内では産銀量が増加し，日明貿易や日朝貿易において銀は銅などとともに日本からの輸出品となった。

ｂ．正文。綿布は朝鮮から輸入された。木綿は船の帆布や鉄砲の火縄のほか，保温

性や耐久性から兵士の衣料として用いられた。やがて戦国時代になると，三河国で木綿の栽培が始まり，江戸時代に木綿は庶民の衣料の中心となった（＝衣料革命）。

ｃ．誤文。ｄ．正文。史料４行目に「我れ其の弊を受く。甚だ不可たり」とあり，現在の貿易を継続すれば，５〜６行目にあるように「其の利の重きを楽み，後来の齎す所，必ずや此に倍せん」と憂いている。

よって，ｂ・ｄが正しい組合せとなり，④が正解。

問5 　16　正解は①

Ｘ．「和人」「館」から，北海道の渡島半島南部に形成された**道南十二館**を考える。1968年に函館市の**志苔館**（＝ａ）付近から，大甕に入った中国の古銭などが発見された。

Ｙ．「元軍や高麗軍」とあるので，13世紀後期の**蒙古襲来**を考える。長崎県松浦市の鷹島周辺での調査で，陶磁器や武器類が出土し，1281年の**弘安の役**の際の元軍の船の遺物である可能性が高まった。その後の水中考古学の調査の結果，2001年には「**てつはう**」が出土した。2011年には沈没元船がほぼ原形をとどめた形で発見されたことから，2012年に日本初の海底遺跡「鷹島神崎遺跡」（＝ｃ）として国史跡に指定された。

ｂは小浜，ｄは種子島である。

よって，Ｘ−ａ，Ｙ−ｃが正しい組合せとなり，①が正解。

第4問 やや難 《近世の社会と文化》

問1 　17　正解は③

①正文。村政は，名主（西日本では庄屋，東北では肝煎）・組頭・百姓代からなる村方三役を中心とする本百姓によって運営された。

②正文。年貢は本百姓個人に対してではなく，村全体に対して課され，村役人が徴税してまとめて納入した（＝村請制）。

③誤文。町政に参加できたのは地主・家持（家主）のみで，地借・店借・奉公人などは町の運営には参加できなかった。したがって「町内に居住する人々の総意により」は誤り。

④正文。町人はそのほか，道・橋の補修や堀の清掃など，日常生活を維持するためのさまざまな役割を町人足役としてつとめていた。

問2 　18　正解は④

Ⅰ．錦絵は，鈴木春信が18世紀中頃に多色刷り版画として開発した。**東洲斎写楽**

は 18 世紀末期に活躍したとされる浮世絵師で，相撲絵や「三代目大谷鬼次の奴江戸兵衛」などの役者絵に大首絵の傑作を残している。

Ⅱ．出雲阿国は 17 世紀初頭に京都でかぶき踊りを始め，阿国歌舞伎がもてはやされた。

Ⅲ．初代市川団十郎は 17 世紀後期に活躍した歌舞伎俳優で，大立ち回りを得意とする荒事で人気を博した。

よって，Ⅱ（17 世紀初頭，桃山文化）→Ⅲ（17 世紀後期，元禄文化）→Ⅰ（18 世紀中〜末期，宝暦・天明期の文化）の順となり，④が正解。

問3 　19 　正解は②

X．正文。史料1の4〜5行目に「家々残らず打ち崩し」，「庄屋を打ち砕き」と具体的に制裁のあり方を記している。

Y．誤文。史料2中に「こわしたる」，「破りたる」，「打ちこわしけり」とあるように，米屋や富商などへの襲撃は打ちこわしと呼ばれる。したがって「世直し一揆」は誤り。

よって，X—正，Y—誤となり，②が正解。

問4 　20 　正解は④

a．誤文。「物乞い」と「その日稼ぎ」は同義ではない。「物乞い」は非人の生業の一種で，「その日稼ぎ」とは荷物運搬や土木事業など，肉体労働に携わる日雇（日用）のことである。したがって「物乞いをするその日稼ぎの人々」は誤り。史料には「江戸の場末の町家に住んでいる日雇いの人々の中には，生活が立ち行かなくなって無宿となり，物貰いなどして暮らさざるを得なくなる人も多くなった」と記されている。

b．正文。史料5〜6行目に「御当地非人頭ども，…手下に致し候」とある。

c．誤文。石川島の人足寄場は，老中松平定信の寛政の改革の一環として 1790 年に設置された。史料3は 1836 年の報告書なので，これが提出される以前の出来事である。

d．正文。幕府がこの後に行った改革とは，老中水野忠邦による 1841 年からの天保の改革をさす。その一環として 1843 年に人返しの法（人返し令）が出された。

よって，b・d が正しい組合せとなり，④が正解。

問5 　21 　正解は①

①正文。1 万石未満の直参のうち，旗本は将軍に謁見を許されたが，御家人にはその資格がないなど，武士身分の中にも区別が見られた。

②誤文。大工・鋳物師などの職人は，町や村に居住した。鋳物師は鍋・釜・鍬・

鋤・梵鐘などを製作した手工業者で，その販売や修理のために各地を移動することもあった。また，特定の寺社と結んで現地の町や村に居住し，宮大工として活躍する職人も多かった。

③誤文。百姓とは農業のみならず，林業・漁業など他の小規模経営に従事した人々の総称である。

④誤文。「牛馬の死体処理や皮革製造に従事する人々」の中には，農業や手工業に従事する者や，皮革などの取引のために問屋を経営するなど，商業に携わる者もあった。

第5問　やや難　《近代の外交と移民》

問1　22　正解は①

X．海軍伝習所は，老中阿部正弘による安政の改革の一環として1855年に長崎（＝a）に設置された。

Y．日本最初の和英辞典を出版したり，ヘボン（＝c）式ローマ字を考案するなど，伝道・教育・医療活動に尽力した。

b．浦賀は相模国の三浦半島東端に位置し，1853年にはペリーが入港した。

d．ベルツはお雇い外国人教師として1876年に来日したドイツ人で，当時の社会情勢を克明に観察した『ベルツの日記』（長男のトクが編纂）を残した。

よって，X－a，Y－cが正しい組合せとなり，①が正解。

問2　23　正解は④

a．誤文。史料1～2行目の「交易するを許せる総ての場所，諸港，及び河々」と史料3行目の「諸港諸地に止り，且つ住居を占め，家屋土蔵を借用し」から，居留地が定められていたことが読み取れる。当時，内地雑居は認められていなかったので，「相手国の国内を場所の制限なく往来したり」以下は誤り。

b．正文。最恵国待遇に関わる内容が，史料5～7行目に明記されている。

c．誤文。琉球漂流民殺害事件は1871年に起こり，それを口実に1874年に台湾出兵が強行された。賠償金に関しては1874年の日清互換条款に規定されたので，「日清修好条規には，台湾での琉球漂流民殺害事件の賠償金の規定が含まれた」は誤り。

d．正文。日清修好条規は1871年，伊達宗城と李鴻章との間で調印された。日清両国が領事裁判権を相互に承認するなど，日本が外国と結んだ最初の対等条約であった。

よって，b・dが正しい組合せとなり，④が正解。

問3　24　正解は②
Ⅰ．日清両国の朝鮮からの撤兵は，1885年の**天津条約**で定められた。
Ⅱ．**領事裁判権の撤廃**は，1894年の**日英通商航海条約**で定められた。
Ⅲ．朝鮮が大豆などの輸出を禁じたのは1889年の**防穀令**においてである。その後，日本が賠償を請求した結果，1893年に賠償金の支払いを実現させて決着した。
よって，Ⅰ（1885年）→Ⅲ（1889年）→Ⅱ（1894年）の順となり，②が正解。

問4　25　正解は③
Ｘ．**誤文**。史料2の本文1〜2行目に「欧米式農業法を実習し，…帰国せしめ」とあるので，日本に欧米式の農業技術を伝えることを期待したことが読み取れる。したがって「ハワイに」が誤り。
Ｙ．**正文**。史料3の本文1〜2行目に「労働者賃金の薄利なる」，「一般事業の不振なる」，「労働者就業の困難」と労働環境の厳しさが記されている。
よって，Ｘ―誤，Ｙ―正となり，③が正解。

第6問 ── 鉄道の歴史とその役割

A　標準　《明治〜昭和初期の社会・外交》

問1　26　正解は③
アには**生糸**が，イには**石炭**が入る。
ア．生糸は幕末の開港以来，主要な輸出品であった。綿織物は輸入品である。群馬県では桐生や官営製糸場があった富岡，長野県では岡谷などで製糸業が盛んであった。また綿織物は愛知県・静岡県・大阪府などで盛んに生産された。
イ．産業革命において，工場の動力には蒸気機関が用いられたので，燃料として石炭の需要が高まり，九州では筑豊炭田や**三池炭鉱**が発展した。石炭にかわって石油の需要が高まったのは，戦後の高度成長期である（＝エネルギー革命）。

問2　27　正解は②
ａ．**正文**。太陽暦が採用されたのは旧暦の明治5年12月3日で，この日が明治6（1873）年1月1日となった。史料左は明治5（1872）年9月の時刻表なので，太陽暦採用以前のものである。
ｂ．**誤文**。太陽暦への改暦を定めた詔書が出されたのは**明治5年11月9日**なので，史料の時刻表が出された9月にはまだ太陽暦は採用されていない。
ｃ．**誤文**。新橋〜横浜間に鉄道が開通したのは1872年で，陸蒸気と呼ばれる蒸気機関車が客車をけん引した。したがって燃料は電気ではなく，**石炭**である。

d．**正文**。乗客には発車 10 分前に駅に来て切符を買うように求めたほか，駅側でも発車 3 分前に入り口を閉じるなどの措置を講じて，列車の定時運行を図った。よって，**a・d**が正しい組合せとなり，②が正解。

問3 28 正解は①

①**誤文**。日本鉄道会社は華族の出資を受けて 1881 年に設立された最初の私鉄会社である。したがって「官営事業の払下げを受けた」は誤り。旅客輸送と営業距離において，1890 年に民営鉄道が国鉄を凌駕したのは，最初の企業勃興を背景に民営鉄道会社の設立が相次いだからである。

②**正文**。第 1 次西園寺公望内閣のとき，軍事・経済上の理由から鉄道国有法が制定され，民営鉄道 17 社が買収されたからである。

③**正文**。小林一三の阪急電鉄に代表されるように，大正時代以降には地下鉄の普及や大都市と郊外を結ぶ郊外電車の運行，沿線の住宅地開発や娯楽施設の整備などによって旅客輸送が増加した。

④**正文**。立憲政友会の原敬内閣が掲げた四大政綱の一つに，交通・通信の整備拡充があり，鉄道網の整備などの積極政策が進められた結果，国鉄の営業距離も伸長した。

問4 29 正解は④

Ⅰ．張作霖爆殺事件（＝満州某重大事件）が起こったのは 1928 年で，田中義一内閣のとき。

Ⅱ．半官半民の国策会社として南満州鉄道株式会社が設立されたのは 1906 年で，第 1 次西園寺公望内閣のとき。

Ⅲ．段祺瑞政権に対して巨額の経済借款（＝西原借款）を与えたのは 1917〜18 年で，寺内正毅内閣のとき。

よって，Ⅱ（1906 年，第 1 次西園寺公望内閣）→Ⅲ（1917〜18 年，寺内正毅内閣）→Ⅰ（1928 年，田中義一内閣）の順となり，④が正解。

Ｂ 標準 《戦後の鉄道事情》

問5 30 正解は②

設問文の「戦後 10 年（1945〜55 年）の間」という年代条件から考える。

Ｘ．鈴なりに列車に乗り込んで買い出し（＝ a ）に向かう様子を撮影したものである。

Ｙ．1949 年に松川駅付近で発生した松川事件の様子を撮影したものである。この時期には，ドッジ＝ラインに基づく経済政策の副作用で企業の倒産や失業者が増

加し，人員整理をめぐる国鉄の紛争では不可解な事件が続発した（＝d）。

b．**不適**。「戦後10年（1945〜55年）の間」に恐慌は起こっていない。

c．**不適**。「平均して前年比10％ほどの伸び率で，日本経済が急成長していた」のは1955〜73年の高度成長期のことなので，年代条件が合致しない。

よって，X－a，Y－dが正しい組合せとなり，②が正解。

問6　31　正解は④

①誤文。鉄道の旅客輸送は，1975〜80年の間で減少している。

②誤文。「日本で最初に開かれたオリンピック」は，1964年10月10日に開幕した東京オリンピックである。**東海道新幹線**は1964年10月1日，オリンピック開催に間に合わせて東京〜新大阪間で営業運転を始めたが，**東名高速道路**と**名神高速道路**によって東京〜大阪間が全線開通したのは1969年なので，「開催までに」は誤り。

③誤文。「第1次石油危機の後」とあるので，1975年以降に着目すると自動車の旅客輸送は360,868から431,669に増加し，その後の5年間においても増加していることが読み取れるので，「減少した」は誤り。

④正文。1982年に東北新幹線が大宮〜盛岡間，上越新幹線が大宮〜新潟間でそれぞれ営業運転を開始した。

問7　32　正解は②

X．正文。「戦後政治の総決算」をスローガンとして掲げたのは，中曽根康弘内閣である。中曽根内閣のとき，1985年に**電電公社**が日本電信電話（NTT），**専売公社**が日本たばこ産業（JT）として民営化された。

Y．誤文。国鉄は1987年，中曽根康弘内閣のときに6旅客鉄道会社・1貨物鉄道会社（JR）として分割民営化された。したがって，小泉純一郎内閣は誤り。

よって，X－正，Y－誤となり，②が正解。

日本史Ａ 　本試験

問題番号 （配点）	設　問	解答番号	正　解	配　点	チェック
第1問 （22）	問1	1	④	3	
	問2	2	④	3	
	問3	3	②	3	
	問4	4	③	3	
	問5	5	①	3	
	問6	6	④	3	
	問7	7	②	4	
第2問 （12）	問1	8	①	3	
	問2	9	④	3	
	問3	10	②	3	
	問4	11	③	3	
第3問 （22）	A　問1	12	⑤	3	
	A　問2	13	③	3	
	A　問3	14	①	3	
	問4	15	②	3	
	B　問5	16	②	3	
	B　問6	17	①	3	
	B　問7	18	④	4	

問題番号 （配点）	設　問	解答番号	正　解	配　点	チェック
第4問 （22）	A　問1	19	③	3	
	A　問2	20	②	4	
	A　問3	21	①	3	
	A　問4	22	④	3	
	B　問5	23	②	3	
	B　問6	24	④	3	
	B　問7	25	②	3	
第5問 （22）	A　問1	26	③	3	
	A　問2	27	②	3	
	A　問3	28	②	3	
	A　問4	29	③	3	
	B　問5	30	④	3	
	B　問6	31	④	3	
	B　問7	32	③	4	

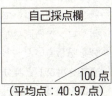

自己採点欄

　　　　　　　100点
（平均点：40.97点）

第1問 難　《近現代の外交・社会・経済》

問1　□1□　正解は④

　まず，空欄アの前にある「そのころ」がいつ頃か，おおよその西暦年代をつきとめる。会話文の8〜9行目に，東子さんは1912年に生まれて16歳で高等女学校を卒業したとあるので，「そのころ」の時期を1928年前後と押さえればよい。

①不適。1937年制定の臨時資金調整法・輸出入品等臨時措置法や1938年制定の電力管理法などを機に経済統制が強化され，ぜいたく品の製造・販売は1940年の七・七禁令で禁止された。日中戦争〜太平洋戦争にかけての時期なので，年代的に合致しない。

②不適。集団就職は戦後，1950年代半ば以降の高度成長期に盛んになったので，時期的にも合致しない。

③不適。空襲を避けるための学童疎開は1944年から始まったので，年代的に合致しない。

④適当。金融恐慌は1927年に発生し，中小銀行の整理が進んだ結果，大銀行に資本が集中し，三井・三菱・住友・安田・第一の五大銀行の金融支配が強まった。

問2　□2□　正解は④

　イには「駅近くにあった百貨店（デパート）」が，ウには日露が入る。

イ．百貨店（デパート）の先駆は1904年に開業した三越で，私鉄が経営する駅近くのターミナルデパートは，1929年に開業した大阪梅田の阪急百貨店が最初である。スーパーマーケットの草分けは戦後の1950年代で，1960年代を通して大型化しながら成長した。パンフレットにあるラグビー大会の開催年（1930年代）とあわせて考えると，「駅近くにあった百貨店（デパート）」が正解となる。

ウ．明治三十四（1901）年と明治三十八（1905）年の間にあるので，1904年に始まった日露戦争と判断する。日清戦争は1894〜95年である。

問3　□3□　正解は②

　設問文に「駒場公三が従事した」とあるのは，履歴書の明治三十九（1906）年から昭和十三（1938）年の間にある「測量に従事」したことと，昭和十三（1938）年から昭和十九（1944）年の間にある「測量並に測図指導に従事」したことをさす。史料Xの解釈については，会話文中の下線部ⓐ「東子さんが小学校に入った年に，満州やロシアを測量したみたい。第一次世界大戦が終わった頃ね。満州では軍人の身分を隠していた」という部分にヒントがある。史料には「嫌疑を避くる為（中略）変名を用ひ」と身分を隠していたことも記されている。第一次世界大戦が終わったのは1918年なので，史料Xは明治三十九（1906）年から昭和十三（1938）年の間

の出来事と判断する。史料Yには「測図作業」と明記されているので，昭和十三（1938）年から昭和十九（1944）年の間の出来事と判断する。以上の情報から①～④を吟味すればよい。

①誤文。シベリア鉄道の着工年は 1891 年なので，駒場公三はまだ中学校に入学していない。したがって時期的に不適。

②正文。シベリア出兵の出征年は 1918 年なので，明治三十九（1906）年から昭和十三（1938）年の間に含まれる。

③・④誤文。Yはシベリア鉄道の着工年，シベリア出兵の出征年ともに時期的に該当しないので不適。

問4　4　正解は③

Ⅰ．1960 年，第 2 次岸信介内閣のときに調印された**日米相互協力及び安全保障条約（日米新安全保障条約）**である。

Ⅱ．1954 年，第 5 次吉田茂内閣のときに調印された **MSA 協定（日米相互防衛援助協定）**で，それを受ける形で 1954 年，防衛庁の傘下に陸・海・空 3 自衛隊が発足した。

Ⅲ．アメリカが農産物の輸入自由化を要求したのは 1980 年代で，1988 年，竹下登内閣のときに**牛肉・オレンジの輸入自由化**が決定され，1993 年，細川護熙内閣のときに**ウルグアイ=ラウンド**の交渉において，**米市場の部分開放**に合意した。

よって，Ⅱ（1954 年）→Ⅰ（1960 年）→Ⅲ（1980 年代以降）の順となり，③が正解。

問5　5　正解は①

Ⅹ．正文。1931 年の**柳条湖事件**を機に満州事変に発展し，1932 年の満州国建国宣言と日満議定書の調印を経て，満州国が承認された。

Ｙ．正文。**朝鮮総督府**は朝鮮支配のための統治機関として，1910 年に京城に設置された。

よって，Ⅹ－正，Ｙ－正となり，①が正解。

問6　6　正解は④

①誤文。「**いざなぎ景気**（1966～70 年）が始まる前年」は 1965 年。カラーテレビの価格は 198,000 円だったので，初任給 24,102 円では 8 か月分でも買えなかった。したがって「6 か月分で購入できる」は誤り。

②誤文。「**大阪で万国博覧会**が開催された年」は 1970 年。その年の電気洗濯機・電気冷蔵庫の普及率はそれぞれ 88％・85％だったので，「9 割以上に普及していた」は誤り。

③誤文。「**自衛隊が発足した翌年**」は 1955 年。白黒テレビの価格は 89,500 円だっ

たので，12,907 円の初任給では **7 か月分**なければ買えなかった。したがって「6か月分で購入できる」は誤り。

④**正文**。「最初の**先進国首脳会議（サミット）**が開催された年」は 1975 年。その年のカラーテレビの普及率は 90 ％で，白黒テレビの普及率 49％をはるかに超えていた。

問 7 　7　正解は②

①**正文**。駒場公三が亡くなった 1970 年は**高度成長期**にあたるので，核家族化が進んでいた時代である。

②**誤文。沖縄の施政権が日本に返還されたのは 1972 年**，佐藤栄作内閣のときである。

③**正文。自由民権運動**が高揚する中で，1880 年には**愛国社**の第 4 回大会で**国会期成同盟**が発足した。

④**正文**。アフリカ分割に見られるように，イギリスなどのヨーロッパ列強は，軍隊の派遣などを通して植民地を獲得し，帝国主義的対立を強めていた。

第2問 — 日本史Ｂの第5問に同じ。

第3問 — 近代の社会と生活

A 標準 《労働運動と社会主義運動》

問 1 　12　正解は⑤

Ⅰ．**鈴木文治**が，労資協調的性格の強い労働団体として**友愛会**を結成したのは 1912 年である。友愛会は 1919 年に**大日本労働総同盟友愛会**と改称し，1921 年には**日本労働総同盟**に発展して階級闘争主義的性格を強めた。

Ⅱ．最初の**メーデー**は 1920 年，大日本労働総同盟友愛会を中心に東京の上野公園で開催された。

Ⅲ．**社会民主党**は日本最初の社会主義政党として 1901 年に結成されたが，**治安警察法**によって 2 日後に結社禁止となった。

よって，Ⅲ（1901 年）→Ⅰ（1912 年）→Ⅱ（1920 年）の順となり，⑤が正解。

NOTE 社会主義政党と無産政党

> **社会民主党**（1901年）…最初の社会主義政党（片山潜・安部磯雄・幸徳秋水ら）
> →1900年制定の治安警察法によって解散を命じられた。
> **日本社会党**（1906年）…最初の合法的社会主義政党（堺利彦・片山潜ら）
> →直接行動派と議会政策派の対立激化により，治安警察法によって禁止となった。
> **社会民衆党**（1926年）…無産政党（労働農民党の分裂時，右派によって結成）
> →1932年に社会大衆党に参加。戦後の日本社会党の母体となる。

問2　13　正解は③

X．**誤文**。工場法は工場労働者を対象とした最初の労働者保護立法なので，人力車夫は適用の対象外であった。資料の9～10行目に，人力車夫は「市電の発達などによる交通網の整備」によって労働の機会を失い，「単純労働者や雑業者に転業していった」とあるので，「労働環境は改善された」は誤り。

Y．**正文**。資料の5～6行目に「都市のスプロール化によって膨張しつつあった近郊へと下層居住民が流動していった」とあり，資料末尾には「単純な筋肉労働による職種，（中略）新たな雑業者の比重を増した」とある。

よって，X－誤，Y－正となり，③が正解。

問3　14　正解は①

①**正文**。米価が急騰した背景には，工場労働者の増加によって米の消費量が増大したことや，第一次世界大戦の長期化に伴って軍用米の需要が伸びたこと，シベリア出兵を当て込んだ米の買い占め・売り惜しみが横行したことなどがあった。

②**誤文**。「1921年の工場労働者の家計は，1919年に比べて，実収入，実支出ともに増加した」は正しいが，大戦景気は1915～18年なので「1919年から1921年にかけて大戦景気があった」は誤り。

③**誤文**。「実支出中の飲食物費の割合」を比較すると，工場労働者の家計においては37.1％，「細民」の家計においては61.5％と，「細民」のほうが割合は高い。

④**誤文**。「実支出中の住居費の割合」を比較すると，工場労働者の家計においては13.6％，「細民」の家計においては7.9％と，工場労働者のほうが割合は高い。

B　標準　《大正～昭和期の政治・社会・外交》

問4　15　正解は②

X．a．**適当**。第1次加藤高明護憲三派内閣は，1925年に日ソ基本条約を調印して，日ソ間の国交を樹立した。

b．**不適**。「労働者の団体交渉権が法律に記され」たのは1946年公布の日本国憲法

（第 28 条）においてである。また 1945 年制定の労働組合法においても団体交渉
権が保障された。**治安維持法**は 1925 年，いわゆる**普通選挙法**と抱き合わせの形
で公布された。

Y．c．**不適**。不在地主の小作地保有は認めず，その「貸付地を強制的に買い上げ，
農家へ安く売った」のは**戦後の農地改革**においてである。したがって時期が合致
しない。

　d．**適当**。治安維持法は 1928 年，田中義一内閣のときに改正され，死刑が最高刑
となった。

　よって，**X－a**，**Y－d**が正しい組合せとなり，②が正解。

問 5　16　正解は②

X．**正文**。私鉄沿線では新興住宅地の開発が進み，水道・ガスなどが整備された文
化住宅が建てられた。

Y．**誤文**。『国民之友』は 1887 年，徳富蘇峰らが民友社から発刊した雑誌である。
1925 年，大日本雄弁会講談社から大衆雑誌として『**キング**』が創刊され，のち
には発行部数 100 万部を突破した。

　よって，**X－正**，**Y－誤**となり，②が正解。

問 6　17　正解は①

a．メモに「1935 年がピーク」とあるので，1935 年に約 1000 を数えた棒グラフ a
が労働組合数とわかる。

b．メモに「1933 年にピーク」とあるので，1933 年に 4600 を超えていた棒グラフ
b が小作組合数とわかる。

c．メモに「1920 年代後半から上昇し，1931 年以降，減少傾向を示した」とある
ので，1926 年の約 500 件から 1931 年の約 1000 件に増加し，その後減少した折
れ線グラフ c が労働争議件数とわかる。

d．メモに「1930 年代前半に急増した」とあるので，1930 年の 2500 件から 1935
年には 6500 件以上に急増した折れ線グラフ d が小作争議件数とわかる。

　よって，**a は労働組合**，**b は小作組合**，**c は労働争議**，**d は小作争議**となり，①が
正解。

問 7　18　正解は④

①**誤文**。都市と農村の間には生活水準などの面において二重構造と呼ばれる格差が
広がったので，「生活格差は解消された」は誤り。

②**誤文**。都市で生まれた新しい生活文化は次々に地方農村にも浸透していったので，
「農村では受け入れられず」は誤り。

③誤文。大企業と中小企業における労働者の生産性や生活水準にも格差が生まれたため，「都市社会内部の格差は解消された」は誤り。

④正文。都市には近代的大企業と前近代的な家族経営的中小企業・零細企業のほか，産業面においても重工業と軽工業の別があった。その生産性や賃金，ひいては労働者の生活水準そのものに格差が生じるなど，都市社会内部にも格差が存在した（＝経済の二重構造）。

第4問 — 日本史Ｂの第6問に同じ。

第5問 — 昭和期の政党政治と社会

A 標準 《近代の選挙制度，学問や思想の弾圧》

問1 26 正解は③

X．小選挙区制とは，一つの選挙区から1名の代表を選出する制度である。1919年，原敬（＝ **b**）内閣のときに行われた衆議院議員選挙法改正において導入された。1920年の総選挙では立憲政友会が圧勝するなど大政党に有利にはたらくが，死票も多くなるなどの短所もある。

Y．直接国税がそれまでの15円以上から10円以上に引き下げられたのは，1900年，第2次山県有朋（＝ **c**）内閣のときに行われた衆議院議員選挙法改正においてである。

a．西園寺公望内閣のときには衆議院議員選挙法の改正は行われていない。

d．黒田清隆内閣のとき，1889年に衆議院議員選挙法がはじめて制定されたが，選挙人資格をもったのは，直接国税15円以上，25歳以上の男子のみであった。

よって，X－b，Y－cが正しい組合せとなり，③が正解。

問2 27 正解は②

X．正文。1925年制定の普通選挙法に基づいた最初の総選挙は1928年，**田中義一**内閣のときに行われ，労働農民党や社会民衆党などの無産政党からも8名が当選した。また同年，日本共産党員に対して行われた一斉検挙（＝**三・一五事件**）のの，労働農民党などが解散に追い込まれた。

Y．誤文。第17回総選挙では，社会民衆党・日本大衆党・労働農民党，第18回総選挙では，社会民衆党や全国労農大衆党などの無産政党からも当選者が出た。

よって，X－正，Y－誤となり，②が正解。

問3　| 28 |　正解は②

a．**正文**。史料1の1行目に「全国各地の愛国思想団体によつて猛然減刑請願運動が起され」とある。

b．誤文。「その動きは三か月で終わっており，事件への関心は短期的なものであった」という内容は，史料からは読み取れない。

c．誤文。高橋是清大蔵大臣が殺害されたのは，1936年の**二・二六事件**においてである。

d．**正文**。史料は**五・一五事件**に関するものなので，「首相官邸で**犬養毅**が殺害された」は正しい。

よって，**a・d**が正しい組合せとなり，**②**が正解。

NOTE　昭和戦前のクーデタ

五・一五事件（1932年）…海軍青年将校らが犬養毅首相を殺害→政党内閣に終止符
二・二六事件（1936年）…陸軍皇道派青年将校らが内大臣斎藤実・蔵相高橋是清・教育総監渡辺錠太郎らを殺害→陸軍の主導権が皇道派から統制派に移行

問4　| 29 |　正解は③

①誤文。**大杉栄**は1923年，甘粕正彦憲兵大尉によって殺害された（＝**甘粕事件**）。1933年に獄中から転向声明を出した共産党幹部は，佐野学・鍋山貞親である。

②誤文。河合栄治郎が誤り。「天皇を国家の一機関としてとらえる」天皇機関説を唱えたのは**美濃部達吉**である。

③**正文**。1933年の滝川事件である。文部大臣鳩山一郎によって休職処分に追い込まれ，著書『刑法読本』も発禁となった。

④誤文。**津田左右吉は歴史学者**である。「労働組合の関係者」が検挙された例としては，1937年の第1次人民戦線事件などがある。

B　やや難　《昭和戦前と戦後の政治》

問5　| 30 |　正解は④

Ⅰ．近衛文麿首相が，日米交渉の打ち切りと開戦を主張する**東条英機**陸軍大臣と対立し，第3次**近衛文麿**内閣が総辞職したのは1941年のこと。

Ⅱ．国民精神総動員運動が始まったのは，1937年，第1次**近衛文麿**内閣のときである。

Ⅲ．新体制運動は近衛文麿を中心にすすめられ，第2次**近衛文麿**内閣のとき，1940年にすべての政党が解党して**大政翼賛会**が結成された。

よって，Ⅱ（1937年，第1次近衛文麿内閣）→Ⅲ（1940年，第2次近衛文麿内閣）→Ⅰ（1941年，第3次近衛文麿内閣）の順となり，**④**が正解。

問6 31 正解は④

①適当。兵力不足を補うために，1943年に法文系学生を戦争に参加させた（＝**学徒出陣**）ので，その手記は好史料となる。

②適当。労働力不足を補うために，1941年以降，学生・生徒・女子が軍需工場に動員された（＝**勤労動員**）ので，その回想録は好史料となる。

③適当。小学校は1941年に**国民学校**と改称したので，そこで使われた教科書も好史料となる。

④**不適**。1947年，**片山哲内閣**は警察機構の地方分権化と民主化を図るために警察法を公布した。その結果，1948年に人口5,000人以上の市町村に自治体警察が設置された。したがって，「1940年から敗戦まで」の時期に，自治体警察は存在していない。

問7 32 正解は③

①**誤文**。日本自由党・日本進歩党・日本社会党・日本協同党などは戦後に発足した政党なので，「戦前の既成政党のみ」は誤り。

②**誤文**。総ての政党が解党して結成された大政翼賛会は，政党組織ではなく，国民の組織化を図るための官製の上意下達機関として機能した。したがって「一つの保守政党に全員が参加して議会で最大勢力となっていた」は誤り。

③**正文**。戦前の無産政党各派を統合して**日本社会党**が生まれたほか，**日本共産党**も合法政党として活動を始めたので，革新政党員の中には戦前の労働運動や農民運動の活動家も含まれていた。

④**誤文**。「戦前に公然と活動することができなかった政党」とは**日本共産党**をさす。GHQは1950年，吉田茂にあてた書簡で共産党の幹部に対する公職追放を指令した。したがって「この政党の議員の多く」が誤り。1946年に公職追放処分を受けた議員は，日本自由党・日本進歩党・日本社会党・日本協同党などに所属していた人々である。公職追放は1950年頃に解除が始まったが，今度は逆に共産主義者に対する風当たりが強くなり，政府・報道・教育など，さまざまな職場において共産主義者の追放が始まった（＝レッド＝パージ）。

日本史Ｂ　追試験

2022 年度

問題番号 （配点）	設	問	解答番号	正 解	配 点	チェック
第1問 （18）	A	問1	1	①	3	
		問2	2	④	3	
		問3	3	②	3	
	B	問4	4	③	3	
		問5	5	④	3	
		問6	6	①	3	
第2問 （16）	A	問1	7	②	3	
		問2	8	③	3	
	B	問3	9	②	3	
		問4	10	①	3	
		問5	11	④	4	
第3問 （16）	A	問1	12	③	3	
		問2	13	①	3	
		問3	14	③	3	
	B	問4	15	②	4	
		問5	16	①	3	

問題番号 （配点）	設	問	解答番号	正 解	配 点	チェック
第4問 （16）		問1	17	④	3	
		問2	18	③	3	
		問3	19	②	4	
		問4	20	②	3	
		問5	21	⑥	3	
第5問 （12）		問1	22	①	3	
		問2	23	①	3	
		問3	24	③	3	
		問4	25	②	3	
第6問 （22）	A	問1	26	②	3	
		問2	27	①	3	
	B	問3	28	⑤	3	
		問4	29	④	4	
		問5	30	③	3	
	C	問6	31	②	3	
		問7	32	③	3	

自己採点欄
100 点

第1問 ── 日本社会における戦士の歴史

A　標準　《原始〜近世の社会》

問1　1　正解は①

アには「環濠集落」が，イには「鐘銘の表記」が入る。

ア．「環濠集落」が正しい。弥生時代に出現した「防御機能を持った」集落とは，環濠集落や高地性集落のこと。「朝鮮式山城」は663年の白村江の戦いの後，軍事的目的で築かれた山城で，大宰府を防衛した大野城や基肄城などが知られる。

イ．「鐘銘の表記」が正しい。方広寺の釣鐘に刻まれた「国家安康」「君臣豊楽」の字句が原因で，1614年に大坂冬の陣が起こった。「僧の紫衣着用」が問題にされたのは，1627年に起こった紫衣事件である。その結果，1629年に大徳寺の僧沢庵らが処罰され，後水尾天皇は明正天皇に譲位した。

問2　2　正解は④

（注1）に「全長25.1cm：通常の尖頭器は，10cm前後」とあるので，この石器が通常の2倍以上の長さを持つ大型の尖頭器であることがわかる。尖頭器は槍の先端に装着し，狩猟具として用いられたと考えられる。

X．a．不適。石器の「産出地を確定」しても，墳墓説や住居説，石器の集積所説を裏付ける根拠にはならない。

b．適当。「一緒に出土した遺物を検討」すれば，その遺跡がどのような性格をもつものか，当時どのように使われていたかを推定する根拠を得ることができる。

Y．c．不適。「科学的な年代測定」とは，年輪年代法や炭素14年代法（放射性炭素14C測定法）などをさすが，遺跡や遺物の年代は測定できても，その用途まで推測することは不可能である。

d．適当。この石器に限らず，たとえば土偶の場合でも，出土したときの「形状や使用の痕跡」などから，その特徴や性格，用途などを推測することができる。

よって，X−b，Y−dが正しい組合せとなり，④が正解。

問3　3　正解は②

X．正文。史料1行目に「兵仗を持て僧房に出入りし山上を往来せる者を尋ね捕らえて」とある。

Y．誤文。「当時」とは平安時代中期をさす。比叡山の僧兵（＝山法師）が神輿を擁して朝廷に強訴したのは平安時代後期のことなので，時期が合致しない。

よって，X−正，Y−誤となり，②が正解。

B 　`標準`　《近世〜近代の戦士》

問4　4　正解は③

①誤文。池田光政は岡山藩主で，庶民教育のための郷学として閑谷学校を設立した。熊沢蕃山は陽明学者で花畠教場を設けた。したがって「蘭学」は誤り。

②誤文。『群書類従』は，江戸時代後期に塙保己一が和学講談所で編纂した古典の叢書である。保科正之は山崎闇斎に朱子学を学び，会津藩主として藩政を刷新したほか，４代将軍徳川家綱を補佐して文治政治の確立に尽力した。

③正文。前田綱紀は加賀藩主。木下順庵は朱子学者で，のちに５代将軍徳川綱吉の侍講をつとめた。

④誤文。徳川光圀は水戸藩主。朱舜水に儒学を学んだほか，江戸藩邸内に設置した彰考館で歴史書『大日本史』の編纂に着手した。『本朝通鑑』は林羅山・林鵞峰父子が幕府の命により編纂した歴史書。

問5　5　正解は④

X．1873年の徴兵令によって，士族・平民にかかわらず，満20歳以上の男性が兵籍に編入され，政府軍として兵役を担った。国民皆兵制とはいえ，その大部分は農村の次男以下の人々であった。「殖産興業」とは，明治政府が国家目標とした近代産業育成政策なので，「武士身分を廃止した影響」との関係はない。

Y．「征韓論」とは，韓国を武力で討って征服しようという西郷隆盛・板垣退助らの考え方である。廃刀令・廃藩置県・学制・徴兵制など，政府の急激な近代化政策に対する不満をそらす狙いもあったが，岩倉使節団の一員として帰国した大久保利通・木戸孝允ら内治優先派に敗れ，1873年に征韓派参議は一斉に下野した（＝明治六年の政変）。不平士族の反乱は1877年の西南戦争を最後に終息した。「脱亜論」とは1885年に福沢諭吉が『時事新報』に発表した主張で，アジアの開明・連帯を脱し，欧米並みにアジアの分割に加わるべきとする考え方である。1884年の甲申事変による日本勢力の後退が契機となったので，「不平士族の不満が解消されること」とは関係がない。

よって，**X－b，Y－d**が正しい組合せとなり，④が正解。

問6　6　正解は①

a．正文。「海内挙て兵ならざるはなし」（1行目）など史料の前半から，保元・平治の乱以前の律令国家における国民皆兵のありかたを徴兵の理想としている。

b．誤文。保元・平治の乱以後の封建社会では軍事が武門によって担われていたので，天皇を主権者とする新政府が求めた理想的な近代軍制ではない。

c．正文。徴兵告諭の中の「血税」の語句を用い，1873〜74年にかけて主に西日

本を中心に**血税一揆**と呼ばれる徴兵反対一揆が起こった。

ｄ．誤文。「18歳に達した」が誤り。徴兵令では，満20歳以上の男性に兵役の義務が課された。

よって，**ａ・ｃ**が正しい組合せとなり，**①**が正解。

第2問　標準　《原始・古代の穀物栽培と土地所有》

問1　　7　　正解は②

①誤文。稲作が伝来した後，水稲農耕による生産経済生活と従来の狩猟・漁労による採集経済生活が併存したので，人々を取り巻く食糧環境は大幅に向上した。

②正文。はじめは**石包丁**を用いた穂首刈が行われたが，弥生時代後期には石鎌や鉄鎌による根刈りが行われるようになった。

③誤文。耕作には，はじめ木製農具が用いられたが，しだいに鉄製農具が用いられるようになった。青銅器は強度において農工具には適さず，銅剣・銅矛・銅鐸など，おもに祭祀の道具として用いられた。

④誤文。租は原則として収穫の3%の稲を納めたので，「3割」が誤り。

問2　　8　　正解は③

Ｘ．ａ．不適。粟・小豆それぞれ2斗に対して稲3束，大豆1斗に対して稲1束という具合に，雑穀の交換比率（割合）が定められている。

ｂ．適当。粟は長く保存でき，腐りにくいので，さまざまな穀物の中でも優れものであると評されている。ここから粟が蓄えられた理由が読み取れる。

Ｙ．ｃ．適当。一位以下，百姓・雑色といった人々に対し，最上位の戸は2石，最下位の戸は1斗といった割合で，義倉として粟を納入することが定められた。粟がどのような人々からどのくらいの量で集められたかが読み取れる。

ｄ．不適。大名田堵が畑に栽培した作物名が列挙されている。

よって，**Ｘ−ｂ，Ｙ−ｃ**が正しい組合せとなり，**③**が正解。

問3　　9　　正解は②

Ｘ．正文。表2から，調の品目としてムシロ・コモ，錦，羅などの**繊維製品**やアワビ，カツオ，薄アワビといった**海産物**，銭があったことが読み取れる。

Ｙ．誤文。表2から，畿内諸国における調の品目に，小麦は含まれていないことがわかる。リード文より，小麦は諸国から都へ納入されていたことがわかるが，下線部ⓒにも記されているように，「それ以外にも，必要な物資」として扱われたとみられるので，「調として都へ納入されていた」は誤り。

よって，**Ｘ−正，Ｙ−誤**となり，**②**が正解。

問4　10　正解は①

Ⅰ．「大王」「田部」「部民」などから，ヤマト政権の時代と判断する。

Ⅱ．「国司・郡司」「荘園」「浮浪・逃亡」などから，奈良時代のことと判断する。

Ⅲ．「荘園として寄進」から，平安時代のことと判断する。

よって，Ⅰ（ヤマト政権の時代）→Ⅱ（奈良時代）→Ⅲ（平安時代）の順となり，①が正解。

問5　11　正解は④

a．誤文。＜リョウタさんの発表要旨＞の４〜５行目に「粟は古代の人々にとって身近な作物だったようで，蒸したり粥にしたりして食べられていた」とあるので，「日常的な食用は禁止された」は誤り。

b．正文。＜リョウタさんの発表要旨＞の８〜９行目に「国司を通じて百姓に粟の栽培を奨励し」とある。

c．誤文。＜リツコさんの発表要旨＞の７〜８行目に，「百姓が収穫前に刈り取り，馬の飼料として売却してしまうこともあった」とあるので，「意図を理解し遵守していた」は誤り。

d．正文。＜リョウタさんの発表要旨＞の９行目に「稲の代わりに粟を税として出すことを許可する」とある。

よって，b・dが正しい組合せとなり，④が正解。

第3問　標準　《中世の法制と法慣習》

問1　12　正解は③

アには「北条泰時」が，イには「本所法」が入る。

ア．御成敗式目は 1232 年，３代執権北条泰時によって制定された武家最初の成文法である。頼朝以来の先例と道理と呼ばれる武家社会の慣習にもとづいて制定され，以後の司法・行政の基準となり，のちの武家法の手本となった。２代執権北条義時は 1213 年に侍所別当和田義盛を滅ぼして，政所と侍所の別当を兼務し，執権の地位を確立した。

イ．本所法とは，荘園領主が独自に制定した所領支配に関する法のこと。惣掟とは，入会地や用水の利用・管理など，惣村での日常生活に関して細かくまとめた規約で，村掟・地下掟ともいう。

問2　13　正解は①

a．正文。史料１には，飢饉時においては，「子孫を沽却し」たり「所従を放券し」なければ生存できない状況になったが，それを禁止してはかえって人々が嘆

き悲しむことになるので，人身売買を容認した旨が記されている。

b．**誤文**。史料1の3行目には，飢饉が終息し，社会が安定したら，人身売買は禁止することにする旨が記されている。したがって「飢饉時においても乱れた世相を正すために人身売買を禁止した」は誤り。

c．**正文**。史料2には，飢饉で餓死しようとしている人々を救うため，穀倉を所有している富裕層に対し，米を貸与するように命じた旨が記されている。

d．**誤文**。史料2からは「幕府の倉に備蓄してある米を施し与えた」との内容は読み取れない。

よって，a・cが正しい組合せとなり，①が正解。

問3　14　正解は③

Ⅰ．綸旨は天皇の意思を最もよく伝える文書で，後醍醐天皇の時に頻発された。建武の新政を風刺した「二条河原落書」は当時の社会の混乱ぶりを示している。

Ⅱ．異国警固番役は1271年に始まり，文永の役後の1275年に大幅に整備された。

Ⅲ．一条兼良は15世紀に活躍した公家・学者で，9代将軍足利義尚の諮問に答えた政治意見書として『樵談治要』を著した。

よって，Ⅱ（鎌倉時代後期）→Ⅰ（建武の新政期）→Ⅲ（室町時代中期）の順となり，③が正解。

問4　15　正解は②

①**誤文**。地下請とは，荘園領主に対する年貢納入を惣村がまとめて請け負うことなので，食糧の備蓄制度ではない。

②**正文**。惣村では村民自身が警察権を行使することもあった（＝自検断）。蕨を盗み取った母子が殺害されたのもその結果である。

③**誤文**。史料3の文末にある「南無阿弥陀仏，南無阿弥陀仏」は，村民が唱えた念仏ではなく，日記の著者である九条政基が，殺害された母子を供養すべく書き添えた字句である。

④**誤文**。史料3からは，沙汰人らが寄合を開き，飢饉の早期終息を期する祭礼を行っている，という内容は読み取れない。

問5　16　正解は①

X．『方丈記』が正解。「随筆」と「無常」がヒントになる。「養和の飢饉」は西日本を中心に，1181年から2～3年続いた。『平家物語』は軍記物である。

Y．「多収穫」と「輸入品種」がヒント。中国から伝来した大唐米は日照りや虫害に強い品種で，室町時代に多収穫米として西日本を中心に広まった。荏胡麻は灯明用の油の原料として栽培された。

よって，X－a，Y－cが正しい組合せとなり，①が正解。

第4問 やや難 《江戸時代における戦乱や災害》

問1 　17　 正解は④

X．誤文。1637～38年の島原の乱（島原・天草一揆）の際に，九州の諸大名らを動員した。また1864年の第1次長州征討の際に，幕府は西国の諸藩に出兵を命じ，1866年の第2次長州征討でも幕府による軍事動員が行われた。

Y．誤文。島原の乱の際，1638年にはオランダ船も海上から原城を砲撃した。またレザノフの帰途，1806～07年にかけて，ロシア軍艦が樺太や択捉島・利尻島を襲撃したほか，1863年の薩英戦争の際にイギリス艦隊が鹿児島を砲撃し，1864年には米・英・仏・蘭の四国連合艦隊によって下関が砲撃された。

よって，X－誤，Y－誤となり，④が正解。

問2 　18　 正解は③

設問文中の「明暦の大火が発生した時の将軍」とは4代将軍徳川家綱をさす。

①不適。七分積金（七分金積立）は，11代将軍徳川家斉のとき，老中松平定信による寛政の改革の一環として行われた政策で，江戸町入用の節約分の70％を町会所に積み立てる制度である。

②不適。町火消は，8代将軍徳川吉宗による享保の改革において1718年に設置。

③適当。戦国時代以来の遺風であった殉死と大名の人質（証人）が廃止された（＝寛文の二大美事）。殉死が禁止されたことによって主人の死後，従者は後追い自殺することなく，主家の新しい主人に仕えることになった。

④不適。小石川養生所は貧困層を対象とした医療施設である。8代将軍徳川吉宗による享保の改革の一環として，目安箱への投書をもとに1722年に設立された。

問3 　19　 正解は②

a．正文。史料1の3行目以降には，高100石について金2両の割合で被災地救済金の徴収を命じたが，距離的な事情もあるせいか，なかなか上納がはかどらないようなので，「一万石以上の分」（＝大名領）においては領主（＝大名）がまとめて立て替えて上納するように命じた旨が記されている。

b．誤文。史料2の3～4行目に「百石の地より金二両を徴れしところ，凡そ四十万両」とあるので，諸国高役金は40万両上納されたことがわかる。したがって「金40万両の半分にも満たなかった」は誤り。

c．誤文。史料1の3行目に「高百石に付，金二両宛の積り」，史料2の3行目に「百石の地より金二両」とあり，石高に応じて金を徴収したことがわかる。した

がって「各国の人口に応じて集めた金」は誤り。

d．**正文**。史料2の4〜5行目に「其余分をば城北の御所造らるべき料に残し置かれし所也」とある。

よって，**a・d** が正しい組合せとなり，**②**が正解。

問4　20　正解は②

①**正文**。1622年，長崎においてイエズス会宣教師とキリスト教信者あわせて55名が処刑された（＝元和の大殉教）。

②**誤文**。「イギリス公使」が誤り。1860年，薩摩藩の浪士がアメリカ公使ハリスの通訳をつとめたオランダ人の**ヒュースケン**を殺害した。また1862年には，江戸からの帰途にあった島津久光らの行列を横切ったとして，薩摩藩士がイギリス人を殺傷した（＝**生麦事件**，翌年に薩英戦争に発展）。

③**正文**。1792年，エカチェリーナ2世の命で，ロシア使節**ラクスマン**（ラックスマン）が大黒屋光太夫ら漂流民を護送して根室に来航し，通商を要求したが拒否された。

④**正文**。**シーボルト**は1823年，オランダ商館医師として来日し，鳴滝塾を開いて高野長英や小関三英らに医学を教授した。1828年，帰国に際して国禁の日本地図持ち出しが発覚したため，翌年に国外追放となった。

問5　21　正解は⑥

それぞれの人物が活躍した時期で考える。

Ⅰ．**二宮尊徳**（1787〜1856年）は江戸時代後期〜末期にかけて活躍した農政家で，各地に赴いて**報徳仕法**を実践し，農村復興に尽力した。

Ⅱ．**青木昆陽**（1698〜1769年）は江戸時代中期に活躍した蘭学者・儒者で，徳川吉宗に重用されて**甘藷**の栽培を勧め，『蕃薯考』や『甘藷記』を著した。

Ⅲ．**宮崎安貞**（1623〜97年）は江戸時代前期に活躍した農学者で，自己の体験や見聞をもとに『**農業全書**』を刊行した。

よって，Ⅲ（江戸前期，17世紀に活躍）→Ⅱ（江戸中期，18世紀を中心に活躍）→Ⅰ（江戸後期〜末期，19世紀を中心に活躍）の順となり，**⑥**が正解。

第5問　標準　《幕末維新期に活躍した人物》

問1　22　正解は①

X．**佐賀の乱**は，1873年に征韓論争に敗れて下野した**江藤新平**が，1874年に郷里の佐賀で不平士族とともに蜂起した事件で，大久保利通らの政府軍によって鎮圧されたのち刑死した。萩の乱は，1876年に**前原一誠**が不平士族とともに挙兵し

たが鎮圧され，のち刑死した事件である。

Ｙ．「初代文部大臣」「学校令の制定」から森有礼と判断する。**加藤弘之**は啓蒙思想
　家として活躍し，『真政大意』や『国体新論』を著して天賦人権論を主張したが，
　のちに『人権新説』を発表して天賦人権論を否認し，国家主義の立場に転じて民
　権論と対立した。

　よって，**Ｘ－ａ**，**Ｙ－ｃ**が正しい組合せとなり，**①**が正解。

問2 　23　 正解は①

それぞれの条約や法令が成立した西暦年代を考える。

Ⅰ．アメリカ・イギリス・オランダ・フランス・ロシアの５カ国との間で，いわゆ
　る**安政の五カ国条約**が締結されたのは 1858 年である。

Ⅱ．生糸・雑穀・水油・呉服・蠟の５品目を対象に，**五品江戸廻送令**が発布された
　のは 1860 年である。

Ⅲ．釜山など３港の開港や，日本の領事裁判権を一方的に認めさせたのは，1876
　年に調印された**日朝修好条規**においてである。

　よって，Ⅰ（1858 年）→Ⅱ（1860 年）→Ⅲ（1876 年）の順となり，**①**が正解。

問3 　24　 正解は③

Ｘ．**誤文**。史料２～３行目に「上下議政局を設け，議員を置きて万機を参賛せしめ，
　万機宜しく公議に決すべき事」とあり，議会の必要性が提唱されていることがわ
　かる。また史料７行目に「古来の律令を折衷し，新に無窮の大典を選定すべき
　事」とあり，法典整備の必要性も説かれている。しかし「将来的な議会設置と立
　憲政体確立」については 1875 年の漸次立憲政体樹立の詔で打ち出された方針な
　ので，「政体書によって」は誤り。

Ｙ．**正文**。メモの１～３行目の内容では，1867 年６月の時点で「船中八策」は作
　成されていない可能性があることが読み取れる。また会話文の５行目のアカネの
　言葉に「龍馬は 1867（慶応３）年 11 月に暗殺され」たとあり，メモの６行目以
　降には，弘松宣枝が 1896 年に執筆した『阪本龍馬』に，「船中八策」と似た内容
　が紹介された旨が読み取れるので，「龍馬の死後に，龍馬の史料として作成され
　た可能性がうかがえる」は正しい。

　よって，**Ｘ－誤**，**Ｙ－正**となり，**③**が正解。

問4 　25　 正解は②

①**誤文**。「書き言葉と話し言葉を一致させた」口語体の表現方法を**言文一致体**とい
　う。言文一致体の文学作品には，二葉亭四迷の『**浮雲**』や山田美妙の『**夏木立**』
　などがある。**政治小説**とは，自由民権運動が盛んだったころに，政治思想の宣伝

を目的に書かれた小説で，矢野竜溪の『経国美談』や末広鉄腸の『雪中梅』，東海散士の『佳人之奇遇』などが知られている。**坪内逍遙**は写実主義を主張した作家で，文学論『小説神髄』や小説『当世書生気質』などを著した。

②正文。北村透谷らが1893年に創刊した月刊文芸誌『**文学界**』がロマン主義文学の母体となった。

③誤文。自然主義とは，「田園生活の美しさを賛美する」ものではなく，人間の内面の真相や社会生活における醜悪な暗部など，現実をありのままに追求しようとする文芸思潮のことである。

④誤文。日露戦争に際して，徳富蘇峰の『**国民新聞**』や黒岩涙香の『**万朝報**』は主戦論の立場を取った。「戦争に批判的な立場」で反戦論を主張したのは，1903年に幸徳秋水・堺利彦らが発行した『平民新聞』である。反戦詩では，与謝野晶子の「君死にたまふこと勿れ」は詩歌中心の雑誌『明星』に，大塚楠緒子の「お百度詣で」は総合雑誌『太陽』にそれぞれ発表された。

第6問 ── 近現代における日本と世界の関係

A　易　《大正時代の外交と文化》

問1　26　正解は②

　X．正文。史料の5行目以降で，「今度の対支要求」について，「支那の主権を侵害し」，「面目を潰したやうな点もあるが」，日本の立場からみれば「最小限度の要求」だと断じているので，決して否定的な見解ではない。

　Y．誤文。史料1〜2行目に「英国は別段八釜しい異議は唱へなかつたらう」，3〜4行目に「英国が多少の譲歩を日本に致すといふことは，決して望み得ないことではない」とあり，イギリスが日本に対して好都合な立場を取ることに期待を寄せていることが読み取れる。したがって「不信感が高まることを心配している」は誤り。

　よって，X−正，Y−誤となり，②が正解。

問2　27　正解は①

①適当。『**キング**』は1925年に大日本雄弁会講談社から創刊された大衆雑誌で，大衆小説などで人気を博して多くの読者を抱え，発行部数も100万部を超えた。

②不適。**野間宏**の戦争文学としては，1952年に刊行された『真空地帯』などがある。戦後なので，年代条件に合致しない。

③不適。火野葦平の『麦と兵隊』は1938年に刊行された。年代条件に合致しない。

④不適。正岡子規が俳句の革新運動を進めたのは明治時代。時代的に合致しない。

B やや難 《日独伊三国同盟以後の世界情勢》

問3 28 正解は⑤

Ⅰ．第2次近衛文麿内閣の時，1941年6月に**独ソ戦**が始まると，1941年7月2日の御前会議において，対ソ戦の準備（＝北進論）と南部仏印進駐の方針（＝南進論）が決定された（＝「**帝国国策要綱**」）。これを受けて**関東軍特種演習（関特演）**が発動されたが，南進論が優勢となり，米英に対する戦争準備に専念することになったために関特演は中止となった。

Ⅱ．1940年の**日独伊三国同盟**によって日米対立が決定的となったため，1941年4月から衝突回避のための日米交渉が始まったが，同年11月26日，東条英機内閣のときに**ハル＝ノート**が提示され日米交渉は決裂した。

Ⅲ．第2次近衛文麿内閣の外相松岡洋右は，日独伊三国同盟の枢軸国にソ連を加えた四国協商（四国ブロック）の実現を構想し，あわせて北守南進政策を推進するための軍事的支柱として1941年4月に**日ソ中立条約**を調印した。

よって，Ⅲ（1941年4月，第2次近衛文麿内閣）→Ⅰ（1941年7月，第2次近衛文麿内閣）→Ⅱ（1941年11月，東条英機内閣）の順となり，⑤が正解。

問4 29 正解は④

Ｘ．1943年11月にローズヴェルト（米）・チャーチル（英）・蔣介石（中国）がエジプトの首都カイロ（＝ｂ）で会談を開き，対日戦遂行などについて宣言した（＝**カイロ宣言**）。

Ｙ．1945年7月にベルリン郊外のポツダム（＝ｄ）で，トルーマン（米）・チャーチルのちアトリー（英）・スターリン（ソ連）が会談して日本の無条件降伏を決定し，蔣介石の同意を得て米英中3国の名で**ポツダム宣言**を発表した。

ちなみにａはクリミア半島のヤルタ，ｃはチュニジアの首都チュニスである。

よって，Ｘ－ｂ，Ｙ－ｄが正しい組合せとなり，④が正解。

C 標準 《戦後の国際社会》

問5 30 正解は③

①不適。1972年，田中角栄内閣の時に発表された**日中共同声明**によって日中交正常化が図られ，1978年には**日中平和友好条約**が締結された。

②不適。日本は1951年の**サンフランシスコ平和条約**と**日米安全保障条約**の調印によって，アメリカを中心とする自由主義陣営（資本主義陣営）の一員となった。第三勢力とは，1955年のバンドン会議に参加したアジア・アフリカ諸国を中心とする二大陣営のいずれにも属さない国々で，第三世界とも呼ばれる。

③**適当**。1956 年に鳩山一郎首相とブルガーニン首相との間で**日ソ共同宣言**が調印
され，日ソ間の戦争状態が終了して国交が回復した。その結果，日本の国際連合
加盟が支持され，日本は 23 年ぶりに国際社会に復帰した。

④**不適**。日本は開放経済体制に移行する中で，1964 年に**経済協力開発機構**
（OECD） に加盟し，その結果，資本の自由化が義務づけられた。

問 6　 31 　正解は②

　a．**適当**。湯川秀樹がノーベル物理学賞を受賞したのは 1949 年である。

　b．**不適**。大江健三郎がノーベル文学賞を受賞したのは 1994 年である。

　c．**不適**。宮崎駿の『千と千尋の神隠し』がベルリン国際映画祭でグランプリ（最
　　優秀作品賞）を受賞したのは 2002 年である。

　d．**適当**。黒澤（黒沢）明の『羅生門』がヴェネツィア国際映画祭（ベネチア映画
　　祭）でグランプリ（最高作品賞）を受賞したのは 1951 年である。

よって，占領期（1945〜52 年）に該当する**a・d**が正しい組合せとなり，②が正解。

問 7　 32 　正解は③

①**正文**。1915 年の二十一か条の要求以前に，アメリカの国務長官ジョン＝ヘイは
　1899 年に**門戸開放宣言**を出し，中国の門戸開放・機会均等を主張していた。

②**正文**。1945 年 8 月 8 日，ソ連は**日ソ中立条約**を無視して日本に宣戦布告し，翌
　9 日にソ満国境を越えて満州・朝鮮に侵攻した。

③**誤文**。経済安定九原則を実施に移すための**ドッジ＝ライン**では，緊縮財政政策が
　とられたので，「積極的に財政支出を拡大させる」は誤り。

④**正文**。1985 年に開催された G5 において，為替市場に協調介入することによっ
　てドル高を是正しようという合意が成立した（＝**プラザ合意**）。

日本史Ｂ

問題番号 （配点）	設 問		解答番号	正 解	配 点	チェック
第1問 （18）	A	問1	1	④	3	
		問2	2	②	3	
		問3	3	①	3	
	B	問4	4	④	3	
		問5	5	⑤	3	
		問6	6	③	3	
第2問 （16）	A	問1	7	⑤	3	
		問2	8	①	3	
	B	問3	9	④	3	
		問4	10	③	3	
		問5	11	①	4	
第3問 （16）	問1		12	①	4	
			13	③	3	
	問2		14	②	3	
	問3		15	⑤	3	
	問4		16	④	3	

問題番号 （配点）	設 問	解答番号	正 解	配 点	チェック
第4問 （16）	問1	17	②	3	
	問2	18	⑥	4	
	問3	19	③	3	
	問4	20	②	3	
		21	①	3	
第5問 （12）	問1	22	①	3	
	問2	23	②	3	
	問3	24	④	3	
	問4	25	③	3	
第6問 （22）	問1	26	③	3	
	問2	27	①	3	
	問3	28	④	4	
	問4	29	①	3	
	問5	30	②	3	
	問6	31	④	3	
	問7	32	①	3	

自己採点欄
／100 点

（平均点：64.26 点）

第1問 —— 貨幣の歴史

A　標準　《古代の銭貨と中世の流通・外交》

問1　□1□　正解は④

X．**a**．誤り。運脚の食料は原則として自弁であったが，帰国に際して食料が底をついて餓死する人々も多かった。そこで政府は712～13年にかけて旅の道中における食料の欠乏を補い，あわせて銭貨（和同開珎）の流通を促進させるために運脚に銭貨を持たせることとした。Xとの関連性は薄い。

b．**正しい**。私的な貨幣鋳造は大宝律でも禁じられていたが，711年にはさらに重罪となり，首謀者は斬首刑，その家族は配流となった。国家が「自ら鋳造した銭貨しか流通を認めなかった」ことと大いにかかわる法令である。

Y．**c**．誤り。711年に発布された**蓄銭叙位令**において，蓄えた額に応じて位階を与える政策がとられた。国家の財政支出とは直接関連しない。

d．**正しい**。銭貨はこの法令のように官吏の給与のほか，宮都造営に雇われた役夫の賃金などに充てられた。

よって，X—**b**，Y—**d**が正しい組合せとなり，**④**が正解。

問2　□2□　正解は②

絵図は『一遍上人絵伝』に描かれた備前国の福岡市の一場面である。

a．**適当**。鎌倉時代には売買の手段として従来の米などにかわり，日宋貿易で輸入された**宋銭**が用いられるようになった。

b．**不適**。〔咲也さんの**メモ**〕に「10世紀半ば　古代最後の銭貨発行」とあるように，国家による銭貨鋳造は958年の乾元大宝をもって停止したが，鎌倉時代においては宋銭が交換経済の中心となって盛んに取引されたため，銭貨の流通が例外的であったとはいえない。

c．**不適**。「頑丈な瓦葺き」が誤りで，「簡素な板葺き」が正しい。

d．**適当**。〔咲也さんの**メモ**〕には「古代には，米や布・絹なども貨幣として通用している」とある。絵図の中央には，市女笠をかぶった女性が布を手にして客人に相対している姿が描かれている。

よって，**a・d**が正しい組合せとなり，**②**が正解。

CHECK　中世の定期市

本問の図版は『一遍上人絵伝』の中の備前国福岡市の場面である。中世の定期市は荘園の中心部や交通の要地，中洲や浜辺などで開かれることが多く，福岡市も吉井川流域の中洲に開設された。本問で示された板葺き屋根の建物では履物や布，その右側の建物では米なども商品として扱われていた。そのほかの建物では，備前焼と思われる壺も売られている。市場が開かれている時期は情報交換の場としてもにぎわったが，市日でない

ときには空間も閑散とし，廃墟のような風景となった。

問3 　 3 　正解は①

X．**正文**。宋銭や明銭のほか，粗悪な私鋳銭（しちゅうせん）も流通したので，室町幕府はたびた
び撰銭令（えりぜに）を出し，良銭を選ぶ行為を制限するなどして流通の円滑化を図った。

Y．**正文**。勘合貿易の主導権をめぐり，堺商人と結ぶ細川氏と，博多商人と結ぶ大
内氏の船が 1523 年に寧波港（ニンポー）で争い，大内氏が勝利した（＝**寧波の乱**）。

よって，X—正，Y—正となり，①が正解。

B　標準　《近世～現代の貨幣制度》

問4 　 4 　正解は④

①**正文**。正徳小判は重量・金の成分比率（84 ％）ともに慶長小判と同じであった。

②**正文**。金の成分比率が最も低かったのは 1819 年に鋳造された文政小判（56 ％）
であったので，「50 ％以下となることはなかった」は正しい。

③**正文**。元文小判の金の成分比率は 66 ％なので，正徳小判（84 ％）よりは低く，
後の時代の小判（文政 56 ％，天保・安政・万延 57 ％）よりは高かった。

④**誤文**。「金の成分比率を減らして対応した」が誤り。欧米列強との貿易は横浜港
を中心に 1859 年から始まったが，国内と海外の金銀比価の相違から，大量の金
貨が流出した。そこで幕府は 1860 年に万延小判を鋳造したが，安政小判と比べ，
重量を軽量化し金の含有量を減らすことで金の流出に対応しようとしたのであり，
金の成分比率（いずれも 57 ％）に変化はなかった。

問5 　 5 　正解は⑤

Ⅰ．日本銀行は 1885 年に銀兌換銀行券を発行し，翌年から政府紙幣の銀兌換も始
まったので，1886 年に**銀本位制**が確立した。

Ⅱ．日清戦争後に得た賠償金の一部を準備金に充て，1897 年に**貨幣法**を制定して
金本位制が確立した。

Ⅲ．1877 年の西南戦争に際し，政府は多額の**不換紙幣**を発行して戦費を調達した。

よって，Ⅲ（1877 年）→Ⅰ（1886 年）→Ⅱ（1897 年）の順となり，⑤が正解。

問6 　 6 　正解は③

a．**誤文**。中世には，宋銭・明銭などの中国銭のほかに粗悪な私鋳銭も流通した。

b．**正文**。寛永通宝は 1636 年に初めて鋳造された銭貨で，全国的に流通した。

c．**正文**。幣原喜重郎内閣（しではら）は戦後インフレを打開するために 1946 年に**金融緊急措
置令**を公布し，新円への切り替えと預金封鎖を図った。

d．誤文。1ドル＝360円の単一為替レートが採用されたのは1949年である。

よって，b・cが正しい組合せとなり，③が正解。

第2問 —— 日本における文字使用の歴史

A やや難 《漢字使用の始まり》

問1 　7　正解は⑤

それぞれの世紀における日中関係を踏まえて王朝名を推測する。

1世紀には，倭の奴国王が後漢の光武帝から印綬を賜ったという（『後漢書』東夷伝）。後漢は一国一王朝で支配した（＝地図Ⅲ）。3世紀には，邪馬台国の卑弥呼に「親魏倭王」の称号が授けられた（『魏志』倭人伝）。魏は，魏・呉・蜀の三国時代の王朝の一つ（＝地図Ⅰ）。5世紀に，倭の五王は南朝の宋に朝貢した（『宋書』倭国伝）。当時の中国は南北朝時代（＝地図Ⅱ）である。

よって，Ⅲ（1世紀の後漢時代）→Ⅰ（3世紀の三国時代）→Ⅱ（5～6世紀の南北朝時代）の順となり，⑤が正解。

問2 　8　正解は①

X．正文。「无利弖」「伊太和」のように，漢字一文字につき，それぞれ一つの音を充てて人名や地名などを表記するようになった。

Y．正文。史料の鉄刀が出土した江田船山古墳は，熊本県に所在する。また，同じ「獲加多支鹵大王」の銘文がある鉄剣が出土した稲荷山古墳は，埼玉県に所在する。「獲加多支鹵大王」は雄略天皇を指すと考えられているので，5世紀におけるヤマト政権の勢力が関東地方から九州地方まで及んでいたと推定される。

よって，X―正，Y―正となり，①が正解。

B 標準 《漢字文化と仮名文化の展開》

問3 　9　正解は④

a．誤文。事例1より，7世紀後半の木簡には「移（ヤ）」，「里（ロ）」，「宜（ガ）」など，同時代の中国ではすでに使われなくなった漢字音が用いられているので，「古い時代の中国における漢字文化の影響は見られない」は誤り。

b．正文。事例2より，倉庫を意味する高句麗の「桴京」，百済・新羅の「椋」など，7世紀後半の木簡には朝鮮諸国における漢字文化の影響が見られる。

c．誤文。吉備真備は玄昉らとともに8世紀前半に遣唐使として入唐したので，「7世紀後半の」という時代条件に合致しない。

d．**正文**。白村江の戦い（663年）の後，日本に逃れてきた百済の亡命貴族によっ て漢詩文などの新しい漢字文化が伝えられたほか，その技術指導のもとに大野城 のような朝鮮式山城や水城が築造され，防衛体制が強化された。

よって，**b・d**が正しい組合せとなり，**④**が正解。

問4　10　正解は③

評価Xの根拠

a．**不適**。儒教や紀伝道は律令制下の大学（大学寮）での教育内容であり，中国文 化の影響を強く受けているので，「日本独自の貴族文化」を象徴するものではな い。

b．**適当**。醍醐天皇の命で905年，最初の勅撰和歌集として『古今和歌集』が撰上 された。その後，後鳥羽上皇の命による『新古今和歌集』にいたるまで8つの勅 撰和歌集が撰上された（＝八代集）。

評価Yの根拠

c．**適当**。遣唐使の中止後，民間の商人によって大陸から書籍・仏像・絹織物や陶 磁器などの文物がもたらされ，それらは唐物（からもの）として珍重された。

d．**不適**。評価Xの根拠である。

よって，**b・c**が正しい組合せとなり，**③**が正解。

CHECK　畳の歴史
貴族の寝殿造の住宅の床は板張りだったので，畳や円座を置いて座った。現代のように 畳が部屋一面に敷き詰められるようになるのは，室町時代後期以降に書院造が普及して からである。

問5　11　正解は①

①**誤文**。倭国は，5世紀の倭の五王の遣使の後，中国との交渉が途絶えたことによっ て中国の冊封体制から離脱した。ところが問2の史料に見えるように，獲加多 支鹵大王（＝倭王武・雄略天皇）の時代にはすでに漢字が使われているので， 「冊封体制から離脱したことによって始まった」という解釈は誤りである。

②**正文**。「古墳から出土した，文字が刻まれた5世紀の刀剣」とは，たとえば問2 の史料や稲荷山古墳出土鉄剣を指す。後者の鉄剣の裏面には，乎獲居臣（おわけのおみ）が杖刀 人の長（大王の護衛軍のリーダー）としてヤマト政権に仕え，雄略天皇のときに 中央政治に参加し，朝廷に奉仕したことを記念する内容が刻まれている。

③**正文**。「Bさんの発表要旨」のはじめに「漢字が行政の場でも広く使用されるよ うになるのは，7世紀後半以降のこと」とある。「7世紀後半」は，近江令や飛 鳥浄御原令など日本でも律令制度が導入され始めた時期である。

④**正文**。そのほかの女流文学としては，清少納言の『枕草子』，藤原道綱母の『蜻 蛉日記』，菅原孝標女の『更級日記』などが代表的である。

第3問 標準 《中世の都市と地方との関係》

問1 (1) 12 **正解は①**

　X．正文。史料文の冒頭に「紀伊国留守所が，那賀郡司に符す　このたび院庁下文
　のとおり…」とある。

　Y．正文。史料文の2～3行目に「院の使者と共に荘園の境界を定めて牓示を打ち，
　山間部に神野真国荘を立券し，紀伊国衙に報告すること」とある。

　よって，**X―正，Y―正**となり，①が正解。

(2) 13 **正解は③**

　X．a．**不適**。牓示は地図中に○印で示されている。その設置場所は志加野村・真
　国村・石走村・粟田村・猿川村・神野村といった集落や田地には見当たらないの
　で，「田や村の中心に設置されている」は誤り。

　　b．**適当**。牓示は伯父峰・志加良横峰・岫峰付近の山間部や神野川・真国川の流域
　に見えるので，「山の中や川沿いに設置されている」は正しい。

　Y．c．**適当**。牓示を結ぶ線で囲まれたエリア全体が神野真国荘の領域で，その中
　には山・川・村（集落）・田地・神社などが含まれる。

　　d．**不適**。志加野村・真国村・石走村それぞれの境界に牓示はなく，粟田村と猿川
　村の境界にも牓示は見当たらないので，牓示は村の境界を示す標識ではないこと
　がわかる。

　よって，**X―b，Y―c**が正しい組合せとなり，③が正解。

問2 14 **正解は②**

　①正文。1028～31年の平忠常の乱以降，関東における平氏の勢力は衰退し，東国
　には源氏が進出した。その後，平維衡に始まる伊勢平氏は伊勢・伊賀を勢力基盤
　として成長し，院との結びつきを強めた。

　②誤文。六勝寺は白河天皇の発願による法勝寺に始まる6つの御願寺の総称で，
　院政期に鎌倉ではなく京都東山岡崎付近に建立された。また，禅文化が日本に本
　格的に導入されるのは鎌倉時代で，六勝寺の建立より後のことである。

　③正文。白河上皇は神仏を篤く信仰し，紀伊国の熊野神社や高野山に参詣を繰り返
　した。

　④正文。御家人は奉公の一環として，平時には京都大番役や鎌倉番役に勤務した。

NOTE　伊勢平氏と院との関係

平正盛（白河上皇と結ぶ）	…北面の武士となり，のちに源義親を討って武名を上げる
平忠盛（鳥羽上皇と結ぶ）	…瀬戸内海の海賊を平定し，日宋貿易にも関与
平清盛（後白河上皇と結ぶ）	…1167年に武家として初めて太政大臣に就任

問3　15　正解は⑤

Ⅰ．山城の国一揆は 1485 年に始まり，畠山政長・畠山義就両軍の国外退去や新関
の廃止，寺社本所領の還付などを求め，8 年間にわたって 36 人の月行事による
自治的支配が続いた。

Ⅱ．加賀の一向一揆は 1488 年に守護の富樫政親を自害に追い込み，以後約 100 年
間にわたって自治的支配を行った。

Ⅲ．正長の徳政一揆は 1428 年，借金の帳消しを求めて土倉・酒屋などを襲撃した。

よって，Ⅲ（1428 年）→Ⅰ（1485 年）→Ⅱ（1488 年）の順となり，⑤が正解。

問4　16　正解は④

Ｘ．「連歌が広まり」とあるので，室町時代に正風連歌を確立し，『新撰菟玖波集』
を編纂した宗祇（＝ b）が正解。

Ｙ．「地方で製造された陶器」がヒントとなり，鎌倉時代に尾張地方で盛んに生産
された瀬戸焼（＝ d）が正解。

ａ．西行は平安後期の歌人で，歌集として『山家集』を残した。

ｃ．赤絵は江戸初期に，酒井田柿右衛門が有田焼に上絵付を施して完成した色絵の
技法である。

よって，Ｘ－ b，Ｙ－ d が正しい組合せとなり，④が正解。

第４問　標準　《近世社会の儀式や儀礼》

問1　17　正解は②

Ｘ．正文。〈殿席の説明〉によれば，譜代大名に与えられた殿席はＡの溜之間，Ｂ
の雁之間，Ｃの菊之間，Ｄの帝鑑之間で，外様大名に与えられたＦの柳之間，Ｇ
の大広間よりも奥に近い場所であった。

Ｙ．誤文。「同じ殿席だった」が誤り。日米修好通商条約を調印したのは彦根藩主
から大老に就任した井伊直弼で，〈殿席の説明〉にあるとおりＡの溜之間が与え
られた。徳川斉昭は御三家の一つ水戸藩主なので，殿席はＥの大廊下である。

よって，Ｘ－正，Ｙ－誤となり，②が正解。

問2　18　正解は⑥

Ⅰ．大船建造の禁は，ペリーの来航を機に，1853 年に解禁となった。

Ⅱ．武家諸法度第一条の冒頭が「文武忠孝を励し」と改められたのは，徳川綱吉の
ときに発布された 1683 年の天和令においてである。

Ⅲ．参勤交代は，徳川家光の時代に出された 1635 年の武家諸法度寛永令において
制度化された。

よって，Ⅲ（1635年・江戸時代前期）→Ⅱ（1683年・江戸時代中期）→Ⅰ（1853年・江戸時代後期）の順となり，⑥が正解。

問3 　19　　正解は③

①誤文。通信使は主に将軍の代替わりごとに朝鮮から来日した使者のこと。

②誤文。オランダ風説書はオランダ船が入港するたびに，オランダ商館長が幕府に提出した海外事情の報告書である。したがって「日本の情報を世界に伝えた」ではなく，「世界の情報を日本に伝えた」が正しい。

③正文。琉球からは琉球国王の代替わりに際して謝恩使，将軍の代替わりごとに慶賀使が派遣された。

④誤文。松前奉行は全蝦夷地を直轄地として1807年に設置された。これはロシアの接近に伴う海防政策の一環なので，「アメリカ」ではなく「ロシア」が正しい。

問4　(1)　20　　正解は②

①正文。史料1からは「休日」と「遊び日」が同義語として読み取れる。

②誤文。史料1の1行目に「流行休日決して致すまじく候」と記されているが，「臨時の休日は，全国で一律に制定する」旨は史料からは読み取れない。

③正文。史料1の2～3行目に「休日致したき節は，町役人へ申し出で，御支配様へお願い申し」とある。

④正文。史料1の4～5行目には「休日は…手習い・算など相励み申すべく候」とあり，無駄な時間を過ごさないように戒めている。

(2)　21　　正解は①

a．適当。史料2の2～3行目に「天下の刑戮差し停められ候」とある。

b．不適。史料2の1行目に「毎年此の辰を以て」とあるので，「この年1回限りの行事とされた」は誤り。

c．適当。史料2の3～4行目に「庶民に於いても，一同御嘉節を祝い奉り候様仰せ出され候事」とある。

d．不適。史料2の3行目に「衆庶と御慶福を共に遊ばさせられ候思し食しに候」とあるので，「庶民に天長節を祝うことを禁じて」は明らかに誤り。

よって，a・cが正しい組合せとなり，①が正解。

第5問　標準　《景山英子が生きた時代》

問1　22　正解は①

アには朝鮮の内政改革が，イには平民社が入る。

ア．**大阪事件**は1885年，**大井憲太郎**や**景山英子**らが，朝鮮に渡り独立党による政権を樹立しようと画策したが，朝鮮渡航前に発覚した事件である。

イ．空欄の後の「社会主義に近づくと」がヒント。**平民社**は1903年に『万朝報』を退社した**幸徳秋水・堺利彦**らが結成した団体で，『**平民新聞**』を発刊して社会主義の立場から日露戦争に反対した。**政教社**は1888年に三宅雪嶺・杉浦重剛・志賀重昂らが組織した思想団体で，機関誌『**日本人**』を刊行して**国粋保存主義**を唱えた。

問2　23　正解は②

X．「薩摩藩」「長州藩との間で同盟を結んだ」から**西郷隆盛**（＝a）が正解。bの**木戸孝允**は長州藩士なので該当しない。

Y．1868年から始まった**戊辰戦争**において，旧幕府海軍の**榎本武揚**は**箱館**（＝d）の五稜郭にこもって新政府軍に対抗したが，1869年に降伏した。**新潟**（＝c）は1858年に調印された**日米修好通商条約**で，新たに開港地として定められた。

よって，**X－a，Y－d**が正しい組合せとなり，**②**が正解。

問3　24　正解は④

a．**不適**。史料文の2行目に「工芸科なるものも，また優美を旨とし」とあるが，これは一般女学校の様子についての叙述であり，英子はこれを批判している。

b．**適当**。一般女学校の様子を見ると，史料文の2～3行目にあるように「実際生計の助けとなるものあらず」と現状を批判している。そのため女性にも生計の助けになる技術を教える必要性があると主張している。

c．**不適**。リード文によると，角筈女子工芸学校が設立されたのは1901年であるが，**教育勅語**はそれより前の1890年に発布された。

d．**適当**。義務教育の期間が4年から6年に延長されたのは1907年，小学校令の改正による。

よって，**b・d**が正しい組合せとなり，**④**が正解。

問4　25　正解は③

リード文より，下線部ⓒの文章は1907年に創刊された『世界婦人』の「発刊の辞」の一節なので，その時期に該当するかどうかを吟味すればよい。

X．**誤文**。**新婦人協会**は，1920年に市川房枝・平塚らいてうらによって結成され

たので，1907年当時は存在していない。

Y．**正文**。女性の政治集会への参加は1900年に公布された**治安警察法第5条**によって禁止されていた。新婦人協会などの活動により，参加が認められるようになるのは1922年のことである。

よって，X－誤，Y－正となり，**③**が正解。

第6問　やや難　《農地改革》

問1　26　正解は③

X．**誤文**。明治期において，小作料は**現物で納入**した。小作料金納制は戦後の農地改革によって実現した。

Y．**正文**。小作料の支払いに苦しむ小作人の中には，副業を営んだり子女を工場に出稼ぎに出したりして家計を補う者もいた。

よって，X－誤，Y－正となり，**③**が正解。

問2　27　正解は①

「1920年代に活動した組織」は①のみで，②〜④は活動時期が異なる。

①**正しい**。全国水平社は被差別部落解放運動の一環として，西光万吉を中心に1922年に結成された。

②**誤り**。日本社会党は最初の合法的社会主義政党として **1906年**，第1次西園寺公望内閣のときに結成されたが，**幸徳秋水**らの直接行動派と**片山潜**らの議会政策派の対立が激化したため，1907年に結社禁止となった。のち日本社会党は1945年，**片山哲**を中心に旧無産政党を統合した形で結成された。

③**誤り**。明六社は **1873年**，啓蒙思想団体として**森有礼**を中心に組織され，機関誌『明六雑誌』を発行して近代思想の普及を図った。

④**誤り**。翼賛政治会は **1942年**，東条英機内閣のときに結成された政治結社である。

問3　28　正解は④

空欄アに入る語句

X．**不適**。Y．**適当**。スライド1－2に「小作料や耕作権をめぐって，小作争議が活発化」とある。小作争議の活発化は地主にとっては打撃となるので，寄生地主制は動揺したと考えられる。

その語句が入る理由

a．**不適**。b．**適当**。小作争議がなぜ起こったかを考えればよい。小作争議は小作料の減免や土地耕作権の確保を目的とした闘争で，1921年以降に激化した。

よって，Y－bが正しい組合せとなり，**④**が正解。

問4　29　正解は①

X．正文。砂糖・マッチなどの生活必需品で**切符制**が開始されたのは 1940 年で，のちに衣料品などすべての日用品に拡大された。

Y．正文。**国家総動員法**は 1938 年，戦時立法として第 1 次近衛文麿内閣のときに制定され，それに基づく勅令として 1939 年，阿部信行内閣のときに**価格等統制令**が公布された。

よって，X－正，Y－正となり，①が正解。

> **NOTE　戦時立法**
>
> 国家総動員法（1938 年）…日中戦争の拡大を受け，戦時に際して議会の承認なしに「人的・物的資源を統制・運用する」権限を政府に与えた法律
> ＜国家総動員法に基づく勅令＞
> 国民徴用令（1939 年），賃金統制令（1939 年），価格等統制令（1939 年）など

問5　30　正解は②

空欄イに入る政策

X．正しい。Y．誤り。スライド 2－1 や 2－2 にあるように，食糧不足が深刻化する中で，政府は小作料統制令を施行し，食糧管理法を制定した。これによって小作料の引上げを禁止し，生産者米価を引き上げて生産の奨励を図り，地主の取り分を縮小させるとともに，小作人（耕作者）を優遇する政策をとった。

その政策の目的

a．誤文。スライド 2－2 に見える「小作料統制令の施行」や 2－3 にある「自作農創設に向けた動きも一部でみられた」という事象は，「寄生地主制の強制的な解体を目指すものではなかった」にせよ，寄生地主制を強化する政策とは相容れない動きといえる。

b．正文。スライド 2－1 を見ると，食糧不足が深刻化したので食糧の増産と安定供給が必要だという事情があったことがわかる。

よって，X－bが正しい組合せとなり，②が正解。

問6　31　正解は④

①正文。スライド 3－1 にも言及があるように，GHQ は，日本の都市における財閥と農村における寄生地主制が軍国主義の温床になったと考えていた。

②正文。GHQ の勧告によって 1946 年に**自作農創設特別措置法**と改正農地調整法が公布され，それに基づいて 1947 年から第二次農地改革が開始された。

③正文。図の 1965 年も 1935 年も，2 ha 未満の経営規模の農家（□以外の部分）が 9 割以上で，「経営規模の小規模性」という点において大きな変化はない。

④誤文。図の 1965 年を見ると，兼業農家の戸数が全体の約 8 割を占めるが，1935

年には兼業農家の戸数は 3 割弱にとどまっており，圧倒的に専業農家が多かった。したがって「1935 年時点と同様に，専業農家の割合は低いまま」は誤り。

NOTE　経済の民主化

財閥解体	中心組織	…**持株会社整理委員会**（1946 年）
	法令	…**独占禁止法**（1947 年，持株会社・カルテル・トラストを禁止）→ 公正取引委員会が監視
		過度経済力集中排除法（1947 年，巨大企業の分割を図る）→ 日本製鉄・三菱重工業など 11 社のみ分割
	結果	…銀行が分割の対象外となったため，のちに企業集団を形成
農地改革	中心組織	…農地委員会
	法令	…改正農地調整法（1946 年）・**自作農創設特別措置法**（1946 年）
	結果	…自作農の大幅な創出・小作地の解放・小作料の金納化実現・小作権の保証が実現・寄生地主制は解体

問7　**32**　正解は①

a．**正文**。b．**誤文**。減反政策とは，作付面積を減らして米の生産量を抑制し，需給調整を図ろうとする政策で，1970 年から実施された。b の「輸入量を減らすため」は誤り。

c．**正文**。農業基本法は 1961 年，池田勇人内閣のときに制定された。農業経営の近代化など，農業構造の改善を通して生産性の向上と農家の所得水準の引上げなどを目標とした法令である。

d．**誤文**。自作農の創設を目的に制定されたのは 1946 年の自作農創設特別措置法である。

よって，a・c が正しい組合せとなり，①が正解。

日本史 B　本試験（第2日程）

問題番号 （配点）	設　問		解答番号	正　解	配　点	チェック
第1問 （18）	A	問1	1	④	3	
		問2	2	④	3	
		問3	3	①	3	
	B	問4	4	②	3	
		問5	5	①	3	
		問6	6	③	3	
第2問 （16）		問1	7	④	4	
		問2	8	⑥	3	
		問3	9	③	3	
		問4	10	②	3	
			11	①	3	
第3問 （16）	A	問1	12	②	3	
		問2	13	④	4	
		問3	14	①	3	
	B	問4	15	④	3	
		問5	16	④	3	

問題番号 （配点）	設　問		解答番号	正　解	配　点	チェック
第4問 （16）		問1	17	②	3	
		問2	18	③	3	
		問3	19	①	3	
		問4	20	②	3	
		問5	21	④	4	
第5問 （12）		問1	22	③	3	
		問2	23	④	3	
		問3	24	②	3	
		問4	25	③	3	
第6問 （22）	A	問1	26	④	3	
		問2	27	①	3	
		問3	28	⑥	3	
		問4	29	②	3	
	B	問5	30	①	4	
		問6	31	③	3	
		問7	32	③	3	

自己採点欄

100 点

（平均点：62.29 点）

第1問 —— 女性史

A 標準 《米騒動，古代と近世の天皇・朝廷》

問1 　1　 正解は④

アには「女房連」が，イには「まだ実現していなかったからね」が入る。
ア．史料文から「女房連は海岸に集合し」て決起し，「米屋及び米所有者の宅」を
　襲った旨が読み取れる。地名と年代（『高岡新報』・1918年）もヒントとなり，
　史料1は富山県で発生した**米騒動**の記事であるとわかる。決起したのは「女房
　連」のほうである。米騒動は富山県の漁民主婦らの蜂起を機に全国に波及した。
イ．**普通選挙法**が成立したのは1925年，加藤高明内閣のときで，それに基づく最
　初の総選挙が行われたのは1928年である。したがって1918年時点においては，
　普通選挙は実現していない。

問2 　2　 正解は④

Ⅰ．**恵美押勝の乱**は，764年に藤原仲麻呂（恵美押勝）が道鏡を除こうとして反乱
　を起こしたが敗死した事件である。この乱によって時の淳仁天皇が廃されて淡路
　に流され，孝謙太上天皇が重祚して称徳天皇となった。
Ⅱ．「隋に臣従しない形式の国書」から，607年の**遣隋使**を想起すればよい。『隋
　書』倭国伝によれば，**推古天皇**の時代，607年に小野妹子が持参した国書には
　「日出づる処の天子，書を日没する処の天子に致す」と記されていた。
Ⅲ．阿倍比羅夫は658年，**斉明天皇**のときに東北地方北部に派遣され，津軽地方の
　蝦夷を討ったといわれる。

よって，Ⅱ（推古天皇・607年）→ Ⅲ（斉明天皇・658年）→ Ⅰ（称徳天皇・764
年）の順となり，④が正解。

問3 　3　 正解は①

①誤文。禁裏御料は，江戸幕府から朝廷に対して与えられた天皇家の領地で，徳川
　家康・秀忠・綱吉の時代にそれぞれ1万石献呈され，幕末まで約3万石となった。
②正文。1629年，**紫衣事件**を機に譲位した**後水尾天皇**のあとを受けて，徳川秀忠
　の孫にあたる**明正天皇**が即位した。東福門院和子を母にもつ明正天皇は，奈良時
　代の称徳天皇以来859年ぶりに即位した女性天皇である。そのほか江戸時代には，
　後桜町天皇も女性天皇として在位した。
③正文。徳川綱吉は1687年に**大嘗祭（大嘗会）**を再興するなど，従来の朝廷政策
　を改めて朝幕間の協調関係を築いた。
④正文。1863年，3代将軍徳川家光以来約230年ぶりに14代将軍徳川家茂が上洛

した。すでに上洛していた徳川慶喜も 1866 年に二条城で将軍宣下を受けた。

B　標準　《女性が書いた詩と手紙》

問4　　4　　正解は②

史料 2 は，**日露戦争**に際して**与謝野晶子**が「君死にたまふことなかれ」とうたう反戦詩の一節である。①～④の史料には，その時代を象徴するキーワードが含まれているので，それらに着目しておおよその時代を特定すればよい。

①誤り。「**軍国主義ガ世界ヨリ駆逐**」に着目し，全体の文意から 1945 年 8 月 14 日に日本が受諾した**ポツダム宣言**の一節と判断する。

②**正しい**。「**日露の戦争**」がヒントとなる。1904 年発刊の『**平民新聞**』の一節。

③誤り。「**攘夷論に反対して開国貿易こそ日本の利益なれ**」から，開国前の思想と考え，時期を江戸時代後期～幕末期と推定する。

④誤り。「**蒙古人襲来**」から，13 世紀後半に起こった**蒙古襲来**に対する鎌倉幕府（執権北条時宗）の措置と判断する。

問5　　5　　正解は①

Ｘ．**正文**。会話文の 4 行目に，「この手紙はその後，裏面にお経が書かれて，経典として使われていた」とある。

Ｙ．**正文**。史料 3 の 1 ～ 2 行目から「備後の深津市で割符を換金して銭をすべて受け取ってきてほしい」旨が読み取れる。また，4 行目から，換金場所が「尼御前の仮屋」であることも読み取れる。

よって，**Ｘ－正，Ｙ－正**となり，①が正解。

問6　　6　　正解は③

a．**誤文**。「女性の特徴をよく表した」とあるので，石棒ではなく妊婦をかたどった**土偶**が正しい。

b．**正文**。八条院領とは，平安時代後期に鳥羽上皇が皇女の八条院 暲 子に伝えた荘園群のことで，のちに大覚寺統の経済基盤となった。

c．**正文**。**出雲阿国**が始めた阿国歌舞伎はのちに女歌舞伎に継承されたが，風紀紊乱を理由に幕府によって禁止された。

d．**誤文**。アメリカ留学を終えて帰国した**津田梅子**は，1900 年に**女子英学塾**（現在の津田塾大学）を創立した。**東京専門学校**（現在の早稲田大学）は 1882 年に**大隈重信**によって創立された。

よって，**b・c** が正しい組合せとなり，③が正解。

第2問　標準　《古代の政治・社会・文化》

問1　7　正解は④

① 誤文。史料文1行目に「欽明天皇の代に，仏法初めて本朝に伝え」とある。仏教は百済の聖明王から欽明天皇のもとに公式に伝えられた。年代については『上宮聖徳法王帝説』などにみる538年説が有力である。

② 誤文。史料文1～2行目に「推古天皇より以後，この教え盛んに行わる」とあるので，聖武天皇は誤り。

③ 誤文。史料文5～7行目に「国分二寺を建てしむ。造作の費え，各その国の正税を用いたりき。ここに天下の費え，十分にして五」とあるので，「人々の資産が使い尽くされた」は誤り。

④ 正文。史料文8～9行目に「更に上都を営む。(中略) 皆土木の巧みを究め，尽く調・庸の用を賦す」とある。「上都」とは長岡京から再遷都した平安京のこと。

問2　8　正解は⑥

a．「平城京」「国際色豊か」という2つのキーワードから天平文化と判断する。

b．「初唐の文化の影響」というキーワードから白鳳文化と判断する。

c．「高句麗・百済・新羅や中国南北朝の文化の影響」から飛鳥文化と判断する。

よって，ア―c，イ―b，ウ―aが正しい組合せとなり，⑥が正解。

問3　9　正解は③

① 正しい。「6世紀から7世紀前半」に展開したのは飛鳥文化である。百済の僧観勒は暦法，高句麗の僧曇徴は絵の具・紙・墨の製法を伝えたほか，寺院建築に礎石や瓦が用いられたことや法隆寺金堂釈迦三尊像にみる北魏の様式などから，飛鳥文化は朝鮮半島や中国大陸の影響を受けていることがわかる。

② 正しい。「7世紀後半から8世紀初め」に展開したのは，律令国家の建設期に開花した白鳳文化である。表中の「薬師寺」「天皇が大寺院を建立し」という記述にも合致する。

③ 誤り。奈良時代には，僧尼令によって僧尼による民衆への私的な布教活動は禁じられていたが，皇室と結びながら政界で実力を培った道鏡のような僧もいたので，「僧侶が政治に介入することはなくなった」は誤り。

④ 正しい。聖武天皇は，疫病の流行や飢饉，地震などの天変地異や政変抗争などの社会不安を鎮めるために，仏教のもつ鎮護国家の思想に頼り，国分寺建立や大仏造立事業などの仏教政策をすすめた。よって，「仏教は社会不安を鎮めるための手立て」という記述は正しい。

問 4　(1)　[10]　正解は②

「延喜・天暦の治」は 10 世紀前半における醍醐・村上天皇による治世である。

a ．適当。藤原忠平は藤原基経の子で，朱雀天皇のときに摂政・関白となり，子の藤原実頼は冷泉天皇のときに関白，円融天皇のときに摂政となった。969 年の安和の変以降は摂関常置の体制が築かれ，藤原忠平の子孫が摂関政治を行った。

b ．不適。「幼少の天皇」とは清和天皇のことで，858 年に藤原良房が実質上の摂政となった。藤原基経は 884 年に光孝天皇のもとで実質上の関白となった。9 世紀の出来事なので時期的に合致しない。

c ．不適。征夷大将軍に任命された坂上田村麻呂が蝦夷の鎮圧にあたったのは 8 世紀末から 9 世紀初期にかけてのことなので，時期的に合致しない。

d ．適当。押領使・追捕使ともに令外官で，初めは臨時職であったが，10 世紀になると常置となり，凶賊の追捕や反乱の鎮圧などにあたった。

よって，エ－ a，オ－ d が正しい組合せとなり，②が正解。

(2)　[11]　正解は①

X ．正文。課役(＝調・庸・雑徭)を逃れるために，性別や年齢などを不正に記す偽籍が増加したため，調・庸の徴収は困難になった。

Y ．正文。902 年に延喜の荘園整理令が出され，醍醐天皇以後の勅旨田や院宮王臣家による山川藪沢の占有などが禁止された。

よって，X －正，Y －正となり，①が正解。

第 3 問 —— 中世の政治・社会・文化

A　標準　《奥州合戦と鎌倉幕府の政治》

問 1　[12]　正解は②

アには前九年合戦が，イには藤原泰衡が入る。

ア．リード文に「奥州」とあるので，陸奥の豪族安倍氏が源頼義・義家父子によって滅ぼされた前九年合戦(1051〜62 年)が正解。平忠常の乱(1028〜31 年)は上総で起こり，房総半島に広がった。

イ．藤原泰衡は藤原秀衡の子で，源頼朝の圧力に屈して源義経を滅ぼしたが，義経をかくまったという理由で 1189 年に殺害され，奥州藤原氏は滅亡した。藤原秀衡は藤原基衡の子で，奥州藤原氏の全盛期を築いた。

問 2　[13]　正解は④

a ．誤文。b ．正文。『吾妻鏡』は，1180 年の源頼政・以仁王の挙兵から 1266 年

の宗尊親王の帰京までの歴史を鎌倉幕府が編纂した日記体の史書である。

c．誤文。d．正文。史料には信心深い源頼朝が「諸寺社の所領を保証するとともに，祈禱を命じた」とあるので「堂舎を保護した」が正しい。

よって，b・dが正しい組合せとなり，④が正解。

問3　14　正解は①

①誤文。1180年6月に福原京に遷都し，大輪田泊(おおわだのとまり)を整備して日宋貿易を推進したのは平清盛である。都は同年11月に再び京都に戻された。

②正文。大田文は，荘園や公領の土地面積や領主名などを記した土地台帳で各国ごとに作成され，中世においては課税賦課の原簿として重視された。

③正文。幕府は，南宋から来日した蘭溪道隆(らんけいどうりゅう)や無学祖元(むがくそげん)らの禅僧を招き，それぞれ建長寺・円覚寺の開山にあたらせた。

④正文。守護には東国出身の有力御家人が1国に1人の割合で任命され，基本的権限として大犯三カ条（謀叛人の逮捕・殺害人の逮捕・大番催促）が認められた。

B　標準　《南北朝の内乱と中世の仏教勢力》

問4　15　正解は④

X．南北朝内乱における軍費を調達するために，荘園や公領から上がる年貢の半分を兵糧米として武士に与える権限を守護に認めたものを半済令といい，1352年に足利尊氏が近江・美濃・尾張の3国で実施したことに始まる。

Y．懐良親王(かねよししんのう)は後醍醐天皇の皇子で，菊池氏を中心とする九州の南朝勢力を統率するために征西将軍として派遣されたが，1371年に今川了俊（貞世）が九州探題に就任するに及び，懐良親王は大宰府を追われて勢力を失った。

a．分国法は，戦国大名が領国経営の基本として定めた成文法である。

c．以仁王は後白河天皇の皇子で，1180年に平氏追討の令旨を発して源頼政とともに挙兵したが，宇治の平等院で敗死した。

よって，X－b，Y－dが正しい組合せとなり，④が正解。

問5　16　正解は④

Ⅰ．伊勢長島の一向一揆は，織田信長によって1574年に鎮定された。

Ⅱ．叡尊・忍性は鎌倉時代に活躍した真言律宗の僧で，ともに慈善救済などの社会事業に貢献した。

Ⅲ．応仁の乱は1467年に起こった。寛正の飢饉は1461年に発生した中世最大の飢饉といわれる。

よって，Ⅱ（鎌倉時代・13世紀）→Ⅲ（室町時代・15世紀）→Ⅰ（安土桃山時代・

16 世紀)の順となり，④が正解。

第4問　標準　《近世の政治・社会・文化》

問１　[17]　正解は②

問題文に「享保の改革と寛政の改革とにはさまれた時期」とあるので，いわゆる**田沼時代**(1767〜86年)の出来事を考えればよい。

①**不適**。朝鮮国書の表記をそれまでの「日本国大君」から「日本国王」に改めさせたのは，新井白石による正徳の政治においてなので，時期的に合致しない。

②**適当**。山県大弐は『柳子新論』で尊王論を説いて幕政を批判したため，1767年に死罪となった(＝明和事件)。

③**不適**。由井正雪の乱(慶安の変)が発生したのは1651年で，４代徳川家綱が将軍宣下を受ける直前のことなので，時期的に合致しない。

④**不適**。イギリス軍艦フェートン号がオランダ船捕獲を目的に長崎湾に侵入し，薪水や食糧を強奪して退去したのは1808年である(＝フェートン号事件)。

問２　[18]　正解は③

①**正文**。老中は幕府の通常政務を統括する常置の最高職で，譜代大名から定員４〜５名が選任された。

②**正文**。大目付は旗本から選任され，老中の配下にあって大名を監察した。

③**誤文**。武家伝奏は朝幕間の連絡にあたった公家で，２名任じられた。また，朝廷を監視したのは譜代大名から選ばれた**京都所司代**である。

④**正文**。諸社禰宜神主法度は1665年，寺社統制の一環として諸宗寺院法度とともに発布された。

問３　[19]　正解は①

ａ．**適当**。この作品に用いられている技法は，18世紀後半に導入された西洋画における遠近法や陰影法で，円山派などにも影響を及ぼした。奥行き・陰影や立体感を表現しながら対象を正確に描く技法は，伊能忠敬の地図「大日本沿海輿地全図」や『解体新書』の中の解剖図などにも用いられた。

ｂ．**不適**。『三囲眺望之図』に描かれた人物には陰影が施されているので誤り。「陰影をつけずに…」以下は浮世絵の特徴である。

ｃ．**適当**。志筑忠雄の『暦象新書』は天文学者ケイルの著書を翻訳した天文・物理学書で，ニュートン力学や地動説などを自説も加えて紹介した。

ｄ．**不適**。会沢安(正志斎)の『新論』は，尊王攘夷運動の理論的支柱となった書物である。したがって「西洋の技術や知識」を取り入れたものではない。

よって，a・cが正しい組合せとなり，①が正解。

問4 　20　 正解は②

X．**正文**。史料1の2〜3行目に「ヲロシアと交易の事起こらば，この力を以て開発有りたき事也」とある。

Y．**誤文**。史料1の5〜7行目で，そのまま放っておくと，蝦夷地はロシアの支配下に置かれるかもしれないという懸念は示されているが，「どこの国にも属さない地域として，蝦夷地を自立させるべき」という内容は読み取れない。

よって，X―正，Y―誤となり，②が正解。

問5 　21　 正解は④

a．**不適**。史料2の3〜4行目に「在かた人別多く減じて，いま関東のちかき村々，荒地多く出来たり」とあるが，「都市の人口が，周辺の荒地へと流出した」という内容は読み取れない。

b．**適当**。史料2の5〜7行目の「諸国にて…減じたる人…ただ帳外れとなり，(中略)または江戸へ出て人別にも入らず，さまよいあるく徒とは成りにける」から，農村の人口が都市に流出したことが読み取れる。

c．**不適**。「西洋で生まれた人権意識」は明治初期に啓蒙思想家によって紹介されたので，田沼時代には存在せず，百姓一揆や打ちこわしとは関係がない。またこの時期には，まだ「幕府を打倒しようとする動き」は起こっていない。

d．**適当**。田沼時代のころから貧農が中心となり，村役人の不正を追及したり，解任を求めたりする村方騒動が頻発するようになった。

よって，b・dが正しい組合せとなり，④が正解。

第5問　標準 《近代の政治・経済・外交》

問1 　22　 正解は③

Ⅰ．年表にあるように，1862年，品川に建設中であったイギリス公使館が，高杉晋作・井上馨ら長州藩士によって焼き打たれた。

Ⅱ．通商条約を締結するため，ハリスがアメリカ総領事として下田に着任したのは1856年である。1858年には日米修好通商条約の調印に成功した。

Ⅲ．1866年に幕府とアメリカ・イギリス・フランス・オランダ4カ国との間で改税約書が調印され，関税率をそれまで平均20％だった従価税から一律5％の従量税に改めた。

よって，Ⅱ(1856年)→Ⅰ(1862年)→Ⅲ(1866年)の順となり，③が正解。

問2 　23　 正解は④

X．大蔵省は 1869 年に発足した二官六省制において，太政官の下に置かれた。

Y．政府は旧封建家臣団解体策の一環として，財政逼迫の一因であった士族への家禄・賞典禄の撤廃を図るため，1873 年に秩禄奉還の法を定め，1876 年には金禄公債証書を与えて家禄と賞典禄の支給を全廃した（＝秩禄処分）。

a．神祇官は 1868 年の政体書によって，太政官の中の一官庁として設置されたが，版籍奉還後には二官六省制となり，太政官の上に位置するようになった。

c．1876 年に三重県・茨城県などで地租改正反対一揆が激化した（＝伊勢暴動・真壁暴動）ため，政府は 1877 年に地租を地価の 3 ％から 2.5％に引き下げた。歳出ではなく歳入が減る施策である。

よって，X－b，Y－d が正しい組合せとなり，④が正解。

問3 　24　 正解は②

X．正文。製糸業では生糸を生産する。幕末以来，生糸は最大の輸出品として外貨獲得の手段となり，器械製糸や力織機の導入によって生産量をさらに伸ばし，1909 年には清国を抜いて世界最大の生糸輸出国となった。

Y．誤文。紡績業では綿糸を生産する。綿糸は中国や朝鮮に輸出を伸ばしたが，その原料となる綿花は中国・インド・アメリカなどからの輸入に依存していたので，「主に国内で生産されていた」は誤り。

よって，X－正，Y－誤となり，②が正解。

NOTE 近代繊維産業の発達

紡績業	1890	綿糸の国内生産量が輸入量を上回る
	1893	日本郵船がボンベイ航路（インド綿花の輸送ルート）を開設
	1897	綿糸の輸出量が輸入量を上回る＝綿糸紡績業が確立

製糸業	1894	器械製糸の生産量が座繰製糸の生産量を上回る
	1896	日本郵船が欧米航路（生糸・絹織物の輸出ルート）を開設
	1909	清国を抜いて世界最大の生糸輸出国となる

問4 　25　 正解は③

a．誤文。史料文 2 〜 4 行目に「氏は其以前既に井上伯自身より勧誘を受けて之を固辞したる」「断然受任し難き旨を答え置き」とあるので，大蔵大臣就任を固辞したことがわかる。

b．正文。史料文 1 〜 2 行目に「伊藤侯と山県侯とは各別々に渋沢氏を招き寄せて（中略）大蔵大臣たらんことを勧誘したる」とあるので，新しい内閣づくりに関与したことがわかる。また史料文 6 〜 7 行目の「伊藤・山県及び其他の元老に於て最も苦心の存する所」という記述から，井上馨による組閣も困難になったこと

で苦境に立たされたことが読み取れる。

c．**正文**。この時期の総理大臣は**元老会議**によって決定されたので，議会による承認は不要であった。

d．**誤文**。陸海軍の統帥権を有していたのは，総理大臣ではなく**天皇**である。

よって，b・cが正しい組合せとなり，③が正解。

第6問 ── 近現代の食文化・食生活

A やや難 《近現代の経済・社会・文化・外交》

問1　26　正解は④

①**誤文**。茶は日本からの**輸出品**である。幕末の外国貿易において，最も輸入額が多かったのは毛織物である。

②**誤文**。地租改正後，**地租は金納**，小作料は現物納となった。反対一揆が起きたのは農家経営が圧迫されたためで，租税が「米によって納められたため」ではない。

③**誤文**。天津条約は1885年，前年の甲申事変の処理条約として日清間で結ばれた。「割譲された台湾」とあるので，ここでは1895年に結ばれた**下関条約**が正しい。領有した台湾には統治のために**台湾総督府**が設置され，植民地政策の一環として台湾銀行や台湾製糖会社が設立されたほか，土地調査事業も進められた。

④**正文**。クラークは開拓使の招きに応じて1876年に来日し，**札幌農学校**の教頭として教育にあたった。その思想的影響を受けた**内村鑑三**や**新渡戸稲造**らは，キリスト教の信仰集団として札幌バンドを結成した。

問2　27　正解は①

X（1946年）に該当するデータはa・bいずれか，Y（1975年）に該当するデータはc・dいずれかであるので，それぞれの数値を比較すればよい。

X．表の説明に「1946年時の米の消費量は1930年と比べて減少した」とあるので，米の消費量が「364グラム」を示すbが1930年，「254グラム」を示すaが1946年のものであると判断できる。

Y．表の説明に「敗戦後…牛乳・乳製品の消費量は増加し続け，肉類もほぼ同じ傾向にあった」とある。これを手がかりに，1985年のデータと比べると，肉類が「62グラム」より低い値である「46グラム」，牛乳・乳製品が「194グラム」より低い値の「147グラム」を示しているcが該当するとわかる。dでは表の説明の内容に合致しない。

よって，X－a，Y－cが正しい組合せとなり，①が正解。

問3 　28 　正解は⑥

Ⅰ．日本人の一部がソ連軍によってシベリアに抑留され，収容所などで強制労働に
従事させられたのは1945年の敗戦後のことである。

Ⅱ．日本は1919年の**ヴェルサイユ条約**によって，**赤道以北の旧ドイツ領南洋諸島
の委任統治権**を得たので，多くの日本人が移り住んだのはそれ以降である。

Ⅲ．**辛亥革命**は1911年に中国で起こった民主主義革命で，1912年に清朝が倒れて
南京に中華民国が成立した。革命指導者の**孫文**は臨時大総統となったがのちに**袁
世凱**と対立し，1913年に日本に亡命した。

よって，Ⅲ（1913年）→Ⅱ（1919年以降）→Ⅰ（1945年以降）の順となり，⑥が正
解。

B 　やや難 　《近現代の社会・経済》

問4 　29 　正解は②

①正文。『**日本之下層社会**』は横山源之助が執筆し，1899年に刊行された。

②誤文。大蔵卿**松方正義**による紙幣整理・増税を柱とする緊縮財政政策の結果，デ
フレーションが進行し，米などの農産物価格が下落して農業経営を圧迫した。

③正文。**昭和恐慌**の中で，東北地方の農村では経済的困窮が深刻化し，娘の身売り
や欠食児童が続出した。

④正文。昭和恐慌の中で，企業の操業短縮や倒産が相次いだほか，**産業合理化**の名
のもとに行われた人員整理などによって，失業者が増大した。

問5 　30 　正解は①

リード文より，輸入米は国産米よりも安価で，「凶作や米価の高騰の際に，都市の
貧民や貧しい農民らが消費していた」ことがわかる。

支持層Xの理由

米の関税率（＝輸入税率）が高いと輸入米の価格が割高になるため，輸入米は売れ
ずに国産米が売れるようになる。その結果，政府の保護政策のもとで国内農業の成
長が期待されるので，収穫量や米価の安定につながり，ひいては政府税収の増加も
見込まれる。当時，小作料は現物納であった。米価が安定すれば，小作料に頼る地
主（＝寄生地主）にとっては収益が維持できるので，それを資金とする投資活動も
安定的に継続できるメリットがある。したがって，**a**は適当，**b**は不適となる。

支持層Yの理由

関税を廃止すれば輸入米がさらに安価になり大量に売れると見込まれ，労働者（消
費者）にとっては生活費とりわけ主食費の低下が期待される。そうすれば，資本家
にとっては，待遇改善・賃金引き上げを求めるストライキなどの労働争議が避けら

れ，給与体系の大幅な見直しや改善をすることなく，雇用条件を維持したまま経営を継続できるメリットがある。したがって，ｃは適当，ｄは不適。

よって，Ｘ－ａ，Ｙ－ｃが正しい組合せとなり，①が正解。

問6 ┃ 31 ┃ 正解は③

Ｘ．誤文。カレーライスやコロッケなどの洋食が普及し始めたのは，大正時代から昭和初期にかけてである。

Ｙ．正文。米の配給の欠配・遅配が続いたために，代用食としてのサツマイモやトウモロコシの栽培が奨励された。

よって，Ｘ－誤，Ｙ－正となり，③が正解。

問7 ┃ 32 ┃ 正解は③

Ｘ．1946年に行われた復活メーデーの後，皇居前広場で飯米獲得人民大会（＝食糧メーデー）が開かれた。これに対してマッカーサーは「暴民デモ許さず」と警告を発した。

Ｙ．アメリカは，経済安定九原則を実施に移すために，1949年にデトロイト銀行頭取のドッジを日本に派遣し，赤字を許さない超均衡予算の編成や1ドル＝360円の単一為替レートの設定など，一連の施策を実施してインフレを収束させた（＝ドッジ＝ライン）。

ａ．1947年2月1日を期して，官公庁労働者を中心にゼネラル＝ストライキが予定されていた（二・一ゼネスト）が，前日にGHQ指令によって中止された。

ｄ．レッド＝パージは，共産党員や共産主義者などを公職や企業から追放（罷免・解雇）した政策のことで，1950年ごろから始まった。

よって，Ｘ－ｂ，Ｙ－ｃが正しい組合せとなり，③が正解。

第2回 試行調査：日本史B

問題番号 （配点）	設問	解答番号	正解	配点	チェック
第1問 （18）	問1	1	①	3	
	問2	2	⑤	3	
	問3	3	④	3	
	問4	4	②	3	
	問5	5	④	3	
	問6	6	⑥	3	
第2問 （15）	問1	7	④	3	
	問2	8	①	3	
		9	①	3	
	問3	10 - 11	④ - ⑤	3*1	
	問4	12	⑤	3	
第3問 （15）	問1	13	②	3	
	問2	14	④	3	
	問3	15	①	3	
		16	③		
	問4	17	③	3	
第4問 （15）	問1	18	④	3	
	問2	19	③	3	
		20	①		
	問3	21	②	3	
	問4	22	③	3	

問題番号 （配点）	設問	解答番号	正解	配点	チェック
第5問 （16）	A 問1	23	②	3	
	A 問2	24	③	3	
	A 問3	25	③	3	
	B 問4	26	②	3	
	B 問5	27 - 28	③ - ④	4 （各2）	
第6問 （21）	問1	29	②	3	
	問2	30	③	3	
	問3	31	④	3	
	問4	32	①	3	
	問5	33	③	3	
	問6	34	④	3	
	問7	35	① · ②	なし	
		36	⑤ · ⑦	3*2	

（注）
1　＊1は，両方正解の場合のみ点を与える。
2　＊2は，解答番号 35 で①を解答した場合は⑤を，②を解答した場合は⑦を正解とし，点を与える。
3　－（ハイフン）でつながれた正解は，順序を問わない。

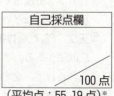

自己採点欄

100 点

（平均点：55.19 点）※

※ 2018 年 11 月の試行調査の受検者のうち，3 年生の得点の平均値を示しています。

第1問 やや難 《原始・古代〜近現代の開発・災害》

問1 1 正解は①

Ⅰ．年表甲中の 足尾銅山の近代化 以外の記述は，いずれも土地の利用・開発に関する内容である。

Ⅱ．年表乙中の 足尾銅山の近代化 以外の記述は，いずれも自然災害とその被害に関する内容である。

よって，Ⅰ—開発と人々との関係史，Ⅱ—災害と人々との関係史が正しい組合せとなり，①が正解。

問2 2 正解は⑤

ア．「築城技術」「大規模な治水」「耕地化」から，戦国〜江戸時代前半の出来事と判断する。この時期は，**戦国大名・江戸幕府・近世大名**が領地の経済強化を図って，大規模な治水事業および新田開発を推進した。年表甲中の空欄Eに当てはまる。

イ．「兵庫県を中心に都市を襲う地震」とボランティア活動の「重要性が人々に認識されることになった」から，1995年1月に発生した**阪神・淡路大震災**を想起する。これ以後，地震や大雨などの自然災害時には多くの人々がボランティアによる復旧作業に参加するようになった。年表乙中の空欄Hに当てはまる。

ウ．「民衆に布教」「弾圧」「社会事業」から，奈良時代に活躍した**行基**を想起する。行基が行った社会事業は，灌漑用水池の整備のほか，墾田開発・架橋・布施屋（宿泊施設）の設置などである。のちに政府の要請に応じて大仏造立にも協力し，大僧正に任命された。年表甲中の空欄Aに当てはまる。

よって，ア—E，イ—H，ウ—Aが正しい組合せとなり，⑤が正解。

問3 3 正解は④

①正文。戦国大名は，城下町に主要家臣だけではなく商工業者も集住させ，**楽市令**を発令して自由な営業を促し，領国経済の振興を図った。織田信長が安土山下町に発令した楽市令の史料などを教科書で確認しておくとよい。

②正文。戦国大名は，幕府法や国人一揆の規約などを吸収して，領国支配の基本方針となる**分国法や家法**を定めた。家臣同士の紛争を禁じた**喧嘩両成敗**，他国との**私婚の禁止**などの規定を理解しておこう。

③正文。「新たな採掘技術や精錬技術」の例として，石見国大森銀山で導入された**灰吹法**がある。これにより純度の高い銀の採掘が可能になり，他の鉱山でも採り入れられて，金・銀産出量の増大に貢献した。

④**誤文**。戦国大名は，取引の際に悪銭を忌避する撰銭行為に対しては，撰銭を制限

する**撰銭令**を発令して対応した。「銭座を設けて貨幣を鋳造」するようになった
のは江戸幕府 3 代将軍**徳川家光の時**（寛永通宝）からである。

問4　　**4**　　正解は②

①誤文。J（慶長碑文）の上部には「南無阿弥陀仏」とあり，この碑が「死者を供
　養する」ものだとわかるが，K（宝永碑文）は 3 〜 4 行目に「我が浦一人の死者
　も無し」とあるので，「どちらも死者を供養するため」は誤りである。

②**正文。**J の 5 〜 6 行目「後代のために言い伝う」，K の 4 〜 6 行目「後の大震に
　遭わば，あらかじめ海潮の変をおもいはかり避けよ」から，2 つの碑は津波の経
　験を記して後世の人々に「警告を発してきた」と推察できる。

③誤文。J の 4 行目「高さ十丈（約 30 m）」，K の 2 行目「一丈余り（3 m 強）」か
　ら，両者の「津波の規模」は大きく異なる。

④誤文。現在，各地域の過去の地震・津波の歴史を知っておくことは**防災対策上き
　わめて重要**なことだと認識され，その調査・研究が進められている。したがって，
　「文化財としての価値は低い」は誤りである。

問5　　**5**　　正解は④

資料アには，古河市兵衛経営の「**足尾銅山**をはじめ各所の鉱山」では，「泰西（西
洋諸国のこと）の学術を応用し」「販路遠く及び，大に海外の信用を博す」とある。
また**資料イ**のグラフからは，明治時代の銅生産量が年々増大し，しかもその多くが
輸出されていることが読み取れる。したがって，空欄 **X** には **b** が当てはまる。

一方，**資料ウ**の「流毒ますます多く…渡良瀬川に流出して沿岸その害を被らざるな
し」からは，**足尾銅山鉱毒事件**が想起される。著者の**田中正造**は，鉱毒被害に苦し
む地元住民の救済に立ちあがり，天皇直訴などを試みた人物である。したがって，
空欄 **Y** には **d** が当てはまる。

よって，**X − b，Y − d** が正しい組合せとなり，④が正解。

問6　　**6**　　正解は⑥

a．「中央政府の機能が弱」いというのは，中世の特徴である。鎌倉時代は，朝廷
　と幕府による二元支配の状況にあった。室町時代は，朝廷の支配力はかなり弱ま
　っていたものの，幕府も京都と鎌倉府が領域を分掌して統治していた。また，
　「在地の力で自ら救済」から，室町時代に団結して紛争解決を図るため**国人一揆**
　や惣村が形成されたことを思い出したい。

b．「法律が整備」「影響を事前評価」から，現代のことである。現在は，土木・建
　築に関する様々な法律によって大規模工事の影響（安全性・環境への配慮など）
　に関する**事前評価のしくみ**が整備されてきている。

c．「**お手伝普請**」から江戸時代のことである。江戸幕府は「諸侯」すなわち大名に「お手伝い」と称して築城・河川工事などの負担を課した。

d．「**陸・海軍**」は明治時代初期に創設され，アジア・太平洋戦争敗戦後に解体されたので，近代のことである。

e．「**郡家（郡衙）**」は律令体制における地方行政機関なので，奈良～平安時代前期のことである。

よって，**e－a－c－d－b**の順となり，**⑥**が正解。

第2問　やや難　《古代～近世の交通・地方支配》

問1　|7|　正解は④

X．a．誤文。古代の官道は，「国府と郡や里」を結ぶためではなく，中央（都）と諸国（国府）を結ぶために造られた。

b．正文。「情報伝達の速さを重視して造られた」ことは，X「発見された道路は直線的な道路である」ことから裏付けられる。

Y．c．誤文。最初の都城である藤原京以来，古代の都は東西南北の区画による条坊制が採用され，街路が造られていた。地図中の古代官道推定路線を見ると，官道は北東から南西方向に延びているので，「都の街路と同じ方位」は誤り。

d．正文。律令制度のもとでは，水田地帯は条里制による区画がなされた。地図の官道推定路線は，条里制の区画による道路と重なっていることがわかる。

よって，**X－b**，**Y－d**が正しい組合せとなり，**④**が正解。

問2　(1)　|8|　正解は①

表の小犬丸遺跡のある播磨国や資料の「備後・安芸・周防・長門等の国」を通る官道は，①山陽道である。七道とは，西海道・山陽道・山陰道・南海道・東海道・北陸道・東山道である。教科書の見返しにある古代の行政区分図で確認しておこう。

(2)　|9|　正解は①

X．正文。資料の2行目に「頃年，百姓疲弊し，修造すること堪え難し」とある。官道は，成人男子に課せられた雑徭（諸国での年間60日以内の労役）によって修造されていた。8世紀後半～9世紀には，浮浪・逃亡・偽籍などの手段によって重い税負担を逃れようとする百姓が増加する。政府の動員体制は動揺し（＝「律令制の変化」），官道は衰退に向かった。

Y．正文。資料によると，「駅館は，もと蕃客（外国使節）に備えて」建てられていたが，3行目に「蕃客入朝するに，便りに海路に従う」とあることから，外国使節の交通路が陸路の官道から海路へと転換していることがわかる。

よって，**Ｘ－正，Ｙ－正**となり，**①**が正解。

問 3　| 10 | 11 |　正解は**④・⑤**

地図から読み取れる情報

Ｘ．誤文。3 つの地図には**陸奥国府・出羽国府**とあるので，「この地域には国を設置しなかった」は誤りとわかる。

Ｙ．正文。3 つの地図からは，**多賀城・秋田城・志波城**などの**城柵**が平野部に設置されたことが読み取れる。これらの城柵は，この地域に居住する蝦夷に対する防御施設かつ行政施設であり，地域支配の拠点となった。

Ｚ．誤文。Ⅲの地図を見ると，太平洋沿岸部にある城柵は**多賀城のみ**である。

歴史的事実

ａ．適当。780 年，蝦夷の豪族**伊治呰麻呂**が乱を起こし，一時**多賀城**が陥れられたことなどを思い出したい。その後 30 数年に及ぶ東北での戦争は，征夷大将軍**坂上田村麻呂**が 802 年に**胆沢城**，803 年に**志波城**を築き，終息に向かった。しばしば多賀城や秋田城が蝦夷たちの襲撃の対象になったのは，これらの城柵が朝廷の支配拠点であり，「中央政府の脅威を象徴するものであった」からである。したがって，**Ｙ**「中央政府は…支配域を拡大していった」と符合する。

ｂ．適当。関東から城柵近くに移住させられ，開墾にあたった農民を**柵戸**という。このような開墾事業の推進は，**Ｙ**「中央政府は…支配域を拡大していった」と符合する。

ｃ．不適。蝦夷が「独自の言語や墓制などを保持した」こと自体は，中央政府の支配域拡大とその脅威とは直接関わりがない。

よって，**④Ｙ－ａ，⑤Ｙ－ｂ**が正解。

問 4　| 12 |　正解は**⑤**

資料Ⅰ…「関賃銭の事」として，人の通過に三文，馬の通過に五文の関銭徴収を命じていることが読み取れる。**関銭**徴収を目的として幕府・寺社などにより各地に**関所**が設置されたのは中世，特に室町時代である。したがってこの時代の関所は，**イ**「主に経済的機能を果たした」といえる。なお，この資料では，鎌倉の宝戒寺の造営料に充てるため，甲斐国追分宿の関所が寄進されたと記されている。

資料Ⅱ…「往来の女」「鉄砲」から，江戸時代の関所で，「**入鉄砲に出女**」が厳しく取り締まられたことが思い出せよう。江戸幕府は五街道などに関所を設置し，通行者を厳しく監視した。したがってこの時代の関所は，**ウ**「主に警察的機能を果たした」といえる。

資料Ⅲ…「太師藤原恵美朝臣押勝の逆謀」とは，764 年の**恵美押勝（藤原仲麻呂）の乱**のことである。律令国家は，都の防衛のため，伊勢国に鈴鹿関，美濃国に不

破関，越前国に愛発関の三関を設置し，反乱などの緊急事態の際には関所を封鎖
して（固関という），都と北陸・東国方面の通交を遮断した。したがってこの時
代の関所は，ア「主に軍事的機能を果たした」といえる。

よって，〔Ⅲ－ア〕→〔Ⅰ－イ〕→〔Ⅱ－ウ〕が正しい組合せとなり，⑤が正解。

第3問　標準　《「外からの波」と中世社会の変化》

問1　13　正解は②

①不適。せり出した舞台中央で演技をしている女性，その後方で楽器演奏をしてい
る男性，見物客が描かれている。この絵は『国女歌舞伎絵詞』で，歌舞伎踊りの
創始者とされる出雲阿国を描いた江戸時代前期の作品である。歌舞伎は日本で独
自に発展した演劇で，「外からの波」とは関係がないと判断する。

②適当。上陸した南蛮人や，彼らを出迎える長いマントをまとったバテレンなどが
描かれている。この絵は南蛮人の風俗を描いた桃山文化期の『南蛮屏風』の一つ
で，「外からの波」を説明しているといえる。1543年，ポルトガル人の種子島漂
着と鉄砲伝来を契機に，キリスト教布教を兼ねてポルトガル人・スペイン人が九
州の平戸・坊津・豊後府内・長崎，和泉の堺などに来航するようになり，16世
紀後半には活発な南蛮貿易が行われた。

③不適。橋掛かりのある屋根つきの能舞台と演者，奏者，見物人が描かれている。
この絵は戦国時代に描かれた『洛中洛外図屏風』の一部分で，この場面は京都の
鴨河原で行われたと思われる観世能の場面である。能や狂言も日本で独自に発展
した演劇なので，「外からの波」とは関係がないと判断する。

④不適。馬の背に米俵を積んで運送している馬借たちが描かれている。この絵は，
鎌倉時代末期に描かれた『石山寺縁起絵巻』の一場面である。馬借は，鎌倉〜室
町時代，近江国の坂本・大津などの港を拠点に，荘園からの年貢米や地方産物を
輸送した業者である。よって，15〜16世紀の「外からの波」との関連性は薄い。

問2　14　正解は④

①不適。「海外渡航許可書を持った貿易船が東南アジアに行っ」たのは，江戸時代
初頭（17世紀初頭）の朱印船貿易であり，時期が異なる。

②不適。「中国に公式の使節が派遣され，先進的な政治制度や文化などがもたらさ
れ」たとは，6世紀末〜9世紀の遣隋使・遣唐使のことであり，時期が異なる。
ちなみに室町時代（15〜16世紀半ば）にも，明へ正式な使節が派遣されたが，
政治制度は学んでいない。

③不適。「長崎の出島の商館を窓口」にしたのは，江戸時代のオランダとの交易で
あるので，時期が異なる。

④適当。「正式な国交」はなく，「僧侶や商人の往来を通して」行われたのは，平安
時代半ばから南北朝期にかけて（10〜14 世紀）の宋・元との交流・交易である。

問3　(1)　15　正解は①

①誤文。この時代に，天皇家に所属した供御人や寺社に所属した神人が商業活動を
行ったことや，同業者仲間の座を結成して公家や寺社の保護を受けた商工業者な
どがいたことが想起されるが，資料には言及がない。

②正文。資料 3 行目「替銭」「割符」から，遠隔地取引の際には信用取引が行われ
ていたことが読み取れる。

③正文。資料 3 行目「浦々の問丸」から，港を拠点に，商品の委託や運送を扱う業
者がいたことが読み取れる。

④正文。資料 2 行目「船頭」「刀禰（船頭のこと）」「馬借」「車借」などから，物資
輸送のため，水上・陸上交通とも盛んであったことが読み取れる。

(2)　16　正解は③

X．誤文。この時代に用いられた肥料は，刈敷（腐らせた草木）・草木灰（焼いて
灰にした草木）などの自給肥料である。油粕などの購入肥料（金肥）は，江戸時
代以降に利用されるようになった。

Y．正文。この時代には，鉄製農具の普及や牛馬の利用によって耕作の効率が高め
られたので正しい。

よって，X－誤，Y－正となり，③が正解。

問4　17　正解は③

評価Xの根拠

a．不適。「並立した二つの朝廷を支持する勢力が武力抗争」から南北朝の動乱，
「その一方の内紛」から室町幕府に生じた観応の擾乱を想起する。これらは 14 世
紀の出来事であり，時期が異なる。ちなみに足利義満によって南北朝の合一がな
ったのは 1392 年のことである。

b．適当。「全国の大名を二分した大乱」から応仁・文明の乱，「地方には新たな政
治権力も生まれ」から戦国大名の割拠を想起する。これらは 15 世紀後半の出来
事であり，X「政治的に不安定な時代」と評価する根拠としても正しい。

評価Yの根拠

c．適当。「共同の農作業や祭礼を通して構成員同士が結び付いて」から，惣村の
成立を想起する。14〜15 世紀の出来事であり，Y「民衆が成長した発展の時代」
と評価する根拠としても正しい。

d．不適。「儒学を中心とする高度な教育」が村でも進められるようになったのは，

　　江戸時代後半以降のことであり，時期が異なる。

　よって，**X－b**，**Y－c**が正しい組合せとなり，**③**が正解。

第4問 　やや難　《近世の政治・社会・文化》

問1　　18　　正解は**④**

a．誤文。**b**．**正文**。資料**A**の2行目に，百姓立ち会いのもとで決定した年貢等に関し，「この計算で間違いないという確認の印を押させる」とある。したがって，幕府は a「百姓が不正な言いがかりを付けないよう」に書類に印を押させようとしたのではなく，b「百姓にも関係書類を見せ」ることで，納税が村民全体の連帯責任のもと，不正なく行われるということを示そうとしたとわかる。

c．誤文。**d**．**正文**。資料**B**では，「村の会計帳簿が天保年間から作成されておらず，百姓代に文書の記録や計算もさせておらず，（名主が）自分日記に付け込むだけで，…他の役人が村の会計について一切わからないようになっている」として，百姓たちが名主の不当を訴えている。したがって，d「名主が諸費用の勘定を一人で行ったために，名主が訴えられた」と考察する。

　よって，**b・d**が正しい組合せとなり，**④**が正解。

> **CHECK**　**江戸時代の村政**
> 江戸時代の村は，**名主**・**組頭**・**百姓代**の**村方三役**と呼ばれる村役人のもとで本百姓による自治が行われた。名主は地域によっては庄屋・肝煎とも呼ばれる村政の責任者であり，組頭は名主を補佐し，百姓代は村民代表として名主・組頭の仕事を監視する役を負った。また，検地帳に登録され，年貢賦課の対象となる本田畑を所有する本百姓は，相互扶助・相互監視のため**五人組**を結成させられた。年貢など領主への諸税は，村全体の責任で果たす**村請制**が行きわたっていた。

問2　(1)　　19　　正解は**③**

①正文。登場人物の会話を通して滑稽な庶民生活を活写した滑稽本は，『東海道中膝栗毛』の十返舎一九，『浮世風呂』『浮世床』の**式亭三馬**が代表作家である。

②正文。錦絵と呼ばれた多色刷の浮世絵版画が全盛期となり，**葛飾北斎**『富嶽三十六景』，歌川広重『東海道五十三次』など多数の名作が描かれた。

③誤文。人形浄瑠璃の脚本家**近松門左衛門**は，元禄文化に属する。

④正文。勧善懲悪を主題にした歴史的伝奇小説である読本の作家，曲亭（滝沢）馬琴は『南総里見八犬伝』『椿説弓張月』などの作品を残した。**上田秋成**『雨月物語』も読本の代表作である。

(2)　20　正解は①

X．**正文**。甲の「おろしや船」がロシア船のことであると気がつけば，「外国船の来航が庶民にも伝わっていた」は正しいと判断できる。

Y．**正文**。乙の「さまづけ（様付）に育てられたる蚕」から，蚕を大切に育てている農民の姿が読み取れる。「農家の副業として養蚕が重視されていた」は正しい。養蚕業は江戸時代半ばから著しく発展し，農民たちに貴重な現金収入の道をもたらした。幕末に始まった海外貿易では，**生糸**が最大の輸出品となったことも理解しておきたい。

よって，X－正，Y－正となり，①が正解。

問 3　21　正解は②

X．**正文**。甲の（注）に「この絵図は，村から領主に提出するために作成された」とあり，絵図には「山・川・道・耕地・神社など一村全体の概要」が描かれているので，「村の様子を領主が知るために作成された」は正しい。

Y．**誤文**。乙の絵図には街道筋にある村々が丸囲みで書かれ，右下に「中山道大宮宿　助郷惣代」として 5 人の農民の名前が記されている。したがって，この絵図は，助郷役を負担する村々を示すために作成されたもので，「庶民の物見遊山のために作成された」は誤り。江戸時代の**五街道**や**脇街道**に設置された**宿駅**では，**問屋場**役人が常備している人足と馬を管理し，公用の書状や荷物の継ぎ送りを行った。交通量の増大にともなって常備の人足・馬が不足するようになると，宿駅周辺の村々に人馬（あるいはその代価）の負担を求めた。これが**助郷役**である。

よって，X－正，Y－誤となり，②が正解。

問 4　22　正解は③

『政談』は古文辞学派の荻生徂徠が 8 代将軍徳川吉宗の諮問に答えるために著した幕政意見書である。

a．**誤文**。b．**正文**。資料 1～2 行目で，荻生徂徠は「（当時の幕府の役所では）業務記録を残さず，…役人の記憶に頼って仕事をしているために間違いがある」と指摘している。また，資料 3～5 行目では，「記録を残している人も，…自分の功績のためにやっている」と述べている。したがって，荻生徂徠の意見としては，b「留帳を作成すると，行政効率が上がると述べている」が正しい。

c．**正文**。d．**誤文**。資料 5～6 行目では，「業務記録があれば，（就任したばかりの）新役人も…すぐに業務が果たせる」と指摘している。「新役人」の語句に着目すれば，荻生徂徠の意見と関わる政策としては，c の「新しく人材を登用する足高の制」が正しく，d の「庶民の意見を聞く目安箱の設置」は誤り。吉宗が進めた**享保の改革**では，有能な下級旗本を積極的に採用するため，各役職の基準役

高を定め，在任期間のみ不足分の役高を支給する足高の制が採用された。
よって，**b・c**が正しい組合せとなり，③が正解。

第5問 ── 近代の経済・国際関係

A　標準　《松方財政とその影響》

問1　23　正解は②

①誤文。ⓐの政策は松方財政のことである。松方財政では，「地租の引き上げ」ではなく酒税・たばこ税などの間接税増税による歳入増加が図られた。

②正文。日本銀行は松方財政のもとで1882年に設立され，1885年から銀兌換を義務づけた日本銀行券の発行が開始された。

③誤文。松方財政では，「歳出超過の予算」は組まれず，増税と緊縮すなわち歳入超過の予算で得られた剰余金によって，明治初年以来発行された様々な不換紙幣の回収と処分が行われた。

④誤文。松方財政では軍事費以外への歳出が削減された。

問2　24　正解は③

物価が長期的に下落する経済現象をデフレーションというが，それを知っていることが前提とされている。

①適当。グラフから，明治末年に向かって一貫して小作地率が上昇していることがわかる。特に，1883〜87年はグラフの傾斜がやや大きくなっている。松方デフレによって最も深刻な影響を受けたのは，米価・繭価などの農産物価格が下落し不況となった農村である。定額地租の負担に耐えられなくなった中小自作農民が土地を手放し，小作農に転落していく状況がグラフから読み取れる。一方で土地を集積し，小作料収入で財を築いていく寄生地主も現れた。

②適当。グラフから，1881〜84年まで破産者数が上昇し，その後急速に下がっていることがわかる。ここから，1880年代前半はデフレによる不況で破産者が増加し，1880年代後半になると産業革命が始まり，産業界が活気づいたことで破産者が減少したことが推測できる。

③不適。グラフから，徐々に政府の関税収入が増加し，1894年以降は急速に増加していることがわかる。幕末に結ばれた各国との修好通商条約において，日本側には関税自主権がなかったため，松方財政のもとでも関税率の変動はなかった。その中でも関税収入が伸びているのは，産業革命の進展とともに，生糸・綿糸の輸出および原料綿花・工作機械などの輸入が増加し，貿易高が上昇したためである。なお，関税自主権は1894年の日英通商航海条約（1899年から施行）によっ

て一部回復し，1911 年の**新日米通商航海条約**によって完全回復した。

④**適当**。グラフから，農民騒擾の発生件数が 1882～84 年に急増し，その後は減少していることがわかる。騒擾が急増したこの時期はまさにデフレ不況の最中であり，**福島事件**（1882 年），**群馬事件・秩父事件**（1884 年）などがあいついで発生したことが想起できるであろう。

問3 　25 　正解は③

Ｘ．誤文。綿花から綿糸を生産する紡績業について，**甲**では，イギリスに派遣された技術長が直談判して，イギリス製の紡績機械や蒸気機械を注文したことが記されている。Ｘ「技術導入をめぐり，この企業は主体的でなかった」は誤り。紡績業では，従来の手紡ぎや明治前半に広まった**ガラ紡**に代わってイギリス製ミュール紡績機・リング紡績機などの大型機械を導入した紡績会社の設立があいつぎ，大量生産が本格化して日本の産業革命を牽引した。

Ｙ．正文。鉄道業では，1889 年に官営**東海道線**（新橋～神戸）が全通する一方で，**日本鉄道会社**をはじめとする民営鉄道も路線を拡大し，この年には営業キロ数で民営が官営を上回る発展を示していた。**乙**では「従前の船便を止めて汽車便にする」とあり，鉄道の発達が「国内の物流のあり方に影響を与えた」ことがわかる。よって，Ｘ－誤，Ｙ－正が正しい組合せとなり，③が正解。

B 　標準 　《日清戦争後の日本と諸外国との関係》

問4 　26 　正解は②

ジョルジュ・Ｆ・ビゴーは 1882 年に来日し，17 年間の滞在中，時局風刺雑誌『トバエ』を発行するなど，日本や日本人をテーマに多くの風刺画を描いたフランス人。図は，アジア諸国の人々に引かせた台車に乗って「西洋への道」をめざす「ナポレオンを気取っ」た日本人が描かれ，「危険な黄色人種」というタイトルがつけられている。ここからは，ビゴーの日本人に対する蔑視感情と，西欧流の帝国主義をまねてアジア進出をもくろむ日本への危機意識が読み取れる。したがって，この図と同じ危機意識で描かれた風刺画としては，日本人兵士が「アジア帝国」と書かれた地球儀を踏みつけている②が正しい。

①**誤り**。着飾った日本人男女が鏡の中では奇怪な風貌で描かれている。日本人の表面的な欧化政策を風刺している。

③**誤り**。ドイツ帝国の宰相ビスマルクの写真に向かって祈る伊藤博文が描かれている。ビゴーは，大日本帝国憲法がドイツ憲法を模範にしていることを批判的にみているのであろうか。ちなみに，ビゴーの祖国フランスは，プロイセンと普仏戦争を戦い，敗北。一方のプロイセンは，普仏戦争後にドイツ諸邦の統一を果たし，

ビスマルクは新たに成立したドイツ帝国の宰相に任命されていた（1871年）。

④誤り。川岸で魚（朝鮮）を釣り上げようとしている日本人武士と中国人，それを橋の上から見下ろして漁夫の利を狙うロシア人が描かれており，日清戦争当時の国際関係が描かれている。

問5　　27　　28　　正解は③・④

資料Ⅰ…日本が清国から得た賠償金の総額は約3億6千万円で，そのうちの約85％が軍事費に使われており，中でも海軍拡張費の割合が高いことがわかる。

資料Ⅱ…日清戦争後の1900年前後には列強諸国による中国分割が進み，そのうちイギリスは香港などを所有するとともに，長江流域を勢力下に置いていることがわかる。日本が下関条約で清に開港させた沙市・重慶・蘇州・杭州は長江流域にある。さらに，地図の（注）から，これら4港の開港は，清国が片務的最恵国待遇を認めたイギリス・アメリカ・フランスにも適用されることが読み取れる。

資料Ⅲ…日清戦争後～日露戦争の期間における日本の主力艦の調達先はイギリスが最も多いことがわかる。このことから，下関条約で日本が獲得した賠償金の最大の利益者は，軍艦を日本に売ったイギリスであることを読み取りたい。

資料Ⅳ…清国は，ロシア・フランス・イギリス・ドイツなどからの借款（年利4.0～5.0％）によって日本への賠償金をまかなったことがわかる。

以上から，イギリスが利益を得た下関条約の条項は，③日本への2億両の賠償金と，④沙市・重慶・蘇州・杭州の開市・開港である。

第6問　やや難　《近現代の政治・社会・文化・経済》

問1　　29　　正解は②

①誤文。民権論・国権論の高まりを背景に著された政治小説には，1880年代の矢野龍渓『経国美談』，末広鉄腸『雪中梅』などがある。

②正文。最初の作品となった『吾輩は猫である』（1905年，高浜虚子の『ホトトギス』に発表）以来，夏目漱石の作品の主人公のほとんどは知識人階級である。漱石は，当時の文学潮流の中心であった自然主義とは一線を画し，近代国家や近代社会の実相を見つめ，精神に価値を置く個人の生活を描いたため，余裕派・高踏派などと呼ばれた。リード文中の「この作品（『三四郎』）の中で漱石は，中学校教師に『こんな顔をして，こんなに弱っていては，いくら日露戦争に勝って，一等国になってもだめですね。』と語らせ」もヒントになる。

③誤文。人道主義的な作品を世に送ったのは，大正～昭和初期に活躍した白樺派の作家たちである。武者小路実篤『その妹』，有島武郎『或る女』，志賀直哉『暗夜行路』などが代表作である。

④誤文。大正末〜昭和初期には**プロレタリア文学運動**が起こり，社会主義的立場から労働者階級（プロレタリア）の生活や現実を描いた作品が著された。小林多喜二『蟹工船』，徳永直『太陽のない街』などが代表作である。

問2　[30]　正解は③

甲の根拠

ア．**不適**。「（農村では）従来と変わらない生活が続いていた」ことは，甲「日本も近代的な国家になったという意識」と矛盾する。**文明開化**の波を受けた欧米式の習慣は東京などの大都市にしか広まらず，農村部への浸透は遅かった。

イ．**適当**。欧米諸国並みの**富国強兵**は「明治維新以来の課題」であった。「造船技術が世界的水準となるなど重工業が発達した」ことは，甲の根拠として正しい。

乙の根拠

ウ．**適当**。乙「戦争の成果に満足せず，政治への批判的意識が高まった」からは，**日比谷焼打ち事件**を想起できる。日比谷焼打ち事件は，賠償金が得られない**ポーツマス条約**に反発した民衆の暴動であった。また，日露戦争後に国家よりも個人を重視する風潮が芽生えた。**戊申詔書**は，こうした民衆の台頭に危機感をもった第 2 次桂太郎内閣が「国民道徳の強化」のために発布したものである。

エ．**不適**。**新聞紙条例**は，1875 年，**自由民権運動**を抑制するために制定されたものであり，時期が異なる。

よって，**甲ーイ，乙ーウ**が正しい組合せとなり，③が正解。

問3　[31]　正解は④

①誤文。小学校教育の普及という政府目標は，**日露戦争後**にほぼ達成していた（小学校就学率 97 ％）ので，この時期には当てはまらない。

②誤文。啓蒙思想や欧化主義は**明治前期**の潮流なので，時期が異なる。

③誤文。洋装・洋食などの洋風生活はたしかに大正〜昭和初期に国民（特に都市生活者）に広まっていったが，マスメディアの発達や社会運動の広がりとは直接結びつかない。

④**正文**。立憲政友会の**原敬内閣**は，経済界などからの要求に応じて**大学令**を発令し（1918 年），高等教育機関の拡充をめざした。中等・高等教育を受けた人々は，政治・社会・文化への関心を高め，新聞・雑誌などの主要な購読者となり，普通選挙などを求める大正デモクラシー運動の担い手ともなった。

問 4 32 正解は①

①〜④はいずれも**吉野作造**による**民本主義**の説明である。吉野は 1916 年，総合雑誌『**中央公論**』掲載の論文の中で，「民主主義」の訳語を用いると，「国家の主権は人民にあり」という危険な学説と混同されやすいので，「日本語としては極めて新しい用例」である「民本主義」を用いると述べている。すなわちここでは，現在の**日本国憲法**の基本原理である**国民主権**が否定されているのである。このことから，吉野の理論の時代的な限界を示しているものとしては，① 「民本主義は，国民主権を意味する民主主義とは異なるものである」が正しい。

吉野作造の「民本主義」とは，あくまでも**天皇主権**をうたった**大日本帝国憲法**の枠内で，国民の意向に沿った政治，民衆の利益や幸福を追求する政治が行われるべきであるとするものであった。またそのために普通選挙と政党政治の実現を訴えた。

問 5 33 正解は③

甲．**ア．不適**。コンピュータや産業ロボットなどのマイクロエレクトロニクス技術の導入は，高度経済成長の終焉後の 1970 年代後半〜1980 年代に進められた。

イ．適当。1960 年代には，政府が推進した「**国民所得倍増計画**」に従って，産業界では技術革新の成果を取り入れた大規模な**設備投資**が行われた。その結果，鉄鋼・造船・電気機械・自動車・石油化学などの産業部門が急成長した。

乙．**ウ．適当**。高度経済成長の歪みとして特筆すべきは，公害の発生である。水俣病（熊本県）・新潟水俣病（新潟県）・イタイイタイ病（富山県）・四日市ぜんそく（三重県）の**四大公害訴訟**では，1973 年までにいずれも原告が勝訴し，政府・自治体・企業の責任が明らかとなった。

エ．不適。**バブル経済**は，1985 年のプラザ合意を契機とした急速な円高と超低金利政策によって土地・株式への投機が過熱し，資産価格が異常高騰したことによる好景気のことで，1987〜91 年に発生した。

よって，**甲ーイ，乙ーウ**が正しい組合せとなり，③が正解。

問 6 34 正解は④

①**正文**。他産業への人口流出によって農業人口比率は 1955 年の約 4 割から 1970 年の約 2 割にまで減少し，農業外収入に依存する第二種**兼業農家**の割合も増えた。

②**正文**。電化製品・自動車・インスタント食品などの普及により日本人の生活様式は大きく変化し，画一化が進んだ。所得の向上は国民に**中流意識**をもたらした。

③**正文**。高校・大学への進学率が高まり，1970 年の高校進学率は 82.1％，大学・短期大学進学率は 24.2％となった。

④**誤文**。**円高の進行**と**産業の空洞化**（生産拠点の海外移転）は，1980 年代後半のバブル景気以降の産業界の動向である。

問7 | 35 | ①または②

| 36 | | 35 | が①の場合：正解は⑤ | 35 | が②の場合：正解は⑦

「ポツダム宣言の受諾」（①）を転換点と考えた場合

③不適。「国際協力を実現するための機関（のちの国際連合のこと）」の創設が決められたのは，Ｆ・ローズヴェルト米大統領とチャーチル英首相によって発表された大西洋憲章においてである（1941 年 8 月）。

④不適。「日本が資本主義陣営に属することが決められ」た宣言は存在しない。

⑤適当。ポツダム宣言は，1945 年 7 月末，米・英・中の名で発表され，「日本軍の武装解除など，軍国主義を完全に除去すること」などが決められた。陸海軍の消滅は，日本の近現代史において特筆すべき転換点であるといえる。

「1945 年の衆議院議員選挙法改正」（②）を転換点と考えた場合

⑥不適。「従来，女性の選挙権は認められてきた」が誤り。1945 年の衆議院議員選挙法改正によって初めて女性の選挙権・被選挙権がともに認められた。

⑦適当。1946 年 4 月に行われた戦後初の衆議院選挙では 39 名の女性代議士が誕生した。この選挙法改正によって，満 20 歳以上の男女に選挙権が認められたことは，日本の憲政史上においても女性の地位においても，特筆すべき転換点であるといえる。

⑧不適。女性の政治集会参加が認められたのは，平塚らいてう・市川房枝らが結成した新婦人協会の運動によって，治安警察法第 5 条が改正された 1922 年のことである。

よって，①・⑤もしくは②・⑦が正解。

第1回 試行調査：日本史B

問題番号	設 問		解答番号	正 解	備 考	チェック
第1問		問1	1	②		
		問2	2	①		
		問3	3	④		
		問4	4	③		
		問5	5	①		
第2問	A	問1	6	④		
		問2	7	①		
	B	問3	8	①		
		問4	9	②		
第3問	A	問1	10	④		
		問2	11	②		
		問3	12	③		
	B	問4	13	⑥		
第4問	A	問1	14	⑤		
		問2	15	③		
		問3	16	②		
	B	問4	17	①		

問題番号	設 問		解答番号	正 解	備 考	チェック
第5問	A	問1	18	①		
		問2	19	③		
		問3	20	①⋮②	*1	
			21	④⋮②		
	B	問4	22	③		
		問5	23	①		
第6問	A	問1	24	①		
		問2	25	④		
		問3	26	③		
	B	問4	27	③, ⑤	*2	
		問5	28	②		
		問6	29	④		
	C	問7	30	④		
		問8	31	①		

（注）
＊1　解答番号 20 で①を選択した場合は④を，②を選択した場合は②を正解とする。
＊2　過不足なくマークしている場合のみ正解とする。

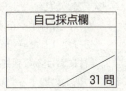

自己採点欄

31 問

● 配点は非公表。

第1問　標準　古代〜中世の会議と意思決定の方法

問1　[1]　正解は②

Ⅰ．a．**正文**。b．誤文。資料1〜2行目に，「左大臣の藤原道長，右大臣の藤原
顕光，…参議の藤原行成の合わせて10人の公卿が，内裏の陣座に集まった」と
ある。公卿の地位は，**左大臣，右大臣**の順であり，**参議**が最も下位であった。3
行目には「（参議の）藤原行成から順番に意見を述べていった」とあるので，a
の「地位の低い公卿から意見を述べた」が正しい。これらの公卿は太政官を構成
する上級貴族であり，彼らの合議によって朝廷の行政は進められたのである。

Ⅱ．c．**誤文**。d．**正文**。資料6〜7行目に，「定文は天皇に奏上され，申請の諾
否が決められた」とあるので，会議における最終決断は藤原道長ではなく天皇が
行ったとわかる。また，5〜6行目に「（定文には）藤原道長ら2人が（地方か
らの）申請を却下せよとの意見，藤原顕光ら8人が申請を許可せよとの意見であ
ると書かれていた」ともあり，公卿それぞれの意見が天皇への参考として提供さ
れたことがわかるので，dは正しい。ちなみに，このように内裏の陣座（近衛
府の詰所）で行われた公卿の会議は，**陣定**と呼ばれた。

よって，Ⅰ－a，Ⅱ－dが正しい組合せとなり，②が正解。

問2　[2]　正解は①

アにⅠ「道理の推すところ」が入る場合，ここでの**道理**とは，武家社会の慣習とい
う意味であることを想起すれば，**イ**にはaが当てはまるとわかる。

アにⅡ「権門を恐れず」が入る場合，権門とは（注4）「権勢のある家柄」のこと
なので，**イ**にはcが当てはまる。また，資料の御成敗式目には「律令法の規定に従
う」という文言は見当たらず，武家法としての性格にも合わないので，dは誤り。

よって，Ⅰ－a，Ⅱ－cが正しい組合せとなり，①が正解。

CHECK　**鎌倉時代の法体系**
　3代執権**北条泰時**の時に制定された**御成敗式目**は，源頼朝以来の先例と道理と呼ばれた
武家社会の慣習にもとづいて，守護・地頭の権限や裁判基準を定めた最初の武家法であ
り，幕府の勢力範囲に適用された。一方，朝廷の支配下では律令の系譜を引く**公家法**が，
荘園では荘園領主による**本所法**が効力をもっていた。

問3　[3]　正解は④

ウ．X．誤り。Y．正しい。「協議されたこと」の資料には，**寄合**に二度出なかっ
たり，森林木や苗木を切ったり，木柴（薪にするような小枝のこと）や桑の木を
切ったりした時の罰金が定められている。ここから，寄合での話し合いでは，Y
「村における裁判権の行使に関すること」が決められていたと推測できる。「年貢
の納入に関する」記述は見当たらないので，Xは誤り。

エ．**a**．**誤り**。**b**．**正しい**。資料は，「惣村の自治的協議機関」であり「全員参加による審議」を行う場である寄合で，村民が自主的に定めた**惣掟**である。ここからは，惣村を形成した村民たちの強い連帯意識がうかがえる。したがって，惣村で「裁判権の行使に関すること」が決められた背景としては，村民たちの積極的な団結を表現した**b**「自分たちの村の秩序を，自分たちの力で共同して守ろうとした」がふさわしい。

よって，**Y－b** が正しい組合せとなり，**④** が正解。

> **CHECK**　**惣村における自治**
> 資料は近江国今堀郷という**惣村**の惣掟である。惣村は，農業生産力の向上と小農民の成長，戦乱への自衛などを背景に，祭祀組織の宮座を中核として村民たちが団結した自治村落である。有力名主から選ばれた**乙名・沙汰人・番頭**などと呼ばれる指導者層のもとで，惣百姓全員参加による寄合が行われた。寄合では入会地や用水などに関する話し合いが行われ，惣掟に従って，警察権や裁判権を行使した（**自検断・地下検断**）。また，領主への年貢納入も惣村全体で請け負った（**惣請・地下請**）。

問 4　│ 4 │　正解は **③**

発表資料には，「堺は，有力な町衆である会合衆によって治められ」「（会合衆は）ベニス市における執政官のような存在だったらしい」とある。また，資料 1 ～ 2 行目に，ベニス市を含む北イタリアの諸都市では「命令者よりも執政官の意見によって治められている」ともある。それらをふまえれば，堺の町と幕府・大名との関係は，①・② の「支配」よりも ③・④ の「自立」が妥当である。さらに，3 ～ 4 行目に「（北イタリア諸都市の）執政官は一身分からではなく各身分から選ばれる」とあることから，**会合衆**も有力な町衆から「選ばれた」人々であったと推測できるので，会合衆と町衆の関係は，④ の「支配」よりも ③ の「代表」が妥当である。

戦国時代の堺は，南蛮貿易などで繁栄した財力を背景に，弱体化した室町幕府や群雄割拠する戦国大名の支配から自立した自治都市であった。なお，堺を「ベニス市の如く執政官によって治められる」と書簡（『耶蘇会士日本通信』）に記したのは，イエズス会宣教師**ガスパル=ヴィレラ**である。

問 5　│ 5 │　正解は **①**

X．**正文**。各班の発表資料から，公卿会議，鎌倉幕府の評定，惣村の寄合についていずれも「現在と同じように，ルールにもとづいて議事が進められた」ことがわかる。D 班の発表資料では明示されてはいないが，戦国時代の会合衆も一定のルールにもとづいて町運営に関する合議を行っていたと推測できよう。

Y．**正文**。各班の発表資料から，平安時代は「一部の貴族など限られた人々」，鎌倉時代は「武士の中でも限られた人々」が政治上の会議を行っていたことがわかる。また，室町時代の惣村では，「下人・名子（隷属農民）」がいて，彼らは寄合

に参加できなかったことがうかがえる。戦国時代の堺の会合衆も「有力な町衆」であった。これらのことから，中世までの会議は「社会の階層によって参加が制限された」と判断できる。現在の会社・団体・組織などの会議は，通常，民主的・合理的な方針で出席者が決められるので，中世までとは異なると考えられよう。

よって，X－正，Y－正となり，①が正解。

第2問 ── 国の始まり

A　標準　《邪馬台国と古代国家の形成》

問1　　6　　正解は④

邪馬台国近畿説を前提に，邪馬台国からヤマト政権に至る歴史展開のうち4世紀に関する知識を問う問題である。

①誤文。**五経博士**は，6世紀に百済からヤマト政権に派遣された儒教の経典を講義する博士であったので，時期が異なる。

②誤文・④正文。資料に「5世紀には，近畿地方の王権が関東から九州まで勢力をのばし」とあり，4世紀に「関東の勢力」が政治的な中心となったとは考えにくい。また，3世紀半ば頃，首長の墓である**古墳**の造営が近畿地方から始まり，4世紀になると古墳の形状・**埴輪**による装飾・副葬品など一定の共通性をともなって各地に広がった。このことから，4世紀には，近畿地方の王権が勢力を強めて各地の首長たちを統合し，広域の政治連合を成立させたと考えられている。

③誤文。仏教は6世紀に百済から伝来したので，4世紀には当てはまらない。

問2　　7　　正解は①

「魏志」倭人伝は，邪馬台国の社会や生活を記していることで有名である。

X．資料の2～3行目に，「下戸，大人と道路に相逢へば，逡巡して草に入り，…これが恭敬をなす」とあり，下戸，大人は当時の邪馬台国における身分を表し，下戸は大人よりも低い身分，いわゆる庶民であったことが推測できる。庶民である下戸が考えていそうなこととしては，**a**が適当。邪馬台国を敵国としている**b**はおかしい。なお，「魏志」倭人伝によると，邪馬台国は狗奴国と敵対していた。

Y．資料5行目に「倭の女王，大夫難升米らを遣し」とある。大夫難升米は卑弥呼の使者として魏に派遣された人物である。大夫の職務は明示されていないが，魏への使者となった大夫難升米が考えていそうなこととしては，**c**が適当である。

よって，X－**a**，Y－**c**が正しい組合せとなり，①が正解。

B やや易 《「日本」という国号の成立》

問3 ☐8☐ 正解は①

X．**正文**。年表から，6世紀前半の百済は盛んに梁に朝貢し，「博士や工匠・画師を求める」など文化の輸入に努めていることがわかる。

Y．**正文**。年表から，502年に倭王は梁から将軍号を与えられているが，その後は朝貢していないことがわかる。また，「古い時代の風俗」とは，**倭の五王**たちが盛んに**宋**に朝貢していた5世紀のことと推測できる。

よって，X－正，Y－正となり，①が正解。

問4 ☐9☐ 正解は②

経筒に「大日本国左大臣正二位藤原朝臣道長」「極楽浄土に往生することを願う」と記されており，**浄土信仰（浄土教）**が盛んになった**国風文化期**の文化財が問われているとわかる。浄土信仰とは，阿弥陀如来に帰依し，来世において極楽浄土に往生し，悟りを得ようとする仏教信仰であり，平安時代半ばの**空也**や源信らの活動によって広められ，しだいに貴族や庶民に受け入れられた。

①**適当**。鎌倉時代の**康勝**による「六波羅蜜寺空也上人像」である。**空也**は，10世紀に念仏（南無阿弥陀仏）の教えを説いて民間に浄土信仰を広め，市聖と呼ばれた。制作された時期は鎌倉時代だが，浄土信仰を表す文化財として適当である。

②**不適**。**弘仁・貞観文化期**に描かれた「教王護国寺金剛界曼荼羅」である。**曼荼羅**は**密教**の世界観を描いた絵画であり，『金剛頂経』にもとづく金剛界曼荼羅と『大日経』にもとづく胎蔵界曼荼羅を合わせて**両界曼荼羅**という。

③**適当**。藤原頼通が宇治に建立した**平等院鳳凰堂**である。代表的な阿弥陀堂建築であり，本尊は**定朝**らが確立した**寄木造**による阿弥陀如来像である。

④**適当**。「高野山聖衆来迎図」である。**来迎図**は，極楽浄土から阿弥陀如来が多くの菩薩を伴って死者を迎えにくるという浄土信仰を表す絵画である。

第3問 —— 古代〜中世の社会・文化

A 標準 《絵図に見る中世荘園の展開》

問1 ☐10☐ 正解は④

資料Iの絵図は「伯耆国東郷荘下地中分絵図」とある。**下地中分**とは，荘園領主と地頭との紛争解決のため，荘園領主（絵図中の「領家」）と地頭が土地（下地）を折半し，その支配権を分割することをいい，鎌倉時代半ば以降盛んに行われた。

A．一国内が荘園と国衙領で構成されるいわゆる**荘園公領制**が成立したのは，**院政**

期（11〜12 世紀）のことである。

B．源頼朝が対立した源義経らの追討を名目に，後白河法皇にせまって荘園・国衙領への地頭設置を朝廷に認めさせたのは，平氏滅亡後の 1185 年のことである。

C．没収した朝廷方所領に新たに地頭が置かれたのは，鎌倉幕府が承久の乱を制圧した 1221 年以降のことである。後鳥羽上皇方についた貴族や武士の所領約 3000カ所が幕府に没収され，新たに地頭が置かれた。

D．戦国大名の領国支配が強化され，荘園がほぼ解体したのは 16 世紀のことである。

よって，下地中分が行われた時期は④ C と D の間が正解。

CHECK 地頭の勢力拡大

鎌倉幕府が任命した地頭は，幕府の勢力が強まると，しだいに農民を抑圧したり，荘園領主への年貢を横領するなどの非法行為を行うようになった。地頭の横暴を荘園領主に訴えた紀伊国阿氐河荘の荘民たちの訴状はよく知られた事例である。一方，年貢の確保をめざす荘園領主は，地頭に現地管理を一任する代わりに一定の年貢納入を請け負わせる地頭請の契約を結んだり，下地中分を行って荘園の領有を分割するなどの方法で紛争の解決を図った。

問2 11 正解は②

①誤文。資料 II の 1 〜 2 行目に「道路がある場所はそこを境界とし，ないところは朱線を引き，…」とあり，「道路がある所だけで境界を定めた」は誤りとわかる。

②正文・③誤文。資料 II の 3 〜 4 行目に「田畠は田畠で分割するという取り決め」，5 〜 6 行目に「馬野（牧場）・橋津（港）・伯井田などの地区は，領家分・地頭分双方の土地が混在することとなった」とあり，土地の用途ごとに分割したことがわかる。③の「中央に湖が存在するから」は理由として不十分。

④誤文。資料 I の絵図の全体を見てみると，分割された領家分と地頭分の面積に大きな差がないことがうかがえるので，誤りと判断できる。

問3 12 正解は③

①誤文。資料 I の甲・乙には木谷寺・置福寺・一宮が描かれているので，東郷荘には寺院や神社などの宗教施設があったことがわかる。

②誤文。資料 I には田畠・馬野が描かれており，東郷荘の人々が農業・馬の飼育などの仕事をしていたことがわかる。また湖には舟に乗っている人も描かれているので，漁業が行われていたことも推測できる。

③正文。資料 I・II には，年貢や公事がどのような方法で徴収されていたのかは示されておらず，絵画資料には限界があることがわかる。

④誤文。資料 I の甲・乙には○で囲まれた部分に執権・連署の署名があるので，東郷荘の下地中分は鎌倉幕府によって承認されていたことがわかる。

B　やや難　《古代～中世の仏教の展開と社会的役割の変化》

問4　13　正解は⑥

ア．須弥壇の前に広間がある仏堂の構造は，中央のカードの「信者が一斉に集まっ
て祈る場」に合致する。また「民衆を救済する仏教」から，臨済宗・曹洞宗・浄
土宗・浄土真宗・時宗・日蓮宗などの新仏教が成立した**鎌倉時代**が想起できる。

イ．須弥壇の決まった位置に仏像が安置され，その前方に礼堂が置かれている。礼
堂は，右のカードの「仏の加護を願って，一定期間仏堂にこもる」場所にあたる。
またこうした習慣が「貴族の間に広がっていった」ことから，**加持祈禱**によって
現世利益を求める貴族たちに**密教**が受け入れられた**平安時代**を想起できる。

ウ．決まった位置に仏像が安置された須弥壇を中心とする仏堂の構造は，左のカー
ドの「僧侶だけが仏堂の中で読経した」と適合している。また「国家の安定を目
的とした」から，**南都六宗**を中心に**国家仏教**が展開された**奈良時代**を想起できる。

よって，**ウ－イ－ア**の順となり，**⑥**が正解。

第4問 —— 近世の政治・経済

A　標準　《近世大名に関する諸問題》

問1　14　正解は⑤

①**正文**。戦国大名は自分の実力で領地を獲得し，支配を確立していったが，近世大
名は徳川幕府の将軍に服属する見返りに石高を基準とする領地が与えられ，「武
力で領地を奪ったり，取り戻したりすること」は許されなかった。近世大名は，
領地・領民を「将軍からの預かりもの」ととらえるようになったといわれている。

②**正文**。江戸時代には，幕府の許可のもと，対馬の**宗氏**と**朝鮮**，薩摩の**島津氏**とそ
の支配下に置かれた**琉球王国**，蝦夷地の**松前氏**と**アイヌ**との間で独占的に交易が
行われた。他の大名が外国と交易をすることは認められなかった。また，**中国・
オランダ**との**長崎貿易**は，幕府管理のもとで特定の商人だけが許された。

③**正文**。江戸幕府は，徳川氏の征夷大将軍と諸藩の大名との主従関係を根本とする
武家政権であり，近世大名は「将軍の全国統一的な軍事指揮権の下に置かれた」。

④**正文**。戦国大名の中には，領国支配のため独自の法である**分国法・家法**を制定す
る者もいた。伊達氏の「塵芥集」，今川氏の「今川仮名目録」，武田氏の「甲州法
度之次第」などである。これらは中世法の集大成的な性格をもつ一方で，喧嘩両
成敗・城下集住・私婚の禁止など領国支配の新たな方針を示す規定を含んでいた。

⑤**誤文**。「幕府の指示がなくても」は誤り。江戸幕府は，**一国一城令**（1615年）に
よって大名の居城を一つに限り，さらに武家諸法度（**元和令**・1615年）によっ

て**城郭の補修は許可制，新築は禁止**とした。

問2　15　正解は③

①**正文**。江戸時代に繁栄した，寛永〜元禄〜宝暦・天明〜化政の各文化は，いずれも都市を中心に展開されたもので，様々な分野で高級な文化財が生み出された。①の仮説は十分に成り立つ。

②**正文**。江戸幕府が大名の妻子の在府を義務づけた結果，大名の子どもたちは多くが江戸生まれ，江戸育ちである。②の仮説は十分に成り立つ。実際，大名とその家族の江戸生活は他の大名家族などとの儀礼・交際が中心だったといわれている。

③**誤文**。上げ米の制とは，**享保の改革**の際に8代将軍**徳川吉宗**が財政補てんのため，大名に知行1万石につき100石の米を毎年幕府に上納させ，代わりに**参勤交代の在府期間を半減**した制度であり，1722〜30年の9年間実施された。すでに当時の大名たちが「江戸好き」になっていたならば，米の上納・在府期間の半減という政策が「喜んで迎えられた」との仮説は成り立たないと推察できる。

④**正文**。明治政府の成立後も旧大名たちは藩政を継続し，1869年の版籍奉還後には**知藩事**に任命された。しかし1871年の**廃藩置県**で，旧大名は知藩事の職を解かれ，東京在住を命じられた。領地・領民から離れ，統治者としての地位を失ったことには抵抗感があっただろうが，「東京集住に大きく抵抗しなかったのではないか」との仮説は，江戸に親しみをもっていたことからみて十分に成り立つ。

問3　16　正解は②

①**適当**。寛永の飢饉（1642年頃）を契機に，藩政の安定のため勧農が進められ，**治水や新田開発**が行われた。全国各地で新田開発が進んだ結果，17世紀初めには164万町歩であった全国の田畑面積が，18世紀初めには297万町歩に増加した。

②**不適**。18世紀後半，「財政が危機に陥った」大名たちは特産物の増産に力を入れた。しかし，「自由に販売させた」のではなく，**大名（藩）の専売制**とすることが多かった。この時期に特産物の増産に取り組んだ大名には，熊本藩主の**細川重賢**・米沢藩主の**上杉治憲**・秋田藩主の**佐竹義和**などがいる。

③**適当**。19世紀前半，天保の飢饉（1833〜39年頃）によって一揆・打ちこわしが増発し，欧米列強の接近による国防の危機も高まる中，薩摩藩（調所広郷を登用）・長州藩（村田清風を登用）・佐賀藩（藩主鍋島直正）・土佐藩（藩主山内豊信）などは「有能な中・下級武士を登用」して藩政改革に成功し，**雄藩**に成長して幕府への影響力を強めていった。

④**適当**。「財力と軍事力」をつける施策として，薩摩藩では黒砂糖の専売強化，反射炉の築造，造船所やガラス工場の建設などが行われ，佐賀藩でも陶磁器の専売

強化，反射炉の築造，大砲の製造などが行われた。

B　標準　《近世の流通と沖縄》

問4　17　正解は①

a．適当。17 世紀後半，河村瑞賢によって西廻り航路・東廻り航路が整備された。日本海側の西廻り航路では，18 世紀後半頃から北前船が活躍し，東北地方の米とともに蝦夷地産の昆布や俵物（ふかのひれ・いりこ・ほしあわび）が大量に大坂に輸送されるようになった。現在，那覇市の昆布消費量が多いのは，近世においてすでにこのような遠隔地間の流通網が確立していたからだと推測できる。乾物の昆布や俵物は長期保存ができるので遠隔地輸送に適していた。

b．不適。諸藩で専売制の導入が進んだこと，大名が希少価値のある領内の産物を将軍への献上品としたことと，那覇市の昆布消費量の多さには関連がない。

c．適当。島津氏は 1609 年，武力侵攻によって琉球王国を支配下に置く一方で，王国を存続させ，中国（明のち清）への使節派遣と朝貢貿易を継続させた。琉球王国では，島津氏の支配を通じて日本国内の流通網と結びつき，昆布を消費するようになったと推察できる。また資料 5 行目に「中国では，高級食材や薬として昆布が消費された」とあり，昆布が琉球王国から中国への朝貢品の一つとなっていたことが推察できる。

d．不適。琉球王国はオランダとの交易に関わることはなかった。

よって，a－c が正しい組合せとなり，①が正解。

第5問 ── 近代の政治・外交

A　やや難　《幕末期の海外情勢と幕府の対応》

問1　18　正解は①

カード1．a．正文。アメリカが日本に開国を求めたのは，太平洋を横断する自国の貿易船や捕鯨船の安全のため，寄港地を必要としていたからである。そのため，日米和親条約では下田・箱館の開港，アメリカ船に燃料や食料の供給を行うことなどが取り決められた。

b．誤文。アメリカ南北戦争は 1861〜65 年でペリー来航後の出来事である。

カード3．c．正文。江戸時代は民間業者による出版が盛んで，瓦版と呼ばれる読み物や錦絵（多色刷の浮世絵版画）によって災害・事件・世相など様々な情報が人々に伝えられた。幕末になるとその数が一気に増え，外国に関する記事や画題も積極的に取り上げられたため，民衆の外国に対する関心が高まった。

　　　d．誤文。日米修好通商条約では新たに開港場が設けられて貿易が開始されたが，アメリカは南北戦争のために後退し，イギリスが最大の貿易相手国となった。よって，カード１－ａ，カード３－ｃが正しい組合せとなり，①が正解。

問２　19　正解は③

　評価Ｘの根拠

　ａ．誤文。ｂ．正文。日米修好通商条約で認めた**協定関税制（関税自主権の欠如）**は，領事裁判権とともに日本にとって不利な不平等条項であった。幕府側の交渉担当者はこれらの不平等条項に関しては異議を唱えず，総領事ハリスの要求をたやすく受け入れたようである。これは「幕府は西洋諸国との外交経験が不足して」おり，国際関係の知識が欠如していたとみなさざるを得ない。一方，ａは事実であるが，「外国の利益を優先した」ものとはいえない。

　評価Ｙの根拠

　ｃ．正文。ｄ．誤文。江戸幕府は，「日本の実情をもとに」外国人の国内進出に一定の歯止めをかけ，日本人との紛争を避けるために，外国人の居住と商業活動を開港場に設けた居留地に限定した。これは「合理的」な判断といえよう。一方，日米和親条約に続き日米修好通商条約でも認めた**片務的最恵国待遇**は日本にとって不利な内容であり，ｄにもとづけばＹの評価とは逆になる。

　よって，Ｘ－ｂ，Ｙ－ｃが正しい組合せとなり，③が正解。

問３　20　①または②

　　　21　20　が①の場合：正解は④　20　が②の場合：正解は②

　年表中の⑺「桜田門外の変」を画期ととらえた場合

条約の無勅許調印や将軍継嗣の決定，**安政の大獄**など専制政治を進めた大老井伊直弼が桜田門外で殺害された結果，幕府はもはや④「強権で反対派を押さえられなくなった」と考察できる。

　年表中の⑻「第二次長州征討（長州戦争）」を画期ととらえた場合

第二次長州征討を命じたものの幕府軍は各地で敗北し，14代将軍徳川家茂の死去という事態の中で戦闘中止に追い込まれた結果，これまでのような②「圧倒的な軍事力を背景とした幕府支配が困難となった」と考察できる。

①誤文。「流通機構が混乱し，幕府の市場統制力が弱まった」ことは⑺・⑻とは直接つながらない。

③誤文。「朝廷への報告を行い，諸大名にも広く意見を述べさせた」のは老中阿部正弘で，ペリー来航によって開国をせまられた時に初めて行った。したがって，⑺・⑻以前の出来事である。

B 標準 《明治時代における立憲政治の成立過程》

問4 22 正解は③

すごろくは，「国会開設の大詔」から始まり，「憲法発布」を経て「帝国議会」で上がりとなっており，③「立憲政治が成立する過程」が主題になっているとわかる。

NOTE 自由民権運動と憲法制定

1874	民権派	民撰議院設立建白書を政府に提出
1875	政 府	漸次立憲政体樹立の詔
1880	民権派	国会期成同盟の結成
1881	政 府	国会開設の勅諭 …10年後の国会開設を決定
		松方財政 …緊縮・デフレ政策で不況を招く
1882	民権派	福島事件
1884	民権派	群馬事件・加波山事件・秩父事件]…民権運動が激化
1885	政 府	内閣制度の発足（第1次伊藤博文内閣）
1886	民権派	大同団結の呼びかけ（〜1889）
1887	民権派	三大事件建白運動
1889	政 府	大日本帝国憲法公布（黒田清隆内閣）
1890	政 府	第1回帝国議会（第1次山県有朋内閣）

問5 23 正解は①

①誤文。第1回帝国議会における政党の勢力分布を調べても，選挙権がどのように拡大したのかはわからない。

②・③・④正文。衆議院議員選挙法が初めて制定された1889年から現代を通じて，選挙法の改正によって納税・年齢・性別といった選挙人資格の引き下げや撤廃がなされ，選挙権が拡大していったことを想起すれば，いずれも正しいとわかる。こうした選挙権拡大の背景には，資本主義の発達による国民経済の成長とそれにともなう国民からの選挙権拡大要求があった。

NOTE 選挙権の拡大

公布年	公布時の内閣	直接国税	年　齢	性別	全人口比
1889	黒田清隆	15円以上	満25歳以上	男	1.1%
1900	第2次山県有朋	10円以上	〃	男	2.2%
1919	原敬	3円以上	〃	男	5.5%
1925	加藤高明	制限なし	〃	男	20.8%
1945	幣原喜重郎	〃	満20歳以上	男女	50.4%
2015	安倍晋三	〃	満18歳以上	男女	83.3%

第6問 ── 近現代の経済・社会

A　 やや難 　《明治時代半ば〜昭和前期の経済動向》

問1　24　正解は①

X．正文。グラフから，1920年代までの繊維工業の製造工業生産額の増加に対する寄与率は，変動はあるがつねに25％以上となっており，他の工業を上回っている。

Y．正文。グラフから，機械工業・造船業の寄与率は1920〜30年に落ち込むものの，1930〜40年には急速に伸びている。第一次世界大戦後の国際協調の流れの中**ワシントン海軍軍縮条約**（1922年）・**ロンドン海軍軍縮条約**（1930年）が結ばれ，戦艦の建造が抑えられたが，**満州事変**（1931〜33年）から**日中戦争**（1937年〜）に至る時期には両条約も失効し（1936年），軍備が拡大していった。

よって，**X－正，Y－正**となり，**①が正解**。

問2　25　正解は④

この時期は，明治時代後半のいわゆる産業革命が成し遂げられた時期にあたる。

①正文。1882年設立の**大阪紡績会社**を皮切りに，外国製紡績機械を導入した紡績会社があいついで操業を開始し，中国・朝鮮への綿糸輸出が増加した。

②正文。**造船奨励法**は，700トン以上の鋼鉄船建造に助成金を与えることを定めた法律で，国内造船業の保護促進政策であった。1000トン以上・速力10ノット以上の鋼鉄汽船に奨励金を与えることを定めた海運業の保護政策である**航海奨励法**とともに1896年に公布された。

③正文。製糸業では，**器械製糸**が発達し，主にアメリカ向け生糸輸出が伸びたため，貴重な外貨獲得産業となった。生糸輸出高は1909年に中国を抜いて世界第一位となった。

④誤文。官営八幡製鉄所は，ドイツの技術を導入して1897年に設立され，1901年から操業が開始された。中国の大冶鉄山から輸入した鉄鉱石を原料とし，**筑豊炭田**の石炭を燃料とした。官営八幡製鉄所の設立目的は，鉄鋼の国内自給を実現することにあったので，「鉄鋼が中国へ輸出された」は誤りである。

問3　26　正解は③

Ⅰ．誤文。ⓑは，満州事変から日中戦争へと至った時期である。この時期には**国家総動員法**（1938年）にもとづく経済統制により，軍需が優先され民需が制限された。したがって，「住民の食，衣および住に必要となる商品の生産に優先順位を与え」る政策は，この時期になされていないと推測できる。民需に関する緊急

の生産回復を促すこの資料は，終戦後の 1945 年 9 月に GHQ が日本政府に発した指令である。

Ⅱ．**正文**。「八幡製鉄所および民間製鉄所を打って一丸とする大合同会社」とは，1934 年に設立された**日本製鉄会社**を指している。この製鉄大合同のもとで，念願であった鉄鋼の自給が達成された。なお，日本製鉄会社は，戦後，GHQ による財閥解体の中で数社に分割され，1970 年には再度の合併によって新日本製鉄となった（現在は新日鉄住金）。

Ⅲ．**正文**。「内地用綿製品の製造に使用されている綿糸の消費はできるかぎりこれを節約すること」とあるので，戦時中の民需抑制策であると推察できる。またこの段階では「差し当りこれを従来の七・八割程度にとどめ置く」として，まだ綿糸供給に若干の余裕がみられるので，**アジア・太平洋戦争以前**の 1930 年代の政策であると推測できる。アジア・太平洋戦争下では，衣料**切符制**が敷かれたものの購入できる物がないという状況にまでおちいった。

よって，Ⅰ一誤，Ⅱ一正，Ⅲ一正となり，**③**が正解。

B　標準　《日中戦争〜アジア・太平洋戦争と日本》

問 4　　27　　正解は**③・⑤**

図は藤田嗣治の「アッツ島玉砕」で，日本軍が全滅したアッツ島の戦い（1943 年）の様子を描いている。

①**誤文**。資料の第 1 段落に「日中戦争時の戦争画には特徴があります。まず，入念な描き込みで戦争を演出しない」とある。図には，戦場場面がしっかりと描き込まれているので，この時期のものではないと判断できる。

②**誤文**。資料の第 2 段落に「41 年の真珠湾攻撃を経て戦局が急展開すると……日本軍は善玉らしく，敵兵は悪玉らしく描かれ」とある。図には，敵味方入り乱れての激しい戦闘が描かれているので，この時期のものではないと判断できる。

③**正文**。図の複雑な構図は，画家が実際に戦地におもむいて描いたのではなく，激しい戦闘場面を想像で描いたものだと判断できる。これは，資料の第 3 段落「従軍画家は激減」「想像力をもって描かれることになりました」に合致している。

④**誤文**。日本政府は，アジア・太平洋戦争末期，戦争終結の道を探っていた時でも「まもなく戦争が終わることを国民に知らせる」ことはなかった。そのような意図を表す戦争画を描くことは許されなかったはずだと判断したい。

⑤**正文**。図には，折り重なって斃れている兵たち，まさに「日本兵の死」が描かれている。政府は「本土決戦」をスローガンに，最後まで国民に総力戦への覚悟を促し続けた。この図もそうした政府の方針に従って描かれたものと判断できる。

⑥**誤文**。資料の最終段落にあるように，戦争画は「戦意高揚」のため描かれたもの

であるので,「社会主義運動を暗示するもの」ではないと判断できる。

問5 28 正解は②

X．該当地域は，旧満州国である。1945年8月8日，ソ連はヤルタ秘密協定（米・英・ソ）に従って対日参戦し，翌日満州方面から侵攻を開始した。関東軍は崩壊し，取り残された在留邦人は悲惨な逃避行を強いられた。親と生き別れ，中国人の養父母に育てられた子供たちが中国残留孤児である。また，満州や樺太・千島列島の約60万人の日本の軍人らが捕虜としてシベリアに抑留され，過酷な強制労働に従事した。

Y．該当地域は，沖縄である。沖縄は，1945年4月にアメリカ軍が上陸して戦場となり，3カ月間の戦いの末占領された。犠牲者は軍人・戦闘協力者・一般県民合わせて約20万人とされる。戦後，サンフランシスコ平和条約の発効（1952年）により日本本土は独立を回復したが，沖縄は正式にアメリカの施政権下に置かれることとなった。本土復帰は，沖縄返還協定が結ばれた翌年の1972年である。

よって，X－a，Y－dが正しい組合せとなり，②が正解。

C やや難 《戦後の政治・経済・社会・外交》

問6 29 正解は④

ア．「大型設備投資による景気拡大」が入る。1955～57年には神武景気と呼ばれる好景気を迎え，高度経済成長が本格化した。企業は技術革新に積極的になり，「投資が投資を呼ぶ」といわれるような大型設備投資を行って，経済成長を牽引した。なお，「アメリカ軍による特殊需要」は1950～53年の朝鮮戦争の際にもたらされた好景気（特需）のことである。

イ．「中国」が入る。幕末の開港期，日本の最大輸出国はイギリスであった。産業革命期には，製糸・紡績業の発展にともなって，生糸の主要輸出先であるアメリカが最大輸出国となるとともに，アジア市場を中心に綿糸・綿織物の輸出が伸びた。1929年に起きた世界恐慌でアメリカ向けの生糸の輸出が激減し，その後高橋財政のもとで低為替（円安）政策がとられ綿織物の輸出が飛躍的に拡大すると，1930年代半ばにはアメリカに代わって中国が最大輸出国となった。なお，日中戦争が始まると，戦時経済統制が本格化し，貿易も政府の統制下に置かれることになった。

問7 30 正解は④

①**正文**。**第五福竜丸事件**は 1954 年に発生，この事件を契機に 1955 年に第 1 回原水爆禁止世界大会が広島で開催された。

②**正文**。日本労働組合総評議会（**総評**）の呼びかけによって 1955 年から**春闘**が開始された。各産業が 3 ～ 4 月に一斉賃上げ要求をする統一行動で，労働者の賃金上昇に貢献した。

③**正文**。1955 年 2 月の総選挙で改憲阻止に必要な 3 分の 1 の議席を確保した**日本社会党**は，左右分裂を解消し再統一した。一方，日本民主党と自由党も合流し，**鳩山一郎**を総裁とする**自由民主党**が結成された。財界の要望を受けた保守合同の実現であり，1993 年まで 38 年間続くことになる 55 年体制の成立である。

④**誤文**。韓国を朝鮮半島唯一の合法政府として国交の樹立を果たした**日韓基本条約**の調印は，1965 年の佐藤栄作内閣の時である。

問8 31 正解は①

ａ．**正文**。表の数値から，果実の自給率はしだいに低下したことがわかる。高度経済成長期に入る頃からバナナ・パイナップルなどの外国産果物の輸入が増えていった。1980 年代後半になるとアメリカは日本に農産物輸入自由化を求めるようになり，1991 年には**オレンジ・牛肉の輸入自由化**が実施された。

ｂ．**誤文**。輸送手段が発展したことは事実である。しかし，表の数値が示す魚介類の自給率は，1975 年度以降若干の低下はみられるが 90 ％台を維持しており，「水産物は輸入に大きく依存するようになった」とまではいえない。

ｃ．**正文**。洋食関連品目に当てはまる小麦・牛乳及び乳製品・肉類の自給率を見ると，時期による変動はあるものの，しだいに低下したことがわかる。パン食の普及など食生活の変化により，輸入食材の需要が高まったことが推測できる。

ｄ．**誤文**。**専業農家**が大きく減少したのは事実である。しかし，表の数値を見ると，1965 年度を例外として，米は国内自給を上回る生産量を維持しているとわかる。

よって，ａ・ｃが正しい組合せとなり，①が正解。

センター試験 日本史B 本試験

問題番号 （配点）	設 問		解答番号	正 解	配 点	チェック
第1問 (16)	A	問1	1	①	2	
		問2	2	①	3	
		問3	3	④	2	
	B	問4	4	⑤	3	
		問5	5	③	3	
		問6	6	③	3	
第2問 (16)	A	問1	7	④	3	
		問2	8	①	2	
		問3	9	①	3	
		問4	10	③	3	
	B	問5	11	②	2	
		問6	12	①	3	
第3問 (16)	A	問1	13	②	3	
		問2	14	④	3	
		問3	15	②	2	
		問4	16	②	2	
	B	問5	17	②	3	
		問6	18	①	3	

問題番号 （配点）	設 問		解答番号	正 解	配 点	チェック
第4問 (16)	A	問1	19	①	2	
		問2	20	⑤	3	
		問3	21	③	3	
	B	問4	22	②	2	
		問5	23	④	3	
		問6	24	③	3	
第5問 (12)		問1	25	③	3	
		問2	26	④	3	
		問3	27	④	3	
		問4	28	②	3	
第6問 (24)	A	問1	29	④	3	
		問2	30	②	3	
		問3	31	①	3	
	B	問4	32	③	3	
		問5	33	②	3	
		問6	34	④	3	
	C	問7	35	①	3	
		問8	36	①	3	

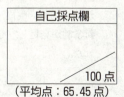

自己採点欄

100 点

（平均点：65.45 点）

第1問 ── 教育と歴史認識に関わる諸問題

A 標準 《学校教育の歴史》

問1 1 正解は①

アには学制が，イにはフランシスコ=ザビエルが入る。

ア. リード文にある「文部省設置の翌年に」がヒント。政府は1871年に近代教育行政の中心機関として**文部省**を設置し，翌年，フランスの制度にならって<u>学制</u>を公布した。**教育令**はアメリカの制度にならい，1879年に公布された。

イ. **フランシスコ=ザビエル**はスペイン人のイエズス会宣教師で，1549年に鹿児島に渡来してキリスト教を伝えた。**ヤン=ヨーステン**は1600年に豊後の臼杵湾に漂着したオランダ船リーフデ号の航海士で，イエズス会の宣教師ではない。

問2 2 正解は①

X. **正文**。図1の「神泉苑」の左側下方にある3つの教育施設に着目する。**大学別曹**として藤原氏の**勧学院**のほか，在原氏の奨学院，和気氏の弘文院の所在地が示されている。

Y. **正文**。金沢文庫は，鎌倉時代中期に**北条実時**が武蔵国六浦荘金沢の別邸に創設した書庫である。

よって，**X**―正，**Y**―正となり，①が正解。

問3 3 正解は④

①**誤文**。空也が誤り。**綜芸種智院**は<u>空海</u>が創設した庶民教育機関で，儒教・仏教・道教などをわかりやすく人々に教えた。

②**誤文**。『読史余論』は<u>江戸時代</u>に**新井白石**が著した歴史書なので，室町時代には存在しない。中世から近世にかけての寺院教育では，教科書として『**庭訓往来**』などの往来物が用いられた。

③**誤文**。京都ではなく<u>大坂</u>が正しい。**懐徳堂**は大坂町人の出資で設立された学塾で，朱子学や陽明学などを町人に教えた。

④<u>**正文**</u>。小学校は1941年に**国民学校**に改められ，戦時体制を支える小国民の育成が図られた。戦後，1947年に成立した**学校教育法**によって六・三・三・四制の新学制が発足し，それにともなって国民学校は廃止となり，新制小学校に改組された。

B　やや難　《歴史書のもつ意味》

問4　4　正解は⑤

Ⅰ．種子島に**鉄砲**が伝来したのは 1543 年で，島主の**種子島時堯**_{ときたか}はポルトガル人から鉄砲２挺を購入し，家臣らにその製法を学ばせた。

Ⅱ．豊臣秀吉の**朝鮮侵略**は，文禄の役（1592〜93 年）と慶長の役（1597〜98 年）の２度行われた。

Ⅲ．**陳和卿**は鎌倉時代初期に活躍した宋の工人で，東大寺大仏殿の再建や大仏頭部の鋳造などに尽力した。

よって，Ⅲ（鎌倉時代初期）→Ⅰ（室町時代後期）→Ⅱ（安土桃山時代）の順となり，⑤が正解。

問5　5　正解は③

Ｘ．「藤原氏の繁栄の歴史を描く」から，藤原氏の栄華を賛美的に描いた『**栄華（栄花）物語**』とわかる。編年体で描写され，批判的精神に乏しいのが特徴である。

Ｙ．儒教・仏教伝来以前における日本古来の思想や生活の究明を目的とする学問を**国学**といい，**本居宣長**は『古事記伝』などを著して国学を大成した。

ａ．『今昔物語集』は歴史物語ではなく，平安末期に成立した説話集である。

ｄ．伊藤仁斎は，江戸前期に京都堀川に古義堂を創設し，**古義学**を唱えた。

よって，Ｘ－ｂ，Ｙ－ｃが正しい組合せとなり，③が正解。

問6　6　正解は③

ａ．誤文。史料６〜７行目に「約二世紀の長い間に幾様の考を以て，幾度も潤色せられ変改せられて」とあるので，「記紀が編纂された時代の人々の手が加わっていない」は誤り。また７〜８行目には「記紀の上代の物語は歴史では無くして寧ろ詩である」とあり，「史実とみなすことができると主張している」も誤り。

ｂ．正文。史料８〜９行目に「却ってよく国民の内生活を語るものである」とあるので，「記紀が編纂された時代の思想がよく表れている」との解釈は正しい。

ｃ．正文。吉野作造は大正時代の 1916 年に『中央公論』に論文「憲政の本義を説いて其有終の美を済すの途を論ず」を発表して**民本主義**を提唱した。

ｄ．誤文。三宅雪嶺らが『日本人』を創刊して国粋（国粋保存）主義を唱えたのは 1888 年で**明治時代**のことなので，時期が合致しない。

よって，ｂ・ｃが正しい組合せとなり，③が正解。

第2問 ── 古代国家の辺境支配

A　標準　《古代の東北と九州南部の状況》

問1　7　正解は④

アには大隅国が，イには鎮守府が入る。

ア．「九州南部」がヒント。隼人は薩摩国や大隅国に住んだ人々である。肥後国は現在の熊本県にあたるので，「九州南部」とはいえない。

イ．東北地方の多賀城には，陸奥国府と蝦夷征討のための役所である鎮守府が併置された。大宰府は九州北部に設置された政府の出先機関で，「遠の朝廷」とも呼ばれた。

問2　8　正解は①

a．正文。三内丸山遺跡は青森県に所在する縄文前期〜中期の集落遺跡で，約1500年間の長期にわたって人々が定住生活をしていたことが明らかになった。

b．誤文。北海道には水稲耕作を基礎とする弥生文化は伝わらず，魚類などの食料採取を中心とする続縄文文化が展開した。

c．正文。南西諸島にも水稲耕作を基礎とする弥生文化は伝わらず，貝類などの食料採取を中心とする貝塚文化（南島文化）が展開した。

d．誤文。「10世紀」が誤り。種子島や屋久島が律令国家に帰順したのは8世紀のことである。

よって，a・cが正しい組合せとなり，①が正解。

問3　9　正解は①

X．正文。役人が執務する施設として，下野国府には「曹司」，徳丹城には「官衙」が配置されていることが読み取れる。

Y．正文。徳丹城の図では，政庁と役所などを囲む「外郭」を示す線がはっきりと描かれているが，下野国府の図では政庁や役所などを囲む線が示されていないので，「外郭」を備えていなかったことが読み取れる。

よって，X―正，Y―正となり，①が正解。

B　標準　《蝦夷の抵抗と東北経営》

問4　10　正解は③

ウには伊治呰麻呂が，エには志波城が入る。

ウ．伊治呰麻呂は蝦夷の族長でのちに郡司となったが，780年に陸奥按察使の紀広
純を殺害して多賀城を焼き討ちした。阿弖流為は蝦夷の族長で，律令政府の蝦夷
征討に抵抗したが，802年に征夷大将軍坂上田村麻呂に降伏した。

エ．リード文の「北上川中流域」がヒント。志波城は803年に胆沢城の北方の北上
川中流域に築かれた。秋田城は奈良時代，733年に日本海側に築かれた。

問5　11　正解は②

Ｘ．805年に行われた徳政相論（徳政論争）において，藤原緒嗣は民衆が困窮して
いる原因が「蝦夷との戦争と平安京造営」にあると批判し，この二大政策の継続
を主張する菅野真道と対立したが，桓武天皇は藤原緒嗣の意見を採用した。しか
し東北経営はその後も進められ，嵯峨天皇の時代に文室綿麻呂が派遣されて蝦夷
を平定するまで続くことになった。

Ｙ．嵯峨天皇・空海とともに三筆の一人に数えられたのは橘逸勢である。橘逸勢は
842年に起こった承和の変の首謀者として捕らえられ，伊豆に流される途中で死
去した。

ｂ．藤原仲成は式家の藤原種継の子で，810年に妹の藤原薬子とともに平城上皇の
重祚と平城京還都を企てたが射殺された（平城太上天皇の変）。

ｃ．橘諸兄は光明皇后の異父兄にあたる奈良時代の公卿で，玄昉・吉備真備の補佐
を得て政権を掌握した。

よって，Ｘ－ａ，Ｙ－ｄが正しい組合せとなり，②が正解。

問6　12　正解は①

ａ．正文。史料2行目に「道奥の蝦夷男女二人をもちて，唐天子に示せたてまつ
る」とある。

ｂ．誤文。史料3〜5行目の「天子問いて曰く」「使人謹み答えて」という表現か
ら，唐の皇帝が質問し，遣唐使がそれに答えていることが読み取れる。

ｃ．正文。史料3行目以下の会話の内容を見ると，唐の皇帝の質問に対して遣唐使
は，蝦夷の生活ぶりを「肉を食いて」生活し，「深山の中にして樹本に」住んで
いると説明している。

ｄ．誤文。史料3行目以降の問答の内容を読み取ればよい。唐の皇帝による「その
国に五穀有りや」という問いに対して遣唐使は「無し」と答え，5行目の「国に
屋舎有りや」の問いに対しても「無し」と答えているので，「穀物を食べ，建物
に居住している」との解釈は誤りである。

よって，ａ・ｃが正しい組合せとなり，①が正解。

第3問 ── 中世の社会

A　標準　《古代〜中世の入浴施設》

問1　13　正解は②

Ｘ．正文。興福寺・延暦寺を南都・北嶺という。興福寺の僧兵（＝奈良法師）は春日神社の神木の榊をささげ，延暦寺の僧兵（＝山法師）は日吉神社の神輿をかついでしばしば朝廷に強訴した。

Ｙ．誤文。朝廷は武士を用いて僧兵の動きや寺院の圧力を抑えようとしたため，武士の中央政界への進出をまねくこととなった。また院政期には，桓武平氏の流れをくむ伊勢平氏の平正盛・平忠盛・平清盛が時の上皇と結んで勢力を伸ばしたので，「武家の棟梁の地位は低下した」は明らかに誤り。

よって，Ｘ－正，Ｙ－誤となり，②が正解。

問2　14　正解は④

この史料は，地頭の圧政や非法を荘園領主に訴えるために，紀伊国阿氐河荘の百姓が作成した文書である。

ａ．誤文・ｂ．正文。「逃亡の跡の麦蒔け」の部分を（注5）を参考に解読すればよい。

ｃ．誤文・ｄ．正文。史料1〜3行目に「御材木の事…地頭の方へ責め使われ候えば，おま暇候わず候」とあり，地頭の横暴な振る舞いによって荘園領主への材木の納入が遅れていることを述べている。

よって，ｂ・ｄが正しい組合せとなり，④が正解。

問3　15　正解は②

①誤文。天竜寺や建仁寺は京都に建立された。

②正文。山口は大内氏の城下町として繁栄した。また雪舟のような画僧や宣教師フランシスコ=ザビエルなどの文化人が集まり，仏典や漢籍が大内版として出版されるなど，文化都市としても栄え，「西の小京都」と呼ばれた。

③誤文。大原女や桂女は，京都の郊外に住み，京の街中で行商を営んだ女性である。したがって「奈良や堺」は誤り。

④誤文。「一向宗」が誤り。法華一揆を結んだのは日蓮宗（法華宗）の信者で，1532年に一向一揆に対抗して山科本願寺を焼き討ちした。

B　標準　《温泉の発達と湯治の文化》

問4 　16 　正解は②

①**正文**。鎌倉時代には『保元物語』『平治物語』『平家物語』，南北朝時代には『太平記』などの軍記物語が作られた。

②**誤文**。**悪党**とは，年貢を横領したり港湾や荘園の倉庫を襲撃するなど，幕府にも荘園領主にも反抗して社会秩序を乱す行為に及んだ武士や農民・商人のことである。幕府は守護に悪党の鎮圧を指令して秩序の維持を図ったので，「幕府の指示を受けて」は明らかに誤りである。

③**正文**。守護勢力の弱い地域では，国人たちが領主権を守るために**国人一揆**を結んで紛争解決や農民支配にあたった。

④**正文**。戦国大名は国人や地侍を家臣に組み入れ，**寄親・寄子制**によって家臣団を統制し，**貫高制**をもとに軍事制度の基盤を固めた。

問5 　17 　正解は②

Ｘ．**正文**。治水対策としては，甲斐の武田氏が築いた**信玄堤**が知られている。

Ｙ．**誤文**。指出検地は自己申告によるものなので，「役人を現地に派遣し」は誤り。

よって，Ｘ－正，Ｙ－誤となり，②が正解。

問6 　18 　正解は①

Ⅰ．問（問丸）が活躍したのは鎌倉時代である。

Ⅱ．永楽通宝が輸入され，流通し始めたのは室町時代である。

Ⅲ．関所や座の廃止を通して，商業取引の円滑化を図ったのは戦国大名である。

よって，Ⅰ（鎌倉時代）→Ⅱ（室町時代）→Ⅲ（戦国時代）の順となり，①が正解。

第4問 ── 中世末〜近世における鉱物の生産と流通

A　標準　《銀の生産と用途》

問1 　19 　正解は①

アには石見銀山が，イには海舶互市新例（正徳新令）が入る。

ア．リード文の「中国地方の」がヒント。**石見銀山**があったのは島根県で，大森銀山ともいう。**生野銀山**があったのは兵庫県。近畿地方なので該当しない。

イ．「長崎における貿易額を制限」とあるので，1715年に発布された**海舶互市新例（正徳新令）**が正解。**相対済し令**は享保の改革に際して，訴訟事務の軽減化を図

って発布されたもので，貿易統制に関する法令ではない。

問2 20 正解は⑤

Ⅰ．「輸入生糸を一括購入させる制度」とは，1604年の糸割符制度のことである。

Ⅱ．スペイン船の来航が禁止されたのは1624年。

Ⅲ．大友義鎮（宗麟）は，1549年に来日したフランシスコ＝ザビエルを招き，キリスト教の布教を保護した。

よって，Ⅲ（16世紀中期）→Ⅰ（17世紀初期）→Ⅱ（17世紀前期）の順となり，⑤が正解。

問3 21 正解は③

①誤文。丁銀はおもに西日本，小判はおもに東日本で通用した。

②誤文。小判は計数貨幣であり，「重さを量って使用する」秤量貨幣ではない。

③正文。5代将軍徳川綱吉の時，勘定吟味役荻原重秀の建議によって1695年に金銀の含有量をおとした元禄金銀を鋳造し，差益金（出目）によって収入を増やした。

④誤文。南鐐二朱銀を鋳造して貨幣制度の統一を試みたのは田沼意次である。

B 標準 《製鉄の功罪》

問4 22 正解は②

①誤文。高機の技術は，18世紀中頃に京都の西陣から桐生など各地に伝わった。

②正文。佐賀藩では，1850年に大砲鋳造のための反射炉が築造された。

③誤文。近世にはそれまでの揚浜式にかわり，入浜式の塩田が発達した。

④誤文。活字印刷術はイエズス会の宣教師バリニャーニによって西欧から伝えられ，それによってキリシタン版が出版された。シドッチはイタリア人のイエズス会宣教師。18世紀初期に屋久島に潜入して捕らえられ，その尋問をもとに新井白石は『西洋紀聞』や『采覧異言』を著した。

問5 23 正解は④

①正文。本百姓は検地帳に登録された農民で，田畑・屋敷地をもち，村政に参加できた。水呑百姓は田畑をもたない無高の百姓で，小作などで生計を立てた。

②正文。深耕用の備中鍬や脱穀用の千歯扱，選別用の唐箕や千石簁，揚水用の踏車など，農具の改良・普及が進んだ。

③正文。出羽の紅花や阿波の藍玉など，染料の原料となる特産品もうまれた。

④**誤文**。「関東の村々」ではなく「関西の村々」が正しい。また「江戸の問屋」ではなく「領主・特権商人」が正しい。**国訴**は，木綿・菜種の流通独占に反対して1823年に畿内の摂津・河内の村々で起こったのが最初である。

問6　**24**　正解は③

X．**誤文**。史料2〜3行目に「種々御普請これあり候えども，只今の通りにてはその甲斐これなきにつき」とあるので，「効果があった」は誤り。

Y．**正文**。史料4〜6行目に「莫大の員数相増し候。右の趣にては，遠からざる内，小鉄も払底に相成り，山林も伐り尽し，御郡中の衰微，眼前の事に候」とある。

よって，X—誤，Y—正となり，③が正解。

第5問　標準　《幕末〜明治前期の民衆運動》

問1　**25**　正解は③

アには日米修好通商条約が，イには立志社が入る。

ア．リード文の「自由貿易を取り決める」がヒント。**日米修好通商条約**は1858年に大老井伊直弼とハリスとの間で調印された。**日米和親条約**は開国について取り決めたもので1854年に調印された。

イ．リード文の「土佐の」がヒント。**立志社**は1874年に板垣退助・片岡健吉らが土佐で結成した政社。**交詢社**は1880年，慶応義塾出身者など福沢諭吉の関係者を中心に東京で結成された社交クラブである。

問2　**26**　正解は④

①**誤文**。「物価が下落した」が誤り。1860年に万延小判が鋳造されたが，金貨の品質が大幅に引き下げられたため，貨幣価値の下落によって物価は上昇した。

②**誤文**。**株仲間の解散**は1841年，天保の改革で実施された政策なので，開国以前のできごとである。

③**誤文**。**薪水給与令**は，外国船に薪・水や食料などを与えてすみやかに退去させるための法令で，1806年には文化の撫恤令，1842年には天保の薪水給与令として発布された。したがって，開国以前のできごとである。

④**正文**。幕府は江戸の問屋を保護するために1860年に**五品江戸廻送令**を出して雑穀・水油・蠟・呉服・生糸の5品については江戸の問屋を経由させようとしたが，効果は上がらなかった。

問3 　27 　正解は④

Ⅰ．**困民党**を結成した農民たちが蜂起した**秩父事件**は，1880年代前半に実施された松方財政による不況のもとで1884年に起こった。

Ⅱ．「**ええじゃないか**」の乱舞は1867年に東海・近畿・四国地方で発生した。

Ⅲ．**血税一揆**とも呼ばれた徴兵反対一揆は，1872年に出された徴兵告諭の中の「血税」という文字の誤解もあって1873〜74年にかけて起こった。

よって，Ⅱ（幕末期・1867年）→Ⅲ（1872年の徴兵告諭を機に発生・1873〜74年）→Ⅰ（1880年代前半の松方デフレ政策の影響下で発生・1884年）の順となり，④が正解。

問4 　28 　正解は②

下線部の「**加波山事件**」は1884年，「**大阪事件**」は1885年に発生した。

①**正文**。太政官制は1885年に廃止され，新たに**内閣制度**が発足した。

②**誤文**。二科会は1914年に創立された在野の洋画団体で，1907年に第1次西園寺公望内閣の文相牧野伸顕によって創始された文部省美術展覧会（文展）に対抗した。設問にある「同じ時期に」という時代条件に合致しない。

③**正文**。三菱（三菱会社）と共同運輸会社が合併して**日本郵船会社**が設立されたのは1885年である。

④**正文**。朝鮮で**甲申事変**（甲申政変）が発生したのは1884年である。

第6問 —— 近現代の風刺漫画

A 《明治時代の政治と外交》

問1 　29 　正解は④

アには新聞紙条例が，イには大逆事件が入る。

ア．**新聞紙条例**は讒謗律とともに自由民権運動を取り締まるために1875年に制定された。**治安警察法**は労働運動や農民運動などの社会運動を取り締まるために1900年，第2次山県有朋内閣のもとで公布された。

イ．1910年，明治天皇暗殺を計画したという理由で**幸徳秋水**ら26名が大逆罪で起訴された。この**大逆事件**の結果，1911年に幸徳ら12名が死刑となり，社会主義運動は弾圧の対象として厳しく統制され，「冬の時代」を迎えた。**三・一五事件**は1928年，田中義一内閣の時に起こった共産党員に対する全国的な大弾圧事件で，翌年にも四・一六事件によって共産党員が大量に検挙された。

問2 | 30 | 正解は②

Ⅰ．台湾出兵は 1874 年に実施された。

Ⅱ．日露戦争は 1904〜05 年にかけて起こった。

Ⅲ．西南戦争が起こったのは 1877 年である。

よって，Ⅰ（1874 年）→Ⅲ（1877 年）→Ⅱ（1904〜05 年）の順となり，②が正解。

問3 | 31 | 正解は①

①正文。日本は 1905 年に第 2 次日韓協約を結んで韓国の外交権を接収し，漢城（現ソウル）に統監府を設置した。

②誤文。1900 年の北清事変の結果，1901 年に北京議定書が結ばれて清国に賠償金や列国の北京駐兵権などを認めさせた。日露戦争前のできごとである。

③誤文。江華島事件は 1875 年で，翌年日朝修好条規を結んで朝鮮を開国させた。日露戦争前のできごとである。

④誤文。日英同盟協約が締結されたのは 1902 年なので，日露戦争前のできごとである。

Ｂ　標準　《大正時代の政治・経済・文化》

問4 | 32 | 正解は③

①正文。第一次世界大戦が始まって以降，1920 年までは卸売物価指数のほうが労働者の賃金指数を上回っており，物価の高騰で生活に苦しむ民衆が多かった。

②正文。日本は 1914 年に 11 億円の債務国だったが，1920 年には 27 億円以上の債権国に転じた。

③誤文。中国では在華紡と呼ばれる紡績工場が日系資本によって経営されるなど，繊維産業も活況を呈したので，「繊維産業は衰退した」は誤り。

④正文。1915〜1918 年にかけて貿易収支は輸出超過となった。

問5 | 33 | 正解は②

Ｘ．石橋湛山は『東洋経済新報』の記者をつとめ，朝鮮・満州などの植民地放棄や自由主義・個人主義を唱え，小日本主義を主張した。

Ｙ．『中央公論』には，民本主義を唱えた吉野作造の論文のように，民衆の政治意識の高揚を促すような記事も掲載され，総合雑誌として発展した。

ｂ．北一輝は国家主義者で，著書『日本改造法案大綱』は軍部の青年将校や民間右翼から聖典視された。

ｃ．『白樺』は武者小路実篤や志賀直哉など，学習院出身の青年たちが創刊した文

芸同人誌である。

よって，**X－a，Y－d**が正しい組合せとなり，②が正解。

問6 34 正解は④

①誤文。血のメーデー事件（メーデー事件）は 1952 年に起こり，それを機に同年，破壊活動防止法が制定された。戦後のできごとなので，時代条件に合致しない。

②誤文。ジーメンス（シーメンス）事件の責任を問われて総辞職したのは第1次山本権兵衛内閣である。

③誤文。大日本産業報国会は 1940 年，第２次近衛文麿内閣の時に新体制運動の一環として結成された。昭和期のできごとなので，時代条件に合致しない。

④正文。憲政会・立憲政友会・革新倶楽部の護憲三派は，清浦奎吾内閣の退陣を求めて 1924 年に第二次護憲運動を展開した。

C 標準 《戦時体制下の社会と戦後の農地改革》

問7 35 正解は①

X．正文。女子挺身隊は 1943 年に組織され，未婚の女性を強制的に軍需工場などに動員した。

Y．正文。国民徴用令は国家総動員法にもとづいて 1939 年に勅令で発布され，戦争遂行のための労働力として国民を強制的に軍需産業に動員した。

よって，**X－正，Y－正**となり，①が正解。

問8 36 正解は①

a．正文。農地改革は寄生地主制の解体を一つの目標として実施された。こん棒を振り下ろされている人物は，それまであぐらをかいて田地を支配してきた地主を表している。

b．誤文。小作人は地主から土地を借りて農業をしたので，「田」の字の上であぐらをかける身分ではなかったが，小作料の金納化が実現するなど，農地改革によって小作人の立場は著しく改善された。

c．正文。農地改革は，自作農の大幅な創設や，高率小作料から小作人を解放する目的で実施された。

d．誤文。第二次農地改革は改正農地調整法と自作農創設特別措置法にもとづいて 1947～50 年に実施されたが，1949 年時点で自作：自小作：小作＝56 ％：36 ％：8 ％と自作農が大幅に創設され，農地改革の目的はある程度達成された。

よって，**a・c**が正しい組合せとなり，①が正解。

日本史Ｂ　本試験

2019
年度

問題番号 （配点）	設 問		解答番号	正 解	配 点	チェック
第1問 （16）	A	問1	1	④	2	
		問2	2	④	2	
		問3	3	②	3	
	B	問4	4	②	3	
		問5	5	⑤	3	
		問6	6	③	3	
第2問 （16）	A	問1	7	②	2	
		問2	8	③	3	
		問3	9	①	3	
	B	問4	10	①	3	
		問5	11	②	3	
		問6	12	④	2	
第3問 （16）	A	問1	13	④	2	
		問2	14	②	3	
		問3	15	④	3	
	B	問4	16	④	3	
		問5	17	①	2	
		問6	18	②	3	

問題番号 （配点）	設 問		解答番号	正 解	配 点	チェック
第4問 （16）	A	問1	19	③	2	
		問2	20	②	3	
		問3	21	①	3	
	B	問4	22	④	2	
		問5	23	③	3	
		問6	24	②	3	
第5問 （12）		問1	25	①	3	
		問2	26	④	3	
		問3	27	③	3	
		問4	28	③	3	
第6問 （24）	A	問1	29	①	3	
		問2	30	④	3	
		問3	31	④	3	
	B	問4	32	①	3	
		問5	33	②	3	
		問6	34	③	3	
	C	問7	35	③	3	
		問8	36	③	3	

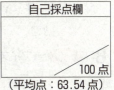

自己採点欄

100 点

（平均点：63.54 点）

第1問 ── 地名からみる日本の歴史

A　標準　《地名の由来と古代の外交》

問1　1　正解は④

X．「この書物」とは713年に編纂が命じられた風土記をさす。出雲・播磨・肥前・豊後・常陸国の五つの風土記が現存し，『出雲国風土記』のみが完本である。

Y．12世紀ごろから台頭した「琉球の地方豪族（首長）」は按司と呼ばれ，各地にグスク（城）を築いて地域を支配した。

a．『万葉集』は奈良時代に成立した最古の和歌集で，約4500首を収めている。c．在庁官人とは地方国衙において各役所の実務を担当する役人で，地方の有力豪族が任命されることが多かった。

よって，X－b，Y－dが正しい組み合わせとなり，④が正解。

問2　2　正解は④

①誤文。「日本最初の鋳造銭貨（銅銭）」は天武天皇の時代に鋳造された富本銭である。和同開珎は708年に銅と銀で鋳造された皇朝十二銭の最初の貨幣である。

②誤文。「幕府が金座・銀座・銭座を設け」たのは江戸時代である。

③誤文。江戸時代に流通した寛永通宝は中国からの輸入銭ではなく，国内で鋳造された銭貨で，計数貨幣として全国的に流通した。

④正文。1931年，犬養毅内閣の蔵相高橋是清が金輸出再禁止を断行したのち，日本の貨幣制度は管理通貨制度に移行した。

問3　3　正解は②

X．正文。史料2〜3行目に「本国水手の外，更に新羅人の海路を暗ずるもの六十余人を雇いて」とあり，日本人の官人や水夫のほかに，航海に長けた新羅人の船乗りを配置したと記されている。

Y．誤文。史料4〜5行目に「留まるべき方便を商らしむ。未だ定まらざるなり」とあり，どうしたら唐に留まることができるかを検討させたものの結論は出ていない旨が記されているので，「残留計画を彼に秘密にしている」は誤り。

よって，X－正，Y－誤となり，②が正解。

B　標準　《アイヌの歴史と文化》

問4　4　正解は②

アには樺太・千島交換条約が，イには北海道旧土人保護法が入る。

ア．「明治政府がロシアとの国境を画定するため」結んだのは樺太・千島交換条約である。日露和親条約は 1854 年に江戸幕府が結んだ条約である。

イ．リード文に「救済する名目」とある。旧土人と呼ばれたアイヌの人々を保護する名目で 1899 年に北海道旧土人保護法が制定された。自作農創設特別措置法は 1946 年，第二次農地改革を推進するための基本法の一つとして制定された。

問5　　5　　正解は⑤

西暦年代では解けないので，時代名を考える。

Ⅰ．蠣崎氏は近世初期に松前氏と改姓し，17 世紀初期には徳川家康からアイヌとの交易独占権を認められた。アイヌとの交易は商場で行われた。

Ⅱ．幕府が蝦夷地の探検・調査をすすめたのは 18 世紀の田沼時代以降である。1785 年に最上徳内，1798 年に近藤重蔵が蝦夷地調査に派遣された。

Ⅲ．コシャマインに率いられたアイヌが蜂起したのは 1457 年である。

よって，Ⅲ（15 世紀・室町時代）→Ⅰ（17 世紀・江戸時代初期)→Ⅱ（18 世紀・江戸時代後期）の順となり，⑤が正解。

問6　　6　　正解は③

Ｘ．『太陽のない街』は徳永 直のプロレタリア文学の代表作で，共同印刷所の争議をテーマとした作品である。

Ｙ．被差別部落の住民に対する社会的差別の撤廃と解放を求めて，1922 年に西光万吉らによって全国水平社が結成された。

ａ．永井荷風は耽美派の作家で，代表作に『あめりか物語』や『腕くらべ』などがある。ｄ．平民社は 1903 年に幸徳秋水・堺利彦らによって設立された組織で，『平民新聞』を発刊して日露反戦論などを展開した。

よって，Ｘ－ｂ，Ｙ－ｃが正しい組み合わせとなり，③が正解。

第2問 —— 原始・古代の歴史研究と資料

Ａ　標準　《資料としての金石文・墓誌》

問1　　7　　正解は②

①誤文。倭人社会が百余国に分かれ，楽浪郡に定期的に使者を送っていたのは紀元前 1 世紀のことで，『漢書』地理志に記されている。

②正文。57 年の奴国王の朝貢は『後漢書』東夷伝に記されている。金印は後漢の

光武帝から与えられたものと言われ，印面には「漢委奴国王」の5文字が陰刻されている。

③誤文。卑弥呼が魏の皇帝に使者を送ったのは239年で，「魏志」倭人伝に記されている。

④誤文。壱与が晋の皇帝に使者を送った266年を最後に，以後約150年間，倭と中国との関係は中国史書から姿を消す。

問2　8　正解は③

a．誤文。「各地に国造として派遣し」が誤り。国造には地方の豪族が任じられ，その地域の支配権を認められた。

b．正文。有力豪族は私有民として部曲，私有地として田荘を保有した。

c．正文。ヤマト政権は大王家に直属する部民として名代・子代を各地に設定し，大王やその一族に対して奉仕させたり，貢物などを納めさせたりした。

d．誤文。「率いられ」が誤り。伴造は伴や品部を率いて朝廷の職務を分担した。

よって，b・cが正しい組み合わせとなり，③が正解。

問3　9　正解は①

X．橘奈良麻呂は757年に藤原仲麻呂を排斥しようとしたが，失敗して逆に滅ぼされた（＝橘奈良麻呂の変）。

Y．藤原仲麻呂は道鏡を寵愛した孝謙上皇と対立したが，764年に滅ぼされ処刑された（＝恵美押勝の乱）。乱後，孝謙上皇は重祚して称徳天皇となり，その発願で木製の百万塔が制作され，中に陀羅尼経が納められた。

b．藤原広嗣は式家の藤原宇合の子で，740年に玄昉・吉備真備を除こうと大宰府で挙兵したが敗死した（＝藤原広嗣の乱）。d．正倉院宝庫は校倉造が用いられた高床式の倉庫で，光明皇后が東大寺に寄進した聖武天皇の遺品などを蔵している。

よって，X－a，Y－cが正しい組み合わせとなり，①が正解。

B　やや難　《石碑が伝える地域の歴史》

問4　10　正解は①

Ⅰ．地方統治の拠点として国府が設置され始めたのは8世紀初頭である。

Ⅱ．令外官として勘解由使が設置されたのは8世紀末期で桓武天皇の時である。

Ⅲ．国司の最上席者が受領と呼ばれるようになったのは10世紀である。

よって，Ⅰ（8世紀初期・律令制確立期）→Ⅱ（8世紀末期・律令制再建期）→Ⅲ（10世紀・律令制衰退期）の順となり，①が正解。

問5 　11　 正解は②

史料は栃木県大田原市に所在する那須国造碑（700年に建立）の碑文の一節である。

X．正文。史料の最初にある「永昌」は唐の年号なので、「中国王朝にかかわる知識・情報が知られていたこと」が読み取れる。

Y．誤文。史料1行目の「飛鳥浄御原の大宮」「追大壱」から天武天皇の時代の事績が読み取れる。また史料中の「評」は地方行政単位であるが、大宝律令施行後に「郡」と改称されたので、大宝律令施行以前の碑文と判断できる。

よって、X―正、Y―誤となり、②が正解。

問6 　12　 正解は④

①正文。調・庸などの未進が広がり財政が悪化したため、朝廷では823年に大宰府に公営田、879年には畿内に官田（元慶官田）を設置して財源確保をはかった。

②正文。桓武天皇の時、班田を6年1班から12年1班に延長したほか、雑徭日数を年間60日から30日に半減するなど、農民負担の軽減にも努めた。

③正文。開発領主は荘園を中央貴族や有力寺社に寄進して領家と仰ぎ、みずからは現地で荘園を管理する荘官となった。

④誤文。戸籍・計帳にもとづく租・庸・調などの徴税が困難になったため、受領は租・庸・調などに相当する官物と、雑徭などの労役に相当する臨時雑役を土地ごとに課すようになったので、「戸籍にもとづく支配が強化された」は誤り。

第3問 —— 中世の政治と社会

A 《中世の年号》

問1 　13　 正解は④

アには源義仲が、イには足利義満が入る。

ア．リード文の「12世紀末の内乱」がヒントとなる。1180年に源頼朝は伊豆で、源義仲は信濃でそれぞれ挙兵した。源義家が活躍したのは11世紀である。

イ．14世紀末期に南北朝の合体を斡旋したのは3代将軍の足利義満である。足利義輝は16世紀中頃に13代将軍となった。

問2 　14　 正解は②

①誤文。上皇は法や慣習にこだわらずに専制的な政治をすすめた。院政期には公卿・寺社などに一国の知行権を与える知行国制が広まったが、国司の制度そのものが廃止されたわけではなく、院近臣の中にも受領経験者が多かった。

②**正文**。院庁下文のほか，上皇の命令をうけて院司が出す**院宣**も国政に効力をもつようになった。

③**誤文**。鳥羽上皇の時代になると，院をはじめ有力貴族や大寺院への**荘園の寄進が増加**したので，「荘園の寄進がおとろえ」は誤り。

④**誤文**。雑訴決断所は14世紀，**後醍醐天皇**の**建武の新政**の際に新設された。

問3　15　正解は④

Ⅰ．**中先代の乱**は1335年，北条時行が鎌倉幕府の再興をはかって起こした反乱で，足利尊氏によって鎮定された。

Ⅱ．「鎌倉殿」（＝源頼朝）が奥州の藤原泰衡を滅ぼしたのは1189年である。

Ⅲ．元からの再三の朝貢要求を8代執権**北条時宗**が拒否したので，元は三別抄の乱を平定したのち，1274年に来襲して博多湾に上陸した（＝**文永の役**）。

よって，Ⅱ（1189年）→Ⅲ（1274年）→Ⅰ（1335年）の順となり，④が正解。

B　標準　《室町時代の年号と地方社会の動向》

問4　16　正解は④

リード文の内容から，「応永」は南北朝合体（1392年）の2年後の1394年から1428年まで続いたことがわかる。その時期に該当するか否かを判断すればよい。

①**正文**。北山殿（第）で**金閣**の造営が開始されたのは1397年であるが，西暦年代を知らなくても足利義満が晩年に造営したという事実から時期を推定できる。

②**正文**。朝鮮軍が倭寇の本拠地とみなして対馬を襲撃したのは1419年である（＝**応永の外寇**）。

③**正文**。鎌倉公方足利持氏と不和になった**上杉禅秀**が1416年に鎌倉府を襲撃して反乱を起こしたが，翌年自害して乱は終結した（＝**上杉禅秀の乱**）。

④**誤文**。堺商人と結ぶ細川氏と博多商人と結ぶ大内氏が**1523年**，勘合貿易の実権をめぐって寧波港で争い，大内氏が勝利した（＝**寧波の乱**）。

問5　17　正解は①

Ｘ．**正文**。専制政治をすすめた6代将軍**足利義教**は，反抗的だった鎌倉公方足利持氏と対立して1439年に足利持氏を自害に追い込んだ（＝**永享の乱**）。

Ｙ．**正文**。鎌倉公方は1454年にはじまった享徳の乱を機に，足利政知の**堀越公方**と足利成氏の**古河公方**に分裂し，関東管領の上杉氏も扇谷上杉と山内上杉に分かれて争った。

よって，Ｘ—正，Ｙ—正となり，①が正解。

問6 　18 　正解は②

a．**正文**。室町時代には農業の多角化と集約化がすすみ，稲の品種改良などによって生産性も大きく向上した。

b．**誤文**。美濃の美濃紙など，各地の特色を生かした特産品が生産されるようになったので，「特産品の生産がおとろえた」は誤り。また木綿は戦国時代に三河地方で栽培がはじまったが，河内地方でも 16 世紀に綿作がはじまり，江戸時代に入ると河内木綿と呼ばれる綿織物が特産品として生産されるようになった。

c．**誤文**。林下とは，禅宗諸寺の中でも，五山の諸寺に対しより自由な布教活動ができた曹洞宗（永平寺・総持寺など）と臨済宗（大徳寺・妙心寺など）の寺院のことである。したがって，「時宗や律宗」が誤り。

d．**正文**。1549 年に宣教師フランシスコ＝ザビエルが鹿児島に来航し，有馬晴信・大村純忠・大友義鎮ら九州の大名の保護を受けて布教活動をすすめた。

よって，ａ・ｄが正しい組み合わせとなり，②が正解。

第4問 —— 近世の社会・政治・文化

Ａ 　標準 　《村の運営と開発事業の功罪》

問1 　19 　正解は③

Ｘ．富士川のほか賀茂川や高瀬川の水路開発にあたった京都の豪商は，朱印船貿易にも従事した角倉了以である。

Ｙ．城郭工事や河川開発事業などに際し，幕府が大名に対して課した労役負担を手伝普請（御手伝普請）という。

a．本阿弥光悦は徳川家康から洛北鷹ケ峰の地を与えられ，芸術活動をすすめて「舟橋蒔絵硯箱」などの傑作を残した。d．小物成とは山野河海の利用などにかかる雑税の総称である。

よって，Ｘ－ｂ，Ｙ－ｃが正しい組み合わせとなり，③が正解。

問2 　20 　正解は②

①**誤文**。年貢は村全体に課されるので，年貢収納においては百姓個々が責任をもって納めるのではなく，村役人が徴税して村が責任をもって完納する村請制が取られた。したがって「村は関与せず」以下が誤り。

②**正文**。五街道にはそれぞれ一定の人馬が用意されていたが，不足した場合にはあらかじめ定められていた街道沿いの村から宿駅に人馬を提供した。その対象となった村を助郷といい，村民の負担を助郷役という。

③誤文。村入用は村人から徴収したので,「幕府が支給した」は誤り。

④誤文。「結（ゆい）・もやい」とは,一時的に多くの労働力が必要な場合に無償で労力を提供しあう共同労働のことである。領主は百姓を五人組に編成し,犯罪防止や年貢納入などにおいて連帯責任を負わせ,相互に監視させた。

問3　21　正解は①

　X．正文。史料2〜3行目に「舟形村"名主"九右衛門・那古村寺領"名主"武兵衛・深名村"組頭"市郎右衛門・白坂村"組頭"長左衛門」と名主2名,組頭2名の名前がみえる。

　Y．正文。史料5行目に「両邑永々入会の秣場に熟談仕り候」とある。「入会の秣場」とは草木を採取するために村民が共同で利用できる入会地のこと。

　よって,X—正,Y—正となり,①が正解。

B　標準　《大田南畝の人生》

問4　22　正解は④

　アには狂歌が,イには山東京伝が入る。

　ア．狂歌は18世紀後半から流行した短歌の一種で,31文字に政治・世相に対する風刺や皮肉,滑稽味を込めているのが特徴。大田南畝はその作者として活躍した。川柳は18世紀中頃に柄井川柳が創始した17文字による短詩で,俳句と同型であるが季題はなく,人物や世相に対する風刺や心の動きを描写したもの。

　イ．山東京伝は洒落本『仕懸文庫』や黄表紙『江戸生艶気樺焼』などを著した戯作者で,寛政の改革の際に綱紀粛正を理由に処罰された。井原西鶴は元禄文化期に活躍した浮世草子の作家なので,ここでは時代が合致しない。西鶴は『好色一代男』『好色五人女』などの好色物,『日本永代蔵』『世間胸算用』などの町人物,『武道伝来記』などの武家物を著した。

問5　23　正解は③

①正文。備荒貯蓄のために囲米制をとり,各地に社倉・義倉などを設けて飢饉や凶作に備えた。

②正文。町入用の節約分の70％を町会所に積み立てる七分金積立（＝七分積金）を実施して貧民に対する救済措置を講じた。

③誤文。江戸・大坂周辺の直轄化をはかる上知令は1843年,水野忠邦の天保の改革の一環として発布されたが,大名や旗本の反対により撤回された。

④正文。石川島に人足寄場を設け,浮浪人や無宿人を強制的に収容して職業技術を

授け，仕事に就かせようと試みた。

問6 ┃ 24 ┃ 正解は②

Ⅰ．豊臣秀吉は 1596 年に長崎でフランシスコ会宣教師や信者ら 26 名を処刑した（＝26 聖人殉教事件）。

Ⅱ．中国人の居住地として 1689 年，長崎郊外に唐人屋敷が設置された。

Ⅲ．オランダ商館が平戸から長崎の出島に移されたのは 1641 年である。

よって，Ⅰ（1596 年・鎖国以前）→Ⅲ（1641 年・鎖国完成）→Ⅱ（1689 年・鎖国中）の順となり，②が正解。

第5問 標準 《近世・近代における公家と華族》

問1 ┃ 25 ┃ 正解は①

アには王政復古の大号令が，イには元老院が入る。

ア．リード文の「摂政・関白や将軍職を廃止して」がヒント。王政復古の大号令は討幕派によって 1867 年 12 月 9 日に発せられ，天皇のもとに総裁・議定・参与の三職が設置された。五榜の掲示は 1868 年に 5 種類の高札の形式で掲げられ，民衆のあるべき姿が示された。

イ．リード文の「法律案を審議する」がヒント。元老院は 1875 年の大阪会議ののち，漸次立憲政体樹立の詔の発布とともに設置された立法諮問機関である。大審院は今日の最高裁判所に相当する司法機関で，元老院と同時に設置された。

問2 ┃ 26 ┃ 正解は④

Ｘ．誤文。大老井伊直弼は 1858 年に日米修好通商条約を無勅許で調印した（＝違勅調印）。また 1854 年には日米和親条約が締結されており，開国後のことである。

Ｙ．誤文。安藤信正は老中として和宮降嫁を実現させるなど公武合体策を推進したが，尊攘派に非難され，1862 年に水戸浪士に襲撃されて失脚した（＝坂下門外の変）。したがって「公武合体に反対し」は誤り。

よって，Ｘ―誤，Ｙ―誤となり，④が正解。

問3 ┃ 27 ┃ 正解は③

①誤文。戊辰戦争における官軍の江戸攻撃に際し，勝海舟と西郷隆盛の会談によって江戸城は無血で明け渡されたので，「江戸城は焼失し」以下は誤り。

②誤文。電信は 1869 年に東京と横浜の間で開通した。

③正文。1869 年の版籍奉還によって旧大名は知藩事に任命されたが，1871 年の廃

藩置県によって知藩事を罷免され，旧大名には東京居住が命じられた。

④誤文。愛国社は 1875 年に大阪で結成されたので，「東京で結成された」は誤り。

問4　28　正解は③

①正文。廃藩置県後も政府は華族や士族に家禄を，王政復古の功労者には賞典禄を支給し，それが財政上の大きな負担となっていたため，1876 年に家禄と賞典禄の全廃処分が行われた（＝秩禄処分）。

②正文。政府は 1884 年に華族令を公布し，維新の功労者も華族に加えて将来の貴族院設置に備えた。また公・侯・伯・子・男の五爵を設け，家格や勲功にもとづいていずれかの爵位を華族に授けた。

③誤文。陸海軍の統帥権は大日本帝国憲法の第 11 条で規定された天皇大権の一つである。したがって「天皇と華族に」は誤り。

④正文。貴族院議員は皇族議員・華族議員・勅選議員・多額納税者議員などで構成され，貴族院は「皇室の藩屏（はんぺい）（＝守護）」たる役割を担うものとされた。

第6問 ── 近現代の日米関係

A 標準 《日露戦争～太平洋戦争期の日米関係》

問1　29　正解は①

アには石井・ランシング協定が，イにはフランス領インドシナ（仏印）が入る。

ア．石井・ランシング協定は 1917 年に交換された公文で，アメリカに中国における日本の特殊権益を認めさせ，日米両国の中国における領土保全・門戸開放・商工業上の機会均等などを約束した宣言文である。桂・タフト協定は 1905 年に結ばれた非公式の覚書で，日本はアメリカのフィリピン統治を認め，アメリカは日本の韓国指導権を認めた。

イ．日中戦争が泥沼化していく中で，日本は南進政策をとり，1940 年に北部仏印，1941 年には南部仏印に進駐した。北部仏印進駐後に日独伊三国同盟が成立すると，アメリカは態度を硬化させ，航空用ガソリンと屑鉄・鉄鋼の対日輸出を禁止した。さらに，南部仏印進駐を機に在米日本人の資産凍結と対日石油輸出の禁止措置を講じるなど，アメリカは対日経済制裁を強化した。

問2　30　正解は④

①誤文。1905 年のポーツマス条約に調印した日本全権は小村寿太郎である。

②誤文。1910 年に初代朝鮮総督に就任して武断政治を実施したのは寺内正毅。

③誤文。1945 年 9 月 2 日，ミズーリ号上で降伏文書に調印した日本全権は外相重光 葵（まもる）と参謀総長梅津美治郎（よしじろう）で，時の首相は皇族の東久邇宮稔彦である。

④正文。幣原喜重郎内閣は 1945 年に GHQ から憲法改正を指示され，政府内に松本 烝 治（じょうじ）を委員長とする憲法問題調査委員会を設置し，憲法改正に着手した。

問3 　31 　正解は④

①誤文。東洋拓殖会社は朝鮮の土地開発を目的に 1908 年に設立された国策会社で，1876 年に調印された日朝修好条規とは無関係である。

②誤文。「日露戦争の後」が誤り。日本軍の軍人がシベリアに抑留されて強制労働に従事させられたのは第二次世界大戦が終了した後である。

③誤文。満州事変の勃発以降太平洋戦争に至るまで，日本から中国東北部に多くの移民が送り込まれたので，「満州への移民が廃止された」は誤り。

④正文。満蒙開拓団の人びとの中には，敗戦期の混乱の中で子どもを中国に残して帰国せざるを得ない者もおり，残留孤児は中国人の養父母によって育てられた。

B 　標準 　《間接統治と占領政策》

問4 　32 　正解は①

ウには間接が，エには抑制するが入る。

ウ．連合国の対日占領政策は，極東委員会での決定がアメリカ政府から GHQ に伝えられ，対日理事会への諮問を経て GHQ から日本政府に指令・勧告するという形態がとられた（＝間接統治）。一方，ドイツは連合国の直接統治をうけた。

エ．日本経済の自立化をはかるために GHQ は 1948 年，**経済安定九原則**の実行を指令した。その実現のために来日したドッジは財政支出を抑制し，赤字を許さない**超均衡予算**の編成を指示して赤字財政を黒字に転換させた。

問5 　33 　正解は②

①正文。ハリスは初代のアメリカ総領事として 1856 年に下田に着任し，通商条約の締結を求めた。

②誤文。モースはアメリカの動物学者で，1877 年に大森貝塚を発見した。地方制度について明治政府に助言したのはドイツの法学者モッセである。

③正文。フェノロサは岡倉天心らとともに東京美術学校の創立に参加したアメリカ人で，日本の伝統美術の復興や日本美術の海外紹介にも尽力した。

④正文。クラークは開拓使の招きで来日して札幌農学校の教頭をつとめ，帰国に際して "Boys, be ambitious!" の言葉を残した。

問6 　34 　正解は③

X．誤文。史料5〜6行目に「公安ヲ害スベキ事項ハ何事モ掲載スベカラズ」とあるので，「公安を害することでも報道することを許している」は誤り。

Y．正文。史料8〜9行目に「同軍ニ対シ，不信若ハ怨恨ヲ招来スルガ如キ事項ヲ掲載スベカラズ」とある。

よって，**X－誤，Y－正**となり，③が正解。

C 　やや難 　《講和・独立期以降の日米関係》

問7 　35 　正解は③

オには**日米行政協定**が，**カ**には**佐藤栄作**が入る。

オ．リード文に「日米安全保障条約を結び，さらに翌年」とある。したがって1951年に日米安全保障条約を結び，その施行規則として翌1952年に結ばれた**日米行政協定**が正解。**日米相互防衛援助協定（MSA協定）**は1954年，アメリカの経済援助に対して日本が防衛力を漸増させることを取り決めたもので，協定調印に伴って同年，陸・海・空の**自衛隊**が発足し，防衛庁の傘下に入った。

カ．リード文の「1960年代」「日韓基本条約を結ぶ一方，沖縄返還交渉を進めた」がヒント。**佐藤栄作**内閣は1965年に**日韓基本条約**を結んで韓国政府を「朝鮮にある唯一の合法的な政府」と認め，1969年の佐藤・ニクソン会談において「核抜き・本土並み」での**沖縄返還**に合意した。**大平正芳**は1978〜80年に組閣したので「1960年代」には合致しない。

問8 　36 　正解は③

a．誤文。1991年に起こった**湾岸戦争**に際して，日本はアメリカから国際貢献を求められ，時の海部俊樹（かいふとしき）内閣は，多国籍軍に対して**多額の経済援助を行った**。したがって「資金援助要請を拒絶し」は誤り。

b．正文。PKO協力法（国連平和維持活動協力法）が成立したのは湾岸戦争後の1992年，宮沢喜一内閣の時である。

c．正文。1978年，福田赳夫内閣の時に成立した「日米防衛協力のための指針」（＝略称「ガイドライン」）が見直され，1997年，橋本龍太郎内閣の時に「新ガイドライン」が成立した。その後1999年，小渕恵三（おぶちけいぞう）内閣の時に周辺事態安全確保法など3本からなる新ガイドライン関連法が成立した。

d．誤文。砂川事件など在日米軍基地に対する反対運動は**1950年代**に起こったので，「1990年代の」という設問条件に合致しない。

よって，**b・c**が正しい組み合わせとなり，③が正解。

日本史B　本試験

2018 年度

問題番号（配点）	設　問		解答番号	正　解	配　点	チェック
第1問 (16)	A	問1	1	①	3	
		問2	2	③	3	
		問3	3	③	2	
	B	問4	4	①	2	
		問5	5	③	3	
		問6	6	②	3	
第2問 (16)	A	問1	7	③	2	
		問2	8	③	3	
		問3	9	⑥	3	
	B	問4	10	②	2	
		問5	11	①	3	
		問6	12	④	3	
第3問 (16)	A	問1	13	④	2	
		問2	14	①	3	
		問3	15	②	3	
	B	問4	16	②	3	
		問5	17	③	3	
		問6	18	④	2	

問題番号（配点）	設　問		解答番号	正　解	配　点	チェック
第4問 (16)	A	問1	19	③	2	
		問2	20	①	3	
		問3	21	③	3	
	B	問4	22	①	2	
		問5	23	①	3	
		問6	24	②	3	
第5問 (12)		問1	25	②	3	
		問2	26	④	3	
		問3	27	④	3	
		問4	28	①	3	
第6問 (24)	A	問1	29	①	3	
		問2	30	③	3	
		問3	31	①	3	
	B	問4	32	④	3	
		問5	33	③	3	
		問6	34	②	3	
	C	問7	35	③	3	
		問8	36	①	3	

自己採点欄

100 点

（平均点：62.19点）

第1問 —— 地域振興に必要な歴史的視座

A　標準　《鉄剣銘の解読・土地制度の変遷・衣装の歴史》

問1　**1**　正解は**①**

X．**正文**。史料文2〜3行目に「獲加多支鹵の大王の寺，斯鬼の宮に在る時，吾，天下を左治し」とある。

Y．**正文**。「獲加多支鹵の大王」は江田船山古墳出土の鉄刀銘にも記されている。その大王は倭王武，すなわち雄略天皇のことと考えられている。

よって，**X—正，Y—正**となり，**①**が正解。

問2　**2**　正解は**③**

①**誤文**。「条坊制」が誤り。**条坊制**は都城内部の土地の区画法である。Iは荘園絵図なので，古代の耕地区画法である**条里制**が正しい。

②**誤文**。IIの**下地中分**は，荘園領主と地頭との間で相互の土地支配権を取り決めた荘園支配の方法である。したがって「荘園領主同士」というのが誤り。

③**正文**。IIIの絵図からは，奉行の監督のもとで，役人や村役人が**検地**を行っているようすが読み取れる。

④**誤文**。IVの**地券**は土地所有者に対して交付された土地所有権の確認書である。地租改正により，課税基準は収穫高から**地価**に改められた。したがって，地券には土地所有者の名前や土地の面積のほかに，地価や地租，地目などが記されているが，「収穫高」は記されていない。

問3　**3**　正解は**③**

a．**誤文**。束帯や衣冠は平安貴族の男性の正装である。宮廷女性の正装は唐衣や裳をつけた**女房装束**（＝十二単）である。

b．**正文**。安土桃山時代には**小袖**が表着（アウター）として階層の別なく男女間に広まり，女性は小袖の着流しを平服として着るようになった。

c．**正文**。**友禅染**は京都の絵師宮崎友禅が創始したといわれる染色技法で，縮緬などの生地に華やかな模様を染め出した。

d．**誤文**。「明治時代」が誤り。モボ（モダン・ボーイ）と呼ばれる男性やモガ（モダン・ガール）と呼ばれる女性が繁華街を闊歩したのは**大正〜昭和初期**である。

よって，**b・c**が正しい組み合わせとなり，**③**が正解。

B 標準 《世界遺産・前近代の商品流通・近代の外交》

問4 ☐ **4** ☐ 正解は①

アには富国強兵が，イには熊野詣が入る。

ア．「**富国強兵**」は「殖産興業」「文明開化」とともに明治新政府が唱えた新国家建設に向けての三大スローガンである。「**民力休養**」は 1890 年開催の第一議会において，第 1 次山県有朋内閣に対して民党が主張したスローガンである。

イ．院政期において，仏教信仰が厚かった上皇は，造寺造仏などの仏事をすすめ，しばしば熊野三山や高野山に参詣（＝**熊野詣**・高野詣）した。**伊勢詣**（伊勢参り）は室町後期から庶民の間で起こり，伊勢神宮への参詣がさかんになった。

> **NOTE** 　近現代史における主なスローガン
>
> 明治新政府が目指したもの　…「富国強兵」「殖産興業」「文明開化」
> 第一議会において民党が政府に対して提唱　…「民力休養」「政費節減」
> 日清戦争後の中国分割に対し義和団が唱えた排外スローガン　…「扶清滅洋」
> 第一次護憲運動におけるスローガン　…「閥族打破」「憲政擁護」
> 第二次護憲運動の時　…「普選断行」「貴族院・枢密院改革」「行財政整理」

問5 ☐ **5** ☐ 正解は③

①正文。平安時代の日宋私貿易によって，宋から輸入された典籍や陶磁器などの品物は，唐物として重宝されるようになった。

②正文。問（問丸）は鎌倉時代に都市部や港湾で，年貢や商品の保管・運搬にあたった運送業者で，室町時代には卸売の機能を強化した問屋に発展した。

③**誤文**。「地方で見世棚が普及し」と「市日が減少した」の二か所が誤り。**見世棚**が普及したのは京都などの**大都市**においてである。室町時代には地方の市場でも開催回数が増え，応仁の乱後には月六回開かれる六斎市が一般化した。

④正文。佐賀藩（肥前藩）の保護のもとに生産された**有田焼**は，17 世紀半ばころから，それまで西洋に輸出されていた中国産の磁器に代わって，長崎から西洋に輸出されるようになった。

問6 ☐ **6** ☐ 正解は②

Ｘ．日露間の「境界」と「1906」年がヒント。日本は 1905 年の**ポーツマス条約**によって，**北緯 50 度**（＝ a）以南の**サハリン**（樺太）を領有することとなった。

Ｙ．「関東州の管轄と南満州鉄道株式会社の保護・監督」にあたったのは**関東都督府**で，1906 年に旅順（＝ d）に設置された。

ｂはロシアと韓国との国境線，ｃは奉天である。

よって，**X－a**，**Y－d**が正しい組み合わせとなり，②が正解。

第2問 ── 原始・古代の国家・社会と音楽との関係

A [標準] 《弥生〜古墳時代の政治・外交・社会》

問1 [7] 正解は③

アには近畿地方が，イには稗田阿礼が入る。

ア. 青銅器のうち，銅鐸は近畿地方，平形銅剣は瀬戸内中部，銅矛・銅戈は九州北部地方を中心に分布・出土している。

イ. 『古事記』は天武天皇の命で稗田阿礼が誦習した『帝紀』『旧辞』を，元明天皇の命で太安万侶が筆録して712年に完成した。**淡海三船**は奈良時代に石上宅嗣（いそのかみのやかつぐ）と並び称された文人で，鑑真の伝記集『唐大和上東征伝』を著した。

問2 [8] 正解は③

①誤文。前方後円墳をはじめとする古墳は，ヤマト政権に参画した豪族の共通の意識のもとに築造された墓制なので，「政治連合に参加すると，前方後円墳の築造が禁止された」は明らかに誤り。前方後円墳は豪族がヤマト政権に参画した証でもある。

②誤文。**屯倉**（みやけ）はヤマト政権の直轄地の呼称である。豪族は私有地として田荘（たどころ），私有民として**部曲**（かきべ）を領有して経済的な勢力基盤とした。

③正文。豪族は血縁的集団である**氏**に編成され，大王はそれぞれの氏に家柄や社会的地位を示す臣・連などの**姓**を与え，さまざまな職務を分担させた。

④誤文。「子弟を公奴婢にして」が誤り。6世紀になると，国造に任じられた地方豪族は，地方に設けられた屯倉や子代・名代の管理を行い，また，子女を舎人（とねり）や采女（うねめ）として大王のもとに出仕させ，ヤマト政権に奉仕した。

問3 [9] 正解は⑥

Ⅰ. 筑紫国造磐井が新羅と結んで反乱を起こした（＝**磐井の乱**）のは527年（＝6世紀）である。

Ⅱ. 478年の倭王武の上表文に示されるように，倭の五王が中国に朝貢したのは5世紀である。

Ⅲ. 高句麗**好太王碑**には，391年（＝4世紀）に倭軍が高句麗と交戦したことが記されている。

よって，Ⅲ（4世紀）－Ⅱ（5世紀）－Ⅰ（6世紀）の順となり，⑥が正解。

B　標準　《奈良～平安時代の政治・社会・文化》

問4　10　正解は②

①正文。国政は太政大臣・左大臣・右大臣・大納言など，太政官の公卿の合議によって運営された。

②誤文。中央の大学には貴族の子弟や朝廷に文筆などで仕えてきた人々の子弟が，地方の国学には郡司の子弟がそれぞれ優先的に入学できた。

③正文。律令制下において，官人にはまず位階が与えられ，その位階に対応する官職に就任する官位相当制が適用された。

④正文。長官・次官・判官・主典の四等官制において，国司の場合には守・介・掾・目，郡司の場合には大領・少領・主政・主帳の文字がそれぞれ充てられた。

NOTE　郡司の子弟が対象となった制度

律令制下の教育制度において	…国学への入学
平安初期の軍制改革の結果	…健児への採用（792年）

問5　11　正解は①

X．正文。史料文1～2行目に「天皇，親ら文武の百官を率ゐて，設斎大会したまふ」とある。

Y．正文。史料文3～4行目に「雅楽寮と諸寺との種々の音楽，並に咸く来り集る。…五節・久米儛・楯伏・蹋歌・袍袴等の歌儛有り」とある。リード文の雅楽寮の説明や（注2）（注3）を参考にすれば，正文と判断できる。

よって，X―正，Y―正となり，①が正解。

問6　12　正解は④

X．「徴税単位にわけられた田地」は名と呼ばれ，有力農民である田堵が徴税を請け負った。その徴税請負人である田堵のことを負名ともいう。

Y．院政期になると，上皇が上級貴族や有力寺社に一国の支配権を与え，その国からの収益の大部分を得させる知行国制が広まった。一国の支配権を与えられた貴族や寺社を知行国主といい，知行国主は血縁者や近親者を国守に任命したが，実際には目代が任国に赴任した。

a．検田使とは，徴税の厳格化を期すべく，土地調査のために国衙から派遣された役人のことである。

c．預所とは上級の荘官で，現地において公文・下司など下級の荘官を指揮して徴税事務などに当たった。

よって，X―b，Y―dが正しい組み合わせとなり，④が正解。

第3問 ── 中世〜近世初期の地震とその影響

A 標準 《平安末期〜南北朝時代の政治・社会・文化》

問1 　13　 正解は④

アには平頼綱が，イには足利直義が入る。

ア．平頼綱は1285年の霜月騒動で安達泰盛一族を滅ぼし，以後8年間にわたって内管領（うちかんれい）の立場で幕府の実権を掌握したが，1293年に執権北条貞時によって滅ぼされた（＝平禅門（へいぜんもん）の乱）。三浦泰村は1247年の宝治合戦で執権北条時頼によって一族とともに滅ぼされた有力御家人。

イ．1350年，足利尊氏の執事高師直と尊氏の弟足利直義が政治構想などをめぐって衝突し（＝観応の擾乱），1352年に足利直義が尊氏によって毒殺されて乱は収束した。

問2 　14　 正解は①

①正文。白河天皇の法勝寺，堀河天皇の尊勝寺，鳥羽天皇の最勝寺などの六勝寺は，天皇・皇室のための祈願を行う御願寺（ごがんじ）として崇敬された。

②誤文。「鎌倉時代」が誤り。京都で月行事を代表とする町組が形成され，町衆を中心に，応仁の乱後の町の復興や祇園祭の再興が図られたのは室町後期である。

③誤文。「京と鎌倉の往来がさかん」となったのは鎌倉時代で，鎌倉中期には阿仏尼によって紀行文『十六夜日記』が書かれた。

④誤文。「戦国時代には」が誤り。酒屋に対して酒屋役を課税したのは室町幕府である。南北朝が合体した翌1393年，幕府は洛中・洛外の土倉・酒屋に対して課税することを定め，徴税を制度化した。

問3 　15　 正解は②

Ⅰ．六波羅探題は承久の乱の際，それまでの京都守護に代わる機関として1221年に設置され，北条泰時・時房が就任して朝廷監視や西国御家人の統括などにあたった（＝鎌倉前期）。

Ⅱ．後嵯峨上皇（法皇）の死後，天皇家が持明院統と大覚寺統に分かれて皇位継承を争ったため，両統から交代で天皇を立てる両統迭立の方針を幕府が提案したのは，1317年の文保の和談においてである（＝鎌倉後期）。

Ⅲ．鎌倉幕府における最初の皇族将軍は後嵯峨上皇の皇子宗尊親王で，5代執権北条時頼の時に6代将軍として迎えられた（＝鎌倉中期）。

よって，Ⅰ（鎌倉前期）─Ⅲ（鎌倉中期）─Ⅱ（鎌倉後期）の順となり，②が正解。

B　[標準]　《鎌倉～安土桃山時代の経済・外交・文化》

問4　[16]　正解は②
a．正文。鎌倉時代になると，鉄製の農具や牛馬耕も広く見られるようになり，農業技術の改良も進んだ。
b．誤文。絵図からは，竜骨車を用いた灌漑のようすを読み取ることはできない。
c．誤文。踊念仏は時宗の教えで，田植えの際に行うものではない。
d．正文。絵図には鼓や笛・太鼓を持つ人々が描かれており，田植えのそばで田楽が行われているようすが読み取れる。
よって，a・dが正しい組み合わせとなり，②が正解。

問5　[17]　正解は③
X．誤文。兵庫は大輪田泊と呼ばれて日宋貿易や日明貿易（勘合貿易）における要港として栄えたが，室町後期の応仁の乱を機に港湾としての機能は衰退した。
Y．正文。寺内町ではほかに，越前国の吉崎，摂津国の石山なども発達した。
よって，X―誤，Y―正となり，③が正解。

問6　[18]　正解は④
①正文。人形浄瑠璃は，琉球から伝来した三味線の伴奏に合わせて操り人形を動かす芸能である。
②正文。濃絵とは，金銀の下地に緑青や朱などの絵具を肉厚に盛りながら仕上げた金碧濃彩画のことである。
③正文。隆達節は堺の商人高三隆達が小歌に節づけしたものである。
④誤文。「簡素さ」と「豪華さ」が逆である。侘茶は豪華さよりも簡素さを尊ぶ精神が重視され，安土桃山時代に千利休によって大成された。

第4問 ── 近世の外交・思想・宗教

A　[やや難]　《近世の日朝関係と文化》

問1　[19]　正解は③
アには藤原惺窩が，イには対馬藩が入る。
ア．藤原惺窩は相国寺で仏典や儒学を学び，やがて日本朱子学（＝京学）の祖となった。慶長の役（1597～98年）の際に捕虜として連行された朝鮮の朱子学者姜沆の影響を受けた。熊沢蕃山は中江藤樹に師事した陽明学者で，岡山藩主池田光

政に仕えて藩政を支えた。

イ．中世以来，日朝貿易は対馬の宗氏を介して行われていたが，文禄・慶長の役後，1609年に**対馬藩**の宗氏と朝鮮との間で**己酉約条**（きゆうやくじょう）が結ばれて日朝間の国交が回復した。薩摩藩は1609年に琉球を武力征服して支配下に置き，琉球との交流窓口となった。

NOTE　四つの窓口

長崎口（幕府）…オランダ・中国（明・清）　　対馬（宗氏）…朝鮮
薩摩口（島津氏）…琉球　　松前口（松前氏）…アイヌ

問2　[20]　正解は①

Ⅰ．**天草版（キリシタン版）**は，ヴァリニャーニが伝えた活字印刷機を用いて16世紀末〜17世紀初期に出版された（＝安土桃山時代）。

Ⅱ．西洋画が日本に伝えられたのは，蘭学がさかんになった18世紀後半で，**亜欧堂田善**や，平賀源内・司馬江漢などが作品を残した（＝宝暦・天明期）。

Ⅲ．**高島秋帆**は西洋砲術家で，列強の接近によって対外防備の強化を図ろうとする幕府の政策を支えた（＝19世紀中期）。

よって，Ⅰ（安土桃山時代）−Ⅱ（宝暦・天明期）−Ⅲ（19世紀中期）の順となり，①が正解。

問3　[21]　正解は③

①誤文。己酉約条を締結した後，対朝鮮貿易の利潤を独占したのは**対馬藩**である。

②誤文。朝鮮から日本に送られた使節は**通信使**である。**謝恩使**とは，琉球国王の代替りを感謝するために琉球から江戸に送られた使節のことである。

③**正文**。釜山の倭館には宗氏の家臣が常駐して交易にあたった。

④誤文。「徳川家綱」が誤り。新井白石の建議によって，朝鮮国書における将軍の表記をそれまでの「日本国大君殿下」から「**日本国王**」に改めたのは6代将軍**徳川家宣**の時である。

NOTE　江戸時代の外交使節

琉球　…慶賀使（将軍交代ごとに来日）・謝恩使（琉球国王交代ごとに来日）
朝鮮　…通信使（将軍交代ごとに来日／はじめの3回までは回答兼刷還使）

B　**標準**　《江戸時代の寺社統制と村社会の動向》

問4　[22]　正解は①

ウには寺請が，エには諸社禰宜神主法度が入る。

ウ．寺請制度とは，民衆を檀家として寺に所属させ，キリシタンではないことを証
明させた制度をいう。**本末制度**とは寺院統制の一環として，宗派ごとに本山と末
寺の上下関係を作らせて統制した宗教政策である。

エ．リード文の「神職が統制され」「神職の組織化」をヒントに，1665 年に発布さ
れた諸社禰宜神主法度とわかる。**禁中並公家諸法度**は 1615 年に発布された朝廷
統制法なので，それを手がかりに消去法で解いてもよい。

問5 　23 　正解は①

Ｘ．**正文**。史料文 1 〜 2 行目に「庄屋・年寄り合い，山盗の穿儀これ有り候」と
ある。

Ｙ．**正文**。史料文 2 〜 3 行目に「立木を切り申すゆえ，二里四方追放に申しつけ
候」とある。

よって，Ｘ−正，Ｙ−正となり，①が正解。

問6 　24 　正解は②

①**正文**。農村の荒廃を背景に，関東近郊の農村では博徒などの無宿人が横行して治
安が乱れたため，幕府は 1805 年に**関東取締出役**を設けて警察権を与え，1827 年
にはその下に自治的組織として寄場組合を設置して治安の維持に努めた。

②**誤文**。村方騒動とは，小百姓や貧農らが村役人の不正を追及して領主に訴えた運
動のことである。

③**正文**。19 世紀になると，大坂周辺や尾張地方などの綿織物業では**マニュファク
チュア**（**工場制手工業**）経営が行われ始めた。

④**正文**。二宮尊徳は勤労・倹約を実践しながら農村復興に努め，その**報徳仕法**と呼
ばれる事業法は報徳運動として継承された。

NOTE 生産形態の推移

農村家内工業（17 世紀）…農家が副業的に必要物資を生産する→自給自足
問屋制家内工業（18 世紀）…原料・道具などを前貸しして生産物を買い取る
工場制手工業（19 世紀／マニュファクチュア） 　　　　　　　　　…工場に労働者を集めて分業・協業で生産させる

第5問 　標準 　《幕末〜維新期の軍制改革と西洋医学》

問1 　25 　正解は②

アには政事総裁職が，イには廃藩置県が入る。

ア．文久の改革で新設された**政事総裁職**には松平慶永，京都守護職には松平容保，
将軍後見職には徳川慶喜が任命された。議定は 1867 年 12 月 9 日の王政復古の大

号令によって，総裁・参与とともに新設された三職の一つである。

イ．リード文の「1871年」「諸藩の軍隊を解体」から廃藩置県と判断する。版籍奉還は1869年に実施されたが，藩の軍事権は従来通り藩に帰属していた。

問2　26　正解は④

①**誤文。**「幕府の独断で」が誤り。老中阿部正弘は朝廷に報告し，幕臣や大名にも意見を述べさせるなど挙国的態勢で対応しようとした。

②**誤文。**「徳川慶喜」が誤り。孝明天皇の妹和宮は14代将軍徳川家茂の夫人に迎えられたが，攘夷論者を刺激する結果となり，公武合体を進めた老中安藤信正は江戸城坂下門外で水戸浪士らに襲撃されて失脚した（＝1862年・**坂下門外の変**）。

③**誤文。**大老井伊直弼は1860年，江戸城桜田門外で水戸浪士らによって暗殺された（＝**桜田門外の変**）。

④**正文。**幕府は1863年5月10日に攘夷を決行するよう諸藩に命じたため，長州藩は当日，下関沖を通る外国船を砲撃した。

問3　27　正解は④

Ⅰ．志賀潔は伝染病研究所で北里柴三郎に師事し，1897年に赤痢菌を発見した。

Ⅱ．蘭学者の**緒方洪庵**は，1838年に大坂に適塾（適々斎塾）を創設した。

Ⅲ．明治政府は近代的な西洋の学問・技術を取り入れるため政府機関や学校などにお雇い外国人を招き，富国強兵・殖産興業政策に関わるさまざまな指導を仰いだ。

よって，Ⅱ（化政文化期）－Ⅲ（明治初期）－Ⅰ（明治中期）の順となり，④が正解。

問4　28　正解は①

X．正文。徴兵告諭は1872年，**徴兵令**は1873年に発布された。国民皆兵を原則としたが，戸主や家督相続人，代人料270円納入者などは兵役免除となったため，実際には農家の次男以下が兵役を負担することとなった。

Y．正文。徴兵制度による新たな負担の増加は民衆の反発を招き，**血税一揆**とよばれる反対運動が起きた。

よって，X－正，Y－正となり，①が正解。

第6問 ── 石橋湛山が生きた時代

A　標準　《大正時代の外交・社会・文化》

問1　29　正解は①

アには吉野作造が，イには中央公論が入る。

ア． リード文の「民本主義を唱えた」がヒント。吉野作造は普選実施と政党内閣制を目標とした。河上肇はマルクス主義経済学者で，『貧乏物語』などを著した。

イ． 『中央公論』は吉野作造の論文を掲載するなど，大正デモクラシーの指導誌としての役割も果たした。『明六雑誌』は1874年に明六社が発刊した機関誌。

問2　30　正解は③

X． 平塚らいてうや市川房枝らは1920年に新婦人協会を結成し，女性の政治運動を禁じた治安警察法第5条の撤廃などを求めて運動をすすめた。

Y． 1911年，政府は最初の労働者保護立法として工場法を制定したが，15人未満の工場は適用外となるなど，不備な点が多かった。

a． 赤瀾会は1921年に山川菊栄ら，女性の社会主義者によって結成された団体。

d． 商法はドイツ人法学者ロエスレルが起草し，1890年に公布された。

よって，X−b，Y−cが正しい組み合わせとなり，③が正解。

問3　31　正解は①

第一次世界大戦（1914～18年）後の民族運動の展開が問われている。

① 正文。1919年3月1日，ソウルのパゴダ公園で独立宣言が行われたのを機に，朝鮮全土で「独立万歳」を叫ぶ民族独立運動が起こった（＝三・一独立運動）。

② 誤文。韓国の民族運動家安重根によって伊藤博文がハルビン駅で暗殺されたのは1909年なので，「第一次世界大戦後」という設問条件に合致しない。

③ 誤文。「毛沢東」が誤り。中国統一をめざす北伐は，1926年に蔣介石が率いる国民革命軍によって開始された。

④ 誤文。1936年の西安事件をきっかけに実現したのは第2次国共合作で，抗日民族統一戦線が結成された。第1次国共合作が成立したのは1924年である。

B　標準　《大正～昭和戦中・戦後の政治と文化》

問4　32　正解は④

Ⅰ． 日中戦争開始後に思想統制は一層厳しくなり，河合栄治郎は著書が発禁となった後，1939年に休職処分となった。

Ⅱ． 社会民主党は1901年に結成されたが，治安警察法により直後に解散となった。

Ⅲ． 第1回男子普通選挙は1928年に実施され，無産政党からは8名が当選したが，同年には共産党員が大量に検挙される事件も起こった（＝三・一五事件）。

よって，Ⅱ（1901年）−Ⅲ（1928年）−Ⅰ（1939年）の順となり，④が正解。

問5 　33 　正解は③

①正文。日本文学報国会は1942年に設置され，戦争を美化するために動員された。

②正文。石川達三は「中国戦線における日本軍を題材」として『生きてゐる兵隊』を執筆した。

③誤文。文化財保護法は1950年に制定されたので「本土空襲に備えて」が誤り。

④正文。黒澤（黒沢）明監督の代表作『羅生門』は1951年，ベネチア国際映画祭でグランプリを受賞した。

問6 　34 　正解は②

Ｘ．正文。軍部大臣現役武官制の現役規定が削除されたのは1913年で，「大正政変をうけて成立した」第1次山本権兵衛内閣の時である。

Ｙ．誤文。軍部大臣現役武官制が復活したのは1936年で，「五・一五事件直後」ではなく「二・二六事件直後」に成立した広田弘毅内閣の時である。

よって，Ｘ―正，Ｙ―誤となり，②が正解。

Ｃ　易　《戦後の政治と外交》

問7 　35 　正解は③

①誤文。自由民主党は1955年の成立で，初代総裁となったのは鳩山一郎である。

②誤文。1947年，日本社会党を中心とする連立政権の首相となったのは片山哲。

③正文。吉田茂は1951年，ソ連・中国を含む全交戦国と講和を結ぼうとする全面講和論ではなく，単独講和論の立場から日本と西側諸国48か国との間でサンフランシスコ平和条約に調印した。

④誤文。1945年，降伏文書に調印したのは東久邇宮稔彦内閣の外相重光 葵（まもる）である。

問8 　36 　正解は①

a．正文・b．誤文。史料文1～2行目「中国との国交の打開をも速やかに実現すべき」，5行目「はたして健康な外交であろうか」，7～8行目「最大の課題ではないか」などから，日本政府の外交姿勢に疑問を呈していると判断できる。

c．正文。史料文は1960年に書かれた。日華平和条約は1952年に調印された。

d．誤文。日中間で日中平和友好条約が調印されたのは1978年である。

よって，a・cが正しい組み合わせとなり，①が正解。

日本史B　本試験

2017 年度

問題番号 （配点）	設	問	解答番号	正解	配点	チェック
第1問 (16)	A	問1	1	②	2	
		問2	2	③	3	
		問3	3	①	3	
	B	問4	4	①	2	
		問5	5	⑥	3	
		問6	6	④	3	
第2問 (16)	A	問1	7	④	2	
		問2	8	②	3	
		問3	9	③	3	
	B	問4	10	⑤	3	
		問5	11	③	3	
		問6	12	②	2	
第3問 (16)	A	問1	13	②	2	
		問2	14	③	3	
		問3	15	①	3	
	B	問4	16	④	2	
		問5	17	③	3	
		問6	18	①	3	

問題番号 （配点）	設	問	解答番号	正解	配点	チェック
第4問 (16)	A	問1	19	③	2	
		問2	20	④	3	
		問3	21	③	3	
	B	問4	22	①	2	
		問5	23	①	3	
		問6	24	②	3	
第5問 (12)		問1	25	④	3	
		問2	26	①	3	
		問3	27	③	3	
		問4	28	①	3	
第6問 (24)	A	問1	29	②	3	
		問2	30	①	3	
		問3	31	④	3	
	B	問4	32	③	3	
		問5	33	③	3	
		問6	34	②	3	
	C	問7	35	③	3	
		問8	36	⑥	3	

自己採点欄

100 点

（平均点：59.29点）

第1問 ── 手紙文から読み解く日本の歴史

A　標準　《中国への船旅》

問1　[1]　正解は②

アには平戸が，イには三別抄が入る。

ア．リード文中の「オランダやイギリスの商館が置かれた地」が決め手となり，平戸が正解。オランダは1609年，イギリスは1613年に平戸に商館を設置した。

イ．三別抄とは，高麗王朝のもとで3隊に編成された特別精鋭部隊のことで，元軍の侵攻に対しては済州島を拠点に抵抗した。按司とは12世紀頃，琉球の各地に出現した領主的な豪族のことで，グスク（城）を築いて勢力を伸ばした。

問2　[2]　正解は③

①誤文。高地性集落は，弥生時代に近畿地方から瀬戸内海沿岸にかけて築かれた軍事的・防衛的性格の強い集落である。「魚群を見張るため」も明らかに誤り。

②誤文。平安時代に海賊を率いて反乱を起こしたのは藤原純友である。

③正文。津料とは港湾で徴収された一種の入港税で，室町幕府や寺社・貴族の財源の一つとなった。

④誤文。江戸時代にはそれまでの揚浜法による塩田にかわり，潮の干満の差を利用して塩田に海水を引き込む入浜式塩田が普及した。

問3　[3]　正解は①

X．正文。高向玄理は608年に留学生として隋に渡り，640年に帰国したのち，改新政府において国博士として活躍した。

Y．正文。隠元隆琦は明の僧で，1654年に来日して黄檗宗を伝え，宇治に万福寺を開山した。

よって，X―正，Y―正となり，①が正解。

B　標準　《日本海に沿った鉄道の旅》

問4　[4]　正解は①

ウ．尼子氏は山陰地方に勢力をもった戦国大名で，石見大森銀山（＝a）をめぐって他の大名と争奪戦を展開したが，のちに毛利氏によって滅ぼされた。またリード文の「朝鮮から伝わった新技術」とは灰吹法と呼ばれる銀の精錬法のことで，灰吹法の採用によって銀の生産量が大幅に増大した。

エ．リード文の「アメリカとの通商条約で開港された」から1858年の**日米修好通商条約**によって開かれた日本海沿岸の港である新潟（＝ c ）を想起すればよい。
b は但馬生野銀山，d は日本海の水運拠点として栄えた**酒田**と考えられる。
よって，**ウ－a，エ－c**となり，①が正解。

問5　5　正解は⑥

Ⅰ．「復員」や「引揚げ」という語句から，終戦後のことと判断する。
Ⅱ．ポスター下に見える「満蒙開拓青少年義勇軍」は**日中戦争**期に発足した。
Ⅲ．電報の説明文に「宣戦布告」とあり，電報文の内容の（注）に「ロシア軍艦」とあるので，**日露戦争**期のことと判断する。

よって，Ⅲ（明治時代・1904～05年の日露戦争期）－Ⅱ（昭和戦前・1937年以降の日中戦争期）－Ⅰ（昭和戦後・1945年の終戦以降）の順となり，⑥が正解。

> **CHECK**　1917年の三月革命でロマノフ王朝が倒れて帝政ロシアが滅び，同年の十一月革命の結果ソヴィエト政権が誕生したので，Ⅲの電報の「露（ロシア）」という国名はロシア革命が起こった1917年以前の表記と考えてもよい。

問6　6　正解は④

①**正文**。整備された官道には，公用の役人のために30里（約16km）ごとに**駅家**が設置された。
②**正文**。**馬借**や**車借**は，中世において水陸交通の要所などで活躍した運送業者で，機動力に富んだことからしばしば一揆の主体となった。
③**正文**。江戸時代には，幕府の**継飛脚**のほか，大名が江戸と国元に置いた**大名飛脚**，三都の商人が運営した**町飛脚**が書簡や金銀・小荷物の逓送にあたり，その業務を扱う飛脚問屋も整備された。
④誤文。最初の官営鉄道は，1872年に**新橋・横浜**間に敷設された。

第2問 ── 古代の思想・信仰と政治・社会

A 標準 《仏教の受容と地方への浸透》

問1　7　正解は④

アには蘇我が，イには郡司が入る。

ア．氏寺として**飛鳥寺（法興寺）**を建立したのはヤマト政権で財政を担当した蘇我氏（蘇我馬子）である。大伴氏はヤマト政権で軍事を担当した。
イ．空欄のすぐあとに「地方豪族」とあるので，旧国造の系譜をひく**郡司**が正しい。国司に就任したのは地方豪族ではなく，中央貴族である。

問2 　8　 正解は②

①誤文。西大寺は飛鳥の地ではなく**平城京の内部**に建立された寺院で，南都七大寺の一つである。飛鳥の地には大官大寺のほかに薬師寺などが建立された。また，西大寺が建立された時期は8世紀後半であり，「7世紀後半」という時代条件にも合致しない。

②**正文**。**庚午年籍**は天智天皇が670年に作成を命じた最初の全国的戸籍で，氏姓を正す根本台帳として永久保存を命じられたが現存していない。

③誤文。**冠位十二階**は603年，推古天皇の時代に制定されたので，「7世紀後半」という時代条件に合致しない。

④誤文。『**旧辞**』は古代の神話や朝廷の伝承をまとめたもので，欽明天皇の頃（＝6世紀中期）に成立したと考えられている。また，「大王の系譜などを採録」したのは『帝紀』である。

問3 　9　 正解は③

a．誤文。「陵戸」が誤り。**陵戸**は律令制下の五色の賤の一つ。技術をもつ渡来人は**韓鍛冶部**や**錦織部**などに組織され，伴造や伴を支えた。

b．正文。**五経博士**は6世紀初期の継体天皇の時代に来日し，6世紀中期の欽明天皇の時代に**易博士・暦博士・医博士**が来日した。

c．正文。660年に滅亡した**百済**から亡命貴族が来日し，彼らによってもたらされた漢詩文は，国内では中国的教養として重視された。

d．誤文。663年の**白村江の戦い**の後，新羅との関係が険悪となったため，遣唐使の航路は朝鮮半島沿岸を通る**北路**から，東シナ海を横断する**南路**や南島路に変更せざるをえなくなり，遭難の危険性も増大した。

よって，b・cが正しい組み合わせとなり，③が正解。

B　標準　《御霊会と浄土信仰》

問4 　10　 正解は⑤

Ⅰ．**藤原種継**は**長岡京**の造営長官であったが，785年に反対派によって暗殺された。

Ⅱ．**橘逸勢**は842年の承和の変の結果，伊豆に配流となった。

Ⅲ．**藤原広嗣**は740年，玄昉・吉備真備を除こうと大宰府で挙兵したが敗死した。

よって，Ⅲ（740年）─Ⅰ（785年）─Ⅱ（842年）の順となり，⑤が正解。

問5 　11　 正解は③

①正文。日本では1052年に末法に入るとされ，翌1053年には**藤原頼通**が造営した

平等院鳳凰堂が落成した。

②**正文**。空也は 10 世紀中頃，京都市中で浄土教の教えを説いて市聖（阿弥陀聖）と呼ばれた。

③**誤文**。一木造は平安時代初期に発達した彫像技法である。定朝が開発したのは寄木造の技法で，その結果，仏像の量産と大型化が進んだ。

④**正文**。院政期に造営された地方の阿弥陀堂としては，陸奥平泉の中尊寺金色堂やいわき市の願 成 寺境内にある白水阿弥陀堂なども知られている。

問6　　12　　正解は②

X．正文。政府は財源を確保するために，823 年に大宰府管内に**公営田**，879 年には畿内に官田（元 慶 官田）を設置したほか，天皇家も**勅旨田**を直接経営した。

Y．誤文。記録荘園券契所（記録所）は 1069 年に発布された延久の荘園整理令を実施するために新設された役所なので，「10 世紀前半」が誤り。

よって，**X―正，Y―誤**となり，**②**が正解。

NOTE　荘園整理令

延喜の荘園整理令（902 年）	醍醐天皇。勅旨田や院宮王臣家の山川藪沢の占有を禁止
延久の荘園整理令（1069 年）	後三条天皇。1045 年以降の新立荘園や国務に妨げのある荘園，券契不分明な荘園を停止 ※書類審査のために記録荘園券契所（記録所）を設置

第3問 —— 中世の政治・社会・文化

A　標準　《鎌倉時代と建武の新政下の社会》

問1　　13　　正解は②

X．正文。鎌倉幕府は頼朝が獲得した荘園である**平家没官領**を含む関東御領や，頼朝に与えられた知行国である**関東御分国**などを経済基盤としていた。

Y．誤文。**京都大番役**は「将軍の御所」ではなく，「天皇や院の御所」や京都市中を警護する番役で，それを召集・催促する権限は守護がもつ大犯三力条（大番催促，謀叛人・殺害人の逮捕）の一つであった。

よって，**X―正，Y―誤**となり，**②**が正解。

問2　　14　　正解は③

a．誤文。史料 1 行目に「子息太郎，京方において死去」とあるので，後鳥羽上皇側の味方として参加したのは太郎であると判断できる。

ｂ．**正文**。史料２行目に「同次郎，御方において合戦の忠を致しおわんぬ」とあるので，次郎は幕府側に味方したことがわかる。

ｃ．**正文**。史料２〜３行目には，合戦において次郎が幕府側に味方して忠義を果たしたために，重俊の地頭職が「相違なく安堵」されたことが記されている。

ｄ．**誤文**。息子の太郎は後鳥羽上皇側に味方して戦死したが，史料にはそれが理由で「地頭職を没収された」とは記されていない。

よって，**ｂ・ｃ**が正しい組み合わせとなり，**③**が正解。

問３　15　正解は①

Ⅰ．建長寺船は，建長寺の再建費用を得るために 1325 年に執権北条高時が元に派遣した貿易船である。

Ⅱ．雑訴決断所は，後醍醐天皇が建武の新政の際に所領問題などの訴訟を裁決するために 1333 年に設置した。

Ⅲ．『神皇正統記』は 1339 年，南朝の重臣北畠親房が北朝との対戦中に記した歴史書で，南朝の正統性を強調している。

よって，Ⅰ（鎌倉時代末期・1325 年）—Ⅱ（建武の新政期・1333 年）—Ⅲ（南北朝動乱期・1339 年）の順となり，**①**が正解。

B　標準　《室町幕府の成立と宗教施策》

問４　16　正解は④

アには管領が，**イ**には奉公衆が入る。

ア．室町幕府の将軍の補佐役は管領で，細川・斯波・畠山の３氏（＝三管領）が交代で就任した。執権は鎌倉幕府における将軍の補佐役で，北条氏が世襲した。

イ．奉公衆は室町幕府の直轄軍で，全国に散在した直轄領（＝御料所）の管理にもあたった。評定衆は 1225 年に３代執権北条泰時が設置した合議機関である。

問５　17　正解は③

Ｘ．大山崎を拠点に活動したのは油座で，本所である石清水八幡宮の保護のもとに，原料である荏胡麻の購入や製油後の灯油販売を独占的に行っていた。

Ｙ．室町幕府は銭貨の交換比率を定め，良貨の選別を禁止する撰銭令を 1500 年にはじめて発布し，経済の混乱を立て直して流通の円滑化を図ろうとした。

よって，Ｘ—ｂ，Ｙ—ｃが正しい組み合わせとなり，**③**が正解。

問6 　18 　正解は①

①**正文**。朝鮮の倭寇取締り要求に応える形で日朝間に国交が開かれ，対馬の**宗氏**を
仲介に三浦（＝富山浦・乃而浦・塩浦）を貿易港として日朝貿易が始まった。

②**誤文**。「朝鮮」が誤り。足利義持は朝貢形式をきらい，1411 年に**明**との勘合貿易
を中断した。

③**誤文**。勘合貿易において，日本からは**銅・刀剣・硫黄**などを輸出し，中国からは
銅銭・生糸・書籍・陶磁器などを輸入した。

④**誤文**。**藤原隆信**は平安後期から鎌倉初期の公家で，似絵の名手としても活躍した。
水墨画家ではないうえ，「室町時代の」という時代条件にも合致しない。

第4問 —— 近世の文化・政治・社会

A 標準 《元禄文化》

問1 　19 　正解は③

アには近松門左衛門が，イには明が入る。

ア．リード文中の「歌舞伎や浄瑠璃の作者」や代表作である『曽根崎心中』『心中
天網島』『国性爺合戦』から**近松門左衛門**と判断する。**井原西鶴**は浮世草子の作
者で，代表作に好色物の『好色一代男』『好色五人女』，町人物の『日本永代蔵』
『世間胸算用』，武家物では『武道伝来記』『武家義理物語』などがある。

イ．**明**は 1644 年に滅亡した。**清**は 1911 年の辛亥革命の結果，1912 年に滅亡した。

問2 　20 　正解は④

①**誤文**。**末次平蔵**は長崎において朱印船貿易家として活躍した。富士川や賀茂川の
整備にかかわったのは京都の商人**角倉了以**である。

②**誤文**。**十組問屋**は江戸で結成された荷受問屋で，大坂では荷積問屋として**二十四
組問屋**が組織された。なお，堂島には米市場があり享保の改革の際に公認された。

③**誤文**。江戸地回り経済圏の発達を背景に，江戸向けの醤油は銚子や野田など関東
で製造された。上方では伏見や灘などで酒造が盛んになり，「生一本」と呼ばれ
た灘の酒は樽廻船で江戸に運ばれ人気を得た。

④**正文**。北前船は**西廻り航路**に就航し，日本海沿岸各地に寄港しながら蝦夷地で獲
れた鰊や昆布などを上方に運んだ。

問3 　21 　正解は③

Ｘ．写真は浮世絵を大成した**菱川師宣**の「見返り美人図」（肉筆画）である。

Ｙ．写真は<u>尾形光琳</u>が制作した「<u>八橋蒔絵螺鈿硯箱</u>」である。

ａ．<u>住吉如慶</u>は住吉派を復興し，子の<u>住吉具慶</u>は幕府の御用絵師として活躍した。

ｄ．<u>野々村仁清</u>は京焼色絵陶器を完成させ，「色絵藤花文茶壺」などを制作した。

よって，Ｘ—ｂ，Ｙ—ｃが正しい組み合わせとなり，③が正解。

Ｂ　やや難　《江戸後期の朝幕関係》

問4　22　正解は①

ウには松平定信が，エには尊号一件（事件）が入る。

ウ．リード文中の「1787 年」「寛政の改革」が決め手となる。<u>松平定信</u>は 11 代将軍徳川家斉の補佐として白河藩主から老中となり，徳川吉宗の時代を理想に<u>寛政の改革</u>に着手した。<u>水野忠邦</u>は 12 代将軍徳川家慶のもとで 1841 年から<u>天保の改革</u>を始めた老中である。

エ．<u>尊号一件（事件）</u>とは，1789 年に<u>光格天皇</u>の実父である閑院宮典仁親王に太上天皇の尊号を宣下（せんげ）したいという朝廷からの求めに対し，幕府がこれを拒否したうえ，武家伝奏らの公家を処罰した事件である。<u>紫衣事件</u>とは，禁中並公家諸法度に記された紫衣着用の勅許に関する規定が守られていなかった中で，1627 年に<u>後水尾天皇</u>が紫衣着用を勅許したことを機に，これを違法とする幕府に抗議した大徳寺の僧沢庵らが 1629 年に処罰された事件である。事件後，後水尾天皇は明正天皇に譲位した。

問5　23　正解は①

Ｘ．正文。史料 1 行目に「組のもの召し連れ，今日より相廻り」とある。

Ｙ．正文。史料 2 行目に「召し捕え，町奉行へ相渡さるべく候」とある。

よって，Ｘ—正，Ｙ—正となり，①が正解。

問6　24　正解は②

ⅠとⅢは事件名が出ているので，それぞれの西暦年代を知らないと難しい。Ⅱは藤田東湖・会沢安（正志斎）らが活躍したおおよその時期を考え，江戸時代後期以降のことと判断すればよい。

Ⅰ．18 世紀中期，<u>竹内式部</u>は公家に尊王思想を説いたという理由で追放刑となった（＝<u>宝暦事件</u>・1758 年）。

Ⅱ．<u>藤田東湖</u>が『弘道館記述義』，<u>会沢安（正志斎）</u>が『新論』を著して尊王攘夷論を提唱したのは 19 世紀前半で，彼らは徳川斉昭の藩政を支えた。尊王攘夷論は後期水戸学を支える柱となり，幕末にかけて多くの志士に影響を与えた。

Ⅲ．18世紀後期，山県大弐は『柳子新論』で尊王論を説いて幕政を批判したため処罰された（＝明和事件・1767年）。

よって，Ⅰ（1758年・18世紀中期）—Ⅲ（1767年・18世紀後期）—Ⅱ（19世紀前期）の順となり，②が正解。

第5問　標準　《幕末から明治期の大坂（大阪）》

問1　25　正解は④

アには徳川家茂が，イには明治天皇が入る。

ア．リード文中に「将軍職を継いだ徳川慶喜」とある。徳川慶喜は15代将軍なので，空欄は14代将軍徳川家茂とわかる。徳川家定は13代将軍である。

イ．すぐ前に「即位したばかりの」とあるので，1867年に即位した明治天皇と判断する。孝明天皇が即位したのは20年以上前の1846年である。

問2　26　正解は①

X．正文。幕末期には，開国を契機とした社会不安の増大や政治権力への不信を背景に，各地で世直し一揆や打ちこわしが頻発した。

Y．正文。1867年には伊勢神宮のお札が降ったということから，東海から畿内にかけて，「ええじゃないか」と呼ばれる熱狂的な民衆乱舞が発生した。

よって，X—正，Y—正となり，①が正解。

問3　27　正解は③

①誤文。大久保利通は長州藩ではなく，薩摩藩の出身。なお，木戸孝允らとともに長州藩で実権を握ったのは，奇兵隊を組織した高杉晋作である。

②誤文。大久保利通は伊藤博文・木戸孝允・山口尚芳らとともに岩倉使節団に副使として随行した。岩倉使節団を送り出したあとの留守政府を預かっていたのは西郷隆盛や板垣退助らである。

③正文。内務省は1873年に設置され，当初は工部省とともに殖産興業政策を推進する中心機関としての役割を担ったが，のちには警察や地方行政において絶大な権限をもつようになり，戦時体制下においては言論・思想を取り締まるなど国民生活全般を統制した。

④誤文。1875年，大阪で大久保利通・木戸孝允・板垣退助による会談がもたれ（＝大阪会議），漸進的に立憲政治を確立するという基本方針を決定した。その結果，1875年に漸次立憲政体樹立の詔が発布され，元老院・大審院を設置し，地方官会議が召集されることになった。

問4 28 正解は①

①誤文。**三池炭鉱**ははじめ佐々木八郎，のちに三井に払い下げられた。

②正文。1881 年，北海道開拓長官黒田清隆が同じ薩摩出身の政商**五代友厚**に対して，それまで使用してきた官有の機材や施設などを不当な安価で払い下げようとしたことが明るみに出て，民権派の政府攻撃を強めることとなった（＝**開拓使官有物払下げ事件**）。その結果，払下げは中止となり，大隈重信が罷免され国会開設の勅諭が発布された（＝**明治十四年の政変**）。

③正文。政府の保護のもと，**岩崎弥太郎**は郵便汽船三菱会社を経営するなど海運業で巨利を得て，のちの三菱財閥の基礎を確立した。

④正文。**古河市兵衛**は栃木県の足尾銅山を取得したあと，秋田県の院内銀山や阿仁銅山の払下げも受けるなど，多くの鉱山を経営したことから「鉱山王」と称され，のちの**古河財閥**の基礎を築いた。

第6問 —— 近現代の公園をめぐる諸問題

A やや難 《近現代の事件と催事》

問1 29 正解は②

アには血のメーデー事件（メーデー事件）が，イには憲法が入る。

ア．リード文にある「1952 年」「皇居前広場」「デモ隊が，警官隊と衝突」を手がかりに，**血のメーデー事件（メーデー事件）**と判断する。独立回復後最初のメーデーにおけるデモ隊と警官隊の衝突事件で，皇居前広場事件ともいう。この事件を機に，同年，**破壊活動防止法**が公布・施行された。三・一五事件は 1928 年，田中義一内閣の時に起こった共産党員の大量検挙事件である。

イ．リード文から「1909 年に 20 周年を迎えた」と読み取れるので，20 年前の1889 年のできごとを考えればよい。**大日本帝国憲法**は 1889 年，普通選挙法は 1925 年に発布された。

問2 30 正解は①

Ⅰ．「満州事変二周年」から 1933 年の記事とわかる。

Ⅱ．「サイパン」が陥落したのは 1944 年 7 月。そのためサイパン奪還が叫ばれた。

Ⅲ．**自由党**は 1950 年，改進党は 1952 年に発足した。**社会党**は 1951 年に左派と右派に分裂し 1955 年に再統一した。よって 1950 年代前半の新聞記事と判断できる。

よって，Ⅰ（1930 年代・1933 年）―Ⅱ（1940 年代・1944 年）―Ⅲ（1950 年代前半）の順となり，①が正解。

問3　31　正解は④

X．統監府は 1905 年の第 2 次日韓協約にもとづいて漢城に設置された。初代統監に伊藤博文が就任したが，伊藤は 1909 年に安重根によって殺害された。

Y．三井合名会社の理事長団琢磨や前蔵相井上準之助らは 1932 年の血盟団事件で殺害された。

a．原敬は 1921 年に東京駅頭で殺害された。

c．虎ノ門事件（虎の門事件）は 1923 年，摂政宮裕仁親王（のちの昭和天皇）が虎ノ門付近で暴漢に襲撃された事件である。

よって，X－b，Y－d が正しい組み合わせとなり，④が正解。

B　やや難　《明治期の経済と文化》

問4　32　正解は③

X．官営の長崎造船所は 1887 年に三菱に払い下げられて三菱長崎造船所となり，日清戦争後の造船奨励政策を背景に，欧州航路や太平洋航路に就航する大型船を建造した。その後，日本の造船技術は日露戦争後に世界水準に達した。

Y．官営八幡製鉄所では筑豊炭田で採掘した石炭を燃料として用い，安価で大量に入手した大冶の鉄鉱石を原料として 1901 年から鉄鋼の生産をはじめた。

a．兵庫造船所は 1887 年に川崎正蔵に払い下げられ，川崎造船所となった。

d．八幡製鉄所でははじめ筑豊炭田，のちに撫順炭田の石炭が燃料として用いられた。

よって，X－b，Y－c が正しい組み合わせとなり，③が正解。

問5　33　正解は③

①誤文。『中央公論』が誤り。民撰議院設立建白書は 1874 年に政府の太政官左院に提出され，イギリス人ブラックが創刊した『日新真事誌』に掲載された。

②誤文。『横浜毎日新聞』は 1870 年に本木昌造が考案した鉛製活字を用いて発刊された最初の日刊邦字新聞である。新聞紙条例は 1875 年に讒謗律とともに民権運動に対する言論弾圧法として発布されたもので，『横浜毎日新聞』発刊との因果関係はない。

③正文。『文学界』は 1893 年に北村透谷らが創刊した文芸雑誌で，樋口一葉の作品を掲載するなど，ロマン主義文学の拠点としての役割を担った。

④誤文。大衆娯楽雑誌『キング』が創刊されたのは大正時代末期の 1925 年なので，設問にある「明治期の」という時代条件に合致していない。

問6　34　正解は②

X．正文。1881～1890 年と 1911～1920 年を比較すると，田耕地面積は約 1.1 倍の増加率であるのに対し，1ha あたり米生産量は約 1.5 倍の増加率を示している。

Y．誤文。農業では稲の品種改良や耕地改良，馬耕の導入，大豆粕などの金肥の普及などを背景に集約化が進んだ結果，1901 年以降，米の生産量は上昇したが，朝鮮や台湾からの移入米などによって農家の経営そのものは苦しかった。農業協同組合（農協）は戦後，1947 年の農業協同組合法にもとづいて全国各地に設立された協同組合組織で，農民生活に対する指導・擁護などにあたった。

よって，X―正，Y―誤となり，②が正解。

C　やや難　《近代の政治と内閣の業績》

問7　35　正解は③

「国体」とは，万世一系の天皇制とその伝統的権威を基本とする近代日本の国家体制のことである。

①誤文。『国体の本義』は 1937 年に文部省が発行し，戦時体制下の思想教化の指針を示したものである。

②誤文。「共産主義否認」が誤り。治安維持法は，国体の変革と私有財産制度の否認（＝共産主義）を目的とする結社を禁止した。

③正文。治安維持法は 1928 年，田中義一内閣の時に緊急勅令で改正され，死刑が最高刑となった。

④誤文。「国体護持を保証する条件が記されていた」は明らかに誤り。ポツダム宣言を受諾した後，東久邇宮稔彦内閣は「国体護持」を唱えて終戦処理にあたったが，人権指令が出ると実施不可能として総辞職した。

問8　36　正解は⑥

I．米騒動は 1918 年に富山県から全国的に波及した。寺内正毅内閣は軍隊や警察を動員して鎮圧したが，その責任を負って総辞職した。

II．大逆事件とは第 2 次桂太郎内閣の 1910 年，明治天皇暗殺計画を立てたという理由で幸徳秋水ら無政府主義者・社会主義者ら 26 名が起訴され，翌年，そのうちの 12 名が死刑となった事件で，以後社会主義運動は「冬の時代」に入った。

III．軍部大臣現役武官制とは，陸海軍大臣には現役の大将・中将が選任されるという軍部大臣の任用規定で，第 2 次山県有朋内閣の 1900 年に制定された。

よって，III（1900 年・第 2 次山県有朋内閣）―II（1910 年・第 2 次桂太郎内閣）―I（1918 年・寺内正毅内閣）の順となり，⑥が正解。

日本史Ｂ　本試験

問題番号 （配点）	設 問		解答番号	正 解	配 点	チェック
第1問 (16)	A	問1	1	①	2	
		問2	2	④	3	
		問3	3	②	3	
	B	問4	4	④	2	
		問5	5	③	3	
		問6	6	③	3	
第2問 (16)	A	問1	7	②	2	
		問2	8	①	2	
		問3	9	②	3	
	B	問4	10	②	3	
		問5	11	③	3	
		問6	12	④	3	
第3問 (16)	A	問1	13	④	2	
		問2	14	①	2	
		問3	15	④	3	
	B	問4	16	①	3	
		問5	17	⑥	3	
		問6	18	③	3	

問題番号 （配点）	設 問		解答番号	正 解	配 点	チェック
第4問 (16)	A	問1	19	④	2	
		問2	20	②	3	
		問3	21	③	3	
	B	問4	22	①	2	
		問5	23	③	3	
		問6	24	①	3	
第5問 (12)		問1	25	③	3	
		問2	26	③	3	
		問3	27	①	3	
		問4	28	①	3	
第6問 (24)	A	問1	29	④	3	
		問2	30	③	3	
		問3	31	⑤	3	
	B	問4	32	②	3	
		問5	33	②	3	
		問6	34	③	3	
	C	問7	35	①	3	
		問8	36	①	3	

自己採点欄

100 点

（平均点：65.55 点）

第1問 ── 史料としての日記

A　標準　《古代の史書と中世以降の印刷・出版》

問1　1　正解は①

アには唐が，イには藤原道長が入る。

ア．「7世紀後半」から唐と判断する。663年の白村江の戦いで，日本から派遣された百済救援軍が唐・新羅連合軍に大敗したことなどを想起したい。南朝の宋王朝は5世紀，北宋（のち南宋）は10世紀後半〜13世紀後半にそれぞれ栄えた。

イ．『御堂関白記』は藤原道長が著した日記。「御堂」とは藤原道長が営んだ法成寺の異称である。藤原頼通は道長の息子で三代の天皇の摂政・関白となり，摂関政治の最盛期を築いた。

問2　2　正解は④

Ｘ．誤文。「聖武天皇」が誤り。『日本書紀』は720年に舎人親王らが編纂した六国史最初の史書で，神代から持統天皇の時代までを漢文・編年体で記している。

Ｙ．誤文。『古事記伝』は本居宣長の著書。津田左右吉は『神代史の研究』のほかに，『古事記』や『日本書紀』を文献学的に批判して『古事記及日本書紀の研究』などを著した。

よって，Ｘ―誤，Ｙ―誤となり，④が正解。

NOTE　『古事記』と『日本書紀』

『古事記』	712年成立・太安万侶編纂。神代〜推古天皇の時代までを扱う
『日本書紀』	720年成立・舎人親王編纂。神代〜持統天皇の時代までを扱う

問3　3　正解は②

①誤文。「律宗」が誤り。五山版とは，鎌倉時代から室町時代において，京都五山・鎌倉五山の臨済宗の僧侶が刊行した書籍のことである。

②正文。活字印刷機はイエズス会の宣教師ヴァリニャーニによって西欧から伝えられ，それを用いて『天草版平家物語』などが刊行された。

③誤文。「享保の改革」が誤り。綱紀粛正のために洒落本が取締りの対象となり，山東京伝らが処罰されたのは寛政の改革である。

④誤文。「自由を認めた」が誤り。GHQはプレス＝コードやラジオ＝コードによって占領政策に対する批判を禁止し，出版や放送の内容に対する検閲を定めた。

NOTE 江戸時代の出版統制	
寛政の改革で処罰	…洒落本＝山東京伝『仕懸文庫』
	黄表紙＝恋川春町『鸚鵡返文武二道』
天保の改革で処罰	…人情本＝為永春水『春色梅児誉美』
	合　巻＝柳亭種彦『偐紫田舎源氏』

B　やや難　《古代〜近代の日記》

問4　4　正解は④

ウにはかなが，エには吾妻鏡が入る。

ウ．紀貫之の『土佐日記』は，最初のかな日記である。

エ．『吾妻鏡』は鎌倉幕府が編纂した日記体の歴史書。『愚管抄』は天台座主慈円が1220年に著した最初の歴史哲学書である。

問5　5　正解は③

①誤文。弥生時代前期は湿田が中心であったが，後期になるにつれ灌漑施設が必要な乾田の比重が高まった。

②誤文。「奈良時代」が誤り。大唐米は平安末期から鎌倉初期に中国から伝わった多収穫米で，室町時代に西日本を中心に広まった。

③正文。大坂町奉行所の元与力だった大塩平八郎は1837年に貧民救済のために武装蜂起したが，半日で鎮圧された。

④誤文。「暴落」が誤り。シベリア出兵を当て込んだ米の買い占めによる米価急騰を背景として1918年に富山県で米騒動が起こり，騒擾は全国的に波及した。

問6　6　正解は③

X．誤文。「ほぼ等しかった」が誤り。1872年に学制が公布された直後の女子の義務教育就学率は20％にも届かず，男子の半分にも満たなかった。

Y．正文。新婦人協会は1920年に市川房枝・平塚らいてうらが結成し，参政権獲得や女性の社会的地位の向上を求める運動をすすめた。

よって，X－誤，Y－正となり，③が正解。

NOTE 明治〜大正期の女性団体	
青鞜社（1911年）	…平塚らいてう。機関誌『青鞜』を刊行
新婦人協会（1920年）	…平塚らいてう・市川房枝ら。治安警察法第5条の撤廃要求運動をすすめる
赤瀾会（1921年）	…山川菊栄・伊藤野枝ら。女性社会主義者の団体
婦人参政権獲得期成同盟会（1924年）	…市川房枝ら。翌年に婦選獲得同盟に発展

第2問 ── 原始・古代の漆と香の文化

A 標準 《原始・古代の政治と文化》

問1 　7　 正解は②

アには土偶が，イには東大寺法華堂不空羂索観音像が入る。

ア．「縄文時代の文化」をヒントに土偶と判断する。埴輪にも「人間を模した造形」があるが，埴輪は古墳時代に製作されたのでここでは該当しない。

イ．「奈良時代」や「乾漆の技法」をヒントに東大寺法華堂不空羂索観音像と判断する。法隆寺百済観音像は飛鳥文化の時代を代表する木像である。

NOTE 奈良時代の仏像彫刻

塑　　像＝粘土	…東大寺法華堂日光・月光菩薩像，執金剛神像
乾漆像＝漆	…東大寺法華堂不空羂索観音像，興福寺阿修羅像

問2 　8　 正解は①

Ｘ．正文。調・庸は成年男子に対して課税されたので，女子は負担しなかった。

Ｙ．正文。史料が出土した多賀城は，東北支配の拠点として724年に設置され，国府と鎮守府が置かれた。なお，鎮守府は802年には胆沢城へ移された。

よって，Ｘ－正，Ｙ－正となり，①が正解。

問3 　9　 正解は②

①誤文。「桓武天皇」が誤り。冬嗣は810年，嵯峨天皇の時に蔵人頭に任じられた。

②正文。858年に清和天皇が幼少で即位すると，良房は外祖父として臣下で初めて実質的に摂政の任につき，866年の応天門の変後に正式に摂政に就任した。

③誤文。醍醐・村上天皇は摂関を置かずに親政を行った。忠平が摂政・関白となって実権を握ったのは，醍醐天皇の次の朱雀天皇の時代である。

④誤文。頼長は保元の乱（1156年）で敗死した。平治の乱（1159年）で源義朝と結んだのは信頼である。

B 標準 《古代の政治・外交・交易・仏教》

問4 　10　 正解は②

ａ．正文。インドなどを原産地とする薫陸香が新羅を経て日本にもたらされたので，新羅は中継貿易を行っていたことがわかる。

ｂ．誤文。「銭貨」が誤り。史料に「用意した代価は綿500斤，糸30斤」とある。

ｃ．**誤文**。**百済**は 660 年に**新羅**によって，**高句麗**は 668 年に唐・新羅によってそれ
　ぞれ滅ぼされたので，この文書が作成された天平勝宝 4 (752)年の時点で「新
　羅・高句麗・百済が分立していた」は明らかに誤り。

ｄ．**正文**。東大寺大仏殿で**大仏の開眼供養**が営まれたのは 752 年，孝謙天皇の時。
　よって，**ａ・ｄ**が正しい組み合わせとなり，**②**が正解。

問5　　11　　正解は**③**

Ｘ．唐の商船に便乗して入唐，帰国後に**天台宗の密教化**をすすめたのは**円珍**。園
　城 寺を復興して天台宗寺門派を形成した。**玄昉**は奈良時代，**吉備真備**とともに
　橘諸兄政権を支えた法相宗の僧侶である。

Ｙ．985 年に源信（恵心僧都）が著し，浄土信仰の根拠を示した書は**『往生要集』**。
　『日本往生極楽記』は 985 年頃に**慶 滋 保胤**が著した日本最初の往生伝である。
　よって，**Ｘ－ｂ，Ｙ－ｃ**となり，**③**が正解。

NOTE 天台宗の分裂

円仁（慈覚大師）	山門派の祖。拠点は延暦寺。『入唐求法巡礼行記』を著す
円珍（智証大師）	寺門派の祖。拠点は園城寺（三井寺）

問6　　12　　正解は**④**

Ⅰ．大宰権帥藤原隆家が**刀伊**の来襲を撃退したのは 1019 年（11 世紀）である。

Ⅱ．白村江の戦いの後，唐・新羅の侵攻に備えるために，**水城**が 664 年，**大野城**が
　665 年に築かれた（7 世紀）。

Ⅲ．左大臣藤原時平の讒言によって，右大臣**菅原道真**が大宰府に左遷されたのは
　901 年（10 世紀）である。

　よって，**Ⅱ**（664〜665 年・7 世紀）－**Ⅲ**（901 年・10 世紀）－**Ⅰ**（1019 年・11 世
紀）の順となり，**④**が正解。

第3問 —— 中世〜近世初期の政治・社会・文化

Ａ　標準　《武士の生活と鎌倉文化》

問1　　13　　正解は**④**

アには下人が，**イ**には源実朝が入る。

ア．**下人**とは，武士や名主などに隷属し，その屋敷に居住しながら佃と呼ばれる直
　営地の耕作や雑役などにあたった下層農民のこと。**足軽**とは，室町後期に出現し

　た軽装の歩兵のことで，おもに農民層から徴募され，応仁の乱などで活躍した。

イ．『金槐和歌集』は鎌倉幕府 3 代将軍源実朝の歌集で，力強い万葉調の歌が特徴
　的である。源頼家は鎌倉幕府 2 代将軍であり，頼朝から将軍職を継承したが，政
　治体制は将軍の独裁政治から有力御家人の合議制へと変化した。

問2　14　正解は①

X．正文。甲は武士の館を描いたもので，外敵に備えるため，館の周囲には板塀や
　堀をめぐらしたほか，入口の上部には矢倉もしつらえてあるのが見える。

Y．正文。乙は 1274 年の文永の役における陸戦の一部である。日本側の一騎打ち
　戦法に対して，元軍は集団戦法をとり，「てつはう」と呼ばれる火器を用いた。
　よって，X－正，Y－正となり，①が正解。

問3　15　正解は④

①誤文。北条義時ではなく，北条実時が正しい。金沢文庫は鎌倉の外港である六浦
　荘金沢の別邸内に創設された。

②誤文。度会家行は，反本地垂迹説の立場から伊勢神道を提唱した。唯一神道は室
　町時代に吉田兼倶が反本地垂迹説の立場で提唱した。

③誤文。日蓮は，「南無妙法蓮華経」と題目を唱えれば即身成仏できると説いた。
　「南無阿弥陀仏」という念仏は，浄土宗・浄土真宗・時宗などの阿弥陀仏を信仰
　する宗派で唱えられた。

④正文。『平家物語』は平氏の興亡をテーマとした軍記物語で，仏教的無常観を背
　景に流麗な文体で描かれているのが特徴である。

B　やや難　《戦国～近世初期の政治・外交・社会》

問4　16　正解は①

a．正文。史料 1 に「分限あらん者一乗谷へ引越し，郷村には代官計置かるべき
　事」とあり，所領のある者は城下町一乗谷に移住することを定めている。

b．誤文。史料 1 に「朝倉が館の外，国内に城郭を構えさせまじく候」とあり，朝
　倉家の城郭以外に，国内に城を構えてはならないと記されている。

c．正文。史料 2 より，1 と 6 のつく日に定期的に市が開かれたことがわかる。

d．誤文。史料 2 に「諸役は一切これあるべからざる事」「楽市として定め置く」
　とあるので，「課税するよう定めている」は明らかに誤り。
　よって，a・c が正しい組み合わせとなり，①が正解。

問5 　17　 正解は⑥

Ⅰ．オランダの探検船リーフデ号が豊後国臼杵湾に漂着したのは1600年である。水先案内人のイギリス人**ウィリアム=アダムズ**とオランダ人航海士**ヤン=ヨーステン**はのちに江戸幕府の外交・貿易顧問として活躍した。

Ⅱ．スペイン人が肥前国の**平戸**に来航し，対日貿易を始めたのは1584年である。

Ⅲ．種子島に漂着したポルトガル人が日本に**鉄砲**を伝えたのは1543年で，これが日本に来た最初のヨーロッパ人である。

よって，Ⅲ（1543年）－Ⅱ（1584年）－Ⅰ（1600年）の順となり，⑥が正解。

CHECK 戦国～江戸初期までの西洋との交易は，ポルトガル・スペインなどの南蛮人との貿易が最初に始まり，江戸時代初期になるとイギリス・オランダなどの紅毛人が貿易に参入したことを理解しておくと時系列として把握しやすい。

問6 　18　 正解は③

①正文。**織田信長**は1576年に近江国に安土城を築城した。五層七重の天守閣は1579年に落成している。

②正文。**豊臣（羽柴）秀吉**は1583年に石山本願寺の跡地に大坂城を築城した。

③誤文。**大湊**は城下町ではなく港町として繁栄し，**老分衆**（おいわけしゅう）と呼ばれる代表者によって町政が自治的に運営された。

④正文。**寺内町**はおもに一向宗の寺院を中心に形成された集落で，政治権力や他宗派からの攻撃に備えて土塁や環濠を施すなど閉鎖的で，自衛的・武装的景観をもつのが特徴である。

NOTE 自由都市とその運営主体

京都 …町衆	堺 …36人の会合衆	博多 …12人の年行司

第4問 —— 近世の政治・社会・文化

A **標準** 《江戸幕府の支配と徳川吉宗の政治》

問1 　19　 正解は④

①誤文。「京都」が誤り。参勤交代は**江戸**と国元を往復する軍役の一つで，1635年の武家諸法度で制度化された。

②誤文。大名の監察にあたったのは**大目付**である。目付は若年寄の配下にあって，旗本・御家人の監察にあたった。

③誤文。老中などの要職は**譜代大名**で占められた。

④正文。**武家諸法度**は大名統制の基本法として1615年にはじめて発布され，大名

のあるべき姿が示された。

NOTE 武家諸法度

元和令（1615 年）	徳川秀忠。道徳・儀礼など大名としてのあるべき姿を示す
寛永令（1635 年）	徳川家光。500 石積以上の大船建造を禁止，参勤交代を制度化
天和令（1683 年）	徳川綱吉。忠孝と礼儀による秩序の確立をめざす

問2 **20** 正解は②

X．紅花は麻・藍とともに三草の一つで，主な産地はaの出羽である。

Y．西陣織の「西陣」からdの京都と判断する。

bは藍の産地として知られる阿波，c は絹織物の産地として知られる桐生（または足利）である。

よって，X－a，Y－dとなり，②が正解。

NOTE 江戸時代の商品作物

| 四木 …漆・楮・茶・桑 | 三草 …紅花（出羽）・藍（阿波）・麻 |

問3 **21** 正解は③

X．誤文。「輸入制限を強化した」が誤り。吉宗は実学重視の立場から，漢訳洋書の輸入制限を緩和した。

Y．正文。吉宗は目安箱に寄せられた意見をもとに，貧民救済のための医療施設として小石川養生所を創設した。

よって，X－誤，Y－正となり，③が正解。

B やや難 《江戸後期の文化と外交》

問4 **22** 正解は①

アには海国兵談が，イには南総里見八犬伝が入る。

ア．林子平は『海国兵談』を著して海防論を唱えたが，幕政批判とみなされて弾圧された。『慎機論』は渡辺崋山の著書で，幕府の対外政策を批判したために弾圧された。

イ．『南総里見八犬伝』は曲亭馬琴（滝沢馬琴）の代表的な読本で，作品全体に勧善懲悪の精神や因果応報の思想が底流しているのが特徴である。『東海道中膝栗毛』は十返舎一九の代表的な滑稽本で，弥次郎兵衛と喜多八の東海道の旅路を描いた旅行記。

問5 ┃ 23 ┃ 正解は③

a．誤文。「金もうけや地位の上昇にしか関心がない」が誤り。**史料**に「富にも禄にも官位にも不足なし」，つまり，富・禄・官位には不満はないと述べている。

b．正文。**史料**に「ながき代に人のためになる事をしおきたく願う」とある。

c．正文。田沼意次は蝦夷地開発や対露交易の可能性を調査させるために，1785年に**最上徳内**らを蝦夷地に派遣した。

d．誤文。「蝦夷地・松前に近づく外国船を打ち払うよう命じた」といった内容は，**史料**のどこにも書いていない。

よって，b・cが正しい組み合わせとなり，③が正解。

問6 ┃ 24 ┃ 正解は①

「19世紀前半の」という時代条件に注意しよう。

①誤文。**シドッチ**が潜入したのは蝦夷地ではなく**屋久島**で，その尋問をもとに**新井白石**は『采覧異言』や『西洋紀聞』を著した。また，新井白石が正徳の治をすすめたのは18世紀なので，時期的にも該当しない。

②正文。**高田屋嘉兵衛**がロシアによって抑留されたのは，ゴローウニンが国後島で捕らえられた（＝1811年・**ゴローウニン事件**）翌年のことである。

③正文。**シーボルト**は長崎郊外に鳴滝塾を開いて門人を教育したが，国禁の地図持ち出しが発覚して国外追放となった（＝1828年・**シーボルト事件**）。

④正文。フェートン号はイギリスの軍艦で，オランダ船を追って長崎に侵入し，狼藉に及んだ（＝1808年・**フェートン号事件**）。

第5問 標準 《明治期の地方制度》

問1 ┃ 25 ┃ 正解は③

アには土佐が，イには郡区町村編制法が入る。

ア．**廃藩置県**は1871年，薩摩・長州・**土佐**3藩から徴集された**御親兵**の軍事力を背景に一挙に断行された。

イ．地方制度の整備をすすめてきた大久保利通が1878年に暗殺された後，政府は**郡区町村編制法**・府県会規則・地方税規則のいわゆる**三新法**を制定した。それによって民意が地方行政に反映される基盤が築かれた。**地方自治法**は戦後，1947年に公布され，地方首長の公選制などが定められた。

問2　26　正解は③

①誤文。五箇条の誓文は，公議世論の尊重や開国和親など，新政府の国策の基本を示したもので，四民平等を定めたものではない。

②誤文。「キリスト教を許可」が誤り。五榜の掲示は，旧幕府の民衆統治方針を継承したもので，キリスト教についても邪宗門として厳しく禁止された。

③正文。政体書は1868年に制定され，権力の太政官への集中や三権分立制の導入など，近代的な政治体制の導入をめざした。

④誤文。徴兵令は1873年に発布されたので，1868～69年にかけておこった戊辰戦争の時には，徴兵令によって徴募された兵士は存在していない。

問3　27　正解は①

Ｘ．正文。ロエスレルはドイツの法学者で，1878年に来日した後，明治憲法の草案作成の際に顧問として活躍したほか，1890年公布の商法の起草にも参画した。

Ｙ．正文。フェノロサは1878年に来日，日本の伝統的古美術の復興に尽力し，1887年に岡倉天心らとともに日本画を中心とする東京美術学校を設立した。

よって，Ｘ－正，Ｙ－正となり，①が正解。

問4　28　正解は①

Ⅰ．太政官制が廃されて内閣制度が発足したのは1885年で，その翌1886年から憲法草案の作成が始まった。

Ⅱ．枢密院は憲法草案の審議のために1888年に設置され，のちには天皇の最高諮問機関として機能した。

Ⅲ．欽定憲法として大日本帝国憲法が発布されたのは1889年である。

よって，Ⅰ（1885年）－Ⅱ（1888年）－Ⅲ（1889年）の順となり，①が正解。

第6問 ── 日本とオリンピックとのかかわり

Ａ　やや難　《大正～昭和初期の政治・外交・文化》

問1　29　正解は④

①誤文。国際連盟はアメリカ大統領ウィルソンの提唱で1920年に設立された国際平和機構である。はじめ日本・フランス・イギリス・イタリアの4カ国が常任理事国となったが，アメリカは上院の反対で国際連盟には参加しなかった。

②誤文。ワシントン会議は1921～22年にかけて高橋是清内閣の時に開かれたが，会議参加を決定したのは原敬内閣の時である。

③誤文。中国の主権尊重や各国の経済上の機会均等などは 1922 年の九カ国条約によって決められ，それによって**石井・ランシング協定**が廃棄されることとなった。四カ国条約は 1921 年，太平洋の平和などについて取り決めたもので，それによって**日英同盟**が廃棄されることとなった。

④正文。不戦条約（パリ不戦条約）は 1928 年に調印された。

問2　**30**　正解は③

Ｘ．誤文。「プロレタリア文学運動」が誤り。写真の左側に「川端康成」の文字が見える。川端康成は**新感覚派**を代表する作家である。

Ｙ．正文。写真の右下に「築地小劇場」の文字が見える。**築地小劇場**は 1924 年に小山内薫や土方与志らによって創設された劇団・劇場で，新劇運動の拠点としての役割を果たした。

よって，Ｘ－誤，Ｙ－正となり，③が正解。

問3　**31**　正解は⑤

Ⅰ．犬養毅は 1932 年，海軍の青年将校らによって殺害された（＝五・一五事件）。

Ⅱ．塘沽停戦協定は 1933 年に関東軍と国民政府軍との間で結ばれた停戦協定で，これによって満州事変自体は一応終息した。

Ⅲ．金輸出が解禁されたのは 1930 年，浜口雄幸内閣の時である。

よって，Ⅲ（1930 年）－Ⅰ（1932 年）－Ⅱ（1933 年）の順となり，⑤が正解。

B　やや難　《日本の朝鮮支配と 1930 年代の外交・文化》

問4　**32**　正解は②

①正文。1910 年の**韓国併合条約**によって韓国を植民地として朝鮮と改め，その統治機関としてそれまでの**統監府**に代えて朝鮮総督府を設置，初代総督に陸軍大臣の寺内正毅が就任した。

②誤文。防穀令とは 1889 年，大豆・米などの対日輸出を禁じるために朝鮮の地方官が出した法令なので，朝鮮総督府は関与していない。

③正文。1919 年の三・一独立運動を鎮圧したのち，朝鮮総督の斎藤実は現役武官のみに限られていた朝鮮総督の就任条件を文官にまで広げたほか，**憲兵警察制度を廃止**するなどして，武断政治から**文化政治**に転換させた。

④正文。朝鮮に対しては，日本語の使用を強制したほか，神社参拝や宮城遥拝，創氏改名などを通して**皇民化政策**をすすめた。

問5　| 33 |　正解は②

X．正文。画面と音声が一体となった**トーキー映画**は 1931 年に登場した。

Y．誤文。**美空ひばり**がデビューしたのは戦後，1940 年代の後半なので「1930 年代」という時代条件に合致しない。1925 年から始まった**ラジオ放送**では，定時のニュースやラジオ劇，スポーツの実況，「東京行進曲」などの歌謡曲や浪花節（浪曲）などが人気となった。

よって，X－正，Y－誤となり，②が正解。

問6　| 34 |　正解は③

a．誤文。**日中戦争**は「**東亜新秩序の建設**」を目的に行われた。「**大東亜共栄圏の建設**」は太平洋戦争におけるスローガンである。

b．正文。**近衛文麿**は 1938 年に三度の声明を出した。第 1 次は「**国民政府を対手とせず**」との声明，第 2 次は日中戦争の目的を示した「**東亜新秩序**」声明，第 3 次は「**善隣友好・共同防共・経済提携**」の近衛三原則を示した声明である。

c．正文。第 1 次近衛内閣は 1937 年，「**挙国一致・尽忠報国・堅忍持久**」をスローガンに**国民精神総動員運動**をおこし，国民の戦意高揚と戦争協力を促した。

d．誤文。「ただちに」が誤り。日中戦争が勃発したのは 1937 年で，アメリカが石油の対日輸出を禁じたのは，日本が 1941 年に南部仏印に進駐した後である。

よって，b・c が正しい組み合わせとなり，③が正解。

C　標準　《農地改革と高度経済成長の時代》

問7　| 35 |　正解は①

a．正文。**農地改革**は寄生地主制の解体と，**自作農**の大幅創設を目的とした。

b．誤文。兼業農家が増加するのは 1960 年代，高度経済成長期のことである。

c．正文。第 2 次農地改革では不在地主の小作地保有は認められず，在村地主の場合でも都府県は 1 町歩，北海道は 4 町歩までに制限された。

d．誤文。農地改革によって**寄生地主制**は解体され，**小作料金納制**も実現した。

よって，a・c が正しい組み合わせとなり，①が正解。

問8　| 36 |　正解は①

X．「石油化学コンビナート」や「大気汚染」から，a の**四日市市**で発生した四日市ぜんそくを想起したい。

Y．美濃部亮吉は革新首長として 1967 年に**東京都**知事に当選したので，c が正解。

よって，X－a，Y－c となり，①が正解。

2024年版

共通テスト
過去問研究

日本史B

問題編

矢印の方向に引くと
本体から取り外せます ➡

ゆっくり丁寧に取り外しましょう

教学社

問題編

＊ 2021 年度の共通テストは，新型コロナウイルス感染症の影響に伴う学業の遅れに対応する選択肢を確保するため，本試験が以下の2日程で実施されました。
　第1日程：2021 年 1 月 16 日(土)および 17 日(日)
　第2日程：2021 年 1 月 30 日(土)および 31 日(日)
＊ 第2回試行調査は 2018 年度に，第1回試行調査は 2017 年度に実施されたものです。

マークシート解答用紙　2回分

※本書に付属のマークシートは編集部で作
　成したものです。実際の試験とは異なる
　場合がありますが，ご了承ください。

2023

共通テスト
本試験

1科目につき解答時間 60分
配点 100 点

日　本　史　B

（解答番号　1　～　32　）

第1問　マリさんとケントさんは，高校の授業で「地図から考える日本の歴史」とい
う課題研究に取り組むために，各自で地図を持ち寄り話し合うことになった。次の
二人の会話**A・B**や資料を読み，後の問い（**問1～6**）に答えよ。（資料は，一部省
略したり，書き改めたりしたところもある。）（配点　18）

A

マ　リ：私は，鎌倉時代に作られた**地図1**を持ってきたよ。

地図1

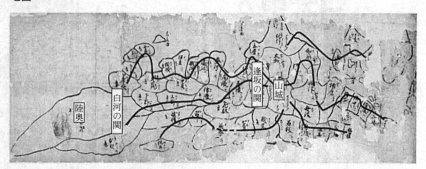

（仁和寺所蔵「日本図」）

ケント：これが日本地図？　左に東日本が描かれているよね。

マ　リ：中国地方の一部と九州地方は残っていないんだけどね。山城国を起点に，
　　　　畿内・七道を線で結んでいるんだ。

ケント：七道は古代の道路で，ⓐ<u>古代の行政区分でもあるんだ</u>よね？　諸国の形
　　　　は大ざっぱだね。

マ　リ：畿内・七道それぞれに諸国の位置関係が分かれば良かったんじゃない？

　　　　これと同じくらいの時期に作られた地図で，**地図2**も持ってきたよ。九州，四国と本州の西側の部分だけが残ってるんだ。

地図2

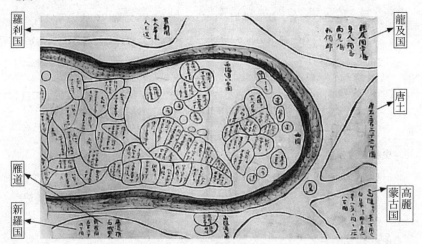

（金沢文庫所蔵「日本図」）

ケント：日本列島の周りを取り囲んでいるのは何だろう？

マ　リ：龍だという説があるよ。その外側には，ⓑこの地図が作製された時点で実在していた国のほかに，すでに存在しない国や，想像上の国も描かれているんだって。

ケント：へえ，面白いね。「羅刹国（らせつこく）」や「雁道（かりのみち）」が想像上の国なんだ。

マ　リ：ⓒ古代や中世の境界に対する意識は，それぞれ異なった特徴がありそうだね。

問 1　下線部ⓐに関連して，**史料１～３**から読み取れる内容について述べた文として正しいものを，後の**①～④**のうちから一つ選べ。　□ 1 □

史料 1

行方郡。（中略）癸丑の年^(注1)，茨城の国造 小乙下壬生連麿，那珂の国造
大建壬生直夫子等，総領^(注2)高向の大夫・中臣幡織田の大夫等に請いて，
茨城の地の八里と那珂の地の七里とを合わせて七百余戸を割きて，別けて
郡家を置けり。　　　　　　　　　　　　　　　　　　　　　（『常陸国風土記』）

（注1）　癸丑の年：653 年。以下の記述は，常陸国行方郡成立の経緯を説明している。
（注2）　総領：現在の関東地方を広域的に統轄するため，朝廷から派遣された官人。

史料 2

（天武 13 年 10 月）伊勢王等を遣わして，諸国の堺を定めしむ。

　　　　　　　　　　　　　　　　　　　　　　　　　　　　　　（『日本書紀』）

史料 3

（養老 2 年 5 月）陸奥国の石城・標葉・行方・宇太・日理と常陸国の菊多^(注3)
との六郡を割きて石城国を置く。（中略）常陸国多珂郡の郷二百一十烟^(注4)を
割きて名けて菊多郡と曰いて石城国に属く。

　　　　　　　　　　　　　　　　　　　　　　　　　　　　　　（『続日本紀』）

（注3）　陸奥国の石城・標葉・行方・宇太・日理と常陸国の菊多：現在の宮城県・福
　　　　島県の一部。
（注4）　烟：戸のこと。

① 国郡の設定や分割は，地方豪族の話し合いで決定した。

② 石城国は，既存の一か国を分割して作られた。

③ 常陸国行方郡は，大化改新より前に国造の支配領域を分割して作られた。

④ 国郡の行政区画の変更は，大宝律令の制定以降にも行われた。

問2　下線部ⓑに関連して，中世における東アジアの出来事について述べた次の文
Ⅰ〜Ⅲについて，古いものから年代順に正しく配列したものを，後の①〜⑥の
うちから一つ選べ。 2

Ⅰ　幕府は，天龍寺の造営のために元に貿易船を派遣した。

Ⅱ　元への服属に抵抗した三別抄が反乱を起こし，日本に援軍を求めた。

Ⅲ　尚巴志が三山を統一して琉球王国を建てた。

① Ⅰ―Ⅱ―Ⅲ　　　② Ⅰ―Ⅲ―Ⅱ　　　③ Ⅱ―Ⅰ―Ⅲ
④ Ⅱ―Ⅲ―Ⅰ　　　⑤ Ⅲ―Ⅰ―Ⅱ　　　⑥ Ⅲ―Ⅱ―Ⅰ

問3　下線部ⓒに関連して，マリさんは，地図1に書かれている関について，先生
に質問した。次の先生の説明を踏まえ，古代・中世の境界に対する意識につい
て述べた後の文X・Yの正誤の組合せとして正しいものを，後の①〜④のうち
から一つ選べ。 3

先生の説明

　地図1の逢坂（おうさか）の関は，山城国と近江国の国境の逢坂山に置かれた関だよ。
この関では穢や疫病を外に追いやる祭祀（さいし）が行われたんだ。また古代では国家
の非常時に関を封鎖し，都からの交通路を遮断しているよ。平城太上天皇の
変（薬子の変）の時には，嵯峨天皇が逢坂の関を守らせたんだ。

　白河の関は，陸奥国への入り口だね。古代陸奥国は，北側は蝦夷と境界を
接していたんだ。中世になると，外浜（そとのはま）（津軽半島の東側）が日本の東端とし
て意識され，北海道が夷島（えぞがしま）（蝦夷島）と呼ばれるようになるんだよ。地図2
の東日本の部分が残っていれば，列島を囲う龍は津軽海峡あたりを通ってい
ただろうね。津軽の安藤（安東）氏が鎌倉幕府からこの境界地域の管轄を任さ
れていて，彼らを通じて，昆布や，アザラシの毛皮などの北方産物が交易さ
れていたんだ。

　　X　古代の関には，反乱を起こした人物が地方に逃亡するのを防ぐ役割もあっ
　　　たと考えられる。

　　Y　中世では，境界の外側は隔絶された異域と認識され，その地の産物は忌避
　　　されたと考えられる。

① X　正　Y　正　　　　　② X　正　Y　誤
③ X　誤　Y　正　　　　　④ X　誤　Y　誤

B
地図3

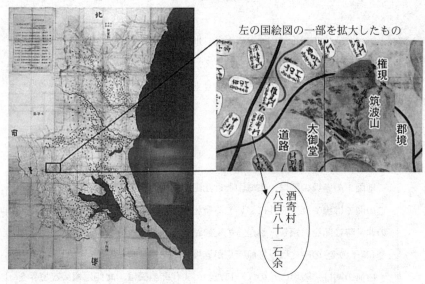

左の国絵図の一部を拡大したもの

（「元禄常陸国絵図」）

ケント：次は私の番だね。**地図3**は，江戸幕府が諸藩などに命じて作らせた国絵図
　　　　だよ。江戸時代を通じて，幕府はこのような国絵図を何度も作らせたん
　　　　だ。

マ　リ：拡大してみると，国内の代表的な山や寺社も描かれているのが分かるね。
　　　　小判型に描かれているのは村だね。

ケント：**地図3**は元禄期に作られたもので，幕府は国絵図を提出させて，　ア　を確認していたんだ。

マ　リ：へえ，そうなんだ。江戸時代の地図と言えば，西洋天文学に基づいて海岸測量で日本全図の作製に取り組んだのは，伊能忠敬だったよね？

ケント：彼は蝦夷地の測量をまず行ったんだけど，それは　イ　に関係していたんだ。幕府は彼の地図の正確さを認めて，それが日本全図の作製につながったんだよ。

マ　リ：そうか，正確な地図が必要とされたんだね。

ケント：うん。伊能忠敬の地図は，幕末に日本に来航した外国船が日本近海を測量して海図を作製した際にも利用されたんだよ。

マ　リ：陸地の地図ばかり考えていたけど，海の地図もあったよね。

ケント：海図は，軍事的な目的だけではなく，<u>⒟大型商船や客船が座礁しないようにするためにも必要だった</u>んだね。

マ　リ：地図からはいろいろなことが分かるんだね。これでうまく課題をまとめられそうだ。

問 4　空欄　ア　　イ　に入る文の組合せとして正しいものを，次の①〜④のうちから一つ選べ。　4

①　ア　各地の村高
　　イ　幕府が東蝦夷地を直轄地としたこと
②　ア　各地の村高
　　イ　ロシアとの間で国境が定められたこと
③　ア　各地の田畑の耕作者
　　イ　幕府が東蝦夷地を直轄地としたこと
④　ア　各地の田畑の耕作者
　　イ　ロシアとの間で国境が定められたこと

問 5　下線部⓪に関連して，近代日本における測量や海図に関する事例について述べた次の文**X・Y**と，それに関連する事項**a～d**との組合せとして正しいものを，後の①～④のうちから一つ選べ。　5

X　朝鮮沿岸に派遣された日本の軍艦が，測量しつつ挑発行為を行ったことをきっかけとして，朝鮮との間に軍事衝突が起こった。

Y　戦争に伴う輸出増加によって海運業が活況となり，海図や水路図誌の需要が高まった。

a　江華島事件　　**b**　甲申事変　　**c**　日露戦争　　**d**　第一次世界大戦

①　**X － a**　　**Y － c**　　　　②　**X － a**　　**Y － d**
③　**X － b**　　**Y － c**　　　　④　**X － b**　　**Y － d**

問 6　最後に，マリさんとケントさんは，話し合った内容を整理して，「地図から考える日本の歴史」について考えたことをまとめた。二人がまとめた次の文**a～d**について，最も適当なものの組合せを，後の①～④のうちから一つ選べ。　6

a　古代の律令制では，七道が行政区画の単位として用いられており，国と国との境は確定されなかったと考えられる。

b　中世では，想像もまじえて，日本列島とそれをとりまく海や地域を描いた地図も作製されたと考えられる。

c　近世，幕府が国絵図を提出させたのは，全国を支配していることを確認する目的があったと考えられる。

d　近代になると，陸の地図より海図が重視され，それ以前の日本の地図は顧みられなくなったと考えられる。

①　**a・c**　　　②　**a・d**　　　③　**b・c**　　　④　**b・d**

第2問　日本古代の陰陽道の歴史について述べた次の文章**A・B**を読み，後の問い（**問1〜5**）に答えよ。（史料は，一部省略したり，書き改めたりしたところもある。）（配点　16）

A

　　ⓐ陰陽道は，中国から伝来した暦学や天文学，陰陽五行思想などに基づき，徐々に形成されていった。

　　律令制下ではそれらの技術や思想を管轄するⓑ陰陽寮が設置された。陰陽寮は天文，暦や時刻のことに携わり，異変があった時には，国家的な災害や異変の予兆かどうか判定を行った。地方においても，大宰府には律令制定段階から陰陽師が置かれた。

　　9世紀以降，情勢が不安定となった東北地方や東国にも陰陽師が置かれるようになった。一方，ⓒ怨霊や疫神をまつって災厄をのがれようとする信仰が広まるなか，陰陽寮に属する陰陽師たちは災害や異変の元凶を取り除く祭祀(さいし)にも従事していった。10世紀になると陰陽師は，天皇や貴族たち個人の要請にも応え，事の吉凶を占ったり，呪術を施したりした。

問1　下線部ⓐに関連して，陰陽道が成立する以前の日本列島の信仰のあり方について述べた文として正しいものを，次の①〜④のうちから一つ選べ。　| 7 |

① 土偶は男性をかたどったものが多く，災いを避けるために一部が破壊されたものも多い。

② 邪馬台国の女王卑弥呼は，鬼道(呪術)を操る司祭者的な性格をもっていたとされる。

③ 宗像大社が神としてまつる壱岐島には，古墳時代の祭祀遺物が見られる。

④ 祓とは，身体についた穢を落とし清めるために，鹿の骨を焼く行為をいう。

問 2　下線部⑥に関連して述べた次の文X・Yと，それに該当する役所a〜dとの組合せとして正しいものを，後の①〜④のうちから一つ選べ。　8

　X　陰陽や天文，暦の技術は国家から重視されたため，陰陽寮は，天皇の詔書作成などを担当する八省筆頭の役所の下に置かれた。

　Y　安倍晴明は陰陽寮の官人として出仕したが，天皇のそばに仕えて機密文書を扱う役所で陰陽師としても活動した。

　a　兵部省　　　　**b**　中務省　　　　**c**　蔵人所　　　　**d**　検非違使庁

　①　X － a　　　Y － c　　　　②　X － a　　　Y － d
　③　X － b　　　Y － c　　　　④　X － b　　　Y － d

問 3　下線部ⓒに関連して，死後に怨霊となって祟りをなしたと言われている人物に関して述べた次の文 I 〜 III について，古いものから年代順に正しく配列したものを，後の①〜⑥のうちから一つ選べ。　9

　I　藤原氏を外戚としない天皇によって重用され，その天皇の退位後に右大臣となったが，対立する藤原氏の策謀によって大宰府に左遷された。

　II　左大臣として政界を主導したが，外戚の地位が危うくなった藤原氏兄弟の策謀に陥り，謀反の罪をきせられて自殺した。

　III　天皇の弟で皇太子であったが，新都造営の責任者が暗殺された事件の首謀者とされ淡路国へ流刑となり，その途上で餓死した。

　①　I － II － III　　　②　I － III － II　　　③　II － I － III
　④　II － III － I　　　⑤　III － I － II　　　⑥　III － II － I

B

　陰陽寮の重要な仕事の一つに，暦の作成があった。古代の暦のなかには，ⓓ日の吉凶（暦注）を記した具注暦と呼ばれるものがあった。作成された具注暦は，まず天皇に奏上され，天皇から太政官を通じて各官司などに下賜され，下級官司や地方官衙などでも書き写して備えられた。具注暦は行政の現場で文書行政や徴税納期の管理などに用いられた。

　具注暦は，役所だけではなく個人でも利用された。平安時代になると，摂関家や上級貴族たちは，具注暦を入手し，それを利用して日記を書き残すこともあった。それらを見ると，その日に行われた政務や儀式，日常の行動が細かく記されている。

問 4 下線部⑪に関連して，次の**史料1・2**を踏まえ，古代社会における暦の影響

に関して説明した後の文**X・Y**について，その正誤の組合せとして正しいもの

を，後の①〜④のうちから一つ選べ。 ☐ 10 ☐

史料1

国務条事

一，任国に赴く吉日時の事

　新任の吏(注1)，任国に赴くの時，必ず吉日時を択び，下向(注2)すべし。

一，吉日時を択びて，館(注3)に入る事

　着館の日時は，在京の間，陰陽家において撰定せしむ。

一，吉日を択びて，交替政(注4)を始め行う事

（『朝野群載』）

(注1)　新任の吏：新たに任命された国司。
(注2)　下向：京から任国へ下ること。
(注3)　館：任国に設けられた国司の居館。
(注4)　交替政：新任国司が前任国司と交代する手続き。行政事務の一つ。

史料2

遺誡(注5) 幷に日中行事

　先ず起きて，(中略)次に鏡を取りて面を見，暦を見て日の吉凶を知る。(中略)

次に昨日のことを記せ。次に粥を服す。次に頭を梳り(注6)，次に手足の甲を

除け。次に日を択びて沐浴せよ。(中略)年中の行事は，ほぼ件の暦に注し付

け，日ごとに視るの次に先ずその事を知り，兼ねてもって用意せよ。

（「九条殿遺誡」）

(注5)　遺誡：ここでは藤原師輔(道長の祖父)が子孫に残した訓戒。
(注6)　頭を梳る：髪をとかす。

X 中央や地方の政務には，暦に書かれたその日の吉凶が利用されていた。

Y 貴族の日常生活は，具注暦に記入された暦注に影響を受けていた。

① **X** 正　**Y** 正　　　　② **X** 正　**Y** 誤

③ **X** 誤　**Y** 正　　　　④ **X** 誤　**Y** 誤

問 5 文章**A・B**や**史料 1・2**を踏まえて，古代の陰陽道や貴族の生活について説明した次の文 **a ～ d** について，最も適当なものの組合せを，後の①～④のうちから一つ選べ。　┃11┃

a 天皇が暦を下賜したのは，天皇が時間を支配していることを示す意味があったと考えられる。

b 地方の役所には陰陽師が置かれ，暦を独自に作成していたと考えられる。

c 貴族にとって重要な年中行事は，具注暦を利用した日記に書き込まれ，前々から準備を始めていたと考えられる。

d 陰陽師は，物忌・方違や穢の発生など，貴族の個人的な吉凶は占わなかったと考えられる。

① **a・c**　　② **a・d**　　③ **b・c**　　④ **b・d**

第3問 次の文章は，中世の京都について調べている高校生のユウカさんとキョウさんとの会話である。この文章を読み，後の問い（**問1～5**）に答えよ。（資料は，一部省略したり，書き改めたりしたところもある。）（配点　16）

ユウカ：中世の京都の特徴って何だろう。中世にも政治を担う権力者たちが多く住んでいたと思うんだけど，なんだか印象が薄い気がする。

キョウ：でも実際に，ⓐ平安時代後期から鎌倉時代に政治を担った権力者たちが新しい仏教の流行に乗って平安京周辺に多くのお寺を造らせているよ。

ユウカ：中世は仏教が栄えた時代と教わったけど，中国から最先端の教えがいち早く京都に伝わったのは，権力者が深く関わっていたからかな。政治の中心であったからこそ，京都に最先端の文化が伝わったってことだね。

キョウ：いくつか本を読んでみると，京都に住む権力者たちに物資が集まったことによって，京都の経済がどんどん発達していったことが強調されているよ。

ユウカ：ⓑ室町幕府が京都の経済活動に深く関わっていたことはよく聞くなあ。

キョウ：そういえば，経済が発達したことによってⓒ様々な芸術や文化が発達したと書いている本もあったよ。戦乱によって荒廃した京都が富裕な商工業者たちによって復興されたように，京都の経済活動は活発だったみたい。

ユウカ：この**図1**は戦国時代の京都の地図だよね。黒い丸が集まっているけど，何を示しているんだろう。

キョウ：黒い丸は，戦国時代の酒屋の位置を示していて，丸の大きさによって，酒屋が負担した税の額を表しているんだよ。大きな丸が多いから，この頃の酒屋にはたくさんの銭が集まっていたんだろうね。もしかすると，黒い丸の場所の地中にはものすごい量の銭の入った容器が眠っているかもよ。

ユウカ：史料だけではなくて，発掘調査の報告書や当時の様子を描いた絵画を見ることも，中世の京都について詳しく知るための参考になりそうだね。

図1

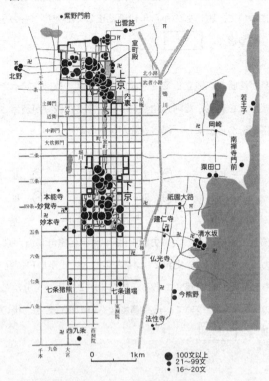

（山田邦和『京都都市史の研究』により作成）

問 1 戦国時代の京都における商業の中心地を調べる方法に関して述べた次の文
Ｘ・Ｙと，その調査対象に該当する語句 **a ～ d** について，最も適当なものの組
合せを，後の①～④のうちから一つ選べ。　12

Ｘ 発掘調査の報告書によって，これがまとまって出土した場所を調べる。
Ｙ 史料や京都を描いた絵画によって，これが所在した場所を調べる。

a 甕　　　　　**b** 農具　　　　**c** 見世棚　　　　**d** 関所

① Ｘ － a　　Ｙ － c　　　　② Ｘ － a　　Ｙ － d
③ Ｘ － b　　Ｙ － c　　　　④ Ｘ － b　　Ｙ － d

問 2　下線部@に関連して，平安京の周辺に造られた寺院に関して述べた次の文
Ⅰ～Ⅲについて，古いものから年代順に正しく配列したものを，後の①～⑥の
うちから一つ選べ。　　13

　Ⅰ　法皇が法勝寺を造立して巨大な仏塔を築き，権勢を誇った。
　Ⅱ　極楽浄土を表現した阿弥陀堂を中心とする法成寺が造営された。
　Ⅲ　禅宗が宋から伝来し，禅宗寺院が建立された。

　① Ⅰ－Ⅱ－Ⅲ　　　② Ⅰ－Ⅲ－Ⅱ　　　③ Ⅱ－Ⅰ－Ⅲ
　④ Ⅱ－Ⅲ－Ⅰ　　　⑤ Ⅲ－Ⅰ－Ⅱ　　　⑥ Ⅲ－Ⅱ－Ⅰ

問 3　下線部⑥に関連して，次の**史料1**は1500年に室町幕府が京都で発布した撰
銭令である。また，後の**史料2**は1485年に大内氏が山口で発布し，1500年に
おいても有効だった撰銭令である。**史料1・2**によって分かることに関して述
べた後の文**a～d**について，最も適当なものの組合せを，後の①～④のうちか
ら一つ選べ。　　14

史料1

商売人等による撰銭の事について

近年，自分勝手に撰銭を行っていることは，まったくもってけしからんことで
ある。日本で偽造された私鋳銭については，厳密にこれを選別して排除しなさ
い。永楽銭・洪武銭・宣徳銭は取引に使用しなさい。

（『建武以来追加』大意）

史料2

利息付きの貸借や売買の際の銭の事について

永楽銭・宣徳銭については選別して排除してはならない。さかい銭^(注1)・洪武銭・うちひらめ^(注2)の三種類のみを選んで排除しなさい。

（『大内氏掟書』大意）

(注1) さかい銭：私鋳銭の一種。
(注2) うちひらめ：私鋳銭の一種。

a 使用禁止の対象とされた銭の種類が一致していることから，大内氏は室町幕府の規制に従っていたことが分かる。

b 使用禁止の対象とされた銭の種類が一致していないことから，大内氏は室町幕府の規制に従ってはいなかったことが分かる。

c 永楽通宝は京都と山口でともに好んで受け取ってもらえ，市中での需要が高かったことが分かる。

d 永楽通宝は京都と山口でともに好んで受け取ってもらえず，市中での需要が低かったことが分かる。

① **a・c** ② **a・d** ③ **b・c** ④ **b・d**

問4 下線部ⓒに関連して，京都で花開いた芸術や文化に関して述べた文として誤っているものを，次の①〜④のうちから一つ選べ。 15

① 擬人化した動物を用いて描いた『鳥獣戯画』が作られた。

② 「道理」の展開から歴史の推移を説いた『愚管抄』が著された。

③ 床の間を飾る立花様式が池坊専慶らによって大成された。

④ 禅の世界を具現化した大和絵である『瓢鮎図』が描かれた。

問 5 ユウカさんとキョウさんは，中世の京都について調べた内容を踏まえて，中世における経済の動きの特徴を模式的に示し，次の**図2**にまとめた。中世の財貨の動きを示した**図2**の矢印**X ～ Z** と，それに該当する語句**a ～ f** について，最も適当なものの組合せを，後の**①～⑧**のうちから一つ選べ。 16

図2

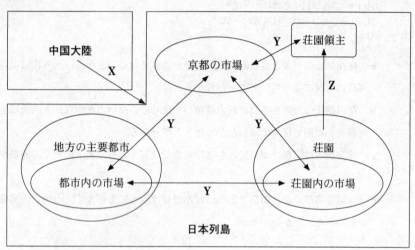

a 鋳造された銭   b 産出された金
c 為 替   d 借 上
e 代銭納   f 酒屋役

① X － a   Y － c   Z － e   ② X － a   Y － c   Z － f
③ X － a   Y － d   Z － e   ④ X － a   Y － d   Z － f
⑤ X － b   Y － c   Z － e   ⑥ X － b   Y － c   Z － f
⑦ X － b   Y － d   Z － e   ⑧ X － b   Y － d   Z － f

第4問 次の文章は，日本史の授業を受けている高校生のナツさんとアキさんが，江戸時代における人々の結びつきについて話し合った際の会話である。この文章を読み，後の問い（**問1～5**）に答えよ。（史料は，一部省略したり，書き改めたりしたところもある。）（配点　16）

ナ　ツ：江戸時代の武士たちの結びつきってどんなものだったのかな？

ア　キ：例えば彦根藩士や対馬藩士は，自分たちを「井伊掃部頭家中」「宗対馬守家中」と称しているよね。

ナ　ツ：同じ主君に仕える家臣たちは，主君の家の一員とみなされ，一体感があったようだね。庶民はどうだったのかな？

ア　キ：人口の大半を占める百姓たちは，日頃は村で過ごして，村や地域の中で深い結びつきをもっていたんじゃないかな。

ナ　ツ：電車やインターネットもない時代だから，遠くにいる人との結びつきは限られていただろうね。

ア　キ：でも，17世紀前半に，　　ア　　ことなどによって，江戸と全国を結ぶ陸上交通が発達したんだよね。

ナ　ツ：17世紀中頃までには，　　イ　　ために，水上交通も発達したんだね。

ア　キ：特に都市では<u>@商人や職人が仲間・組合をつくるようになり</u>，幕府も物価統制などにそれを活用したことも知られているね。

ナ　ツ：町内のつながりや商人・職人の仲間以外にも，都市では緩やかな結びつきがあったんじゃないかな。<u>⑥文化的な結びつき</u>も広がっていったみたいだね。

ア　キ：水上交通といえば，船が漂流して，外国に漂着することもあったみたい。<u>ⓒ近隣諸国との間で，漂流した人々を送り返すことも行われていたようだよ。</u>海外ともいろいろな形で結びついていたことが分かるね。

問 1 次の文 a 〜 d のうち，会話文中の空欄 ア イ に入る文の組合せとして最も適当なものを，後の①〜④のうちから一つ選べ。 17

- **a** 諸大名が江戸に屋敷をかまえ国元との間を往来するようになった
- **b** 交通の障害となる箱根の関や新居の関といった関所が廃止された
- **c** 御蔭参りなどに出かける多くの旅客を運ぶ
- **d** 年貢米や材木など大量の物資を運ぶ

① ア ― a　イ ― c　　　② ア ― a　イ ― d
③ ア ― b　イ ― c　　　④ ア ― b　イ ― d

問 2 下線部ⓐに関連して，商人や職人の仲間・組合やそれに関わる政策に関して述べた次の文 I 〜 III について，古いものから年代順に正しく配列したものを，後の①〜⑥のうちから一つ選べ。 18

- **I** 幕府は，輸入生糸を糸割符仲間に一括して購入させる制度を始めた。
- **II** 江戸では，問屋仲間の連合体である十組問屋が結成された。
- **III** 幕府は，商人や職人の仲間を株仲間として広く公認したほか，銅座や真鍮座，人参座を設けた。

① I ― II ― III　　② I ― III ― II　　③ II ― I ― III
④ II ― III ― I　　⑤ III ― I ― II　　⑥ III ― II ― I

問3　下線部ⓑに関連して，ナツさんとアキさんは次の**史料1**とその**解説**を読んだ。**史料1**は，1860年に江戸で刊行された『安政文雅人名録』という文化人名簿の一部である。この**史料1**に関して述べた後の文**X・Y**について，その正誤の組合せとして正しいものを，後の①～④のうちから一つ選べ。 19

史料1

書 梧潤	書 耕久	儒 鯤厓	蘭学、 興齋	書画鑑定 古琳	画 后素	儒 古處
名字鼎子 号研耕書屋 小傳馬町三丁目	忠房同居 難波町裏川岸	名資之字深造 号経訓堂 在宿四元 中橋正木町	名瀛字興齋号 紅海攖 津山藩 銀治橋御門内	名真字島隣 深川八幡境内	字名 愛宕下	名精字某甫 備前藩 大名小路
小松彌七	江口昌房	伊藤深造	宇田川興齋	内山林蔵	並河瀬左衛門	石野精吉

解説

上段の「梧潤（ごじゅん）」などは彼らが文化人として名乗った名前であり，右肩には，「書」など彼らの得意とする文化ジャンルが小さく書かれている。中段の記載からは，仕えている藩の名前なども確認できる。下段の「小松彌七（こまつやしち）」などは文化活動以外の場における名前であり，右肩には「小傳馬町（こでんまちょう）三丁目」など彼らの居住する江戸の地名が書かれている。

X 史料1に載る文化人は，江戸を居所としていたので，関東以外の場所に領地を有する大名には仕えることができなかった。

Y 史料1に載る文化人の中には，書画などを得意とする者だけでなく，西洋の学術・文化を研究している者もいた。

① **X** 正 **Y** 正 ② **X** 正 **Y** 誤

③ **X** 誤 **Y** 正 ④ **X** 誤 **Y** 誤

問 4 下線部ⓒに関連して，ナツさんとアキさんは次の**史料2**を読んだ。**史料2**は，日本の船が漂流して，1751年に中国に漂着した件について，後に長崎でまとめられたものである。この**史料2**に関して述べた後の文 **a ～ d** について，最も適当なものの組合せを，後の①～④のうちから一つ選べ。 20

史料2

この者ども(注1)，(中略)厦門(アモイ)に送られ，官所(注2)において吟味これ有り。(中略)寧波(ニンポー)府鄞県(ギン)(注3)の信公興という商人に申し付けられ，船頭鄭青雲，財副(注4)林栄山，外(ほか)に童天栄・黄福，この二人は日本に渡海馴(な)れたる者にて，少々日本詞(ことば)を覚えたる由にて，通弁(注5)・介抱のため差し添え，十一月六日，寧波より出船，(中略)同二十日，当湊(みなと)に着船せり。右の厦門海防庁(注6)許氏より咨文(しぶん)(注7)一通，寧波府鄞県黄氏より咨文一通差し送り，(中略)菅沼氏より回咨(かいし)(注8)二通，両所に相渡さる。

(『長崎実録大成』)

(注1) この者ども：日本からの漂流民。
(注2) 官所：中国の役所。
(注3) 寧波府鄞県：現在の中国・寧波市にあった行政区域・行政機関。
(注4) 財副：会計を担当する副船長格の船員。
(注5) 通弁：通訳。
(注6) 海防庁：海岸部の防衛に当たった役所。
(注7) 咨文：公文書。
(注8) 菅沼氏より回咨：長崎奉行菅沼定秀の返書。

a　**史料2**によれば，漂流民の送還に当たって，中国の役人と日本の役人との間で公文書がやりとりされた。

b　**史料2**によれば，漂流民の送還に当たって，中国の役人が日本まで同行して漂流民を送還した。

c　この漂流事件が起きた当時，中国と日本との間に正式な外交使節の往き来はなかった。

d　この漂流事件が起きた当時，中国から日本に来航する貿易船の数や貿易額はまだ制限されていなかった。

① a・c　　② a・d　　③ b・c　　④ b・d

問5　ナツさんとアキさんは，話し合いと授業の内容を踏まえて，調べたことをまとめた。江戸時代における人々の結びつきについて述べた文として最も適当なものを，次の①〜④のうちから一つ選べ。　21

① 彦根藩井伊家のような大名の家臣団は，主君と家臣が血縁によって結びついている集団だと考えられる。

② 江戸時代における村民の結びつきは強く，幕府もそれに依拠して年貢などの諸負担を村全体の責任で請け負わせたと考えられる。

③ 江戸では，武士と町人の居住地が分けられており，武士の文化である俳諧や川柳を町人がたしなむことも許されなかったと考えられる。

④ 江戸時代後期には奉公人や出稼ぎ人が多くなったので，幕府は彼らに寄場組合（改革組合村）をつくらせ風俗を取り締まらせたと考えられる。

第5問 演劇部に所属する高校生のタクさんとユキさんは，幕末から明治にかけて
の日本を主な舞台とした劇の台本を作成することにした。劇の構想をまとめた次の
メモと，タクさんとユキさんとの**会話**を読み，後の問い(**問1〜4**)に答えよ。な
お，この問題の文中に出てくる年齢は満年齢である。(史料は，一部省略したり，
書き改めたりしたところもある。)(配点　12)

メモ

主人公：牧野りん(1860年生まれ，1910年没)

　　　　※りんの父は，東北地方のある藩の藩士(明治期は士族)

　　　　※りんをはじめ，登場人物は架空の人物

内　容：幕末から明治にかけて，時代が大きく変わるなか，りんが苦難を乗り
　　　　越えながら成長する様子を描いた物語

会話

タ　ク：面白い劇ができそうだけど，過去の時代を題材にするとなると，その時代
　　　　が実際にどんな時代だったかを調べる必要があるね。

ユ　キ：過去の時代を題材にした演劇や映画，ドラマでは，衣装や小道具，さらに
　　　　物語の設定に関して，当時の状況や，歴史的事実(史実)に照らして適切か
　　　　を検討する時代考証がよく行われるようだよ。

タ　ク：私たちの劇では，幕末から明治にかけての時代を取り扱うけれど，この時
　　　　代は文化の面でも大きな変化があったから，例えば@服装や身なりを考
　　　　えてみても，時代考証をするのは大変そうだよね。

ユ　キ：それなら，主人公の牧野りんと同じ時代を生きた実在の人物について調べ
　　　　てみれば，手掛かりになるかもしれないよ。

タ　ク：さっそく図書室で調べてみようよ。台本の作成に役立つといいね。

問 1 設定された牧野りんの生没年の間に起きた出来事について述べた次の文 **X**・
Y と，それに該当する語句 **a～d** との組合せとして正しいものを，後の ①～④
のうちから一つ選べ。 22

X 牧野りんが 4 歳になる頃，この地が，イギリス・フランス・アメリカ・オ
ランダの連合艦隊によって砲撃された。

Y 牧野りんが 13 歳になる頃，新しく設立された内務省の長官(卿)に，この
人物が就任した。

a 鹿児島 **b** 下 関
c 寺島宗則 **d** 大久保利通

① X－a Y－c ② X－a Y－d
③ X－b Y－c ④ X－b Y－d

問 2 下線部ⓐに関連して，幕末から明治期にかけての服装や身なりに関わる出来
事に関して述べた次の文 **Ⅰ～Ⅲ** について，古いものから年代順に正しく配列し
たものを，後の ①～⑥ のうちから一つ選べ。 23

Ⅰ 政府が軍人と警察官以外の者の帯刀を禁止したことなどに不満を抱いた士
族たちが，熊本で反乱を起こした。

Ⅱ 洋装での舞踏会を催すなど，欧化政策をとった人物が，条約改正交渉に関
して世論の反発を受け，外務大臣を辞任した。

Ⅲ 伊勢神宮の御札などが降ってきたことを機に，人々が乱舞する流行が生
じ，その乱舞では男性の女装や，女性の男装が見られることがあった。

① Ⅰ－Ⅱ－Ⅲ ② Ⅰ－Ⅲ－Ⅱ ③ Ⅱ－Ⅰ－Ⅲ
④ Ⅱ－Ⅲ－Ⅰ ⑤ Ⅲ－Ⅰ－Ⅱ ⑥ Ⅲ－Ⅱ－Ⅰ

問3　タクさんとユキさんは，図書室で調べるなかで，牧野りんと同じ時代を生きた実在の人物として，男女同権を求めて活動した1863年生まれの岸田(中島)俊子に注目した。次の**史料**は，岸田が1884年に発表した文章の一部である。この**史料**に関して述べた後の文**X・Y**について，その正誤の組合せとして正しいものを，後の①〜④のうちから一つ選べ。　24

史料

男子たるものは，(中略)大抵教えを受けざるはなし。よしや(注1)教えを受けざるも，男子は世の中に奔走して弘く人と交るが故に，女子の閨閫(注2)の中にとじこもりて，人交りも得せぬ様に(注3)せられぬるものとは，其の知識の進みも大なる差異あらねばならぬ訳なるべし。然ればむかしより，男子のすぐれたるもの女子よりも多かるの理は，教うると教えざるとの差い，又世に交ることの広きと狭きとに依るものにて，自然に得たる精神力に於て差異あるものにははべらぬぞかし。

（『自由燈』9号）

(注1)　よしや：たとえ。
(注2)　閨閫：部屋。
(注3)　得せぬ様に：できないように。

X　**史料**によれば，岸田俊子は，男性と女性との知識の差は，教育や人的交流の機会の差によって生じたものだと述べている。

Y　**史料**が書かれた当時の女性は，小学校で国定教科書に基づく義務教育を受けていた。

①　**X** 正　**Y** 正　　　　②　**X** 正　**Y** 誤
③　**X** 誤　**Y** 正　　　　④　**X** 誤　**Y** 誤

問 4　タクさんとユキさんは，図書室で調べた岸田俊子の生涯を参考に，牧野りん
　　の生涯を次のように設定した。その上で，同じ演劇部員のカイさんとともに時
　　代考証を行うことにした。次の**生涯の設定**を読み，3 人の時代考証に関する**発
　　言**の波線部について述べた文として正しいものを，後の①〜④のうちから一つ
　　選べ。　25

生涯の設定（時代考証前の文章で，史実に照らして修正すべき点がある。）

　　明治になり，りんの父は屯田兵として，りんたちを連れて札幌近郊に移住し
　　た。しかし病におかされ，りんが 16 歳の時に亡くなる。その後，りんは親族
　　をたよって東京に移り，自由民権運動に携わった。20 歳の時に，りんは自由
　　民権運動を通じて知り合った憲政党の男性と結婚し，21 歳から 8 年間，夫と
　　ともにドイツで暮らした。欧米で展開されていた女性の権利拡大の運動に感銘
　　を受けたりんは，帰国後，女子教育の発展に生涯をささげた。

発言

タ　ク：設定上，りんの父が屯田兵となっているけど，史実として，りんの父が
　　　　　亡くなる前に屯田兵に応募できたのは平民だけだよね。この設定は修正
　　　　　したほうがいいと思う。

ユ　キ：史実として，憲政党の結成は，りんが設定上で結婚した年よりも後のこ
　　　　　とだよね。この設定は修正したほうがいいと思う。

カ　イ：設定上で，りんがドイツに滞在していた期間に，史実として，明治政府
　　　　　の要人がドイツで憲法調査を行っているよね。劇の背景に，こうした日
　　　　　本とドイツとの関係を追加できるね。

①　3 人とも正しい。

②　3 人とも間違っている。

③　ユキさんのみ正しい。

④　タクさんのみ間違っている。

第6問　修学旅行をひかえたカヅキさんは，「旅」をキーワードに調べ学習をした。学習の過程で作成した次の資料**A・B**を読んで，後の問い(**問1～7**)に答えよ。(資料は，一部省略したり，書き改めたりしたところもある。)(配点　22)

A　修学旅行の歴史

1886年	ⓐ東京師範学校が千葉県銚子まで徒歩で「長途遠足」を実施する。
1887年	公文書に「修学旅行」の語が登場する。
1889年	山梨県女子師範学校が修学旅行を実施する(京都・三重・東京)。
1896年	ⓑ長崎商業学校がはじめて海外修学旅行を実施する(上海)。
1906年	陸軍省と文部省の主催で，中学生以上の生徒を対象とする合同満州修学旅行が実施される。以後，ⓒ満州と朝鮮への修学旅行が増大する。

問1　下線部ⓐに関して述べた次の文章について，空欄　**ア**　**イ**　に入る語句の組合せとして正しいものを，後の①～④のうちから一つ選べ。　26

師範学校は教員養成を目的とした学校で，最初に設けられたのは東京師範学校である。その設立年は，　**ア**　学校を設置することを目指した「学制」の公布と同じである。師範学校の制度は，1886年に公布された師範学校令によって確立され，1947年に公布された　**イ**　によって六・三・三・四の新学制が発足する際に国立大学の教育学部などに再編された。

① **ア**　地方の実情を考慮して　**イ**　教育令
② **ア**　地方の実情を考慮して　**イ**　学校教育法
③ **ア**　全国画一的に　**イ**　教育令
④ **ア**　全国画一的に　**イ**　学校教育法

問 2 下線部ⓑに関連して，その時の修学旅行生の上海での体験記を示した次の**史料1**の内容に関して述べた後の文**X・Y**について，その正誤の組合せとして正しいものを，後の**①**～**④**のうちから一つ選べ。 27

史料1

　まず眼（め）につくものはさすがは国際的繁栄の都市で，見馴（みな）れぬ高層建物や多種多様の人々（中略）でした。上海滞在は2，3日で，その間長崎出身某氏の経営せるホテルにわれわれ一行招待を受けました。（周囲から）「東洋鬼」の罵声（ばせい）を浴びつつ支那（注）人街や城内などの見物をなし，戦勝の結果利権を得て新設された東華紡績工場の見物やらですごし（中略）神戸丸で長崎へ帰りました。

　　　　　　　（長商創立75周年記念誌編集委員会編『長商卒業生の生活と意見』）

（注）　支那：当時用いられた中国の呼称。

X　修学旅行生が「国際的繁栄の都市」と称した上海は，安政の五か国条約の締結よりも前に開港していた。

Y　修学旅行生は，日清戦争の勝利で日本が得た利権の一端を目撃したり，清国の敗北に対する上海市民の反応を体験したりした。

① **X** 正　　**Y** 正　　　　　　**②** **X** 正　　**Y** 誤

③ **X** 誤　　**Y** 正　　　　　　**④** **X** 誤　　**Y** 誤

問 3 下線部ⓒに関連して，次の**表1**は大阪府女子師範学校が，1938年5月に実施した修学旅行の行程の一部を示したものである。この旅行の訪問地の説明として正しいものを，後の①〜④のうちから一つ選べ。 28

表1 大阪府女子師範学校の修学旅行の行程表（1938年5月）

訪問日	訪問地	おもな訪問先
14〜15日	釜山・京城	朝鮮神宮・総督府・パゴダ（タプコル）公園
16日	平壌	平壌神社・博物館・朝鮮住宅
17〜18日	奉天・撫順 ぶじゅん	鴨緑江・炭鉱・工場 おうりょくこう
19〜21日	新京・ハルビン	新京神社・関東軍司令部・日本人小学校
22日	奉天	奉天神社・北大営・奉天城
23〜25日	大連・旅順	満鉄本社・露天市場・大連神社

（奈良県立図書情報館「子どもたちが見た満州」により作成）

① 14〜15日に滞在した都市にある総督府の初代総督は桂太郎である。

② 17〜18日の訪問地で神社を訪れていないのは，外国である満州国に神社がなかったからである。

③ 日中戦争のきっかけとなる衝突は22日の訪問地の郊外で起きた。

④ 関東都督府は23〜25日の訪問地の一つにかつて設置されていた。

B 旅行の変化に関するメモ

〈戦前〉 生きるための旅からレジャーの旅へ

・生きるための旅・・・ⓓ炭鉱労働者，行商人，巡礼者

・ⓔ訪日客誘致を目的にジャパン・ツーリスト・ビューロー設立（1912年）

〈戦後〉 レジャーの旅の拡大

・ⓕ博覧会などのイベント開催 → 旅行活性化＝地域活性化が期待される

・海外旅行：海外渡航の自由化（1964年） → ⓖアジアの新興国への旅行が増大

問 4 下線部ⓓに関連して，次の**表2**と**史料2**に関して述べた後の文 **a ～ d** について，正しいものの組合せを，後の①～④のうちから一つ選べ。　29

表2 炭鉱労働者の出身地別・勤続年数別の比率（小数点以下は四捨五入）

炭　鉱	他府県出身比率(%)	勤続年数別比率(%)			
		1年未満	2年未満	3年未満	3年以上
A	49	61	29	8	3
B	35	64	23	6	8
C	48	55	21	12	12
D	63	56	19	10	15
E	51	36	28	18	17
F	56	48	17	14	21

（農商務省鉱山局編『鉱夫待遇事例』により作成）

史料2　炭鉱における家族労働

亭主は一足先に入坑し切羽(注1)に挑んでおる。女房は(家事の)あと始末をして，いとけない十才未満の倅に幼児をおわせ，四人分の弁当(中略)担げて(注2)ワレも滑らず，うしろも転ばぬ様に気を配りつつさがり行く。此の場合大人がおんぶすれば安全だが何分坑道が低く，幼児が頭を打ちつける，他人に幼児を預けると十銭(中略)いるから大変，よって学校は間欠(注3)長欠になるわけであった。　　　　　　　　　　（山本作兵衛「入坑(母子)」）

（注1）　切羽：堀り進めている坑道の先端。切場。
（注2）　担げて：肩にのせて。かついで。　　（注3）　間欠：一定の期間休むこと。

a　**表2**によると，いずれの炭鉱においても労働者の3分の2以上が勤続年数3年未満であり，1年未満が最も多かった。

b　**表2**によると，他府県出身の労働者が多ければ多いほど，勤続年数が短くなる傾向があった。

c　**史料2**によると，炭鉱内に女性は入ることができず，炭坑労働者の妻は夫の弁当を男の子に届けさせなければならなかった。

d　**史料2**によると，子供の教育よりも家計を優先する炭鉱労働者がいたことが分かる。

①　**a・c**　　　　②　**a・d**　　　　③　**b・c**　　　　④　**b・d**

問 5　下線部ⓔに関して，カヅキさんは，設立の事情を調査・考察した。その内容をまとめた文章として最も適当なものを，次の①～④のうちから一つ選べ。
　　　　30

① 当時，外国人を日本各地に移住させる目的で，地方改良運動が行われていた。この成果を，訪日客の見聞を通して世界に知らせる意図があった。

② 当時の欧米では，日露戦争による日本でのファシズムの高まりが懸念されていた。この懸念を，訪日客の見聞を通して払拭できるという期待があった。

③ 当時の日本は，産業革命のなかで生じた貿易赤字に苦しんでいた。この問題を，訪日客がもたらす外貨で緩和させる意図があった。

④ 当時，日本以外のアジアでは民族自決原則に基づく独立運動が活発化し，治安が悪化していた。そのため，訪日客が増大するという期待があった。

問 6　下線部ⓕに関連して，カヅキさんは，沖縄国際海洋博覧会に関する複数の新聞を調べて，次の**見出し一覧**を作成した。そこから読み取れることに関して述べた後の文 **a ～ d** について，最も適当なものの組合せを，後の①～④のうちから一つ選べ。　　31

見出し一覧

- 1975 年に「沖縄海洋博」　復帰記念し大々的に（1971 年 3 月）
- 豊かな沖縄へのきっかけに　知事が談話（1972 年 5 月）
- 海洋博　基地脱却　東洋のハワイめざす（1973 年 3 月）
- 沖縄経済パンクさせるな　物価高あおる海洋博（1973 年 3 月）
- "沖縄の心"は揺れ動いている　「本土の人たちの祭り」「景気浮揚の起爆剤に」（1975 年 7 月）
- 海洋博 2 か月　観光客は増えても本土の資本が吸いあげ（1975 年 9 月）
- 海洋博が去った沖縄　倒産・失業だけが残った　聞こえてくる本土への恨み節　基地居座り「戦後」は続く（1976 年 9 月）

a　海洋博の開催は，沖縄がアメリカ施政権下にあった時期から検討されていた。

b　海洋博の開催の検討は，沖縄の施政権が日本に返還されてから始まった。

c　海洋博の開幕で観光客が増えると，海洋博による沖縄の景気回復を歓迎する論調が優勢になった。

d　海洋博の開幕で観光客が増えた後も，経済的な利益を得ているのは本土の企業であると，沖縄では不信感が募った。

① a・c　　　② a・d　　　③ b・c　　　④ b・d

問 7　下線部ⓖに関連して，第二次世界大戦後の日本とアジアの関係に関して述べた次の文X・Yについて，その正誤の組合せとして正しいものを，後の①～④のうちから一つ選べ。　 32

X　冷戦のなかで，西ヨーロッパと同様に東アジアでもアメリカを中心とする多国間の共同防衛組織が結成され，日本も加盟した。

Y　新興独立諸国との親善を目的に，日本の主催により，第 1 回アジア・アフリカ会議が東京で開催された。

① X 正　Y 正　　　　② X 正　Y 誤
③ X 誤　Y 正　　　　④ X 誤　Y 誤

日 本 史 Ａ

$$\left(\text{解答番号}\boxed{\ 1\ }\sim\boxed{\ 32\ }\right)$$

第1問 次の文章Ａ～Ｃは，二人の高校生(キリコとハルタ)の会話である。この文
章を読み，後の問い(**問1～7**)に答えよ。(資料は，一部省略したり，書き改めた
りしたところもある。)(配点　22)

Ａ

図1

キリコ：これはおじいさんの持っていた切手コレクションだよ。この切手(**図1**)は
　　　　年代物でしょ。他の切手と切り離すための小穴(目打ち)もないし。

ハルタ：昔を感じるね。それと比べると，こちら(**図2**)はまだ今の切手に近そう
　　　　だ。1871年に郵便制度を整えたのは　**ア**　だけど，この切手も作らせ
　　　　たのかな。

キリコ：　**ア**　が1871年に作らせたのは**図1**のほう。　**イ**　を設立した渋沢
　　　　栄一から，海外の切手を見せられたのがヒントになったみたい。でも
　　　　ⓐ**図1**は切手として問題があり，居留地の外国人などにも不評だったの
　　　　で，1876年に**図2**が作られたようだよ。キヨソーネというイタリア人
　　　　が，銅版画の技法にこだわる明治政府を説得し導入した凸版印刷の技術が
　　　　使われたんだ。

ハルタ：へえ，そんな新技術が日本にあったのは驚きだよ。

問1　空欄　ア　イ　に入る語句の組合せとして最も適当なものを，次の
①～④のうちから一つ選べ。　1

① ア　前島密　　　イ　八幡製鉄所
② ア　前島密　　　イ　大阪紡績会社
③ ア　金子堅太郎　イ　八幡製鉄所
④ ア　金子堅太郎　イ　大阪紡績会社

問2　下線部ⓐに関連して，ハルタさんは，不評だった**図1**の切手がどのように改
善されたのかを考えた。**図2**も参考にしながら，改善点について述べた文とし
て**適当でないもの**を，次の①～④のうちから一つ選べ。　2

① 新たに造られる貨幣に合わせるために，料金単位を銭から厘に変更した。
② 日本で発行された切手であることが分かるように，国号を記した。
③ 外国人にも読みやすいように，英語や算用数字を加えた。
④ 一枚ごとに切り離しができるように，目打ちを施した。

B

図3

キリコ：この切手（**図3**）は，かなり珍しいよ。実際には発売されなかったから。
ハルタ：えっ，そんな切手があるんだね。
キリコ：これは当時の皇太子の結婚を記念した切手なんだ。でも関東大震災が発生
　　　　したために，印刷した切手のほとんどが焼失してしまったよ。

ハルタ：ⓑよく残っていたね。デザインは風景だけで，皇太子の姿はないんだ。

キリコ：明治時代には，ⓒ天皇の姿を郵便物に載せることをめぐって議論があったようだね。でも，大正時代になると，発売された絵はがきには，天皇・皇后や皇太子夫妻の写真が載せられているけどね。

問3 下線部ⓑに関連して，キリコさんは，**図3**の切手のごく一部だけが焼失をまぬがれた理由を調べてみた。その理由を述べた文として最も適当なものを，次の①〜④のうちから一つ選べ。 | 3 |

  ① 到着まで時間のかかる満州国での発売予定分を，事前に送っていた。

  ② 到着まで時間のかかる南洋諸島での発売予定分を，事前に送っていた。

  ③ 米騒動による被害が予想されたため，事前に避難させていた。

  ④ 自由民権運動の激化事件の被害が予想されたため，事前に避難させていた。

問4 下線部ⓒに関連して，次の**史料**に関して述べた後の文**X・Y**について，その正誤の組合せとして正しいものを，後の①〜④のうちから一つ選べ。 | 4 |

史料

帝王将相の像を民間常用の郵便切手，若しくは他の種の品類に印刻するが如きは，欧米に於る慣習にして，彼の俗に於ては敢て奇とするに足らずと雖も，我国に於ては未だ嘗て此の如きの挙あるを見ず。(中略)政府たるもの徒に欧風を模倣して国体の如何を弁ぜず，皇室の尊厳を冒瀆するを顧みず。是何等の失体ぞや。

(鬼哭子(杉浦重剛)「社説」『東京朝日新聞』1896年7月23日)

  X **史料**によれば，帝王像を切手に印すのは欧米に実例がないことが分かる。

  Y **史料**の社説は，欧化(西洋化)を批判する国粋主義に基づく主張である。

  ① **X** 正 **Y** 正   ② **X** 正 **Y** 誤

  ③ **X** 誤 **Y** 正   ④ **X** 誤 **Y** 誤

C

図4　　　　　　　　　図5

ハルタ：これは知っているよ。海軍軍人の東郷平八郎を描いた切手(図4)でしょ
　　　　う。日本海海戦の勝利を導いた人だったよね。

キリコ：そう。この切手はアジア太平洋戦争(太平洋戦争)の最中に発行されたん
　　　　だ。著名な軍人は，天皇の模範的な臣民として切手の肖像になったのか
　　　　な。

ハルタ：ⓓ「国威発揚」の一環だね。女性労働者を描いた右の切手(図5)とは対照
　　　　的に見えるよね。

キリコ：この切手(図5)は，日本国憲法が制定された時期に発行された産業図案切
　　　　手の一枚なんだ。ⓔ敗戦直後の新しい労働者像を描いたものだね。

ハルタ：切手に描かれる人物の傾向も，時代に応じて変わっていくのは面白いね。

問5　下線部ⓓに関連して，国民を戦争に向かわせるための標語やスローガンに関して述べた次の文Ⅰ～Ⅲについて，古いものから年代順に正しく配列したものを，後の①～⑥のうちから一つ選べ。　5

Ⅰ　本土決戦に備えて，政府は「一億玉砕」のスローガンで国民を動員しようとした。

Ⅱ　ロシアに対する反感が高まり，「臥薪嘗胆」の合言葉のもと軍備拡張が実施された。

Ⅲ　新聞などで「満蒙は日本の生命線」とする論調が高まり，関東軍は日本の利権を確保するため，満州全域に侵攻した。

① Ⅰ─Ⅱ─Ⅲ　　　② Ⅰ─Ⅲ─Ⅱ　　　③ Ⅱ─Ⅰ─Ⅲ
④ Ⅱ─Ⅲ─Ⅰ　　　⑤ Ⅲ─Ⅰ─Ⅱ　　　⑥ Ⅲ─Ⅱ─Ⅰ

問6　下線部ⓔに関連して，敗戦直後の放送・メディアについて述べた文として正しいものを，次の①～④のうちから一つ選べ。　6

① テレビ放送を行っていた局が合併され，日本放送協会が設立された。
② 1円1冊の安価な「円本」とよばれる大衆雑誌が創刊された。
③ 開放的な大衆文化が広がり，歌謡曲「リンゴの歌（唄）」が流行した。
④ トーキーとよばれる無声映画が，人々の娯楽として楽しまれた。

問7　キリコさんとハルタさんは，切手の絵柄が同時代の歴史と結びついていることを学んだ。そこで，二人は，日本で発行された記念印入り絵はがきがどのような歴史的事実を表しているのかを考えた。次の絵はがきX・Yと，それに関して述べた後の文a～dとの組合せとして最も適当なものを，後の①～④のうちから一つ選べ。　7

X　　　　　　　　　　　　　　Y

教育勅語渙発(注)五十年記念

(注)　渙発：発布すること。

a　Xは，敗戦後に軍国主義的な教育から解放された学校の様子を表していると考えられる。

b　Xは，日中戦争下で子どもたちに国家主義が影響を及ぼしている学校の様子を表していると考えられる。

c　Yに表された事実により，蔣介石は重慶に移り，日本への抗戦を続けた。

d　Yに表された事実をきっかけに，中国では西安事件が発生した。

① X － a　　Y － c　　　② X － a　　Y － d

③ X － b　　Y － c　　　④ X － b　　Y － d

第2問　日本史Bの第5問に同じ。　⎾ 8 ⏋ ～ ⎾ 11 ⏋　（配点　12）

第3問　ハルカさんとナツキさんは，税が経済や社会に与えた影響をテーマに調べ学習を進めている。二人の会話を読み，後の問い(**問1～7**)に答えよ。(資料は，一部省略したり，書き改めたりしたところもある。)(配点　22)

ハルカ：1875年から1915年までの主な国税の収入金額と，それぞれの税が合計金額に占める割合について，**表**にまとめてみたよ。どのような税が課されていて，金額や割合はどのように変化したのかな。

表　主な国税収入額と合計に占める割合　　　　　　(単位：万円)

年	地　租		酒税(酒造税)		関　税		合計
1875	5,034	85 %	255	4 %	171	3 %	5,919
1880	4,234	77 %	551	10 %	262	5 %	5,526
1885	4,303	82 %	105	2 %	208	4 %	5,258
1890	3,971	60 %	1,390	21 %	439	7 %	6,573
1895	3,869	52 %	1,774	24 %	678	9 %	7,469
1900	4,671	35 %	5,029	38 %	1,700	13 %	13,392
1905	8,047	32 %	5,909	24 %	3,675	15 %	25,127
1910	7,629	24 %	8,670	27 %	3,994	13 %	31,728
1915	7,360	24 %	8,464	27 %	3,216	10 %	31,274

(『明治大正財政詳覧』により作成)

(注)　％は国税収入の合計に占める割合を示す。％は小数点以下を四捨五入して算出した。

(注)　国税収入額は千の位以下を切り捨てている。

(注)　合計には，地租・酒税(酒造税)・関税以外の税項目の金額も含む。そのため，割合の合計は100 %にならない。

ナツキ：明治維新期の改革では，地租改正が有名だよね。地租については，　ア　と分かるね。

ハルカ：本当だ。でも，ⓐ地租改正によって江戸時代の年貢から大きく変化したこと自体が重要だったんじゃないかな。この変化を，ⓑ年貢や地租を納めていた人たちはどう感じたのだろう。調べてみたいな。

ナツキ：合計額の変化に注目すると，1900年頃から大きく増加している。ⓒ工業化が進展していたし，ⓓ日露戦争のように多くの費用がかかる出来事が前後にあったことも影響していそう。

ハルカ：地租以外にも，いろいろな税があったようだね。酒税は間接税の一例として公民科の授業で習ったよ。税が販売価格に反映されてくるから，実際には広くお酒を買う人みんなから酒税を取っていたことになる。

ナツキ：いろいろな形で税を集めて，支出に充てていたんだね。関税は貿易品に課される税だから，税を取る相手は日本人だけではなかったわけだ。ⓔ関税は次第に増加するけれど，外国との関係は悪くならなかったのかな。

ハルカ：当時のⓕ参政権には納税額が関係していたけど，国税収入額が増加すると有権者も増加して，政治に関わろうとする人も増えたのかな。

ナツキ：税のあり方は経済の状態や人々の生活にどのような影響を与えたのか，もっといろいろな史料を探して考えてみようよ。

問1　表を見て，会話文中の空欄　ア　に入る文として最も適当なものを，次の①〜④のうちから一つ選べ。　12

① 1875年と1880年を比べると，地租改正反対一揆の影響で，地租の税率を下げたことも一因となり，政府の税収合計額は減った

② 1875年から1915年にかけて，地租の収入金額を酒税の収入金額が上回ることはなかった

③ 1885年から1895年にかけて，地租の収入金額は減少しているが，これは民党が衆議院で一度も多数派を形成することができず，地主の利益を代弁できなかったためだ

④ 1890年と比べると，1910年には地租の収入金額は増加しているが，ほかの税も増加したため，地租が国税収入に占める割合はわずかな上昇にとどまった

問 2　下線部ⓐに関して，二人は地租改正がもたらした変化やその影響について調べるうちに，政府の興味深い構想があったことを知り，次の**メモ**のように整理した。この**メモ**の空欄　イ　　ウ　に入る語句と文の組合せとして最も適当なものを，後の①〜④のうちから一つ選べ。　13

メモ

地租改正による変化

＝地租は，物納ではなく，定額を現金で納めることが原則となった。

　→納税のために，土地を所有する農民は，農作物を売却して現金を手に入れる必要が生じた。

しかし1880年，政府内に**地租を米で徴収しようという意見（米納論）が現れる。**

　⇒なぜだろう？

　　　時代背景：西南戦争の戦費をまかなうための紙幣発行で　イ　が発生。

　　　→米納論の意図：政府自らが　ウ　と考えたのではないか。

---

① イ　デフレーション　　ウ　米を売却すれば政府の収入を増やせる

② イ　インフレーション　　ウ　米を売却すれば政府の収入を増やせる

③ イ　デフレーション　　ウ　米を蓄積すれば物価の上昇を抑制できる

④ イ　インフレーション　　ウ　米を蓄積すれば物価の上昇を抑制できる

問 3　下線部ⓑに関連して，次の**史料1**は1876年に現在の三重県で暴動を起こした農民の主張である。この**史料1**に関して述べた後の文**X・Y**について，その正誤の組合せとして正しいものを，後の①〜④のうちから一つ選べ。　| 14 |

史料1

封建の世，諸侯，禄を士卒に給して以て兵となす。故に農民をして武事に煩わしめず，（中略）方今(注)一変して郡県に就き，諸侯及士卒の禄を廃し，兵に庶民を取ると雖も，租額敢て減ぜず，而して諸税ますます加う。

（『伊勢片田村史』）

(注)　方今：ただ今。

X　**史料1**からは，かつて武士ではなかった人々が新たに軍隊に入ることになったのに，税負担が軽減されないのはおかしい，という考えが読み取れる。

Y　**史料1**からは，秩禄処分により土地を奪われ困窮した農民たちが一揆に身を投じたことが読み取れる。

① **X** 正　**Y** 正　　② **X** 正　**Y** 誤
③ **X** 誤　**Y** 正　　④ **X** 誤　**Y** 誤

問 4　下線部ⓒに関連して，日本の工業化に関して述べた次の文**I〜Ⅲ**について，古いものから年代順に正しく配列したものを，後の①〜⑥のうちから一つ選べ。　| 15 |

I　綿糸の輸出量が，はじめて輸入量を上回った。
Ⅱ　官営富岡製糸場が，設立された。
Ⅲ　工業生産額が，はじめて農業生産額を上回った。

① I―Ⅱ―Ⅲ　　② I―Ⅲ―Ⅱ　　③ Ⅱ―I―Ⅲ
④ Ⅱ―Ⅲ―I　　⑤ Ⅲ―I―Ⅱ　　⑥ Ⅲ―Ⅱ―I

問5　下線部ⓓに関連して，二人は日露戦争に対する国民の反応を調べるため，与謝野晶子の詩「君死にたまふことなかれ」を読んだ。次の**史料2**はその一部である。この**史料2**に関して述べた文として最も適当なものを，後の①～④のうちから一つ選べ。　16

史料2

　堺の街のあきびと（商人）の
　老舗（しにせ）を誇るあるじ（主）にて，
　親の名を継ぐ君なれば，
　君死にたまふことなかれ。
　旅順の城はほろぶとも，
　ほろびずとても，何事ぞ，
　君は知らじな，あきびとの
　家の習ひに無きことを。

① **史料2**が掲載された文芸雑誌『キング』には，情熱的な短歌が掲載され，当時の文学界に衝撃を与えた。

② **史料2**からは，出征した家族の安否への心配が読み取れるが，同様の関心が広く見られたため，開戦論を展開していた『万朝報』は非戦論に転じた。

③ **史料2**からは，老舗の跡継ぎの人物が兵役免除の対象になっていたことが読み取れる。

④ **史料2**は，戦争を疑問視する詩として知られているが，老舗の存続を願う気持ちも読み取ることができる。

問6　下線部ⓔに関連して，日本の関税や国際関係に関して述べた次の文**a～d**について，最も適当なものの組合せを，後の**①～④**のうちから一つ選べ。
　　　17

a　領事裁判権を撤廃する日英通商航海条約に調印した時期のイギリスは，ドイツの中国大陸への進出を牽制（けんせい）するため，日本との関係を強化しようとしていた。

b　領事裁判権を撤廃する日英通商航海条約に調印した時期のイギリスは，ロシアの東アジア進出に対抗するため，日本との関係を強化しようとしていた。

c　**表**により，1890年と1900年を比べると，部分的とはいえ関税自主権の回復が実現したこともあり，日本の関税収入は増加したことが分かる。

d　**表**により，1910年と1915年を比べると，関税自主権の完全回復で関税収入が増加したこともあり，政府は関税以外の税を軽減したことが分かる。

　　①　a・c　　　　**②　a・d**　　　　**③　b・c**　　　　**④　b・d**

問7　下線部ⓕに関連して，二人は**表**に即して考察を行った。税額の変化と選挙権の関係について述べた文章として最も適当なものを，次の**①～④**のうちから一つ選べ。　　　18

①　帝国議会開設以降，1910年まで収入額が増加していく酒税は，直接税ではなく間接税であった。そのため，酒税の税率を上げても，有権者数の増加にはつながらなかったと考えられる。

②　帝国議会開設以降，国税収入額全体に占める地租の割合は次第に低下していった。そのため，選挙権を失う地主が多かったと考えられる。

③　日清戦争で賠償金を得たため，減税が行われ，政府の税収合計額が減少した。この影響で有権者が減少したため，第2次山県有朋内閣は選挙資格を拡大したと考えられる。

④　選挙権の納税資格は，第1次加藤高明内閣により撤廃される。このことから，共産主義の政治的台頭を，同内閣は警戒していなかったと考えられる。

第4問　日本史Bの第6問に同じ。　| 19 | ～ | 25 |　（配点　22）

第5問　アジア太平洋戦争（太平洋戦争）期の空襲と，その経験を後世に伝える動きについて述べた次の文章**A～C**を読み，後の問い（**問1～7**）に答えよ。（史料は，一部省略したり，書き改めたりしたところもある。）（配点　22）

A

　アジア太平洋戦争（太平洋戦争）では，ⓐ<u>1942年6月のミッドウェー海戦</u>以降，戦局は日本軍に不利になっていった。ⓑ<u>この戦争では，上空から伝単（宣伝ビラ）が散布されることがあった。</u>各地の資料館の中には，戦時中の様子を伝える史料の一つとして，伝単を展示しているところもある。

問1　下線部ⓐに関連して，この戦いから日本の敗戦に至る時期の国内の状況について述べた文として正しいものを，次の①～④のうちから一つ選べ。　| 26 |

①　食糧不足のために，皇居前広場で飯米獲得人民大会（食糧メーデー）が実施された。

②　兵力不足を受け，文科系学生の徴兵猶予が停止された。

③　日本・ドイツ・イタリアの代表者が集まる大東亜会議が開かれ，今後の協力体制を協議した。

④　農村の困窮を受けて，政府によって農山漁村経済更生運動が開始された。

問2　史料1は，下線部ⓑで言及された伝単の一つである。次の**史料1**の内容に関して述べた後の文a〜dについて，最も適当なものの組合せを，後の①〜④のうちから一つ選べ。　27

史料1

日本国民に告ぐ!!
"即刻都市より退避せよ"

このビラに書いてあることは最も大切なことでありますから良く注意して読んでください。日本国民諸君は今や重大なる時に直面してしまったのである。

軍部首脳部の連中が，三国共同宣言の十三ヶ条よりなる寛大なる条項をもって此の無益な戦争を止めるべく機会を与えられたのであるが，軍部はこれを無視した。

そのためにソ連は日本に対して宣戦を布告したのである。

また米国は今や何人もなし得なかった恐ろしい原子爆弾を発明しこれを使用するに至った。（中略）この恐るべき事実は，諸君が広島にただ一個だけ投下された際如何なる状態を惹起したかはそれを見れば判るはずである。（中略）米国は，この原子爆弾が多く使用されないうち，諸君が此の戦争を止めるよう天皇陛下に請願される事を望むものである。

（「日本国民に告ぐ!!」横浜市史資料室所蔵）

a　**史料1**は，自国の国民に危険を知らせて生命を守ることを呼びかけることを目的に，日本が作成した伝単である。

b　**史料1**は，日本の国民の戦意を低下させることなどを目的に，アメリカが作成した伝単である。

c　**史料1**で言及されている三国共同宣言は，アメリカ・イギリス・ソ連の首脳が会談して決定した対日戦の方針にもとづいている。

d　**史料1**は，1945年8月6日以前に散布された伝単である。

①　a・c　　　②　a・d　　　③　b・c　　　④　b・d

B

　戦時期の空襲では，日本国内の多くの都市で多数の犠牲者が出た。ⓒ敗戦後，政界の再編が行われ，多くの改革が進むが，そのなかで，各地で犠牲者を慰霊・追悼するモニュメントが多く建設されるようになっていった。その一つに，新潟県長岡市に所在する平和像があり，ⓓ1945年8月1日の空襲で亡くなった市内の学童を慰霊するため建設され，空襲の経験を伝える史跡となっている。

問3　下線部ⓒに関連して，敗戦後の政治に関して述べた次の文Ⅰ～Ⅲについて，古いものから年代順に正しく配列したものを，後の①～⑥のうちから一つ選べ。　　28

　Ⅰ　日本民主党と自由党が合同して，自由民主党を結成した。
　Ⅱ　総選挙で衆議院第一党になった党の総裁が公職追放された。
　Ⅲ　総選挙で日本社会党が衆議院第一党になった。

　① Ⅰ－Ⅱ－Ⅲ　　　② Ⅰ－Ⅲ－Ⅱ　　　③ Ⅱ－Ⅰ－Ⅲ
　④ Ⅱ－Ⅲ－Ⅰ　　　⑤ Ⅲ－Ⅰ－Ⅱ　　　⑥ Ⅲ－Ⅱ－Ⅰ

問4　**史料2**は，下線部ⓓの平和像を建設する際の趣意書（意図を述べた文書）である。次の**史料2**の内容に関して述べた後の文**X・Y**について，その正誤の組合せとして正しいものを，後の①～④のうちから一つ選べ。　　29

史料2

　一九四五年八月一日，あの運命の日，あれから既に五年有余の歳月が流れ去りました。（中略）日々の新聞は，第三次世界大戦への危機を報じております。世界情勢が緊迫すればする程，われわれ一人一人の心の中に，牢乎(注)たる平和を守る決意をうちたてることが，絶対必要であると，確信するものであります。

（『長岡市史　資料編』）

（注）牢乎：しっかりしてゆるぎないさま。

X 史料2で「第三次世界大戦の危機」と記される世界情勢には，ビキニ環礁で行われた水爆実験が含まれると考えられる。

Y 史料2の平和像の建設が計画された背景には，『経済白書』に「もはや戦後ではない」と記されるほどの経済復興を遂げたことがあった。

① **X** 正 **Y** 正 　　② **X** 正 **Y** 誤

③ **X** 誤 **Y** 正 　　④ **X** 誤 **Y** 誤

C

　⒠1970年代には，日本各地の空襲で被災した都市で，空襲や戦災の経験を記録し後世に伝えようとする市民の活動が展開した。その先駆けの一つが，⒡東京空襲を記録する会の結成とその活動である。東京空襲を記録する会は，1945年3月9日から10日の東京大空襲をはじめとする東京を対象とした空襲の経験を記録し後世に伝えるために関連資料を広く収集し，⒢『東京大空襲・戦災誌』全5巻を刊行した。

問5 下線部⒠に関連して，1970年代の日本社会について述べた文として**誤っているもの**を，次の①〜④のうちから一つ選べ。 | 30 |

① 変動為替相場制から固定為替相場制に移行したことで，円高が進行した。

② 航空機の購入をめぐる収賄容疑により，元首相が逮捕された。

③ 公害問題への関心が高まるなか，環境庁が設置された。

④ 年平均の経済成長率が，敗戦後初めてマイナスとなった。

問6 史料3は，下線部⒡の東京空襲を記録する会結成の中心になった人物の一人が新聞に投書し掲載された文章である。次の史料3の内容と同時代の対外関係に関して述べた文として**正しいもの**を，後の①〜④のうちから一つ選べ。
| 31 |

史料3

　三月十日といっても，今ではピンとこない人が多いだろう。無理もない。あれから，二十五年もすぎてしまったのだから。しかし，私は忘れない。(中略)頭上すれすれにのしかかってきたＢ29の大群を。それは地上の業火(ごうか)のてりかえしをうけて，まるで翼から血のしたたるようにギラギラと深紅に輝いて見えたものだ。(中略)あの空襲を体験した私たちは，せめて今日の一日ぐらいは「かっこいい」戦争，「イカす」戦争しかしらない子どもたちに，戦争の真実と実態を，切実に語ってきかせたい。そして，おなじ爆撃が，いまベトナムの頭上に無差別におこなわれていることも。

　　　　(『朝日新聞』1970年3月10日，早乙女勝元「子どもに語ろう「3月10日」」)

① 　史料3では，戦後25年を経ても，子どもたちも含めて広く東京大空襲の実態が認識されていることが評価されている。

② 　史料3で言及されているベトナム戦争では，日本国内に置かれたアメリカ軍基地もこの戦争のための拠点となっていた。

③ 　史料3が新聞に掲載されたのと同時代の1970年代前半には，アメリカの日本防衛義務を明確に示した新安全保障条約の調印が行われた。

④ 　史料3で言及されるＢ29爆撃機の多くは，東京大空襲が行われる直前にアメリカ軍が占領した沖縄本島から飛来した。

問7　次の表は，下線部⑧のうち第1巻から第4巻の構成と，収録されている資料の概要を示したものである。この資料集を活用して探究できる内容について述べた後の文**Ｘ・Ｙ**と，それぞれの探究に際して最も参照すべき資料集2冊の巻号を示す語句**ａ〜ｄ**との組合せとして最も適当なものを，後の①〜④のうちから一つ選べ。　32

表　『東京大空襲・戦災誌』第1巻〜第4巻の構成と収録されている資料の概要

巻　号	副　　題	収録されている主な資料
第1巻	都民の空襲体験記録集　3月10日篇	1945年3月9日から10日の東京大空襲について，都内地域別に配列された体験記
第2巻	都民の空襲体験記録集　初空襲から8・15まで	1942年4月18日の初空襲及び1944年11月から敗戦まで続いた空襲について，日付順，都内地域別に配列された体験記
第3巻	軍・政府(日米)公式記録集	初空襲以降，空襲が行われた各日の被害状況(焼失地域・死傷者)に関する警視庁など日本政府の調査記録 空襲に関するアメリカ軍の記録
第4巻	報道・著作記録集	1942年4月18日の初空襲及び1944年11月から敗戦まで続いた空襲に関する同時代の新聞報道 空襲に関する戦後の新聞・雑誌記事

(『東京大空襲・戦災誌』第1巻〜第4巻により作成)

X　1945年1月に空襲を受けた都民の体験記と，その空襲に関する新聞報道とを比較し，その共通点と相違点について探究する。

Y　1945年3月9日から10日の東京大空襲の体験記が確認される都内の地域を把握し，その地域に関する日本政府の被害状況認識について探究する。

a　第1巻と第2巻　　　　**b**　第1巻と第3巻
c　第2巻と第4巻　　　　**d**　第3巻と第4巻

	①	②	③	④
X	a	c	c	d
Y	b	a	b	a

共通テスト
本試験

2022

1科目につき解答時間 60分
配点 100点

日 本 史 B

（解答番号 | 1 | ～ | 32 |）

第1問 次の文章A・Bは，高校生の陽菜さんと大輝さんとの会話である。この文章を読み，後の問い（**問1～6**）に答えよ。（資料は，一部省略したり，書き改めたりしたところもある。）（配点 18）

A

陽　菜：日本史を勉強していて気付いたんだけれど，小野妹子は「おのの／いもこ」，北条政子は「ほうじょう／まさこ」と読み，「の」があったり，なかったりするよね。これはなぜなのか知っている？

大　輝：僕も同じような疑問を持ったので，先生に質問したことがあったよ。その時，姓と苗字（名字）の違いに関係する，というアドバイスをもらったんだ。そこで，次のような**メモ**を作成したことがあるよ。

大輝さんの**メモ**

姓（せい）	・氏は大王やヤマト政権に仕える同族集団をもとに成立。 ・姓（かばね）は大王から氏（うじ）に与えられた称号。 ・律令制下では，姓（せい）は氏（うじ）と姓（かばね）の総称とされた。 ・天皇は姓（せい）を持たない。 ・平安時代に姓（かばね）が形骸化して，姓（せい）は専ら氏（うじ）を指すようになった。 ・平安時代以降，源・平・藤原・橘が代表的な姓（せい）となる。
苗字 （名字）	・家名として私称されたことに始まる。 ・叙位・任官などの際には，苗字ではなく姓（せい）が用いられる。 ・ⓐ武家の苗字は，所領の地名に由来するものが多い。 ・明治時代には，それまでの百姓や町人にも苗字の公称が許された。

大　輝：姓は，やがて氏と同じものになるけど，苗字とは違うものだったんだね。北条政子の場合，平氏の一族であり，平政子が正式な名前と考えられているみたいだね。

陽　菜：ということは，北条政子は　　ア　　だから，「の」がつかないんだね。

大　輝：そう，大正解。だけど，例外があるとすれば，豊臣秀吉かな。本来であれば，「とよとみの／ひでよし」というべきなんだけどなあ。ⓑ秀吉が「木下」や「羽柴」を名乗ったように，同じ人でもいろんな名前があったんだ。それに近世になると，百姓や町人たちも，苗字を持っていたようだよ。苗字帯刀の禁止というように，あくまでも公称が許されなかっただけなんだ。

陽　菜：へえそうなんだ。すっかり勘違いしていた……。

大　輝：明治時代になると，政府は　　イ　　ために，平民にも苗字を名乗らせたんだ。

陽　菜：明治の民法では，女性は嫁いだ家の苗字を使うように義務付けたんだね。

大　輝：そのとおり。その後，第二次世界大戦後に民法が改正され，結婚した夫婦の苗字はどちらかにそろえれば良くなったんだ。夫婦がどのような苗字を名乗るかは，現代でも大きな議論になっているね。

問 1　空欄　　ア　　　イ　　に入る文の組合せとして正しいものを，次の①～④のうちから一つ選べ。　　1

① ア　苗字(名字)＋名(個人名)
　 イ　華族・士族・平民の身分を撤廃する

② ア　苗字(名字)＋名(個人名)
　 イ　近代国家の国民として把握する

③ ア　姓(せい)＋名(個人名)
　 イ　華族・士族・平民の身分を撤廃する

④ ア　姓(せい)＋名(個人名)
　 イ　近代国家の国民として把握する

問 2　下線部ⓐに関連して，中世のある武士について述べた次の文章 **X**・**Y** と，その人物の姓や苗字 **a ～ d** との組合せとして正しいものを，後の ① ～ ④ のうちから一つ選べ。　 2

X　育った信濃国の地名で通称された。敵対する一族を都から追い落として朝日（旭）将軍とも呼ばれたが，従兄弟との合戦で敗死した。

Y　姓は源氏だが，所領の地名を苗字として名乗った。室町幕府から東国支配を任されたが，将軍と対立して自害に追い込まれた。

a 平　　　　　**b** 源　　　　　**c** 新 田　　　　**d** 足 利

① **X － a**　　**Y － c**　　　　② **X － a**　　**Y － d**
③ **X － b**　　**Y － c**　　　　④ **X － b**　　**Y － d**

問 3　下線部ⓑに関連して，近世に活躍した人物の名前に関して述べた次の文 **I ～ III** について，古いものから年代順に正しく配列したものを，後の ① ～ ⑥ のうちから一つ選べ。　 3

I　武士の出身であり，本名を杉森信盛といったが，作家としては近松門左衛門と名乗った。

II　太郎左衛門を襲名した江川太郎左衛門英竜（号は坦庵）が，伊豆韮山に反射炉を築いた。

III　日本に漂着したイギリス人のウィリアム＝アダムズは，三浦半島に領地を与えられて三浦按針と名乗り，幕府の外交・貿易顧問をつとめた。

① **I － II － III**　　　② **I － III － II**　　　③ **II － I － III**
④ **II － III － I**　　　⑤ **III － I － II**　　　⑥ **III － II － I**

B

陽　菜：個人名に注目してみると，小野妹子が男性であることも面白いね。

大　輝：そうそう，最初は女性だとばかり思っていた。

陽　菜：天皇家の名前を見てみると，「〇子」という女性名は，嵯峨天皇の時代に一般的になってくるみたいだよ。次の**図**には，嵯峨天皇の娘として，「正子内親王」「秀子内親王」「芳子内親王」の名前があるね。

図　嵯峨天皇を中心とする略系図

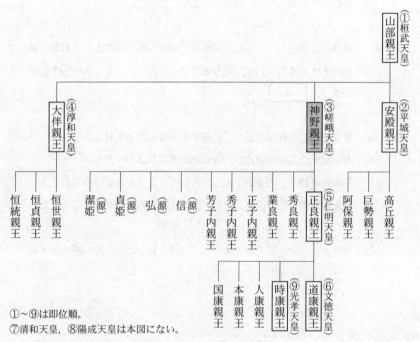

①～⑨は即位順。
⑦清和天皇，⑧陽成天皇は本図にない。

大　輝：あっ，本当だ。じゃあ，小野妹子の場合はどうなるの？

陽　菜：妹子の生きた飛鳥時代には，蘇我馬子や中臣鎌子(鎌足)など，「子」は男性名として使われていたんだ。女性の場合，「〇姫(媛，比売)」，「〇郎女」，「〇売(女)」が一般的だったみたいだね。

　　大　輝：この系図を見ると，ⓒ嵯峨天皇の子どもから名前のつけ方ががらりと変
　　　　　　わってるのが分かるね。

　　陽　菜：そうなんだ。「山部」とか「大伴」は，どれも彼らの乳母の氏，養育氏族の名
　　　　　　称なんだ。嵯峨天皇の親王になると，良い意味を持つ共通の漢字がつけら
　　　　　　れるようになる。ⓓ個人名のつけ方って時代や社会の変化と関わってい
　　　　　　るんだ。今だって，個人名には流行があるよね。大正時代から現在までの
　　　　　　個人名については，「生まれ年別名前ベスト10」が公開されているんだっ
　　　　　　て。

　　大　輝：面白そうだね。今度，調べてみよう。

問 4　下線部ⓒに関連して，嵯峨天皇の子どもの名前の特徴とその背景に関して述
　　　べた次の文 a 〜 d について，最も適当なものの組合せを，後の①〜④のうちか
　　　ら一つ選べ。　　4

　　a　養育氏族の名称が消滅し，和風化の影響が認められる。
　　b　養育氏族の名称が消滅し，唐風化の影響が認められる。
　　c　源の姓を持ち，天皇の子どもであっても臣下となる者が現れた。
　　d　親王の兄弟で同じ漢字が使われ，皇位継承の順番が明確になった。

　　①　a・c　　　　②　a・d　　　　③　b・c　　　　④　b・d

問 5　下線部ⓓに関連して，大輝さんは次の**表**を作成した。この**表**から読み取れる
内容に関して述べた文**X・Y**について，その正誤の組合せとして最も適当なも
のを，後の①～④のうちから一つ選べ。　<u>　5　</u>

表　1925 年～1950 年の生まれ年別男性名ベスト 3（左から 1・2・3 位）

1925 年	清	茂	勇	1938 年	勝	進	弘
1926 年	清	勇	博	1939 年	勇	勝	清
1927 年	昭二	昭	和夫	1940 年	勇	清	進
1928 年	昭三	茂	昭	1941 年	勇	進	清
1929 年	茂	清	勇	1942 年	勝	勇	進
1930 年	清	勇	実	1943 年	勝	勇	進
1931 年	清	勇	博	1944 年	勝	勇	勝利
1932 年	勇	弘	清	1945 年	勝	勇	進
1933 年	清	実	弘	1946 年	稔	和夫	清
1934 年	明	実	弘	1947 年	清	稔	博
1935 年	弘	清	勇	1948 年	博	進	茂
1936 年	清	弘	実	1949 年	博	茂	清
1937 年	清	勇	弘	1950 年	博	茂	隆

（明治安田生命ホームページ「生まれ年別名前ベスト 10」により作成）

X　アメリカ・イギリスに宣戦布告し戦場が拡大すると，勝利を祈願するよう
　　な名前が優勢になる。

Y　天皇の代替わりにともなう改元の影響もあり，新元号の一字を冠した名前
　　が登場する。

① **X** 正　**Y** 正　　　　② **X** 正　**Y** 誤
③ **X** 誤　**Y** 正　　　　④ **X** 誤　**Y** 誤

問 6 その後，陽菜さんと大輝さんは，「人名から見た日本の歴史」について意見を交わした。次の意見 **a ～ d** について，最も適当なものの組合せを，後の①～④のうちから一つ選べ。　　6

a 天皇は姓を持っておらず，それを臣下に与える存在であったと考えられる。

b 江戸時代以前における日本の支配階層においては，夫婦同姓が原則であったと考えられる。

c 近世の百姓・町人が基本的に苗字の公称を許されなかったのは，武士身分との差別化を図るためと考えられる。

d 明治の民法が女性に嫁ぎ先の苗字を使用させたのは，啓蒙思想の普及を図るためと考えられる。

① **a・c**　　　② **a・d**　　　③ **b・c**　　　④ **b・d**

第2問　高校生のリツさんは，日本古代の法は，中国の法にならって編纂(へんさん)されたことを教わった。そこで，先生の助言を受けて，日本古代の法整備の歴史と，中国の法典をもたらした遣隋使・遣唐使の派遣について，**年表**にまとめて整理してみた。この**年表**を読んで，後の問い（**問1～5**）に答えよ。（史料は，一部省略したり，書き改めたりしたところもある。）（配点　16）

年表

世紀	日本の法典編纂と諸政策	遣隋使・遣唐使（数字は西暦年）	中国の法典編纂
6世紀		ⓐ遣隋使(600)	隋・開皇律令格式
7世紀	改新の詔 ⓑ庚午年籍 冠位法度の事(注) 飛鳥浄御原令 庚寅年籍	遣隋使(607～08) ～615まで数度の遣隋使 遣唐使(630～32) 遣唐使(653～54) ～669まで数度の遣唐使	隋・大業律令 唐・武徳律令 唐・永徽(えいき)律令格式 唐・垂拱(すいきょう)律令格式
8世紀	大宝律令 養老律令	遣唐使(702～07) 遣唐使(717～18) 遣唐使(733～36)　**X** 遣唐使(752～54) 遣唐使(777～78)	唐・開元三年律令格式 唐・開元七年律令格式 唐・開元二十五年律令格式
9世紀	弘仁格式 貞観格式	遣唐使(804～06) 遣唐使(838～40)　**Y** 遣唐使中止の提言(894)	
10世紀	延喜格式		

(注)　冠位法度の事：近江令とみる説もある。

問 1 リツさんは，**年表の下線部ⓐ**の 600 年に派遣された遣隋使が，日本の文献史料には記録がなく，中国の文献史料にのみ記載されていることを知った。この下線部ⓐの遣隋使や，その前後の日本の出来事について述べた文として正しいものを，次の①～④のうちから一つ選べ。　7

① この遣隋使の前に中国に使節を派遣したのは，100 年以上前のことだった。

② この遣隋使の時に，曇徴が帰国して紙や墨の技法を伝えた。

③ この遣隋使の派遣以前に，冠位十二階や憲法十七条が定められた。

④ この遣隋使は，新しい律令の施行を中国に宣言するために派遣された。

問 2 リツさんは，遣隋使・遣唐使らが，隋・唐の法典をもたらしたことによって，日本古代の法が整備されたことを理解した。このことに関連して，8 世紀の遣唐使（**年表のX**）・9 世紀の遣唐使（**年表のY**）と，彼らが日本にもたらした文化について述べた次の文 **a** ～ **d** との組合せとして正しいものを，後の①～④のうちから一つ選べ。　8

a 唐で仏教を学んだ僧によって，真言宗が広まった。

b 遣唐使とともに来日した唐僧によって，正式な戒律が伝えられた。

c 阿弥陀如来が迎えに来る情景を描いた来迎図が盛んに作られた。

d 密教の世界を構図化し，図像として描いた両界曼荼羅が作られた。

① X ― a　　Y ― c　　　　② X ― a　　Y ― d

③ X ― b　　Y ― c　　　　④ X ― b　　Y ― d

問3　リツさんは，**年表**の下線部ⓑが，最初の本格的な戸籍とされていることを知った。そこで，日本古代の戸籍や計帳について調べてみた。次の**史料**は，正倉院に残る古代の計帳である。この**史料**に関して述べた後の文 a ～ d について，最も適当なものの組合せを，後の①～④のうちから一つ選べ。　9

史料

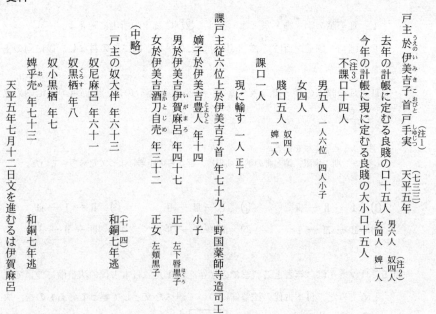

戸主於伊美吉首戸手実（注1）　天平五年（七三三）

去年の計帳に定むる良賤の口十五人　男六人　奴四人（注2）
　　　　　　　　　　　　　　　　　　女四人　婢一人

今年の計帳に現に定むる良賤の大小口十五人

（注3）不課口十四人

　男五人　一人六位　四人小子
　女四人
　賤口五人　奴四人
　　　　　　　婢一人

課口一人

現に輸す　一人　正丁

課戸主従六位上於伊美吉子首　年七十九　下野国薬師寺造司工
嫡子於伊美吉豊人　年十四　小子
男於伊美吉伊賀麻呂　年四十七　正丁　左下唇黒子
女於伊美吉酒刀自売　年三十二　正女　左頬黒子

（中略）

戸主の奴大伴　年六十三
奴尼麻呂　年六十一　（七一四）和銅七年逃
奴黒栖　年八
奴小黒栖　年七
婢平売　年七十三

天平五年七月十二日文を進むるは伊賀麻呂

（注1）　手実：各戸から提出する申告書。
（注2）　奴・婢：賤民。奴は男性，婢は女性。
（注3）　不課口：調・庸等を負担する人を課口といい，負担しない人を不課口という。

a　この戸で，調・庸を納めるのは5人であることが分かる。
b　計帳からは，年ごとの戸の人数の変動が分かる。
c　逃亡した奴や婢は，計帳から削除されており，解放されたと考えられる。
d　黒子の位置が記されているのは，本人を特定するためと考えられる。

①　a・c　　　②　a・d　　　③　b・c　　　④　b・d

問 4 リツさんは，先生から，日本古代の法に規定された内容の具体例として，税に関わる条文の一部を紹介してもらった。次の文章 **I ～ III** は，それぞれ憲法十七条・養老令・延喜式のいずれかの一部である。法整備の過程を考えて，古いものから年代順に正しく配列したものを，後の**①～⑥**のうちから一つ選べ。

　　10

I　凡そ調の絹・絁(あしぎぬ)・糸・綿(わた)・布は，並びに郷土の所出に随(したが)えよ。

II　国司・国造，百姓に斂(おさめ)る(注1)ことなかれ。国に二の君なし，民に両(ふたり)の主なし。

III　凡そ諸国の調・庸の米・塩は，令条の期(注2)の後，七箇月の内に納め訖(お)えよ。

(注1)　斂る：税をとる。
(注2)　期：期限。調・庸の納入期限は，都からの距離によって定められていた。

① I ― II ― III　　　　② I ― III ― II　　　　③ II ― I ― III

④ II ― III ― I　　　　⑤ III ― I ― II　　　　⑥ III ― II ― I

問 5 リツさんは，**年表**とこれまでの学習を踏まえ，日本古代の法整備についてまとめてみた。日本古代の法整備について述べた文として**誤っているもの**を，次の**①～④**のうちから一つ選べ。　　11

① 令は，隋や唐とは異なり，律よりも先行して整備された。

② 律令の編纂は，天皇の代替わりごとに行われた。

③ 法典としての格式の編纂は，大宝律令の編纂から 100 年以上遅れた。

④ 格式の編纂は，遣唐使が派遣されなくなった後にも行われた。

第３問　次の文章は，中世の海と人々との関わりの歴史について関心を持った高校
生のひろみさんが，先生を訪ねたときの会話である。この文章を読み，後の問い
（**問1〜5**）に答えよ。（資料は，一部省略したり，書き改めたりしたところもあ
る。）（配点　16）

先　生：私たちの暮らす日本は，四方を海に囲まれています。昔の人は，海の向こ
　　　　うに極楽浄土を見たり，龍宮城の物語を想像したりしてきました。

ひろみ：海には様々なイメージが与えられ，海と深い関わりを持つ独特の文化が育
　　　　まれてきたのですね。

先　生：中世になると，ⓐ各地に港町ができて，海上交通がより発達します。海
　　　　上交通が発達すれば，ⓑ国内外の流通が活発になって技術革新や各地の
　　　　特産物が生まれ，それらを扱う様々な職能を持つ職人が登場します。例え
　　　　ば，四国で生産された藍が京都へ運ばれ，染め物に使われるようになりま
　　　　した。

ひろみ：ⓒ朝鮮からは，木版印刷の大蔵経ももたらされたのですよね。印刷技術
　　　　が発達して，情報の伝播は飛躍的に高まったのでしょうね。

先　生：よく知っていますね。このような流通を活発化させたのが，倭寇のような
　　　　海をまたいで活動する人たちです。やがてはヨーロッパ人まで交流に加わ
　　　　ることで，地球規模の海のネットワークに広がっていきます。

ひろみ：そうですか。倭寇は，ただの海賊だと思っていました。歴史上重要な役割
　　　　を担っていたのですね。

先　生：そうです。さらに，戦国の争乱は列島各地で人・物・文化の移動を加速さ
　　　　せました。鉄砲などの新しい軍事技術を普及させ，アジアやヨーロッパか
　　　　ら出版文化がもたらされます。ただ，こうした海をめぐる動きについて
　　　　は，まだまだ謎が多いのです。最近，海底の発掘調査が進んでいるみたい
　　　　で，今後はⓓ考古遺跡からもいろんなことが明らかになるかもしれませ
　　　　んね。

問 1 中世の海と人々との関わりについて述べた文として**誤っているもの**を，次の
①～④のうちから一つ選べ。 | 12 |

① アジアやヨーロッパ諸国との交易が，新しい製品や技術をもたらした。

② 戦争が新しい道具・技術の開発や導入を促した。

③ 大量の物資を遠隔地に運搬・輸送するための方法や技術が改良された。

④ 倭寇は国家権力による保護を得て，アジアを自由に移動した。

問 2 下線部ⓐに関連して，海上交通の動向に関して述べた次の文 I ～ Ⅲ につい
て，古いものから年代順に正しく配列したものを，後の①～⑥のうちから一つ
選べ。 | 13 |

I 毛利輝元に従う海上勢力が，大坂(石山)本願寺に兵糧を搬入した。

Ⅱ 重源は東大寺再建のため，瀬戸内海を通じて周防国の材木を輸送した。

Ⅲ 平忠盛は海賊鎮圧などの功績を経て，貴族としても活躍していった。

① I － Ⅱ － Ⅲ   ② I － Ⅲ － Ⅱ   ③ Ⅱ － I － Ⅲ

④ Ⅱ － Ⅲ － I   ⑤ Ⅲ － I － Ⅱ   ⑥ Ⅲ － Ⅱ － I

問 3 下線部⑥に関連して，室町時代の運送業者を示した次の**図**に関して述べた後の文**X・Y**について，その正誤の組合せとして正しいものを，後の①〜④のうちから一つ選べ。　14

図

『石山寺縁起絵巻』（石山寺所蔵，部分）

X　図に描かれたような運送業者は，馬の背に荷物を載せて陸路を往来し，ときには徳政を求めて蜂起した。

Y　図に描かれたような運送業者は，近江国の大津や坂本など水陸交通の要衝を活動拠点としていた。

① **X** 正　**Y** 正　　　　② **X** 正　　**Y** 誤
③ **X** 誤　**Y** 正　　　　④ **X** 誤　　**Y** 誤

問 4　下線部ⓒに関連して，次の**史料**は16世紀の朝鮮王朝内で当時の日本と朝鮮
との貿易について述べられた一節である。この**史料**を踏まえて，当時の貿易に
関して述べた後の文 **a ～ d** について，正しいものの組合せを，後の**①～④**のう
ちから一つ選べ。　15

史料

日本国使，通信を以て名と為し，多く商物を齎し，銀両八万に至る。銀は宝物
と雖も，民，之を衣食すべからず。実に無用たり。我国，方に綿布を以て行
用(注1)し，民，皆此に頼りて生活す。民の頼る所を以て，其の無用の物に換
え，利は彼に帰し，我れ其の弊を受く。甚だ不可たり。況んや倭使の銀を齎す
こと，在前(注2)になき所なり。今若し貿を許さば，則ち其の利の重きを楽
み，後来(注3)の齎す所，必ずや此に倍せん。

(『朝鮮王朝実録』)

(注1)　行用：行使。用いること。
(注2)　在前：以前。事前。
(注3)　後来：こののち。将来。

a　銀は日本の輸入品で，その多くは朝鮮からもたらされて，流通量が大幅に
増加した。

b　綿布は日本の輸入品で，その多くは朝鮮からもたらされて，衣類などの材
料として普及した。

c　朝鮮は，現在の貿易をそのまま続ければ，未来に大きな利益をもたらすと
主張している。

d　朝鮮は，現在の貿易をそのまま続ければ，未来に大きな弊害を及ぼすと主
張している。

①　a・c　　　**②**　a・d　　　**③**　b・c　　　**④**　b・d

問 5 下線部ⓓに関連して，中世の遺跡を示した次の文**X**・**Y**と，その場所を示した後の地図上の位置 **a**〜**d** との組合せとして正しいものを，後の①〜④のうちから一つ選べ。 16

X 和人を館主とする館の跡で，越前焼と珠洲焼の大甕に入った 37 万枚余りの銅銭が発見された。

Y 沖合の海底の沈没船から元軍や高麗軍が使用したてつはうや矢束，刀剣，冑のほか，陶磁器や漆製品が発見された。

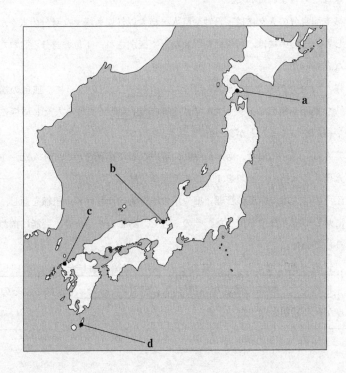

① **X － a** **Y － c** ② **X － a** **Y － d**

③ **X － b** **Y － c** ④ **X － b** **Y － d**

第4問　次のメモは，日本史の授業を受けている高校生のユウキさんが，近世の身分と社会について調べた内容をまとめたものである。これを読んで，後の問い（**問1～5**）に答えよ。（史料は，一部省略したり，書き改めたりしたところもある。）
（配点　16）

メモ

・近世の支配身分の人々には，将軍や大名・旗本などの武士だけではなく，公家なども含まれている。

・被支配身分の人々には，百姓や町人・職人以外にも様々な身分の人々が存在した。その中には，居住地や服装などで区別され，下位の身分とされた非人などもいた。

・様々な身分の人々は，百姓・町人の⒜村・町などのように，独自の構造を持つ集団や組織を形成していた。宗教や⒝芸能に携わる人々も同様に集団や組織をつくることがあった。

・非人は，江戸の場合，河岸や寺院の境内などに小屋をかけて住んだ。小屋を管理する大勢の小屋頭を4人の非人頭が統轄していた。

・江戸の非人は，牢屋の管理，堀や川の不浄物の片付け等，組織を通じ，幕府に対して様々な役を担った。その一方で，物乞いをしたり，芸能に携わったりしていた。

・⒞近世後期になると，村・町などの集団・組織を通じた支配が動揺した。⒟都市では，組織に属さない「野非人（のひにん）」と呼ばれる人々も増加し，その取締りが社会問題となった。

問 1 下線部ⓐに関連して，近世の村や町について述べた文として**誤っているもの**を，次の①～④のうちから一つ選べ。　17

① 村は，村役人を中心に本百姓によって運営された。

② 年貢の収納や夫役の割り当ては，村がとりまとめていた。

③ 町は，町内に居住する人々の総意により運営された。

④ 町人は，上・下水の管理や防火の役目も担っていた。

問 2 下線部ⓑに関連して，近世の芸能・文化に関して述べた次の文Ⅰ～Ⅲについて，古いものから年代順に正しく配列したものを，後の①～⑥のうちから一つ選べ。　18

Ⅰ 浮世絵が多色刷りの木版画（錦絵）として広まり，東洲斎写楽が歌舞伎の役者絵を描いた。

Ⅱ 出雲阿国（出雲の阿国）の演じた踊りが，京都で好評を博した。

Ⅲ 荒々しい演技で知られる歌舞伎役者の初代市川団十郎が活躍した。

① Ⅰ － Ⅱ － Ⅲ 　　② Ⅰ － Ⅲ － Ⅱ 　　③ Ⅱ － Ⅰ － Ⅲ

④ Ⅱ － Ⅲ － Ⅰ 　　⑤ Ⅲ － Ⅰ － Ⅱ 　　⑥ Ⅲ － Ⅱ － Ⅰ

問 3　ユウキさんは，下線部ⓒに関連して，支配の動揺をもたらした動きについて記した次の**史料1・2**を読んだ。**史料1・2**に関して述べた後の文**X・Y**について，その正誤の組合せとして正しいものを，後の①〜④のうちから一つ選べ。　19

史料1

今般(天保七年)八月大風にて麦米高値，(中略)他国は知らず，国中一統難渋につき，露命(注1)もつなぎ難し。よって今日一千余人相談のため，石御堂(注2)に相集まり罷りあり候。十五以上六十以下の男子，取り急ぎ罷り越し，帳面に名を記すべし。もし不承知の村は，一千人の者ども押し寄せ，家々残らず打ち崩し申すべし。もし遅参の村は，真っ先に庄屋を打ち砕き候趣，申し次ぎにて言い送りける。

(『鴨の騒立』)

(注1)　露命：はかない命。　　　(注2)　石御堂：三河国滝脇村にある。

史料2

天明七丁未年五月(中略)，こわしたる跡を見たるに，破りたる米俵，家の前に散乱し，米ここかしこに山をなす。その中にひき破りたる色々の染小袖，帳面の類，破りたる金屏風，こわしたる障子唐紙，大家なりしに内は見え透くやうに残りなく打ちこわしけり。後に聞けば，はじめは十四・五人なりしに，追々加勢して百人計りなりしとぞ。(中略)諸方の蜂起，米屋のみにあらずとも富商人は手をくだせり。

(『蛛の糸巻』)

X　史料1によれば，一揆に加わらない村へ制裁を加えるとしている。

Y　史料2は，百姓たちが結集して庄屋や米屋を襲撃した世直し一揆について述べている。

① **X** 正　**Y** 正　　　　② **X** 正　**Y** 誤

③ **X** 誤　**Y** 正　　　　④ **X** 誤　**Y** 誤

問 4　ユウキさんは次に，下線部ⓓに関連して，1836 年に江戸の町奉行所が，配下の者に提出させた報告書を読んだ。次の**史料 3**はその一部である。**史料 3** と幕府の政策に関して述べた後の文 **a ～ d** について，最も適当なものの組合せを，後の①～④のうちから一つ選べ。　20

史料 3

一，御当地場末(注1)の町家に住居候其日稼ぎの者ども，給続けも相成り兼ね，其上店賃(注2)等相払い候儀も致し難く，余儀なく店仕舞い無宿に成り，野非人同様物貰い致し居り候者も多分これある由。

　　　（中略）

右の通り御座候て，御当地非人頭ども，日々（中略）狩り込み，手下に致し候(注3)ても（中略）働き方難儀につき居付き申さず，立ち出(注4)，元の如く野非人に打ち交り居り候ゆえ，野非人ども多く相成り候。

　　　　　　　　　　　　　　　　（「野非人之儀ニ付風聞書」旧幕府引継書）

（注 1 ）　場末：町はずれ。
（注 2 ）　店賃：借家の家賃。
（注 3 ）　狩り込み，手下に致し候：捕まえて，非人頭の配下に置くこと。
（注 4 ）　立ち出：立ち去る。

a　**史料 3** によれば，江戸の場末の町家には，物乞いをするその日稼ぎの人々が多数住んでいたと考えられる。

b　**史料 3** によれば，幕府には，江戸の非人組織を通じて，無宿となった人々を捕まえ，野非人を減らそうとする意図があったと考えられる。

c　幕府はこの後，改革を行い，石川島に人足寄場を新設して，無宿人を収容した。

d　幕府はこの後，改革を行い，江戸へ流入した人々を帰郷させる人返しの法（人返し令）を出した。

①　a・c　　　②　a・d　　　③　b・c　　　④　b・d

問 5　授業では最後に，生徒たちが話し合って，学習内容を整理した。近世の身分
　　と社会に関して述べた文として最も適当なものを，次の①～④のうちから一つ
　　選べ。　　21

① 　将軍に拝謁できる者とできない者など，武士身分の中にも区別が見られた
　　と考えられる。

② 　大工や鋳物師などの職人は，村への居住を禁じられ，町に住むことが強制
　　されていたと考えられる。

③ 　近世の百姓は，農業に従事する人々であり，林業や漁業に携わることはな
　　かったと考えられる。

④ 　牛馬の死体処理や皮革製造に従事する人々が，農業や商業に携わることは
　　なかったと考えられる。

第5問　アメリカ合衆国ハワイ州の高校と交流を持つ日本の高校の授業で，日本と
ハワイとの関係についての歴史を調べることになった。次の文章は，調べる課題や
内容を設定する際のミキさんとカズさんとの会話文である。この文章を読み，後の
問い（**問1〜4**）に答えよ。（史料は，一部省略したり，書き改めたりしたところも
ある。）（配点　12）

ミ　キ：ハワイは，19世紀初めから19世紀末まで，ハワイ王国という独立した国
　　　　だったんだね。

カ　ズ：幕末に，江戸幕府とハワイ王国との間で，条約締結に向けた交渉が行われ
　　　　ているよ。結局，条約締結前に幕府は崩壊したのだけど。

ミ　キ：幕末とはいえ，江戸時代にも日本とハワイとの間に交流があったんだね。

カ　ズ：幕末になるにつれて，⒜日本と海外諸国との交流も活発になっていくよ
　　　　ね。江戸幕府は，1866年に日本人の海外渡航を解禁しているから，これ
　　　　を機に，日本の国際交流もさらに広がったのではないかな。

ミ　キ：海外渡航の解禁は，日本とハワイとの関係の歴史にも関わっていて，1868
　　　　年に約150人の日本人がハワイに移民として渡っているよ。だけど，幕府
　　　　が崩壊するタイミングだったこともあって，移民の契約のトラブルも生
　　　　じ，明治新政府は対応に苦慮したんだって。

カ　ズ：その後，ハワイ王国と日本とは，⒝1871年に条約を結んでいるね。この
　　　　条約で，ハワイの人が日本人を労働者として雇うことができる，というこ
　　　　とが定められているよ。ハワイ王国では，サトウキビ栽培が盛んで，労働
　　　　者として日本人移民を求めていたようだよ。

ミ　キ：だけど，ハワイへの移民はしばらく行われず，移民事業が本格化するの
　　　　は，1885年のことのようだね。⒞1885年からの約10年間，ハワイ政府
　　　　と明治政府との合意で，約3万人の日本人がハワイに渡航したんだって。

カ　ズ：なぜ，そんなに多くの日本人がハワイに渡ったのだろう。このことについ
　　　　て，もっと調べてみようよ。

問1　下線部ⓐに関して，幕末における日本と海外諸国との交流について述べた次の文**X・Y**と，それに該当する語句**a ～ d**との組合せとして正しいものを，後の①～④のうちから一つ選べ。　| 22 |

　X　江戸幕府は，オランダ人の教官を招いて，この地で海軍伝習を始めた。

　Y　幕末に来日したアメリカ人宣教師のこの人物は，和英辞典を作成するなど，日本の英語教育にも影響を与えた。

a　長　崎		**b**　浦　賀	
c　ヘボン		**d**　ベルツ	

　①　X － a　　Y － c　　　　②　X － a　　Y － d
　③　X － b　　Y － c　　　　④　X － b　　Y － d

問2　下線部ⓑについて，次の**史料1**は日本とハワイ王国との修好通商条約の条文の一部である。この**史料1**に関して述べた後の文**a ～ d**について，正しいものの組合せを，後の①～④のうちから一つ選べ。　| 23 |

史料1

ここに条約を結べる両国の臣民は，他国の臣民と交易するを許せる総^{すべ}ての場所，諸港，及び河々に，其^その船舶及び荷物を以て自由安全に来り得べし。故に，両国の臣民，右諸港諸地に止り，且つ住居を占め，家屋土蔵を借用し，又これを領する事妨げなく，諸種の産物，製造物，商売の法令に違背せざる商物を貿易し，他国の臣民に已^{すで}に許せし，或いは此の後許さんとする別段の免許は，何^{いず}れの廉^{かど}にても，他国へ一般に許容するものは両国の臣民にも同様推及^{すいきゅう}(注)すべし。

（『大日本外交文書』）

（注）　推及：おし及ぼすこと。

a　この条文では，両国の国民が相手国の国内を場所の制限なく往来したり，滞在・居住・商売したりすることができる，ということが定められている。

b　この条文では，通商に関して他国の国民に認めたことを，日本とハワイ両国の国民にも適用する，ということが定められている。

c　この条約と同じ年に結ばれた日清修好条規には，台湾での琉球漂流民殺害事件の賠償金の規定が含まれた。

d　この条約と同じ年に結ばれた日清修好条規は，相互の領事裁判権を認めるなど，対等な条約内容であった。

① **a・c**　　② **a・d**　　③ **b・c**　　④ **b・d**

問 3　下線部ⓒに関連して，1885 年から 1894 年までの 10 年の間に生じた出来事に関して述べた次の文Ⅰ～Ⅲについて，古いものから年代順に正しく配列したものを，後の①～⑥のうちから一つ選べ。　24

Ⅰ　日本と清国との条約により，両国の朝鮮からの撤兵が定められた。

Ⅱ　日本とイギリスとの間で，領事裁判権の撤廃などを定めた条約が調印された。

Ⅲ　朝鮮の地方官が大豆などの輸出を禁じたことに対し，日本政府が朝鮮に損害賠償を求めた。

① Ⅰ—Ⅱ—Ⅲ　　② Ⅰ—Ⅲ—Ⅱ　　③ Ⅱ—Ⅰ—Ⅲ
④ Ⅱ—Ⅲ—Ⅰ　　⑤ Ⅲ—Ⅰ—Ⅱ　　⑥ Ⅲ—Ⅱ—Ⅰ

問 4　ミキさんとカズさんは，なぜ1885年から多くの日本人がハワイに渡航した
のか，その理由や背景について興味を持ち，それに関する**史料2・3**を収集し
た。**史料2・3**の内容に関して述べた後の文**X・Y**について，その正誤の組合
せとして正しいものを，後の①～④のうちから一つ選べ。　　25

史料2　ハワイ領事館で書記官を務めた藤田敏郎の回顧録

（当時の外務卿は）我が農民を送り，欧米式農業法を実習し，秩序的労働法を覚
へ，且つ相応の貯蓄を携へ帰国せしめ，（中略）十数年の後には我が農村の労働
方法，大いに改良せらるべしと思惟し（中略），長防二州（注1）ならびに広島熊
本県下において出稼人を募集せしめらる。

（『海外在勤四半世紀の回顧』）

（注1）　長防二州：現在の山口県のこと。

史料3　山口県によるハワイへの海外渡航者の分析

労働出稼者の増加するは（中略）内国に於ては労働者賃金の薄利なるのみなら
ず，世上一般事業の不振なるに従ひ，労働者就業の困難に迫らるるに依るも
の，蓋し（注2）多きに在らん。

（山口県「県政事務功程」）

（注2）　蓋し：思うに。

X　　史料2によると，当時の外務卿はハワイに欧米式農業の技術を伝え，移民
たちがその対価を得て帰国することを期待していたと考えられる。

Y　　史料3によると，ハワイに渡航した人々の中には，日本での賃金の低さや
不況により生活苦に陥っていた人が少なくなかったと考えられる。

①　**X**　正　　**Y**　正　　　　②　**X**　正　　**Y**　誤
③　**X**　誤　　**Y**　正　　　　④　**X**　誤　　**Y**　誤

第6問　日本において鉄道が開通して，2022年で150年を迎える。日本における鉄道の歴史とその役割について述べた次の文章**A・B**を読み，後の問い（**問1～7**）に答えよ。（資料は，一部省略したり，書き改めたりしたところもある。）（配点　22）

A

　明治初期，政府によって産業育成が図られる一環として，(a)1872年，新橋―横浜間に鉄道が開通した。後に大阪―神戸間も開通するなど，当初，鉄道は大都市と開港した港を結ぶ路線が敷設された。鉄道は，気候に大きく左右されず，時間が正確なため，各地の産物を都市や港に輸送する手段として用いられ地域の産業発展に寄与した。例えば，横浜と鉄道で結ばれた群馬県や長野県からは，開港以来の主要輸出品である　**ア**　が輸送された。また，九州では，産業革命のエネルギー源である　**イ**　が鉄道により積出し港まで輸送された。

　(b)産業発展に伴い，旅客輸送と貨物輸送はいずれも鉄道を中心に拡大するとともに，鉄道の駅を中心とした周辺地域との貨物輸送や都市内の旅客・貨物輸送が盛んになった。貨物輸送では，駅からの輸送において，荷車や馬車などの利用が増加する一方，河川を利用した舟運はその地位を低下させた。旅客輸送では，第一次世界大戦後に，市電やバス，地下鉄などの都市内交通が発展した。また，国内を中心に展開した鉄道網は，(c)20世紀以降の日本の対外関係の下，帝国内の旅客・貨物輸送の双方において重要な役割を持った。

問1　空欄　**ア**　**イ**　に入る語句の組合せとして正しいものを，次の①～④のうちから一つ選べ。　26

① ア　綿織物　イ　石　炭
② ア　綿織物　イ　石　油
③ ア　生　糸　イ　石　炭
④ ア　生　糸　イ　石　油

問2　下線部@に関連して，次の**史料**は，1872年に出された改暦を定めた詔書と同年に開通した新橋─横浜間の9月の時刻表の一部である。この**史料**に関して述べた後の文**a～d**について，正しいものの組合せを，後の**①～④**のうちから一つ選べ。　27

史料

駅	午前八時	九時	十時	十一時	午後二時	三時	四時	五時	六時
新橋	午前八時	九時	十時	十一時	午後二時	三時	四時	五時	六時
品川	八時八分	九時八分	十時八分	十一時八分	二時八分	三時八分	四時八分	五時八分	六時八分
川崎	八時二十六分	九時二十六分	十時二十六分	十一時二十六分	二時二十六分	三時二十六分	四時二十六分	五時二十六分	六時二十六分
鶴見	八時三十四分	九時三十四分	十時三十四分	十一時三十四分	二時三十四分	三時三十四分	四時三十四分	五時三十四分	六時三十四分
神奈川	八時四十五分	九時四十五分	十時四十五分	十一時四十五分	二時四十五分	三時四十五分	四時四十五分	五時四十五分	六時四十五分
横浜	八時五十三分	九時五十三分	十時五十三分	十一時五十三分	二時五十三分	三時五十三分	四時五十三分	五時五十三分	六時五十三分

九月十日より旅客の列車、此表に示す時刻の発着にて日々、新橋・横浜各「ステイション」の間を往復する。

乗車を欲する者は、遅くとも表示の時刻より十分前に「ステイション」に来て、切符を買うこと。

発車時限を遅らせないため時限の三分前に「ステイション」の戸を閉める。

旧暦ヲ廃シ太陽暦ヲ用ヒ天下永世之ヲ遵行セシメン

明治五年壬申十一月九日

（左：国立公文書館所蔵「汽車運転時限 幷（ならびに）賃金表上達」　右：「太陽暦頒行（はんこう）ノ詔」）

a　**史料**のような分刻みの時刻表は，太陽暦が採用される前から作られていた。

b　**史料**の時刻表が出された当時は，太陽暦が採用されていた。

c　動力源である電気の供給が安定しなかったため，この鉄道の定時での運行は困難を極めた。

d　乗客に対して規律ある行動を求めることで，定時での運行を厳守しようとしていた。

① a・c　　　**②** a・d　　　**③** b・c　　　**④** b・d

問 3　下線部ⓑに関連して，次の**表1**は，1885年から1930年までの鉄道（国鉄・民営鉄道）の旅客輸送と営業距離の推移を表したものである。**表1**に関して述べた文として**誤っている**ものを，後の①〜④のうちから一つ選べ。　28

表1

	旅客輸送（千人）		営業距離（km）	
年	国鉄	民営鉄道	国鉄	民営鉄道
1885	2,637	1,409	360	217
1890	11,265	11,411	984	1,365
1900	31,938	81,766	1,626	4,674
1910	138,630	25,909	7,838	823
1920	405,820	116,007	10,436	3,172
1930	824,153	428,371	14,575	6,902

（近代日本輸送史研究会編『近代日本輸送史』により作成）

① 1890年に民営鉄道の旅客輸送と営業距離が，国鉄の旅客輸送と営業距離を追い越した主な要因として，官営事業の払下げを受けた日本鉄道会社が設立されたことが挙げられる。

② 1900年から1910年にかけて，国鉄の旅客輸送と営業距離が増加する一方，民営鉄道の旅客輸送と営業距離が減少した要因として，鉄道の国有化政策が挙げられる。

③ 1910年から1930年にかけて，民営鉄道の旅客輸送が増加した要因として，大都市と郊外を結ぶ鉄道の発達や沿線開発の進展が挙げられる。

④ 1920年から1930年にかけて，国鉄の営業距離が増加したきっかけの一つとして，立憲政友会内閣による鉄道の拡大政策が挙げられる。

問 4　下線部ⓒに関連して，20世紀以降の日本の対外関係のなかで，鉄道に関わる諸政策・事件を説明した次の文Ⅰ～Ⅲについて，古いものから年代順に正しく配列したものを，後の①～⑥のうちから一つ選べ。　 29

　Ⅰ　奉天郊外において，張作霖が乗っていた列車が爆破された。
　Ⅱ　南満州鉄道株式会社が設立された。
　Ⅲ　段祺瑞政権に対して，鉄道建設にも関わる巨額の経済借款を与えた。

① Ⅰ─Ⅱ─Ⅲ　　② Ⅰ─Ⅲ─Ⅱ　　③ Ⅱ─Ⅰ─Ⅲ
④ Ⅱ─Ⅲ─Ⅰ　　⑤ Ⅲ─Ⅰ─Ⅱ　　⑥ Ⅲ─Ⅱ─Ⅰ

B

　ⓓ敗戦後も，鉄道は貨物輸送や旅客輸送において重要な交通機関としての地位にあり，人々の移動に欠かせない交通機関であった。ただ，1960年代以降，乗用車やトラックが普及するとともに，国道や高速道路網の整備によって，ⓔ自動車が貨物輸送や旅客輸送において中心的な役割を担うようになった。

　鉄道は，貨物輸送から，都市間や都市内の旅客輸送に注力するようになった。1964年に東海道新幹線が開通し，その後，新幹線網は各地に広がった。一方で，過疎に悩む農村や産業が衰退した地域で赤字路線の存在が問題となり，国鉄の経営にも大きな影響を与えた。第3セクター(注)への転換や路線の廃止が実施されるなど，都市部での鉄道網の展開とは対照的だった。そのようななかで，ⓕ国鉄の民営化が行われ，現在の JR 7 社の体制に転換した。

　鉄道は日本の産業発展において重要な役割を果たすだけでなく，私たちの生活に密接に関わっている。

(注)　第3セクター：国や地方自治体と民間企業の共同出資により設立された事業体。

問 5 下線部ⓓに関連して，戦後 10 年(1945～55 年)の間に撮影された**写真Ⅹ・Ⅰ**と，それに関して述べた文 **a ～ d** との組合せとして正しいものを，後の①～④のうちから一つ選べ。　30

写真

Ⅹ　千葉県(総武本線飯岡駅)　　　Ⅰ　福島県(東北本線松川駅付近)

共同通信社

a　写真Ⅹは，深刻な食料不足の影響で，都市から農村へ買い出しに行く人が多くなったことを示している。

b　写真Ⅹは，恐慌の影響で，都市から農村に戻る人が多くなったことを示している。

c　写真Ⅰは，平均して前年比 10 ％ ほどの伸び率で，日本経済が急成長していた時期の事件を示している。

d　写真Ⅰは，企業の倒産や失業者の増大が社会不安となっていた時期の事件を示している。

① Ⅹ － a　　Ⅰ － c　　　② Ⅹ － a　　Ⅰ － d
③ Ⅹ － b　　Ⅰ － c　　　④ Ⅹ － b　　Ⅰ － d

問 6　下線部ⓔに関連して，次の**表 2**は，高度経済成長期以降の鉄道・自動車の旅
客輸送量と乗用車の保有台数，高速道路延長，新幹線・高速道路の開通年を表
したものである。**表 2**について述べた文として正しいものを，後の①～④のう
ちから一つ選べ。　| 31 |

表 2

	旅客輸送 (百万人キロ)		乗用車保有台数 (千台)	高速道路延長 (km)		年	主要な新幹線・高速道路の開通
年	鉄道	自動車				1964	東海道新幹線全線開通
1960	184,340	55,531	457	—		1965	名神高速道路全線開通
1965	255,384	120,756	2,181	181		1969	東名高速道路全線開通
1970	288,816	284,229	8,779	638		1975	山陽新幹線全線開通
1975	323,800	360,868	17,236	1,519		1982	東北新幹線　大宮 ― 盛岡開通
1980	314,542	431,669	23,660	2,579			上越新幹線　大宮 ― 新潟開通
1985	330,083	489,260	27,845	3,555		1983	中国自動車道全線開通
						1985	関越自動車道全線開通

（矢野恒太記念会編『数字でみる日本の 100 年　改訂第 6 版』により作成）

①　**表 2**によれば，鉄道の旅客輸送が減少したことはなかった。

②　**表 2**によれば，日本で最初に開かれたオリンピックの開催までに，東京―
大阪間には，新幹線・高速道路が全線開通した。

③　**表 2**によれば，第 1 次石油危機の後，自動車の旅客輸送は減少した。

④　**表 2**によれば，太平洋ベルト地帯から整備された新幹線は，その後，東北
地方や日本海側と首都圏を結ぶようになった。

問 7　下線部ⓕに関して述べた次の文**X・Y**について，その正誤の組合せとして正
しいものを，後の①～④のうちから一つ選べ。　| 32 |

X　「戦後政治の総決算」を掲げた改革で，電電公社も民営化された。

Y　国鉄の民営化は，小泉純一郎が首相の時に行われた。

①　**X**　正　　**Y**　正　　　　　②　**X**　正　　**Y**　誤

③　**X**　誤　　**Y**　正　　　　　④　**X**　誤　　**Y**　誤

日 本 史 Ａ

$$\left(\text{解答番号}\ \boxed{\ 1\ }\ \sim\ \boxed{\ 32\ }\right)$$

第1問　次の会話文は，高校生のマコトさんが祖母の家で曾祖母(池上東子)の遺品
の整理を手伝った際に，曾祖母の父親(駒場公三)の**履歴書**と，曾祖母が持っていた
ラグビー大会の**パンフレット**を見つけ，祖母と交わしたものである。この会話文を
読んで，後の問い(**問1〜7**)に答えよ。(資料は，一部省略したり，書き改めたり
したところもある。)(配点　22)

マコト：公三さんって人は，40年以上も陸軍にいて，測量をしていたんだね。**履歴
　　　　書**に「外地」ってあるけど，どこを測量していたのかなあ。

祖　母：@公三さんは東子さんが小学校に入った年に，満州やロシアを測量した
　　　　みたい。第一次世界大戦が終わった頃ね。満州では軍人の身分を隠してい
　　　　たそうだよ。

マコト：危険なこともしてたんだね。ⓑ敗戦後にアメリカ軍で仕事をしたという
　　　　のは興味深いね。ところで東子さんは，いつ生まれて，何をしてたっけ？

祖　母：公三さんが陸軍で測量手をしていた時，ちょうど大正改元の年(1912年)
　　　　に東子さんが生まれたの。東子さんは16歳で高等女学校を卒業したけれ
　　　　ど，そのころの日本は，　ア　ようだね。ここにある**パンフレット**は，
　　　　就職した東子さんが　イ　で働いていたころに観戦したラグビー大会の
　　　　ものみたい。その少し後に結婚してからは，ずっと専業主婦だったはずだ
　　　　よ。

マコト：昔は家事が今よりも重労働だったんでしょ。

祖　母：そう。でも，ⓒ戦後にいろんな電化製品が出て，家事が楽になったって
　　　　東子さんは喜んでいたね。

マコト：公三さんの生活の方はどうだったのかな。

祖　母：晩年の公三さんはよくテレビを見てたね。1970年に90歳で亡くなるま
　　　　で，私も一緒によく見ていたの。

マコト：公三さんが生きている間に，世の中は大きく変わったんだろうね。

履歴書

履歴書

駒場公三　明治十三（一八八〇）年九月九日生

年	月	
明治二十六	四	中学校入学
明治三十一	三	同卒業
明治三十四	十二	現役兵として陸軍に入隊
		この間　ウ　戦争に従軍
明治三十八	十二	参謀本部陸地測量部修技所に入学
明治三十九	十二	同卒業　陸地測量手に任命される
		この間　内地及び外地の測量に従事
昭和十三	一	陸地測量手を依願退職　陸地測量部嘱託となる
		この間　地形測量並に測図指導に従事
昭和十九	六	陸地測量部嘱託を退職
昭和二十六	二	米国駐留軍測量隊に勤務
昭和二十八	五	米国駐留軍測量隊を退職

右相違無之候也（これなく　なり）

昭和二十八（一九五三）年十一月　駒場公三

パンフレット

全国中等学校ラグビーフットボール選手権大会優勝校一覧（1936年発行）

開催年	優勝校	所在地	開催年	優勝校	所在地
1931年	京城師範学校	朝鮮	1934年	秋田工業学校	秋田
1932年	京城師範学校	朝鮮	1935年（同点優勝）	鞍山中学校	満州
1933年	京城師範学校	朝鮮		台北第一中学校	台湾

問1　空欄　ア　に入る，当時の社会的背景を表す文として最も適当なものを，次の①～④のうちから一つ選べ。　1

① 経済統制が強まって，ぜいたく品が禁止されていた

② 都市部での求人が増えて，集団就職が盛んだった

③ 空襲を避けるために，疎開が実施されていた

④ 金融恐慌の影響を受けて，中小銀行の整理が進んでいた

問2　空欄　イ　　ウ　に入る語句の組合せとして正しいものを，次の①～④のうちから一つ選べ。　2

① イ　近所で増えてきたスーパーマーケット　ウ　日　清

② イ　近所で増えてきたスーパーマーケット　ウ　日　露

③ イ　駅近くにあった百貨店（デパート）　ウ　日　清

④ イ　駅近くにあった百貨店（デパート）　ウ　日　露

問3　下線部ⓐに関して，次の史料Ｘ・Ｙは，駒場公三が従事した年の，満州とロシアでの測量に関するものである。この史料Ｘ・Ｙについて述べた文として正しいものを，後の①～④のうちから一つ選べ。　3

Ｘ　作業員は嫌疑を避くる為（中略）変名を用ひ表面軍衙(注1)との関係を絶ち純然たる一個人として領事館より護照(注2)其他必要なる免許証の下附を受くるものとす

Ｙ　測図作業は護衛兵の掩護の許に行動せざれば頗る危険なるを以て左の如き護衛兵員を要す（中略）上陸爾来(注3)第十二師団長の隷下(注4)に属す

（注1）軍衙：軍務を取り扱う役所。　　（注2）護照：旅券，パスポート。
（注3）爾来：以来。　　（注4）隷下：配下。

（Ｘ・Ｙともに『外邦測量沿革史』）

① **X**はシベリア鉄道の着工年に，満州で行われた測量について記している。

② **X**はシベリア出兵の出征年に，満州で行われた測量について記している。

③ **Y**はシベリア鉄道の着工年に，満州で行われた測量について記している。

④ **Y**はシベリア出兵の出征年に，満州で行われた測量について記している。

問 4 下線部ⓑに関連して，戦後の日米関係に関して述べた次の文 **I** ~ **III** について，古いものから年代順に正しく配列したものを，後の①~⑥のうちから一つ選べ。 | 4 |

I アメリカによる日本の防衛義務が明確化され，在日米軍の行動に関する事前協議制が定められた。

II 日本はアメリカの援助を受けるとともに，防衛力の強化を義務づけられた。

III 日本市場の閉鎖性を問題視したアメリカは，農産物輸入自由化を要求した。

① **I** ― **II** ― **III**　　② **I** ― **III** ― **II**　　③ **II** ― **I** ― **III**

④ **II** ― **III** ― **I**　　⑤ **III** ― **I** ― **II**　　⑥ **III** ― **II** ― **I**

問 5 **パンフレット**にある優勝校に関して述べた次の文**X**・**Y**について，その正誤の組合せとして正しいものを，後の①~④のうちから一つ選べ。 | 5 |

X 鞍山中学校がこの大会で優勝した1935年には，満州は日本の影響下に置かれていた。

Y 京城師範学校は，朝鮮総督府と同じ都市にあった。

① **X** 正　**Y** 正　　　　② **X** 正　**Y** 誤

③ **X** 誤　**Y** 正　　　　④ **X** 誤　**Y** 誤

問 6　下線部ⓒに関連して，次の**表1**は，戦後の耐久消費財の価格と世帯ごとの普及率，大卒男性の初任給をまとめたものである。この**表1**に基づいて戦後の生活について述べた文として正しいものを，後の①～④のうちから一つ選べ。　6

表1　大卒男性の平均初任給と耐久消費財の価格・世帯普及率

(単位：円)

	1955 年	1960 年	1965 年	1970 年	1975 年
大卒男性の平均初任給（月額）	12,907	16,115	24,102	40,961	91,272
電気洗濯機	25,500 (—)	24,800 (45)	53,000 (69)	38,600 (88)	68,500 (98)
白黒テレビ	89,500 (—)	58,000 (55)	73,800 (90)	— (90)	— (49)
カラーテレビ	—	500,000 (—)	198,000 (—)	165,000 (26)	132,000 (90)
電気冷蔵庫	—	62,000 (16)	57,800 (51)	63,500 (85)	113,500 (97)

（『物価の文化史事典』により作成）
(注)　（　）内の数字は普及率（％）。
(注)　表中の初任給は，事務系大卒男性の全産業平均値（日経連調査）。
(注)　表中の耐久消費財価格は，メーカー主力機種の標準価格。

① いざなぎ景気が始まる前年には，カラーテレビは，大卒男性の平均初任給6か月分で購入できるようになっていた。

② 大阪で万国博覧会が開催された年には，電気洗濯機・電気冷蔵庫が，世帯の9割以上に普及していた。

③ 自衛隊が発足した翌年には，白黒テレビは，大卒男性の平均初任給6か月分で購入できるようになっていた。

④ 最初の先進国首脳会議（サミット）が開催された年には，カラーテレビの普及率が白黒テレビの普及率を超えていた。

問 7　マコトさんは，駒場公三の生きた期間に世の中が大きく変わったことに驚き，その生没時の社会の違いについて，次の**表 2** にまとめた。この**表 2** 中の①～④について**誤っているもの**を一つ選べ。　┃　7　┃

表 2　生没時の社会の違い

	生まれた時	亡くなった時
年　代	1880（明治 13）年	1970（昭和 45）年
家族の状況	戸主と長男の権限が強かった	①核家族が増えた
地方の状況	北海道で開拓事業が実施されていた	②沖縄の施政権が日本に返還されていた
政治の状況	③自由民権運動が広がり，多くの結社や政社が作られていた	自由民主党が政権についていた
世界の状況	④列強は競って植民地を獲得していた	米ソ中心の冷戦が続いていた

第 2 問　日本史Ｂの第 5 問に同じ。　┃　8　┃～┃　11　┃（配点　12）

第3問　たかしさんとじゅんさんは，明治後期から昭和初期にかけての社会と生活をテーマにして調べ学習をしている。二人の会話文**A・B**を読んで，後の問い（**問1〜7**）に答えよ。（資料は，一部省略したり，書き改めたりしたところもある。）（配点　22）

A

たかし：授業では，日清戦争後に産業革命が達成されると，男性労働者を中心に，ⓐ労働組合が結成されたり，社会主義運動が現れてくると学んだね。

じゅん：私は，労働者の生活環境に関心を持ったんだ。横山源之助は，ⓑ「貧街十五年間の移動」という文章で，日清戦争前後と1911年の東京の下層社会を比較しているよ。

たかし：私は，労働者の家計に注目してみたよ。研究文献を調べたら，ⓒ工場労働者と，「細民」と呼ばれた貧しい都市住民の家計についてまとめることができたよ。日露戦争後から1920年代にかけて，東京の下層社会は大きく変化したようだね。

問1　下線部ⓐに関連して，労働運動・社会主義運動に関して述べた次の文**Ⅰ〜Ⅲ**について，古いものから年代順に正しく配列したものを，後の**①〜⑥**のうちから一つ選べ。　　12

Ⅰ　友愛会が，鈴木文治らによって結成された。

Ⅱ　最初のメーデーが，開催された。

Ⅲ　社会民主党が，幸徳秋水らによって結成された。

①　Ⅰ－Ⅱ－Ⅲ　　　　**②**　Ⅰ－Ⅲ－Ⅱ　　　　**③**　Ⅱ－Ⅰ－Ⅲ

④　Ⅱ－Ⅲ－Ⅰ　　　　**⑤**　Ⅲ－Ⅰ－Ⅱ　　　　**⑥**　Ⅲ－Ⅱ－Ⅰ

問 2　次の**資料**は，下線部ⓑの内容を説明したものである。**資料**に関して述べた後の文**X・Y**について，その正誤の組合せとして正しいものを，後の①～④のうちから一つ選べ。　13

資料

　日露戦争後における東京の下層社会の変化について，横山源之助は「貧街十五年間の移動」(『太陽』1912年2月)のなかで，(中略)当時の市外地域での雑業者の増加を指摘していた。(中略)

　さらにその後，第一次世界大戦期にかけて，(中略)東京の各地域の都市スラムが変化し始めた。そこでは市街地中心部から，都市のスプロール化によって膨張しつつあった近郊へと下層居住民が流動していったことがうかがわれる。(中略)

　都市スラムの職業構成におけるもっとも重要な変化は，下層民のおもな職業であった人力車夫が，市電の発達などによる交通網の整備によって，急減したうえ，廃業した車夫の一部が「力役型」の単純労働者や雑業者に転業していったことである。

　都市下層民のなかで主要な職業のひとつであった人力車夫の減少とかれらの転職の動きは，スラム内部に変動をもたらしたのみならず，単純な筋肉労働による職種，(中略)新たな雑業者の比重を増した。

　　　　(石塚裕道「東京の都市下層社会と「細民」住民論」『都市と技術』国際書院)

X　工場法の対象となったことで，**資料**にある人力車夫の労働環境は改善された。

Y　**資料**によれば，都市スラムは市の郊外へ移動していき，下層民の主要な職業は次第に変化していった。

①　**X**　正　　**Y**　正　　　　　　②　**X**　正　　**Y**　誤
③　**X**　誤　　**Y**　正　　　　　　④　**X**　誤　　**Y**　誤

問 3 下線部ⓒに関連して，工場労働者と「細民」の家計をまとめた**表1・2**に関して，その内容と要因について述べた文章として最も適当なものを，後の①～④のうちから一つ選べ。 14

表1 工場労働者の家計（1か月あたり）

	1916 年	1919 年	1921 年
	円（%）	円（%）	円（%）
実収入計	28.51（100.0）	64.37（100.0）	115.19（100.0）
実支出計	26.41（100.0）	60.49（100.0）	110.40（100.0）
飲食物費	11.55（ 43.7）	34.21（ 56.6）	41.00（ 37.1）
住居費	4.90（ 18.5）	6.10（ 10.1）	15.04（ 13.6）
光熱費	1.71（ 6.5）	4.30（ 7.1）	6.27（ 5.7）
その他	8.27（ 31.3）	15.88（ 26.2）	48.09（ 43.6）

表2 「細民」の家計（1か月あたり）

	1921 年
	円（%）
実収入計	57.93（100.0）
実支出計	56.66（100.0）
飲食物費	34.84（ 61.5）
住居費	4.48（ 7.9）
光熱費	4.30（ 7.6）
その他	13.04（ 23.0）

（**表1・2**は中川清『日本の都市下層』により作成）

① 1919 年の工場労働者の家計は，1916 年に比べて，実支出中の飲食物費の割合が増加した。その要因は，1916 年から 1919 年の間に米価が急騰したためと考えられる。

② 1921 年の工場労働者の家計は，1919 年に比べて，実収入，実支出ともに増加した。その要因は，1919 年から 1921 年にかけて大戦景気があったためと考えられる。

③ 1921 年の工場労働者の家計は，同年の「細民」の家計に比べて，実支出中の飲食物費の割合が高い。その要因は，1916 年から 1919 年の間に米価が急騰したためと考えられる。

④ 1921 年の工場労働者の家計は，同年の「細民」の家計に比べて，実支出中の住居費の割合が低い。その要因は，1919 年から 1921 年にかけて大戦景気があったためと考えられる。

B

じゅん：第一次世界大戦後，特に関東大震災後，都市化が加速的に進み，⒟<u>自由主義・民主主義的な風潮</u>や都市文化が広まって，大都市を中心に人々の生活は大きく変化した，と授業で学んだね。

たかし：うん。⒠<u>俸給生活者(サラリーマン)らの「新中間層」が増加し，都市文化の主な担い手になった。</u>文化の大衆化が始まったんだね。

じゅん：でもさ，農村から見たら都市文化はどのように見えるのかなと思って，⒡<u>ある農民組合の創設趣意書</u>を読んでみたんだ。そしたら，都会は「日に贅沢に赴く」に対して，農村は「貧苦に咽ぶ」という文言があったよ。都市に対する恨み，「反都市主義」が見られるね。ただ，趣意書には，農村の「自治」を強調していて，デモクラシー思想や大衆文化の影響も確かに見られるよ。

たかし：そうだね，⒢<u>明治後期から昭和初期にかけての社会について，</u>まとめてみるよ。

問 4 下線部⒟に関連して，1920年代後半の内閣**X・Y**と，その政策について述べた文**a～d**との組合せとして正しいものを，後の①～④のうちから一つ選べ。 15

X 第 1 次加藤高明内閣

Y 田中義一内閣

a 社会主義国であるソ連との間に国交を樹立した。

b 労働者の団体交渉権が法律に記され，同時に治安維持法も公布された。

c 都市へ移住した地主の貸付地を強制的に買い上げ，農家へ安く売った。

d 治安維持法が改正され，死刑・無期刑が罰則に加わった。

① **X** ― **a**　　**Y** ― **c**　　　② **X** ― **a**　　**Y** ― **d**

③ **X** ― **b**　　**Y** ― **c**　　　④ **X** ― **b**　　**Y** ― **d**

問5　下線部⑥に関連して，1920年代から1930年代の生活・文化に関して述べた次の文X・Yについて，その正誤の組合せとして正しいものを，後の①～④のうちから一つ選べ。　16

X　大都市の郊外に，和洋折衷の文化住宅が建てられた。

Y　大衆娯楽雑誌である『国民之友』が創刊された。

① X　正　　Y　正　　　　　② X　正　　Y　誤

③ X　誤　　Y　正　　　　　④ X　誤　　Y　誤

問6　下線部⑥に関連して，じゅんさんは，1918年から1941年にかけての労働組合数・小作組合数，労働争議件数・小作争議件数の推移を調べて次の**グラフ**を作った。全体の推移を示した**メモ**を読み，この**グラフ**の**a～d**に該当するものの正しい組合せを，後の①～④のうちから一つ選べ。　17

グラフ

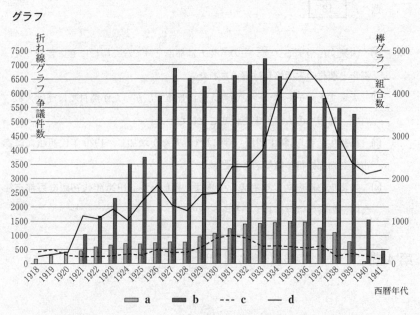

（『日本長期統計総覧』，『昭和七年小作年報』，『昭和十六年農地年報』により作成）

メモ

・労働組合数は大戦景気を受けて増え，1935年がピークであった。

・小作組合数は1933年にピークをむかえた。

・労働争議件数は不況で賃金引下げや倒産，人員整理があったため，1920
年代後半から上昇し，1931年以降，減少傾向を示した。

・小作争議件数は主に土地の貸借をめぐって1930年代前半に急増した。

---

① a 労働組合 b 小作組合 c 労働争議 d 小作争議

② a 労働組合 b 小作組合 c 小作争議 d 労働争議

③ a 小作組合 b 労働組合 c 労働争議 d 小作争議

④ a 小作組合 b 労働組合 c 小作争議 d 労働争議

問7　下線部⑥に関して述べた文として正しいものを，次の①~④のうちから一つ
選べ。　18

① 大衆文化やデモクラシーの考え方は都市だけでなく農村にも影響を与え，
都市と農村の生活格差は解消された。

② 大衆文化やデモクラシーの考え方は都市で広がったが農村では受け入れら
れず，都市への人口集中を促すことになった。

③ 俸給生活者ら「新中間層」と呼ばれる人々が増加し，1920年代初頭には都
市社会内部の格差は解消された。

④ 工業化の進展により生活レベルは上昇したが，1920年代初頭でも都市社
会内部の格差は存在していた。

第4問　日本史Bの第6問に同じ。　19　~　25　（配点　22）

第5問　高校生のレンさんとトモさんは，授業の課題で昭和期の政党政治と社会について調べることになった。二人の会話文**A・B**を読み，後の問い（**問1～7**）に答えよ。（資料は，一部省略したり，書き改めたりしたところもある。）（配点　22）

A

レ　ン：昭和戦前期の政党政治と社会に注目して，日本が大きな戦争に向かってしまった過程を考えてみたいな。

ト　モ：1924年6月から1932年5月まで政党内閣が続いて，「憲政の常道」と言われたね。@この時期に，男性の普通選挙の制度が整えられたよね。

レ　ン：そうだね。ちなみに，ⓑ最初に普通選挙制度で行われた第16回の衆議院議員総選挙（以下，総選挙）では，二大政党だけでなく，労働者や農民たちが支持した無産政党の立候補者も当選したね。既成政党に不満を持つ人々にとって，貴重な意見の代弁者だったといえそうだね。

ト　モ：既成政党は貧困・失業への対策を掲げていたし，実際に実行されていたね。でも，昭和初期の社会状況に対して，経済政策などで国民の期待に応えきれず，汚職などもあって信頼を失ったんだよね。

レ　ン：そして直接的には五・一五事件によって政党内閣は終わってしまったんだ。

ト　モ：この事件は，不況に対する政党政治の対応への不信も一つの理由とされていたみたいだね。そういった状況を背景に，青年将校に対する様々な減刑運動も起きていたようだよ。

レ　ン：へえ。どんな感じだったんだろう。後でⓒ当時の新聞記事を見てみよう。

ト　モ：それはいいね。政党内閣の終焉（しゅうえん）のあと，1930年代には，ⓓ学問や思想への弾圧も次々に起きていたね。帝国議会を舞台にした事件もあったよ。

レ　ン：そうだね。政党不信に対して，軍部や右翼など色々な人たちの思惑と結果がつながってしまった側面も無視できないね。

問 1　下線部ⓐに関連して，近代日本の選挙制度について述べた次の文**X・Y**と，それを定めた時の首相**a～d**との組合せとして正しいものを，後の①～④のうちから一つ選べ。　26

X　大政党に有利な小選挙区制が導入された。

Y　直接国税10円以上を納める25歳以上の男性に選挙権が認められた。

a　西園寺公望　　**b**　原　敬　　　　**c**　山県有朋　　　**d**　黒田清隆

①　**X**ー**a**　　**Y**ー**c**　　　　②　**X**ー**a**　　**Y**ー**d**
③　**X**ー**b**　　**Y**ー**c**　　　　④　**X**ー**b**　　**Y**ー**d**

問 2　下線部ⓑに関連して，二人は，第17，18回総選挙の結果を次の**表**にまとめた。無産政党の動向に関連して述べた後の文**X・Y**について，その正誤の組合せとして正しいものを，後の①～④のうちから一つ選べ。　27

表

第17回総選挙(1930年2月)	
政　党	当選者数
立憲民政党	273
立憲政友会	174
国民同志会	6
革新党	3
社会民衆党	2
日本大衆党	2
労働農民党	1
無所属	5
総　数	466

第18回総選挙(1932年2月)	
政　党	当選者数
立憲政友会	301
立憲民政党	146
革新党	2
社会民衆党	3
全国労農大衆党	2
無所属	12
総　数	466

（『日本長期統計総覧』により作成）

X　第16回総選挙で無産政党から当選者が複数人出た後，日本共産党員に対する一斉検挙が行われた。

Y　第17回と第18回の総選挙では，無産政党から当選者は出なかった。

① **X** 正　**Y** 正　　　　② **X** 正　**Y** 誤

③ **X** 誤　**Y** 正　　　　④ **X** 誤　**Y** 誤

問 3　下線部ⓒに関連して，二人は新聞記事を調べ，五・一五事件の減刑運動に関する次の**史料 1・2**をみつけた。五・一五事件とこれらの**史料**について述べたトモさんの発言 **a ～ d** のうち，正しいものの組合せを，後の①～④のうちから一つ選べ。　 28

史料 1

(前略)その他全国各地の愛国思想団体によつて猛然減刑請願運動が起され，なかには地方民より署名調印を取りまとめつつあるのに，内務省警保局では事件の性質上成行きを重視し，三日重要府県警察部に対して慎重なる内偵査察を厳命した。

（『読売新聞』1932 年 8 月 4 日）

史料 2

歴史的な陸軍の判決を前にして全国的に減刑嘆願の運動が更に炎をあげてゐるが，(中略)石光真臣中将夫人の鶴子さんと令嬢富喜子さん(中略)等東京の将校婦人を中心の減刑運動が突風的に起され，この母子が十五日一日だけで五百名の署名を集め，(中略)十六日午後荒木陸相の手許に提出した。

（『東京朝日新聞』1933 年 9 月 17 日）

a **史料**によると，減刑嘆願は愛国思想団体などによって行われ，全国各地で展開されたことが分かるね。

b **史料**によると，減刑嘆願は全国各地で展開されたけれど，その動きは三か月で終わっており，事件への関心は短期的なものであったようだね。

c この事件では，高橋是清大蔵大臣が殺害されたよね。

d この事件では，首相官邸で犬養毅が殺害されたよね。

① a・c ② a・d ③ b・c ④ b・d

問 4 下線部ⓓに関連して，学問や思想の弾圧に関して述べた文として正しいものを，次の①～④のうちから一つ選べ。 29

① 日本共産党幹部の大杉栄らが獄中で転向を声明した。

② 天皇を国家の一機関としてとらえる河合栄治郎の学説が批判されて，政府から国体明徴声明が出された。

③ 滝川幸辰は自由主義的な刑法学説が批判され，休職処分に追い込まれた。

④ 労働組合の関係者に続き，経済学者の津田左右吉が検挙された。

B

ト　モ：政党内閣が終焉した後も，政党はしばらく存続して影響力はあったし，戦時中にも政党出身の議員もいなくなったわけではなかったんだよね。

レ　ン：無産政党は分裂して，一部は戦争協力の方向へ転換してしまったけどね。

ト　モ：うん。戦時中の政治については，その時期に首相をつとめた⒠近衛文麿が圧倒的な国民的人気を集めていたね。近衛の存在は，国民の期待の象徴だったのかもしれないね。

レ　ン：そうだね。⒡1940年代，国民は長引く戦争の中で，どういう状況に置かれていたんだろうなあ。当時は必ずしも本当のことが報道されていなかったから，そういった点も含めて考えないといけないね。

ト　モ：ここまでをまとめると，昭和戦前期は政党政治への期待と不満がともに高まっていたんだね。軍部が主導した政党批判や対外戦争が，そうした不満のはけぐちになったりして，結果的には人々の権利や自由が奪われてしまった時代といえそうだね。

レ　ン：⒢戦後の政党と政治は，こうした経験も踏まえて展開されていったんだね。現在にも多くの教訓が得られそうだなあ。

問5　下線部⒠に関連して，第1次～第3次近衛文麿内閣の動向を記した次の文I～IIIについて，古いものから年代順に正しく配列したものを，後の①～⑥のうちから一つ選べ。　30

I　近衛首相は，日米交渉の打ち切りと開戦を主張する東条英機陸軍大臣と激しく対立した。

II　国家主義を唱え，節約・貯蓄など国民の戦争協力を促す国民精神総動員運動を開始した。

III　全国民の戦争協力への動員を目指す新体制運動を展開し，大政翼賛会が成立した。

① I — II — III　　② I — III — II　　③ II — I — III
④ II — III — I　　⑤ III — I — II　　⑥ III — II — I

問 6 下線部⑦について，二人は1940年から敗戦までの状況を調査することにした。調査する史料として**適当でないもの**を，次の①～④のうちから一つ選べ。
　　　31

① 学徒出陣した大学生の手記

② 勤労動員に参加した高等女学校生の回想録

③ 軍国主義的な教育をしていた国民学校の教科書

④ 国民思想の取り締まりを担当した自治体警察の報告書

問 7 下線部⑧に関連して，二人は，敗戦後初の総選挙における政党政治について調べ，戦前からの変化を考えることにした。その内容について述べた文として正しいものを，次の①～④のうちから一つ選べ。　　32

① 敗戦後の最初の総選挙に挑戦した政党は，戦前の既成政党のみだった。

② 戦時下の政党政治家たちは，一つの保守政党に全員が参加して議会で最大勢力となっていた。

③ 戦前の労働運動や農民運動の活動家の中には，革新政党となった政党に参加した者もいた。

④ 戦前に公然と活動することができなかった政党が活動を始めたが，この政党の議員の多くはGHQによって公職追放処分を受けた。

共通テスト
追試験

2022

日本史 B

解答時間 60 分
配点 100 点

日 本 史 Ｂ

（解答番号 1 ～ 32 ）

第１問 次の文章**Ａ・Ｂ**は，「日本社会における戦士の歴史」をテーマに自由研究を
進めていた高校生のかずこさんとたけしさんとの会話である。この文章を読み，後
の問い（**問１～６**）に答えよ。（史料は，一部省略したり，書き改めたりしたところ
もある。）（配点 18）

Ａ

たけし：原始社会の狩猟民も戦士と言って良いなら，**図**の石器は，戦士の武器と言
　　　　えるかな。

かずこ：精巧な作りだね。教科書で石槍の先とされているものと同じ形だけど，ず
　　　　いぶん大きい。ⓐ**図の石器をめぐっては，いろいろ論争があるらしい。**
　　　　旧石器時代なのか縄文時代なのかという時代観をめぐる論争や，生活で使
　　　　われた実用品か象徴的な儀礼品かという論争もあるそうだよ。

たけし：研究の進展によって，教科書の記述も変わることがあるみたい。姉さんの
　　　　教科書とは，原始の箇所は，年代などの記述が変わっていて驚いたよ。

かずこ：弥生時代には，人間を殺傷する武器や，防御機能を持った ア が出現
　　　　しているから，戦いが始まり，戦士が誕生したと言えるよね。

たけし：中世以後に台頭する武士は戦士だと思うけど，ⓑ**武器を持つからといっ
　　　　て必ずしも戦士と言うわけではないよね。**

かずこ：豊臣秀吉は有名な法令で，「諸国百姓」から武器を没収する理由として，京
　　　　都の方広寺に大仏を造立するとか言っているけど，百姓は農民を中心とす
　　　　るしね。

たけし：方広寺と言えば，徳川氏にも目をつけられて，同寺の イ が問題にさ
　　　　れるんだけど，これも建前だと言われがちだよ。

かずこ：大仏造立という名目で，百姓から刀を取り上げたけど，江戸時代の農民は
　　　　鳥獣駆除のために鉄砲は持っていたらしいね。

図　神子柴遺跡出土の石器

伊那市創造館所蔵

かずこさん・たけしさんのメモ

- ・神子柴遺跡(長野県上伊那郡 南 箕輪村)出土
- ・全長 25.1 cm(注1)
- ・約1万6000年前
- ・下呂石(注2)製
- ・神子柴遺跡からは他に黒曜石で作られた尖頭器や，石斧など大型の石器が，狭い空間からまとまって出土している。

(注1)　全長25.1cm：通常の尖頭器は，10cm前後である。
(注2)　下呂石：岐阜県地域で産出する石。

問1　空欄　　ア　　　イ　　に入る語句の組合せとして正しいものを，次の①~④のうちから一つ選べ。　　1

① ア　環濠集落　　イ　鐘銘の表記

② ア　環濠集落　　イ　僧の紫衣着用

③ ア　朝鮮式山城　　イ　鐘銘の表記

④ ア　朝鮮式山城　　イ　僧の紫衣着用

問2　下線部ⓐに関して，次の文X・Yのような論争がある。考古学で用いられる方法について述べた後の文a~dのうち，X・Yを考えるために有効と考えられるものの組合せとして最も適当なものを，後の①~④のうちから一つ選べ。

2

　　X　遺跡の性格について，墳墓説，住居説，石器の集積所説などがある。

　　Y　石器の性格について，実用品なのか，儀礼品なのか議論がある。

　　a　この石器の材質を分析して産出地を確定する。

　　b　この石器と一緒に出土した遺物を検討する。

　　c　この石器の科学的な年代測定を実施する。

　　d　この石器の形状や使用の痕跡を調査する。

　①　X — a　　　Y — c　　　　**②**　X — a　　　Y — d

　③　X — b　　　Y — c　　　　**④**　X — b　　　Y — d

問 3　下線部ⓑに関連して，次の**史料1**は，天台座主であった良源（りょうげん）が，970年に作成した「二十六箇条起請（きしょう）」（誓約）の一部である。**史料1**と当時の社会に関して述べた後の文**X・Y**について，その正誤の組合せとして正しいものを，後の**①**〜**④**のうちから一つ選べ。　　3

史料1

一　応に兵仗（注1）を持て僧房に出入りし山上を往来せる者を尋ね捕らえて，公家（注2）に進らすべき事

　　右，兵器はこれ在俗武士の持つところにして，経巻はこれ出家行人（ぎょうにん）の翫（もてあそ）ぶところなり（注3）。（中略）しかるに聞くならく，ある僧等，党を結びて群を成し，恩を忘れて怨に報い，懐中に刀剣を挿し著して，恣（ほしいまま）に僧房に出入りし，身上に弓箭（ゆみや）を帯持して，猥（みだり）に戒地（かいち）（注4）を往還す。（中略）暴悪の身に遍（あまね）きこと，なお酔象（すいぞう）（注5）に同じ。

　　　　　　　　　　　　　　　　　　　　　　　　　（「廬山寺文書」）

（注1）　兵仗：兵器。武器。
（注2）　公家：朝廷。
（注3）　経巻はこれ出家行人の翫ぶところなり：仏教の経典は，出家修行者が取り扱うものである。
（注4）　戒地：戒律を守るべき聖域。延暦寺を指す。
（注5）　酔象：酒に酔った象。悪事のたとえ。

X　史料1によれば，良源は，武器を携行して僧房に出入りし，比叡山を往来
　　する者は捕らえるとしている。

Y　当時の比叡山の僧兵たちは，朝廷に対抗するために，神輿をおしたてて強
　　訴を繰り返していた。

① X　正　　Y　正　　　　　　② X　正　　Y　誤

③ X　誤　　Y　正　　　　　　④ X　誤　　Y　誤

B

かずこ：ところで，その後に続く江戸時代は泰平の時代と言われて，戦うことを本
　　　　　業とする武士って，本当は社会に必要とされていなかったんじゃない？

たけし：そのことは江戸時代の武士たちも意識していたようだよ。先生から教えて
　　　　　もらったんだけど，岡山藩主の池田光政は，家臣である岡山藩士の武士た
　　　　　ちにむけて，「私のような大名は，人民を将軍様からお預かりしているの
　　　　　だから，おまえたちは主君である私を補佐して，人民が安心して暮らせる
　　　　　ようにすべきなのだ」と説いたんだって。

かずこ：なるほど。江戸時代の武士は単に戦う「兵」ではなくて，中国や朝鮮の「士
　　　　　大夫」と同じように，⒞ある程度は学問を身につけて政治のことを考える
　　　　　「士」にならないといけないってことだね。

たけし：そうそう，「士」と「兵」との違いって意外に大事だよ。⒟明治になると，
　　　　　武士という存在は不要とされていくよね。ただ近世でも近代でも，軍隊の
　　　　　末端には，実態として多くは農民が動員されていたわけで，「兵と農」より
　　　　　も「士と兵」との違いがどう生み出されたかが大事だという指摘もあるよ。

かずこ：陸軍や海軍の士官というのはエリートで，兵卒とは区別されていたようだ
　　　　　から，「士」の「兵」に対する優越感は，近代になっても簡単には解消されな
　　　　　かったみたいだね。

問4　下線部Ⓒに関連して，17世紀後半の藩主が学問を奨励した事績について述べた文として正しいものを，次の①～④のうちから一つ選べ。　4

① 池田光政は，熊沢蕃山を招き，藩士に蘭学を学ばせた。

② 保科正之は，藩士に学問を奨励し，『群書類従』を編纂した。

③ 前田綱紀は，木下順庵を招き，藩士の学問の振興を図った。

④ 徳川光圀は，藩士に教訓を示すため，『本朝通鑑』を編纂した。

問5　下線部ⓓに関連して，武士身分を廃止した影響について述べた次の文Ｘ・Ｙと，それに該当する語句ａ～ｄとの組合せとして正しいものを，後の①～④のうちから一つ選べ。　5

Ｘ　農民も政府によって動員され，戦死する可能性を高めた。

Ｙ　不平士族の不満が解消されることも期待して主張された。

ａ　殖産興業　　　　ｂ　四民平等　　　ｃ　脱亜論　　　　ｄ　征韓論

① Ｘ－ａ　　Ｙ－ｃ　　　　② Ｘ－ａ　　Ｙ－ｄ

③ Ｘ－ｂ　　Ｙ－ｃ　　　　④ Ｘ－ｂ　　Ｙ－ｄ

問 6　かずこさんとたけしさんは,「日本社会における戦士の歴史」について考えて
　　　きて,近代初めにそれをまとめた文書「徴兵告諭」(**史料2**)があることを知っ
　　　た。**史料2**の内容と徴兵に関して述べた後の文 **a ~ d** について,最も適当なも
　　　のの組合せを,後の**①**~**④**のうちから一つ選べ。　6

　史料2

　　　我朝上古の制, 海内 (注1) 挙て兵ならざるはなし。有事の日, 天子之が元帥
　となり, 丁壮 (注2) 兵役に堪うる者を募り, 以て不服を征す。役を解き家に帰
　れば, 農たり工たり又商賈 (注3) たり。(中略) 保元・平治以後, 朝綱頽
　弛 (注4) し, 兵権終に武門の手に墜ち, 国は封建の勢を為し, 人は兵農の別を
　為す。(中略) 然るに太政維新, 列藩版図を奉還し, 辛未の歳 (注5) に及び遠く
　郡県の古に復す (注6)。世襲坐食 (注7) の士は其禄を減じ, 刀剣を脱するを許
　し, 四民漸く自由の権を得せしめんとす。是れ上下を平均し, 人権を斉一に
　する道にして, 則ち兵農を合一にする基なり。

　　　　　　　　　　　　　　　　　　　　　　　　　　　　　　　　(「徴兵告諭」)

　(注1)　海内：国内。　　　　　　(注2)　丁壮：壮年の男子。
　(注3)　商賈：商人。　　　　　　(注4)　朝綱頽弛：朝廷の規律が崩れたこと。
　(注5)　辛未の歳：1871年。　　　(注6)　郡県の古に復す：廃藩置県のこと。
　(注7)　坐食：働かずに食うこと。

　a　**史料2**によれば,徴兵の理想は,保元・平治の乱以前のように,天皇が兵
　　　権を握った兵農合一の社会であった。

　b　**史料2**によれば,徴兵の理想は,保元・平治の乱以後のように,武門が軍
　　　事を担った兵農分離の社会であった。

　c　徴兵への反発から血税一揆が起こった。

　d　徴兵令では,18歳に達した男子に兵役の義務が課された。

　　① a・c　　　　**②** a・d　　　　**③** b・c　　　　**④** b・d

第2問　リョウタさんとリツコさんは，歴史の授業で，古代には様々な雑穀が栽培され，食べられていたことを知った。そこで，粟と麦についてそれぞれ調べ，授業で発表することにした。二人の**発表要旨A・B**を読み，後の問い（**問1～5**）に答えよ。（資料は，一部省略したり，書き改めたりしたところもある。）（配点　16）

A　リョウタさんの発表要旨

　日本の主要な穀物栽培と言えば，稲作を思い浮かべる人が多い。確かに，日本のことを「瑞穂（水穂）国」とも呼ぶように，水田稲作が重要な位置を占めていた。

　しかし実際には，稲以外にも，様々な⒜穀物が栽培されていた。特に，粟は縄文時代には一部で栽培が始まっていたという説もある。粟は古代の人々にとって身近な作物だったようで，蒸したり粥にしたりして食べられていた。

　粟はやせた土地でも育つのに対し，稲は旱ばつや風水害・虫害などの影響を受けやすく，秋に不作になると食糧不足や飢饉に結びついた。それもあって，⒝古代国家は飢饉に備えて，粟を貯えさせた。また，国司を通じて百姓に粟の栽培を奨励し，稲の代わりに粟を税として出すことを許可する法令を出した。

問1　下線部⒜に関連して，原始・古代の穀物栽培に関して述べた文として正しいものを，次の①～④のうちから一つ選べ。　　**7**

①　稲作が日本に伝わると，狩猟や採取による食糧確保は行われなくなった。

②　弥生時代，稲穂は石包丁で刈り取られ，木臼と竪杵を使って脱穀された。

③　古墳時代，鍬や鋤などの青銅製農工具が用いられ，生産力が向上した。

④　律令制下の百姓は口分田が与えられ，収穫高の3割を租として納めた。

問2　下線部⑥に関連して，リョウタさんの発表に対して，他の生徒から**質問X・Y**が出た。リョウタさんは先生にアドバイスをもらいながら，**史料a～d**を探してきた。**質問X・Y**に対する回答の根拠となる**史料**の組合せとして最も適当なものを，後の①～④のうちから一つ選べ。　 8

質問

X　飢饉対策として，粟が貯えられた理由はどこにあるのだろうか。

Y　貯蓄する粟は誰から集めたのだろうか。

史料

a　凡そ雑穀相博えん(注1)には，粟・小豆 各 二斗を稲三束に当て，大豆一斗を稲一束に当てよ。(『延喜式』)

b　凡そ粟の物とあるは，支うる(注2)こと久しくして敗れず，諸 の穀の中に於て，最も是れ精好なり。(『続日本紀』)

c　凡そ一位以下，及び百姓・雑色の人等は，皆戸の粟を取り，以て義倉とせよ。上上の戸(注3)に二石，(中略)下下の戸に一斗。(『養老令』)

d　三の君の夫は，(中略)大名の田堵なり。(中略)薗畠に蒔くところは麦・大豆・大角豆・小豆・粟・黍・稗・蕎麦・胡麻(後略)。(『新猿楽記』)

(注1)　相博えん：交換する。
(注2)　支うる：保存する。
(注3)　上上の戸：資財などをもとに，各戸を上上から下下まで九等に分けたうちの最上位の戸。

①　X — a　　Y — c 　　②　X — a　　Y — d

③　X — b　　Y — c 　　④　X — b　　Y — d

Ｂ　リツコさんの発表要旨

　小麦は，飢饉や夏の食糧不足を補うだけではなく，日常の食料や調味料の原材料としての需要もあった。古代国家は，ⓒ諸国の百姓から調・庸として様々な物資を都へ納入させたが，それ以外にも，必要な物資を諸国で調達させて，都へ納入させていた。小麦が諸国から都へ納入されたことは，木簡や『延喜式』から分かる。小麦の加工品には，ヒヤムギのようなものや，縄状の団子を胡麻油で揚げたものなどがあった。

　古代国家はⓓ農業政策の一環として麦の栽培を奨励したが，百姓が収穫前に刈り取り，馬の飼料として売却してしまうこともあった。そのため国家は，収穫前の麦を売買することを禁止し，雑穀として食用とすることの利点を国司が百姓に教え諭す法令を出した。こうして国家は，農業に基盤を置いていた百姓の生活を維持することに努めたのである。

問3　下線部ⓒに関連して，次の**表1**は，『延喜式』で小麦を納入するように指定されていた国の一覧，**表2**はそれらの国の調として指定されていた全品目の一覧である。**表1・2**に関して述べた後の文**X・Y**について，その正誤の組合せとして正しいものを，後の①～④のうちから一つ選べ。　9

表1　小麦の全納入国

国　名	小麦の納入量
山　城	30石
大　和	11石7升3合
河　内	35石
和　泉	25石
摂　津	35石1斗
阿　波	70石
壱　岐	20石2斗

表2　各国の調の全品目

国　名	調の品目
山　城	ムシロ・コモ(注1)，銭
大　和	箕，鍋，土師器の食器等，銭
河　内	ムシロ・コモ，筥，筍(注2)，土師器の食器類，銭
和　泉	笠，筍，須恵器の壺や食器等，銭
摂　津	ムシロ・コモ，櫃，筍，須恵器の食器類，銭
阿　波	錦，羅(注3)，綾，絹，糸，アワビ，カツオ
壱　岐	大豆，小豆，小麦，海石榴の油(注4)，薄アワビ

(注1)　ムシロ・コモ：マコモや竹など植物で編んだ敷物。
(注2)　筍：容器の一種。
(注3)　羅：高級織物の品目の一つ。
(注4)　海石榴の油：植物のツバキから採れる油。

X　調の品目の中には，繊維製品，海産物，銭貨があった。

Y　畿内諸国では，小麦は調として都へ納入されていた。

① **X** 正　**Y** 正　　　　② **X** 正　**Y** 誤
③ **X** 誤　**Y** 正　　　　④ **X** 誤　**Y** 誤

問 4　下線部ⓓに関連して，古代の農業や土地所有について述べた次の文Ⅰ～Ⅲについて，古いものから年代順に正しく配列したものを，後の①～⑥のうちから一つ選べ。　┃10┃

　　Ⅰ　服属した地方豪族の領域内などに大王の政治的・経済的基盤として直轄地と直轄民が設定され，その田地を田部と呼ばれる部民が耕作した。
　　Ⅱ　都の貴族や大寺院は，国司・郡司の協力のもと，地方に所有する荘園を，付近の農民や浮浪・逃亡した農民に耕作させた。
　　Ⅲ　有力農民たちは，国司に対抗するために，有力な皇親や貴族の保護を求め，自らが開墾・耕作した土地を荘園として寄進した。

　　①　Ⅰ － Ⅱ － Ⅲ　　　②　Ⅰ － Ⅲ － Ⅱ　　　③　Ⅱ － Ⅰ － Ⅲ
　　④　Ⅱ － Ⅲ － Ⅰ　　　⑤　Ⅲ － Ⅰ － Ⅱ　　　⑥　Ⅲ － Ⅱ － Ⅰ

問 5　リョウタさんとリツコさんの発表を踏まえ，クラス全員で古代の雑穀栽培についてまとめ，それぞれ意見を発表した。出された次の意見 **a ～ d** について，正しいものの組合せを，後の①～④のうちから一つ選べ。　┃11┃

　　a　雑穀は飢饉対策として栽培されたので，日常的な食用は禁止された。
　　b　古代国家は，雑穀栽培について，国司の勧農（農業の奨励）に期待した。
　　c　古代の百姓は，国家が麦の栽培を奨励した意図を理解し遵守していた。
　　d　古代の百姓は，租を粟で納めることを認められるようになった。

　　①　a・c　　　②　a・d　　　③　b・c　　　④　b・d

第3問　次の文章Ａ・Ｂは，中世の法制と法慣習について学ぶノリオさんとセイコ

さんとの会話である。この文章を読んで，後の問い（**問1〜5**）に答えよ。（史料

は，一部省略したり，書き改めたりしたところもある。）（配点　16）

A

ノリオ：鎌倉幕府が作った御成敗式目は，様々な規定を設けていたけど，全部で

　　　　51か条だね。意外と少ないんだね。

セイコ：そうだね。ただ，御成敗式目は，　　ア　　が制定した当初の条目だけでな

　　　　く，ⓐその後多くの追加法が作られたんだ。そういうのを式目追加と

　　　　いって740か条くらいあるみたいだよ。

ノリオ：えっ？　そんなにあるんだ。そういえば，今の国会でも，社会状況に合わ

　　　　せていろんな新しい法律ができるね。そういう感じなのかな。

セイコ：そうかもしれないね。ただ，同様の法が繰り返し出る場合もあるみたい。

　　　　例えば，**史料1**は御成敗式目の制定からわりとすぐ出された式目追加だけ

　　　　ど，以降も同様の法が何度も出ているんだよ。

ノリオ：中世には，武家法である御成敗式目だけでなく，律令の系譜を引く公家法

　　　　や，荘園領主が自らの組織や荘園で発動した　　イ　　と呼ばれる法もあっ

　　　　たんだよね。いろんな社会集団が法令を制定して，混乱しなかったのか

　　　　な？

セイコ：それぞれの時期における各社会集団の影響力のあり方や関係によっても，

　　　　ⓑ法の機能のあり方が変わってくるのかもしれないね。

問 1 空欄 ［ ア ］［ イ ］に入る語句の組合せとして正しいものを，次の①～④
のうちから一つ選べ。 ［ 12 ］

① ア 北条義時 イ 本所法

② ア 北条義時 イ 惣 掟

③ ア 北条泰時 イ 本所法

④ ア 北条泰時 イ 惣 掟

問 2 下線部ⓐに関連して，1240年に出された幕府法の一つである**史料1**と，飢
饉への幕府の対応を記した**史料2**に関して述べた後の文**a～d**について，正し
いものの組合せを，後の①～④のうちから一つ選べ。 ［ 13 ］

史料1

　飢饉の境節，或いは子孫を沽却(注1)し，或いは所従を放券(注2)して，活命
の計に充つるの間，禁制せらるれば還って人の愁歎たるべきにより，この沙
汰なし。今世間本復の後，(中略)早くこれを停止せしむべし。

（『新編追加』）

（注1） 沽却：売却すること。
（注2） 放券：売却・譲与すること。

史料2

　今年世上飢饉，百姓多く以て餓死せんと欲す。(中略)出挙米(注3)を施し，そ
の飢えを救うべきの由，倉廩(注4)を有するの輩に仰せ聞かさる。

（『吾妻鏡』）

（注3） 出挙米：利息付きで貸与された米。
（注4） 倉廩：米や穀物類を納めておく倉。

a　幕府は，飢饉時においては人々の救命のために人身売買を容認していた。

b　幕府は，飢饉時においても乱れた世相を正すために人身売買を禁止した。

c　幕府は，飢饉に苦しむ人々を救済するため，米を貸し与えるように，富裕な者たちに命じた。

d　幕府は，飢饉に苦しむ人々を救済するため，幕府の倉に備蓄してある米を施し与えた。

① **a・c**　　　② **a・d**　　　③ **b・c**　　　④ **b・d**

問3　下線部ⓑに関連して，公武による様々な時期の法や制度の運用の仕方に関して述べた次の文Ⅰ～Ⅲについて，古いものから年代順に正しく配列したものを，後の①～⑥のうちから一つ選べ。　　14

Ⅰ　臨機応変に出される綸旨が政権の決定文書として多用され，混乱や不満が広がった。

Ⅱ　異国警固番役が始まり，以前は対象外であった非御家人も軍事動員された。

Ⅲ　一条兼良は，幕府の裁判制度に対する意見などを書物にまとめ，将軍に与えた。

① Ⅰ ― Ⅱ ― Ⅲ　　　② Ⅰ ― Ⅲ ― Ⅱ　　　③ Ⅱ ― Ⅰ ― Ⅲ

④ Ⅱ ― Ⅲ ― Ⅰ　　　⑤ Ⅲ ― Ⅰ ― Ⅱ　　　⑥ Ⅲ ― Ⅱ ― Ⅰ

B

ノリオ：中世の庶民たちは，自分たちのことをそれほど詳しく文字で記録している
　　　　わけではないよね。

セイコ：その点で，**史料3**は中世の村の様子を荘園領主が詳しく記録していたもの
　　　　で，とても貴重だよ。

ノリオ：**史料1**や**史料2**にもあったけど，飢饉が多かったことが分かるね。

セイコ：村人の食糧を確保するのも困難な時代だったんだね。たびたび起こる飢饉
　　　　の中で，村人たちはどうやって生き延びていたのかな。

ノリオ：ⓒ中世の厳しい社会のなかで育まれた文化や生業に目を配ることも，中
　　　　世の法を理解する上では重要だよね。

問 4　次の**史料3**は，荘園領主の九条政基が，和泉国日根野荘（ひねの）の現地に下向して直
　　　　接経営にあたった時の日記の一部である。**史料3**について述べた文として正し
　　　　いものを，後の①〜④のうちから一つ選べ。　　15

　　史料3

　　地下より申して云く，「去年，不熟(注1)の故，御百姓等（はんた），繁多餓死（おわ）し了んぬ。
　　よって蕨（わらび）を掘りて存命せしむるのところ，件（くだん）の蕨，（中略）去る夜，盗み取る者
　　あり。追い懸くるのところ，（中略）母も子も三人とも，もって殺害し了んぬ。
　　盗人の故也」と云々。（中略）地下沙汰の次第，証人一人も生かし置かず，母ま
　　で殺害するは，甚だ乱吹（らんすい）(注2)か。但し悪行の儀は，連々風聞(注3)の条，地下
　　沙汰人すでにかくの如き沙汰の由，注進(注4)の上は，無人の時分(注5)是非に
　　及ばず。盗人たるにおいては，これまた自業の致す所也。南無阿弥陀仏，南無
　　阿弥陀仏。

　　　　　　　　　　　　（『政基公旅引付』文亀4 (1504)年2月16日条）

（注1）　不熟：作物の出来が悪いこと。　　（注2）　乱吹：乱暴。
（注3）　風聞：噂。　　　　　　　　　　　　（注4）　注進：報告すること。
（注5）　無人の時分：ここでは「犯人や関係者がすべて殺害されてしまった今となって
　　　　は」という意味。

① 村は，村人の食糧となる蕨を自主的に備蓄する地下請を行っている。

② 犯人を含む母子の殺害は，自検断による取り締まりの結果である。

③ 村人らは念仏を唱え，自分たちが処刑した犯人らの往生を祈っている。

④ 沙汰人らは寄合を開き，飢饉が早く終息するよう祭礼を行っている。

問 5　下線部ⓒに関連して，中世の文化や生業について述べた次の文**X・Y**と，それに該当する語句**a ～ d**との組合せとして正しいものを，後の①～④のうちから一つ選べ。　　16

　X　12 世紀末の「養和の飢饉」など災害のあり様を描いた随筆で，人の世の無常を説いた。

　Y　悪条件でも育つ多収穫の作物で，中世に普及した輸入品種として知られている。

a　方丈記　　　　**b**　平家物語　　　　**c**　大唐米　　　　**d**　荏胡麻

① **X ─ a**　　**Y ─ c**　　　　② **X ─ a**　　**Y ─ d**

③ **X ─ b**　　**Y ─ c**　　　　④ **X ─ b**　　**Y ─ d**

第４問　高校生のメイさんは，江戸時代における戦乱や災害の問題に関心を持ち，疑問点を書き出した**メモ**を作成し，自分で調べて考えてみることにした。次の**メモ**を参照して，後の問い（**問１〜５**）に答えよ。（史料は，一部省略したり，書き改めたりしたところもある。）（配点　16）

メモ

疑問１　戦乱が人々にどのような影響を与えたか。
疑問２　火災が人々にどのような影響を与えたか。
疑問３　火山の噴火が人々にどのような影響を与えたか。
疑問４　地震が人々にどのような影響を与えたか。
疑問５　人々はどのように困難や危機を乗り越えようとしたか。

問１　メイさんは**疑問１**について，江戸時代における戦乱の歴史を調べた。江戸時代の戦乱に関して述べた次の文**X・Y**について，その正誤の組合せとして正しいものを，後の**①〜④**のうちから一つ選べ。　17

X　大坂の陣（大坂の役）の後，戊辰戦争に至るまで，幕府や藩による軍事動員が行われたことはなかった。

Y　大坂の陣（大坂の役）の後，戊辰戦争に至るまで，外国から攻撃されることはなかった。

①　**X**　正　　**Y**　正　　　　　　**②**　**X**　正　　**Y**　誤
③　**X**　誤　　**Y**　正　　　　　　**④**　**X**　誤　　**Y**　誤

問 2　メイさんが**疑問 2**について調べてみると，江戸などの大都市では，明暦の大火をはじめ，大きな火災が何度もあったことが分かった。明暦の大火が発生した時の将軍によって行われた政策について述べた文として正しいものを，次の①～④のうちから一つ選べ。　18

　①　飢饉・災害による困窮者を救うため，七分積金(七分金積立)の制度が作られた。

　②　江戸では，消防作業に携わる町火消が組織された。

　③　家臣が主君のあとを追う殉死が禁止された。

　④　貧しい人々を対象とする医療施設として，小石川養生所が作られた。

問 3　メイさんは**疑問 3**について学習を進め，1707 年に富士山が噴火し，火山灰などによる深刻な被害が発生したことを知った。次の**史料 1・2**は，富士山噴火について記したものである。**史料 1・2**に関して述べた後の文 **a ～ d** について，最も適当なものの組合せを，後の①～④のうちから一つ選べ。　19

史料 1　1708 年閏正月「覚」

近年御入用の品々(注 1)これ有る処，去る冬，武州・相州・駿州(注 2)三ヶ国の内，砂(注 3)積り候村々御救い旁(注 4)の儀に付，今度，諸国高役金御料・私領(注 5)共に高百石に付，金二両宛の積り，在々(注 6)より取り立て上納有るべく候。且又，領知遠近これ有る故，在々より取り立て候迄は延々(注 7)たるべく候間，一万石以上の分は領主より取り替え候て，当三月を限り江戸御金蔵へ上納有るべく候。

　　　　　　　　　　　　　　　　　　　　　　　　　　(『御触書寛保集成』)

(注 1)　御入用の品々：幕府が必要とする品々。
(注 2)　武州・相州・駿州：武蔵国・相模国・駿河国のこと。
(注 3)　砂：火山灰のこと。　　　(注 4)　御救い旁：救済もあって。
(注 5)　御料・私領：御料は幕府直轄領のこと。私領は大名や旗本の所領のこと。
(注 6)　在々：村々のこと。　　　(注 7)　延々：はかどらないこと。

史料2

今重秀(注8)が議り申す所は，（中略）只今，御蔵にある所の金，わずかに三十七万両にすぎず。此内，二十四万両は，去年の春，武・相・駿三州の地の灰砂を除くべき役を諸国に課せて，凡そ百石の地より金二両を徴れしところ，凡そ四十万両の内，十六万両をもって其用に充られ，其余分をば城北の御所(注9)造らるべき料に残し置かれし所也。これより外に，国用に充らるべきものはあらず（後略）。

（『折たく柴の記』）

(注8) 重秀：勘定奉行荻原重秀のこと。
(注9) 城北の御所：江戸城に建設予定の御殿のこと。

a 史料1によると，諸国高役金は，できるだけ早く金を集めるために，大名による立て替えが行われた。

b 史料2によると，集められた諸国高役金はわずかなものであり，灰砂を除く費用に充てるべき金40万両の半分にも満たなかった。

c 史料1を踏まえ，史料2を読むと，諸国から各国の人口に応じて集めた金を被災地の救済費用に充てたと勘定奉行が述べたことが分かる。

d 史料1を踏まえ，史料2を読むと，諸国から集めた金の一部を江戸城の御殿造営費として残したと勘定奉行が述べたことが分かる。

① a・c　　② a・d　　③ b・c　　④ b・d

問４　メイさんは**疑問４**について調べ，1854 年に発生した東海地震の後に，ロシアの軍艦ディアナ号が沈没すると，日本人船大工らも加わり新しく船が建造されたことを知った。このことに関連して，江戸時代の日本人と外国人との関係について述べた文として**誤っているもの**を，次の①〜④のうちから一つ選べ。
20

① 江戸幕府が宣教師やキリシタンたちを処刑する事件が長崎で起きた。

② 薩摩藩の浪士がイギリス公使を殺害する事件が起きた。

③ ロシア使節ラクスマン（ラックスマン）が，根室に来航し，漂流民を送り届けた。

④ ドイツ人医師シーボルトが，鳴滝塾を開き，診療や医学の教育を行った。

問５　メイさんは江戸時代の災害を知って，自然の前には人間はなんと無力なのかと心を痛めた。しかし，**疑問５**の検討を通じて，江戸時代には学問の力によって困難や危機を乗り越えようとする人がいたことを知り，勇気づけられた。江戸時代の学術や農業について説明した次の文 I 〜Ⅲについて，古いものから年代順に正しく配列したものを，後の①〜⑥のうちから一つ選べ。 21

I　荒廃した農村を復興させるため，二宮尊徳が報徳仕法を実践した。

Ⅱ　凶作時の食用に備えて，蘭学者でもある青木昆陽が甘藷の普及を図った。

Ⅲ　農産物の増産等を目指して，農学者の宮崎安貞が『農業全書』を著した。

① I － Ⅱ － Ⅲ　　　② I － Ⅲ － Ⅱ　　　③ Ⅱ － I － Ⅲ

④ Ⅱ － Ⅲ － I　　　⑤ Ⅲ － I － Ⅱ　　　⑥ Ⅲ － Ⅱ － I

第5問　次の文章は，幕末維新期に活躍をした人物たちについて関心のあるアカネさんとタケルさんとの会話である。この文章を読み，後の問い（**問1〜4**）に答えよ。（史料は，一部省略したり，書き改めたりしたところもある。）（配点　12）

アカネ：歴史を題材にしたドラマや小説の中でも，<u>⒜幕末維新期に活躍した人物</u>を主人公にしたものは，人気があるよね。

タケル：そうだね。例えば，土佐藩出身の坂本龍馬は，歴史ドラマなどでもよく取り上げられる人気の人物だよね。

アカネ：だけど，龍馬は 1867（慶応3）年 11 月に暗殺されていて，その後の明治維新の歴史に関わっていないよ。なのに，なぜ人気が高いのかな。

タケル：龍馬と言えば，薩摩藩と長州藩との同盟を仲介したことが有名だけど，その外にも，海援隊という組織を率いて，海運や<u>⒝貿易の事業</u>にも携わったと言われているよ。

アカネ：なるほど，政治や経済など，様々な分野で活躍をした人物だったと言えそうだね。

タケル：龍馬の活躍と言えば，1867 年 6 月に作成された「<u>⒞船中八策</u>」も，後の明治日本の国家構想につながったと言われているよね。

アカネ：その「船中八策」だけど，この史料については当時の原本が確認されていないこともあり，歴史学でも議論が続いているようだよ。

タケル：それは，とても興味深いね。龍馬に関する研究で言えば，1883 年に連載が始まった龍馬を主人公とする小説「汗血千里の駒」は，龍馬を通じて，高知の自由民権運動をアピールしようとした<u>⒟政治小説</u>というジャンルだと説明する本を読んだことがあるよ。

アカネ：そうなんだ。その小説の事例のように，歴史を題材にしたドラマや小説などの作品は，後の時代の価値観が反映されている場合が少なくない，ということに留意して鑑賞したほうが良さそうだね。

問 1　下線部@に関連して，幕末維新期に活躍した人物やその人物が行った事柄について述べた次の文X・Yと，それに該当する語句a～dとの組合せとして正しいものを，後の①～④のうちから一つ選べ。　　22

　X　司法の整備に尽力した江藤新平はこの乱の首謀者となったが，乱の鎮圧後，処刑された。

　Y　この人物は，初代文部大臣として，いわゆる学校令の制定に携わり，学校体系の整備に努めた。

　a　佐賀の乱　　　　　　　　　　b　萩の乱
　c　森有礼　　　　　　　　　　　d　加藤弘之

　①　X—a　　Y—c　　　　　②　X—a　　Y—d
　③　X—b　　Y—c　　　　　④　X—b　　Y—d

問 2　下線部⑥に関連して，幕末から明治期までの日本の貿易に関して説明した次の文I～IIIについて，古いものから年代順に正しく配列したものを，後の①～⑥のうちから一つ選べ。　　23

　I　アメリカをはじめ，欧米の5か国との間で，日本の関税自主権の欠如などを内容とする条約が締結された。

　II　諸外国との間で輸出が増大したことに対応し，生糸・雑穀・水油などの横浜港直送を禁じる法令が発せられた。

　III　朝鮮との間で，釜山など3港の開港を定めるとともに，日本の領事裁判権を一方的に認めさせる条約が締結された。

　①　I—II—III　　　　②　I—III—II　　　　③　II—I—III
　④　II—III—I　　　　⑤　III—I—II　　　　⑥　III—II—I

問 3　下線部ⓒに関して，次の**史料**は「船中八策」であり，後の**メモ**は，アカネさんとタケルさんが，この**史料**について気になった点をまとめたものである。この**史料及びメモ**について述べた後の文**X・Y**について，その正誤の組合せとして正しいものを，後の①〜④のうちから一つ選べ。　24

史料

一，天下の政権を朝廷に奉還せしめ，政令宜しく朝廷より出ずべき事。

一，上下議政局を設け，議員を置きて万機を参賛せしめ，万機宜しく公議に決すべき事。

一，有材の公卿諸侯及び天下の人材を顧問に備え，官爵を賜い，宜しく従来有名無実の官を除くべき事。

一，外国の交際広く公議を採り，新に至当の規約を立つべき事。

一，古来の律令を折衷し，新に無窮の大典を選定すべき事。

一，海軍宜しく拡張すべき事。

一，御親兵を置き，帝都を守衛せしむべき事。

一，金銀物貨宜しく外国と平均の法を設くべき事。

（『坂本龍馬全集』）

メモ

・「船中八策」は 1867 年 6 月 9 日作成とされるが，その時に作成された原本は確認されておらず，坂本龍馬に同行していた海援隊書記の長岡謙吉が記した日誌にも，「船中八策」に関する記載はない。

・1883 年に『土陽新聞』紙上で連載が始まった坂崎紫瀾の小説「汗血千里の駒」では，「船中八策」の存在について触れていない。

・1896 年に弘松宣枝が著した坂本龍馬の伝記『阪本龍馬』(注)では，「船中八策」に文言も内容もよく似た文章が初めて紹介されたが，条文の数や細かい文章表現は，上の**史料**と異なる部分がある。

（注）　『阪本龍馬』：表記は原典通り。

X 　史料では，議会の設置や法典の整備が求められており，実際に明治新政府
　　は，政体書によって将来的な議会設置と立憲政体確立とを宣言した。

Y 　メモからは，「船中八策」は1867年6月の時点で作成されておらず，龍馬
　　の死後に，龍馬の史料として作成された可能性がうかがえる。

① **X** 正　　**Y** 正　　　　　② **X** 正　　**Y** 誤

③ **X** 誤　　**Y** 正　　　　　④ **X** 誤　　**Y** 誤

問 4　下線部ⓐに関連して，明治期の文学について述べた文として正しいものを，
　　次の①～④のうちから一つ選べ。　　| 25 |

① 　坪内逍遙は，書き言葉と話し言葉を一致させた文体の政治小説を著すこと
　　で，自由民権の思想を広めた。

② 　日清戦争の前後には，個人の感情や精神の自由を重視したロマン主義の文
　　学が広がった。

③ 　日露戦争の前後には，田園生活の美しさを賛美する自然主義の文学が広
　　がった。

④ 　日露戦争が始まると，戦争に批判的な立場を取る『国民新聞』紙上に，多く
　　の反戦詩が掲載された。

第6問　日本史の授業で，アキコさん，ナオトさん，フミエさんの班は，近現代における日本と世界の関係についてまとめることになった。それぞれの発表**A～C**を読み，後の問い(**問1～7**)に答えよ。(史料は，一部省略したり，書き改めたりしたところもある。)(配点　22)

A　アキコさんの発表

　私は，1915年に行われた中国政府への二十一か条の要求が重要だと考えました。この要求以後，日本外交は中国及び列強との間で深刻な対立を抱えることになったのではないかと考えています。ⓐ二十一か条の要求を受けて，中国では日本への反感が強まり，反日運動が起きました。日本でもⓑ1910～20年代は，それまでの時代に比べて，大衆の力が大きくなった時代です。大衆運動が外交に与えた影響について，さらに調べていきたいと思います。

問 1 アキコさんは，下線部@に関して，吉野作造が書いた次の**史料**を紹介した。
この**史料**に関して述べた後の文 **X** ・ **Y** について，その正誤の組合せとして正し
いものを，後の①〜④のうちから一つ選べ。 26

史料

・予一己の考では，仮に我国が第五項の要求事項を削らなかつたとしても，英
　国は別段八釜しい異議は唱へなかつたらうと思ふ。（中略）之等の点を合はせ
　考ふると，英国が多少の譲歩を日本に致すといふことは，決して望み得ない
　ことではない。

・予は今度の対支要求は，皮相的に見れば，或は支那(注)の主権を侵害し，或
　は支那の面目を潰したやうな点もあるが，帝国の立場から見れば，大体に於
　て最小限度の要求である。

（『日支交渉論』）

(注)　支那：当時用いられた中国の呼称。

X　吉野作造は「今度の対支要求」に否定的ではない。

Y　吉野作造はイギリスの日本に対する不信感が高まることを心配している。

① **X** 正　**Y** 正　　　　　② **X** 正　**Y** 誤
③ **X** 誤　**Y** 正　　　　　④ **X** 誤　**Y** 誤

問2　下線部⑥に関連して，1910～20年代の日本の大衆文化について述べた文として正しいものを，次の①～④のうちから一つ選べ。　27

①　雑誌『キング』が創刊された。

②　野間宏の戦争文学が広く読まれた。

③　火野葦平の『麦と兵隊』が広く読まれた。

④　正岡子規が，俳句の革新運動を進めた。

B　ナオトさんの発表

　私は，日本が1940年9月27日に調印した日独伊三国同盟が重要だと思いました。この同盟では，ドイツ，イタリア両国のヨーロッパにおける指導的地位と，日本の東アジアにおける指導的地位を，3か国が相互に認め合いました。この同盟が調印された当時は，ⓒ国際情勢がめまぐるしく変化していました。また，これにⓓ対抗する勢力も様々な対応を取りました。とりわけソ連の動向をおさえた上で，さらに探究していきたいと思います。

問3　下線部ⓒに関連して，次の文Ⅰ～Ⅲについて，古いものから正しく配列したものを，後の①～⑥のうちから一つ選べ。　28

Ⅰ　日本は，極東ソ連領の占領計画を立てて関東軍特種演習（関特演）を実施したが，計画そのものは中止された。

Ⅱ　日本は，日米交渉に際して中国・仏印からの撤退を盛り込んだハル＝ノート（ハル・ノート）を提示された。

Ⅲ　日本は，関係が悪化していたアメリカを牽制するねらいもあって，日ソ中立条約を締結した。

①　Ⅰ－Ⅱ－Ⅲ　　　②　Ⅰ－Ⅲ－Ⅱ　　　③　Ⅱ－Ⅰ－Ⅲ

④　Ⅱ－Ⅲ－Ⅰ　　　⑤　Ⅲ－Ⅰ－Ⅱ　　　⑥　Ⅲ－Ⅱ－Ⅰ

問 4　下線部ⓓについて，対抗する勢力が開いた会談の詳細を示した次の文 **X・Y** と，その場所を示した後の地図上の位置 **a～d** との組合せとして正しいものを，後の①～④のうちから一つ選べ。　29

X　1943 年にアメリカ・イギリス・中国が，日本が無条件降伏するまで戦うことを宣言した。

Y　1945 年 7 月にアメリカ・イギリス・ソ連の三国首脳が会談した。

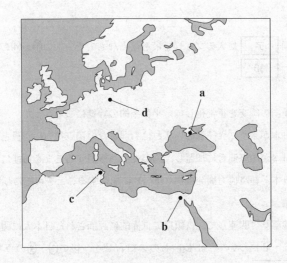

①　X — a　　Y — c　　　　②　X — a　　Y — d
③　X — b　　Y — c　　　　④　X — b　　Y — d

C　フミエさんの発表

　私は，戦後日本が独立した後の1956年に調印された日ソ共同宣言について発表します。この宣言で，日本とソ連の戦争状態が正式に終了しました。日ソ共同宣言は，　　ア　　点で重要だと思います。当時の内閣は，占領が終了した後の日本の針路を模索していました。

　一方で，個人に注目すると，ⓔ占領期に世界的に評価された日本人も登場しました。世界と日本の動向に注目しながら，これからさらに勉強していきたいと考えています。

問 5　空欄　　ア　　に入る文として最も適当なものを，次の①～④のうちから一つ選べ。　30

① 　両国の国交を正常化して，平和条約の締結につながった

② 　日本が米ソ二大陣営のいずれにも属さない第三勢力の一員となった

③ 　日本が国際連合に加盟し，国際社会へ復帰することを可能にした

④ 　日本が経済協力開発機構(OECD)に加盟することを可能にした

問 6　下線部ⓔに関連して，占領期に世界的に評価された日本人に関して述べた次の文 **a～d** について，正しいものの組合せを，後の①～④のうちから一つ選べ。　31

a 　湯川秀樹がノーベル物理学賞を受賞した。

b 　大江健三郎がノーベル文学賞を受賞した。

c 　宮崎駿の『千と千尋の神隠し』がベルリン国際映画祭でグランプリ(最優秀作品賞)を受賞した。

d 　黒澤(黒沢)明の『羅生門』がヴェネツィア国際映画祭(ベネチア映画祭)でグランプリ(最高作品賞)を受賞した。

① 　**a・c**　　　② 　**a・d**　　　③ 　**b・c**　　　④ 　**b・d**

問 7 3人は発表内容をもとに意見を交換した。その結果，近現代の日本と世界とのつながりを，対外関係に注目して調べ直した。近現代の対外関係について述べた文として**誤っているもの**を，次の①〜④のうちから一つ選べ。 <u>32</u>

① 日本が中国に対して二十一か条の要求を行った当時，アメリカはすでに中国の門戸開放・機会均等を主張していた。

② 1945年8月にソ連が日本に宣戦布告し，満州に侵攻した。

③ 占領下の日本経済を復興・自立させるために，積極的に財政支出を拡大させる経済安定九原則が指令された。

④ 1980年代に5か国蔵相・中央銀行総裁会議（G5）でプラザ合意が成立したことにより，円高が進行した。

共通テスト

本試験
（第1日程）

日本史B

解答時間 60分
配点 100点

日 本 史 B

（解答番号 | 1 | ～ | 32 | ）

第1問　高校の授業で「貨幣の歴史」をテーマに発表をすることになった咲也さんと花さんは，事前学習のために博物館に行った。博物館での二人の会話**A・B**や**メモ**などを読み，下の問い（**問1～6**）に答えよ。（資料は，一部省略したり，書き改めたりしたところもある。）（配点　18）

A

咲　也：2024年には新しい紙幣と500円硬貨が発行されるけど，キャッシュレス化が進んでいるのに，今さら貨幣を発行する意味があるのかな。そもそも古代の銭貨は，何のために発行されたのか，すこし調べてみたよ。

咲也さんの**メモ**

古代の銭貨はなぜ発行されたのか？			
	7世紀後半　8世紀前半		10世紀半ば
銭貨発行	■富本銭	■和同開珎 ･･複数回の銭貨発行あり･･	■古代最後の銭貨発行
	…古代には，米や布・絹なども貨幣として通用している…		
都城造営	藤原京	平城京	長岡京　平安京

まとめ
・唐の制度にならい，国家が銭貨を鋳造・発行した。
・銭貨の流通について，国家は自ら鋳造したものしか認めなかった。
・国家が発行した銭貨は，都城の造営をはじめ，様々な財政支出に用いられた。

花　：なるほど，銭貨とともに米や布・絹などが貨幣として使われてきたのか。
　　　古代国家は，銭貨の使用を促す政策を出し，流通を図ったんだね。

咲　也：でも展示をみると，材料となる銅の産出量が減って，銭貨は小さく粗悪に
　　　なっているね。そうして国家の発行する銭貨に対する信用が失われて，発
　　　行は中止されたんだね。

花　：あれ？　でもここに展示してあるのは<u>ⓐ鎌倉時代の市場の図</u>だよ。銭貨
　　　を扱いやすく束ねた銭さしがみえるね。

咲　也：<u>ⓑ中世の権力者はこうした銭貨の流通にどう対応していたんだろう。</u>

問 1　咲也さんのメモに基づく次の文 **X・Y** と，それに最も深く関連する **8 世紀前**
半の法令 a ～ d との組合せとして正しいものを，下の①～④のうちから一つ選
べ。　　1

　　X　国家は，自ら鋳造した銭貨しか流通を認めなかった。

　　Y　国家が発行した銭貨は，様々な財政支出に用いられた。

8 世紀前半の法令（大意）

　　a　運脚らは銭貨を持参して，道中の食料を購入しなさい。

　　b　私に銭貨を鋳造する人は死刑とする。

　　c　従六位以下で，銭を 10 貫^(注)以上蓄えた人には，位を一階進める。

　　d　禄の支給法を定める。（中略）五位には絁 4 匹，銭 200 文を支給する。

（注）　貫：銭の単位。1 貫＝ 1000 文。

①　**X － a**　　**Y － c**　　　　②　**X － a**　　**Y － d**

③　**X － b**　　**Y － c**　　　　④　**X － b**　　**Y － d**

問 2 下線部ⓐについて，二人が見ていたのは次の**図１**である。**図1**に関して述べ
た下の文**a～d**について，最も適当なものの組合せを，下の**①～④**のうちから
一つ選べ。 2

図1 『一遍上人絵伝』(清浄光寺所蔵，部分)

銭さし

参考写真：江戸時代の銭さし

a 当時の日本では，宋などの銭貨が海外から大量に流入しており，この場面
のような銭貨の流通は一般的であったと考えられる。

b 当時の日本では，国家による銭貨鋳造は停止しており，この場面のような
銭貨の流通は例外的であったと考えられる。

c この場面に描かれている建物は，頑丈な瓦葺きの建築である。

d この場面には，銭貨のほかにも，古代に貨幣として通用していたものが描
かれている。

① a・c **②** a・d **③** b・c **④** b・d

問 3　下線部⑥に関連して，中世の流通・経済に関して述べた次の文**X・Y**につい
て，その正誤の組合せとして正しいものを，下の**①～④**のうちから一つ選べ。

3

X　戦国大名だけでなく，室町幕府も撰銭令を出した。

Y　明との貿易をめぐり，細川氏と大内氏が寧波で争った。

① **X**ー正　　**Y**ー正　　　② **X**ー正　　**Y**ー誤

③ **X**ー誤　　**Y**ー正　　　④ **X**ー誤　　**Y**ー誤

B

花　：古代に停止された国家による銭貨の鋳造が再開されるのは，近世になって
　　　からなのね。江戸時代には，幕府は銭貨だけではなく，©金貨や銀貨も
　　　発行している。

咲　也：金属の貨幣だけでなく，藩札も発行されているね。紙幣の前身みたいだけ
　　　ど，こうやって展示をみると，地域ごとに多様性があって，面白いな。

花　：幕末には，江戸幕府が発行した金貨・銀貨・銭貨や各藩が発行した藩札な
　　　ど，様々な貨幣が流通していたわけね。

咲　也：近代以後の展示もあるよ。明治政府は，多種多様な貨幣を統一しなくては
　　　ならなかったんだね。⑪1871年に新貨条例を制定して，ここで，はじめ
　　　て「円」が日本の貨幣単位になったのか。アメリカ金貨の1ドルが日本金貨
　　　の1円に相当することになっている。

花　：銭貨の単位は古代からずっと文だったし，金貨の単位は両とか分だったの
　　　に，なぜ新しい貨幣の単位は円になったのかな？

咲　也：近世から国際的に流通していた円形の銀貨が「円」の起源だという説がある
　　　らしいよ。また調べてみよう。

問 4　下線部ⓒに関連して，江戸時代に流通した小判の重量と金の成分比率の推移
を示す次の**図2**を参考にして，江戸時代の小判について述べた文として**誤って
いるもの**を，下の**①**～**④**のうちから一つ選べ。なお金の成分比率（％）は，幕府
が公定した品位による。　[4]

図2　小判の重量と金の成分比率（1両につき）

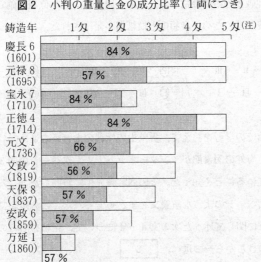

（桜井英治・中西聡編『新体系日本史12　流通経済史』により作成）
（注）匁：重量の単位。1匁＝3.75 g

①　新井白石の意見により，幕府が鋳造した正徳小判は，重量も成分比率も，
慶長小判と同じ水準に戻された。

②　幕府は必要に応じ，鋳造小判における金の成分比率を変化させたが，
50％以下となることはなかった。

③　元文小判の金の成分比率は，正徳小判よりは低く，後の時代よりは高かっ
た。

④　国内と海外の金銀比価が違ったため，開国後，幕府は小判の金の成分比率
を減らして対応した。

問5 下線部①に関連して，円が貨幣単位となった後の明治期に関して述べた次の文Ⅰ〜Ⅲについて，古いものから年代順に正しく配列したものを，下の①〜⑥のうちから一つ選べ。 　5　

Ⅰ 銀との交換を保証する紙幣が発行され，銀本位制が確立した。
Ⅱ 対外戦争の賠償金により，欧米と同じく，金本位制が確立した。
Ⅲ 戦費調達のため，多額の不換紙幣が発行された。

① Ⅰ－Ⅱ－Ⅲ 　　② Ⅰ－Ⅲ－Ⅱ 　　③ Ⅱ－Ⅰ－Ⅲ
④ Ⅱ－Ⅲ－Ⅰ 　　⑤ Ⅲ－Ⅰ－Ⅱ 　　⑥ Ⅲ－Ⅱ－Ⅰ

問6 博物館での学習を終えて，貨幣史の学習のまとめを進めていた咲也さんと花さんは，海外の図書館がインターネット上で，次ページの図3のような資料を公開していることを知った。その内容を先生に質問したところ，先生も興味をもち，次ページのような解説文をまとめてくれた。この解説文も踏まえて，日本の貨幣に関して述べた次の文a〜dについて，正しいものの組合せを，下の①〜④のうちから一つ選べ。 　6　

a 中世には，銭貨として中国銭が流通したため，私鋳銭は使われなかった。
b 近世には，寛永通宝が大量に鋳造され，流通するようになった。
c 図3の事件の際，日本国内で旧円の旧紙幣が流通を禁止されていたのは，金融緊急措置令が公布されたためであった。
d 図3の事件の際，日本では1ドル＝360円の単一為替レートが採用されていた。

① a・c 　　② a・d 　　③ b・c 　　④ b・d

図3　『ジアリオ・ダ・ノイテ紙（サンパウロ版）』1947 年 5 月 3 日

> 日本円１千万円　３億クルゼイロ（ブラジルの貨幣単位）に相当
> 日本人をだまし　莫大な富を手に（大意）

DEZ MILHÕES DE "YENS" QUE IAM RENDER 300 MILHÕES DE CRUZEIROS
Conseguem verdadeiras fortunas explorando o fanatismo japonês

写真は押収された旧百円紙幣

（ブラジル国立デジタル図書館）

解説文

　　ブラジルの詐欺事件で，日系移民の犯人が捕まったことを報じる記事。ブラ
ジルには，1945 年の敗戦後も，日本の敗戦を信じない日系移民が大勢いた。
彼らに対し，「帰国用の迎えの船が来るから，日本の円が必要だ」とだまし，日
本では 1946 年には新円切り替えにより流通が禁止されていた旧円の旧紙幣を
高額で売りつけ，ブラジルの貨幣を入手する詐欺事件が起きていた。当時の日
系移民たちが直面していた厳しい状況にも目を向けてみよう。

第2問　「日本における文字使用の歴史」をテーマとする学習で，Aさんは「文字使用の開始」について，Bさんは「文字使用の展開」について調べ，授業で発表することになった。それぞれの**発表要旨**を読み，下の問い(**問1〜5**)に答えよ。(史料は，一部省略したり，書き改めたりしたところもある。)(配点　16)

Aさんの発表要旨

　日本列島で最初に使われた文字は漢字である。中国の歴史書には，紀元前1世紀頃から，倭人が中国に使者を派遣したと書かれている。ⓐ前近代における東アジア諸国間の外交においては，正式の漢文体で書かれた国書をやりとりするのが原則で，倭国も漢字の使用を求められたと考えられる。一方，ⓑ日本列島において，外交以外の場面で文字が使用されるようになるのは，確実には5世紀まで下る。それ以前についても，漢字らしきものの書かれた土器などが発見されているが，それが文字であるか記号であるかに関しては，見解が分かれている。

問1　Aさんは下線部ⓐに関して，東アジア諸国の位置関係を把握しておくことが必要であると考えた。そこで，1世紀，3世紀，5世紀における中国諸王朝の領域が示された次の**地図Ⅰ〜Ⅲ**を用意した(模様のある部分が中国諸王朝の領域である)。この**地図Ⅰ〜Ⅲ**について，古いものから年代順に正しく配列したものを，下の①〜⑥のうちから一つ選べ。　　7

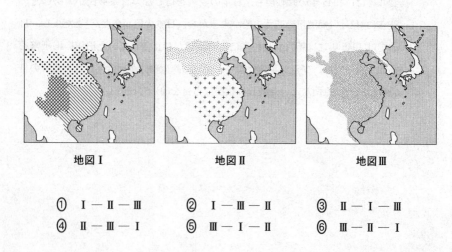

地図Ⅰ　　　　　　　　地図Ⅱ　　　　　　　　地図Ⅲ

① Ⅰ－Ⅱ－Ⅲ　　　② Ⅰ－Ⅲ－Ⅱ　　　③ Ⅱ－Ⅰ－Ⅲ
④ Ⅱ－Ⅲ－Ⅰ　　　⑤ Ⅲ－Ⅰ－Ⅱ　　　⑥ Ⅲ－Ⅱ－Ⅰ

問 2　Ａさんは下線部ⓑの説明に当たって，「无利弖」が保持したと考えられる，次の江田船山古墳出土鉄刀の銘文(**史料**)を取り上げた。そして，人名表記の仕方に注目し，渡来人と考えられる「張 安」のみ，姓(張)＋個人名(安)となっており，他の倭人とは表記方法が違うことを発表した。この**史料**に関して述べた下の文Ｘ・Ｙについて，その正誤の組合せとして正しいものを，下の①〜④のうちから一つ選べ。　8

史料(下線を付した箇所は人名)

天の下治らしめしし<u>獲□□□歯</u>(注1)大王の世，典曹に奉事せし人(注2)，名は<u>无利弖</u>。八月中，大鉄釜を用い，四尺の廷刀を幷わす(注3)。(中略)刀を作る者，名は<u>伊太和</u>，書する者は<u>張安</u>也。

(注1)　獲□□□歯：稲荷山古墳出土鉄剣銘の「獲加多支歯」と同一人物とされる。
(注2)　典曹に奉事せし人：文官として大王に仕えてきた人。
(注3)　大鉄釜を用い，四尺の廷刀を幷わす：「鉄刀の材料として大鉄釜を使用し，その鉄を混合して４尺の刀を製作する」という意味とされる。

Ｘ　「无利弖」「伊太和」は，漢字の音を借用した表記である。

Ｙ　この**史料**は，稲荷山古墳出土鉄剣銘と合わせて，当時のヤマト政権の勢力が関東地方から九州地方まで及んでいたことを示す。

① Ｘ 正　Ｙ 正　　　　② Ｘ 正　Ｙ 誤
③ Ｘ 誤　Ｙ 正　　　　④ Ｘ 誤　Ｙ 誤

Bさんの発表要旨

　日本で漢字が行政の場でも広く使用されるようになるのは，7世紀後半以降のことである。ⓒそれを顕著に示すものとして，7世紀後半になってから出土点数の激増する木簡が挙げられる。その後，ⓓ日本独自の文字として，9世紀頃に平仮名と片仮名が生み出され，10世紀から11世紀にかけて定着していく。ただし，日本独自といっても，平仮名は漢字の草書体を基にし，片仮名は漢字の一部を使うなど，漢字に由来するものであった。公式の場においては，あくまでも漢字が正統なものと意識され続けた。

問3　Bさんは下線部ⓒの説明に当たって，次の二つの**事例**を紹介した。これらの**事例**を踏まえ，7世紀後半の日本における漢字文化の展開とその背景に関して述べた下の文**a〜d**について，正しいものの組合せを，下の①〜④のうちから一つ選べ。　　9

事例1　7世紀後半の木簡に，「移（ヤ）」，「里（ロ）」，「宜（ガ）」など，同時代の中国では既に使われなくなった漢字音の使用が見られる。

事例2　7世紀後半の木簡に見える，倉庫を意味する「椋」という字は，中国では樹木の名を指す字であった。高句麗では倉庫を「桴京」といい，「桴」の木偏と，「京」を合体させた字が「椋」とされた。この「椋」という字は百済・新羅でも倉庫の意味で用いられていた。

a　7世紀後半の日本には，古い時代の中国における漢字文化の影響は見られない。

b　7世紀後半の日本には，朝鮮諸国における漢字文化の影響が見られる。

c　留学から帰国した吉備真備らは，先進的な文化・文物をもたらした。

d　白村江の戦いの後，亡命貴族らが日本に逃れてきた。

①　a・c　　　②　a・d　　　③　b・c　　　④　b・d

問4 Bさんは下線部ⓓに関連して，「国風文化」について次のX・Yのような**評価**があると述べた。**X**の根拠を**a・b**，**Y**の根拠を**c・d**から選ぶ場合，その組合せとして最も適当なものを，下の①～④のうちから一つ選べ。 10

評価

X　前代の「唐風」を重んじる文化に対し，日本独自の貴族文化が発達した。

Y　「国風」と称されているが，中国文化の影響も見られる。

根拠

a　大学では，儒教や紀伝道の教育がなされた。

b　勅撰の漢詩集に代わって，勅撰の和歌集が編まれた。

c　貴族は，輸入された陶磁器などを唐物として愛用した。

d　貴族は，白木造・檜皮葺の邸宅に住み，畳を用いた。

① X — a　　Y — c　　　② X — a　　Y — d

③ X — b　　Y — c　　　④ X — b　　Y — d

問5 二人の発表を受けて，クラス全員で古代における文字使用の歴史について議論し，次の①～④のようなまとめをした。この①～④のうち，**誤っているもの**を一つ選べ。 11

① 日本列島における文字の使用は，倭国が中国の冊封体制から離脱したことによって始まった。

② 古墳から出土した，文字が刻まれた5世紀の刀剣には，その刀剣の保持者が大王に奉仕したことを記念する意味合いが込められている。

③ 日本における文字の使用は，律令制度が導入され，行政において文書が用いられるようになったことで本格化した。

④ 平安時代，女性は仮名文字を使って文学作品を生み出し，その代表的な作品として，紫式部の著した『源氏物語』がある。

第3問 中世の都市と地方との関係について述べた次の文章を読み，下の問い(**問**
1〜4)に答えよ。(資料は，一部省略したり，書き改めたりしたところもある。)
(配点　16)

　　院政が始まると，ⓐ南都・北嶺をはじめとする寺社や有力貴族は多くの荘園の
領有を公認された。荘園領主は，使者を現地に派遣して年貢・公事の収納などを行
うことで荘園現地と深く関わるようになった。一方，地方の有力者のなかには，京
都をはじめとした都市にも拠点をもち，都市と地方を往来し，武士として活躍する
者も多くいた。さらに，鎌倉幕府が成立すると，鎌倉も都市として充実していき，
ⓑ都市と地方との往来はますます活発になっていった。
　　ⓒ室町時代に入ると，土一揆が近畿地方を中心に発生し，また嘉吉の乱以降は
将軍の権威が大きく揺らいでいった。さらに畠山・斯波の両管領家に家督争いが起
こり，次いで将軍足利義政の後継をめぐり争乱が拡大した。それによって京都が荒
廃したため，地方へ下る公家や僧侶も多くなり，地方も積極的に彼らを受け入れ
た。そのため，ⓓ都市と地方との関係も変化していった。

問1 下線部@に関連して，紀伊国那賀郡神野真国荘の成立に当たって作成された**史料**と**図**(次ページ)について，下の問い(1)・(2)に答えよ。

(1) 次の**史料**に関して述べた下の文**X・Y**について，その正誤の組合せとして正しいものを，下の①〜④のうちから一つ選べ。　　12

史料

紀伊国留守所^(注1)が，那賀郡司に符す^(注2)

このたび院庁下文のとおり，院の使者と共に荘園の境界を定めて牓示^{ぼうじ}^(注3)を打ち，山間部に神野真国荘を立券し^(注4)，紀伊国衙に報告すること。

　　　　康治二(1143)年二月十六日

　　　　　　　　　　　　　　　　　　　　(早稲田大学所蔵，大意)

(注1)　留守所：国司が遙任の場合に，国衙に設置された行政の中心機関。
(注2)　符す：上級の役所から下級の役所へ文書を下達すること。
(注3)　牓示：領域を示すために作られた目印のこと。杭が打たれたり，大きな石が置かれたりした。
(注4)　立券：ここでは牓示を打ち，文書を作成するなど，荘園認定の手続きを進めることを指す。

X　**史料**は，院庁の命を受けて，紀伊国衙が那賀郡司に対して下した文書である。

Y　**史料**では，那賀郡司に対し，院の使者とともに現地に赴き，荘園認定のための作業をするよう命じている。

① **X** 正　**Y** 正　　　　　② **X** 正　**Y** 誤
③ **X** 誤　**Y** 正　　　　　④ **X** 誤　**Y** 誤

(2)　次の図を読み解く方法について述べた次ページの文**X・Y**と，その方法で分かることについて述べた文**a〜d**との組合せとして最も適当なものを，次ページの**①**〜**④**のうちから一つ選べ。　13

図　紀伊国那賀郡神野真国荘絵図

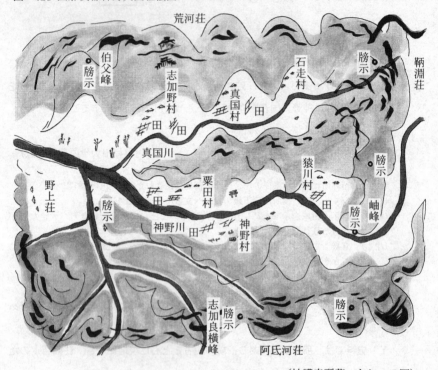

（神護寺所蔵，トレース図）

X　牓示が設置された場所を見つける。

Y　牓示と牓示とを線でつないでみる。

a　牓示は，田や村の中心に設置されている。

b　牓示は，山の中(**図**の色地)や川沿いに設置されている。

c　この荘園の領域が見えてくる。

d　この荘園内の各村の境界が見えてくる。

① **X — a**　　**Y — c**　　　② **X — a**　　**Y — d**
③ **X — b**　　**Y — c**　　　④ **X — b**　　**Y — d**

問 2　下線部ⓑに関連して，平安時代末から鎌倉時代の都市と地方との関係につい
て述べた文として**誤っているもの**を，次の①～④のうちから一つ選べ。
14

① 伊勢平氏は，伊勢・伊賀を地盤にし，京都でも武士として活躍した。

② 禅文化が東国へも広まり，鎌倉には壮大な六勝寺が造営された。

③ 白河上皇は，熊野詣をしばしば行った。

④ 鎌倉幕府の御家人は，奉公のために京都や鎌倉に赴いた。

問 3 下線部ⓒに関連して，室町時代の一揆に関して述べた次の文Ｉ～Ⅲについて，古いものから年代順に正しく配列したものを，下の①～⑥のうちから一つ選べ。　15

　Ｉ　山城の国一揆は，両派に分かれて争っていた畠山氏両軍を，この年退去させた。

　Ⅱ　加賀の一向一揆は，この年守護富樫氏を滅ぼした。

　Ⅲ　正長の徳政一揆（土一揆）は，この年徳政を求めて，土倉・酒屋などを襲った。

① Ⅰ － Ⅱ － Ⅲ　　② Ⅰ － Ⅲ － Ⅱ　　③ Ⅱ － Ⅰ － Ⅲ

④ Ⅱ － Ⅲ － Ⅰ　　⑤ Ⅲ － Ⅰ － Ⅱ　　⑥ Ⅲ － Ⅱ － Ⅰ

問 4 下線部ⓓに関連して，鎌倉時代から室町時代の都市と地方，及び地方間の交流に関して述べた次の文Ｘ・Ｙと，それに該当する語句ａ～ｄとの組合せとして正しいものを，下の①～④のうちから一つ選べ。　16

　Ｘ　この人物らが諸国を遍歴したことで，各地に連歌が広まり，地方文化に影響を与えた。

　Ｙ　宋や元の影響を受けて，地方で製造された陶器の一つで，流通の発展によって各地に広まった。

ａ　西　行　　　　ｂ　宗　祇　　　　ｃ　赤　絵　　　　ｄ　瀬戸焼

① Ｘ － ａ　　Ｙ － ｃ　　　② Ｘ － ａ　　Ｙ － ｄ

③ Ｘ － ｂ　　Ｙ － ｃ　　　④ Ｘ － ｂ　　Ｙ － ｄ

第４問　近世社会では，幕府や朝廷から，村や町に至るまで，様々な儀式や儀礼が
行われていた。一見すると無味乾燥に思える儀式や儀礼も，実際には，社会を統合
したり，秩序を作り出したりするために重要な意味を持っていた。これら近世社会
の儀式や儀礼に関する下の問い(**問１～４**)に答えよ。(資料は，一部省略したり，
書き改めたりしたところもある。)(配点　16)

問１　江戸城に登城した大名は，本丸御殿の玄関を入ると，定められた部屋で待機
した。この待機する部屋を殿席という。次ページの図は，江戸城本丸御殿の模
式図と，殿席の説明である。この**図**に関して述べた次の文**X・Y**について，そ
の正誤の組合せとして正しいものを，下の**①～④**のうちから一つ選べ。
　　　17

　　X　大名の殿席は，外様大名よりも譜代大名のほうが，奥に近い場所を与えら
　　　れていた。
　　Y　日米修好通商条約調印のときに大老をつとめた人物の家と，徳川斉昭の家
　　　とは，同じ殿席だった。

　　①　**X**　正　　　**Y**　正　　　　　**②**　**X**　正　　　**Y**　誤
　　③　**X**　誤　　　**Y**　正　　　　　**④**　**X**　誤　　　**Y**　誤

図　江戸城本丸御殿の模式図

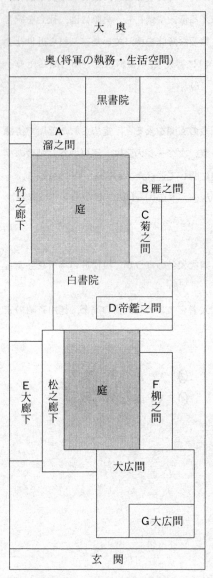

＜殿席の説明＞

A溜之間

　家門大名（主に松平を名乗る）と譜代大名に与えられた最高の殿席。会津藩松平家，彦根藩井伊家など。

B雁之間・C菊之間

　主に幕府が開かれてから取り立てられた譜代大名の殿席。

D帝鑑之間

　主に幕府が開かれる以前から仕えている古来からの譜代大名の殿席。

E大廊下

　将軍家ゆかりの大名に与えられた特別待遇の殿席。三家（御三家）など。

F柳之間

　位階が五位の外様大名の殿席。

G大広間

　位階が四位以上の家門大名と外様大名の殿席。

（深井雅海『江戸城』を基に作成）

（注）　空白部分には部屋などがあるが省略している。

問 2　江戸城本丸御殿は，儀式や儀礼を行う舞台である。なかでも重要なのは，武家諸法度の発布である。3 代将軍以降の武家諸法度は，江戸城で諸大名に伝達された。武家諸法度に関して述べた次の文Ⅰ～Ⅲについて，古いものから年代順に正しく配列したものを，下の①～⑥のうちから一つ選べ。　18

Ⅰ　幕府は，大船の建造禁止を解き，武家諸法度を書き改めた。

Ⅱ　幕府は，武家諸法度の第一条の冒頭を，「文武弓馬の道」から「文武忠孝を励し」に書き改めた。

Ⅲ　幕府は，武家諸法度で，大名に参勤交代を義務づけた。

①　Ⅰ － Ⅱ － Ⅲ　　②　Ⅰ － Ⅲ － Ⅱ　　③　Ⅱ － Ⅰ － Ⅲ

④　Ⅱ － Ⅲ － Ⅰ　　⑤　Ⅲ － Ⅰ － Ⅱ　　⑥　Ⅲ － Ⅱ － Ⅰ

問 3　江戸幕府の様々な儀礼は政治行為であり，大名を対象とするだけではなく，対外的な儀礼も含まれている。江戸時代の対外関係について述べた文として正しいものを，次の①～④のうちから一つ選べ。　19

①　将軍は，新たに就任すると朝鮮へ通信使を派遣した。

②　オランダは，オランダ風説書で日本の情報を世界に伝えた。

③　謝恩使は，琉球国王の代替わりに際して，幕府に派遣された。

④　アメリカとの緊張が高まると，幕府は松前奉行を設置した。

問4　近代以降の祝日や祭日は，国家の行う儀式や儀礼と深く関わっている。しかし江戸時代の休日は，それとは大きく違っていた。次の**史料1・2**を読み，下の問い(1)・(2)に答えよ。

(1)　**史料1**は，休日について定めた1814年の町法である。この**史料1**について述べた文として**誤っているもの**を，下の文①〜④のうちから一つ選べ。

　　　20

史料1

　一，年中定まり休日^(注1)は格別，流行休日^(注2)決して致すまじく候。よんどころなく休日致したき節は，町役人へ申し出で，御支配様^(注3)へお願い申し，一同遊び申すべく候。まちまちに遊び日致すまじき事。

　　　　附けたり^(注4)，休日は，若輩者ども無益の光陰^(注5)送り申すまじく，手習い・算^(注6)など相励み申すべく候。

　　　　　　　　　　　　　（「須坂町法取締規定書」長野県須坂市浦野茂八家文書）

（注1）　年中定まり休日：村や町があらかじめ定めておいた休日。
（注2）　流行休日：一時的に広まる臨時の休日。
（注3）　御支配様：領主のこと。ここでは須坂藩主のこと。
（注4）　附けたり：以下は付言であることを示す。
（注5）　光陰：時間のこと。
（注6）　算：そろばん，もしくは算術のこと。

①　休日は，遊び日とも呼ばれている。

②　臨時の休日は，全国で一律に制定すると定められている。

③　休日が新たに必要であれば，町の住民たちから申し出るよう定められている。

④　休日には，手習いや算をするよう奨励されている。

⑵　**史料2**は，1868年8月に出された布告である。この**史料2**に関して述べた下の文**a ～ d**について，最も適当なものの組合せを，下の**①～④**のうちから一つ選べ。　21

史料2

一，九月二十二日は，聖上^(注1)御誕辰相当り候につき，毎年此の辰を以て，群臣に醺宴^(注2)を賜い，天長節^(注3)御執行相成り，天下の刑戮^(注4)差し停められ候。偏えに衆庶と御慶福を共に遊ばさせられ候思し食しに候間，庶民に於いても，一同御嘉節^(注5)を祝い奉り候様仰せ出され候事。

（『幕末御触書集成』第1巻）

(注1)　聖上：天皇のこと。
(注2)　醺宴：天皇が臣下のために開いた宴席。
(注3)　天長節：天皇の誕生日のこと。特にここでは，天皇の誕生日を祝うための儀式や儀礼のこと。
(注4)　刑戮：刑罰のこと。
(注5)　御嘉節：めでたい日。

a　**史料2**によれば，天長節には，刑罰の執行が停止された。

b　**史料2**によれば，天長節は，この年1回限りの行事とされた。

c　**史料2**の布告は，庶民に天長節を祝うことを促して，天皇の存在を意識させようとしたものだったと考えられる。

d　**史料2**の布告は，庶民に天長節を祝うことを禁じて，天皇の権威を高めようとしたものだったと考えられる。

①　a・c　　　**②　a・d**　　　**③　b・c**　　　**④　b・d**

第5問　女性解放運動の先駆者として知られる景山英子（後に福田英子）に関する次の文章を読み，下の問い（**問1～4**）に答えよ。（史料は，一部省略したり，書き改めたりしたところもある。）（配点　12）

　　景山英子は，1865年に岡山藩の_ⓐ<u>下級武士</u>の家に生まれた。生活の苦しかった景山家では家計のために寺子屋を開いていた。英子も幼い頃から学問に励み，小学校卒業後は小学校や私塾の教師をつとめた。自由民権運動に参加するなか，岡山に遊説に来た岸田俊子の影響を受け，数え年20歳の時に上京した。しかし，　　ア　　を企てた大阪事件に関与して，逮捕，投獄された。

　　出獄後には，1901年に_ⓑ<u>角筈女子工芸学校を設立</u>したり，1904年に自伝『妾（わらわ）の半生涯（はんせいがい）』を刊行したりした。その後，　　イ　　の活動に参加

することで社会主義に近づくと，1907年には雑誌『世界婦人』を創刊し，国際的な視野から「婦人解放」を訴えた。「発刊の辞」で英子は，「_ⓒ<u>現在社会の状態を見れば，ほとんど一切の事情は，みな婦人の天性を迫害し圧塞（あっそく）^{（注）}するのであります</u>。されば，勢いここに婦人自身の社会運動が起こらねばなりません」と述べている。この雑誌は激しい弾圧もあり2年半で廃刊となった。英子は1927年に死去した。

1904年頃の英子

（注）　圧塞：圧迫のこと。

問1　空欄　　ア　　　イ　　に入る語句の組合せとして正しいものを，次の①～④のうちから一つ選べ。　22

① ア　朝鮮の内政改革　　イ　平民社

② ア　朝鮮の内政改革　　イ　政教社

③ ア　台湾の支配　　　　イ　平民社

④ ア　台湾の支配　　　　イ　政教社

問2 下線部ⓐに関連して，幕末維新期の武士について述べた次の文**X・Y**と，それに該当する語句**a～d**との組合せとして正しいものを，下の①～④のうちから一つ選べ。 23

X 下級武士出身のこの人物が藩政の主導権を握った薩摩藩は，幕府批判の姿勢を強め，長州藩との間で同盟を結んだ。

Y 旧幕府軍の武士などを率いた榎本武揚が，この地で新政府軍に降伏した。

a 西郷隆盛 **b** 木戸孝允 **c** 新潟 **d** 箱館

① **X** — **a** **Y** — **c** ② **X** — **a** **Y** — **d**
③ **X** — **b** **Y** — **c** ④ **X** — **b** **Y** — **d**

問3 下線部ⓑの学校を新たに設立した理由について，英子は次の**史料**のように記している。この**史料**の内容及び時代背景に関して述べた次ページの文**a～d**について，最も適当なものの組合せを，次ページの①～④のうちから一つ選べ。 24

史料

現時一般女学校の有様を見るに，その学科はいたずらに高尚に走り，そのいわゆる工芸科^(注1)なるものも，また優美を旨とし（中略）実際生計の助けとなるものあらず，以て権門勢家の令閨^(注2)となる者を養うべきも，中流以下の家政を取るの賢婦人を出すに足らず。（中略）妾^(注3)らのひそかに憂慮措くあたわざる所以なり。

（『妾の半生涯』）

(注1) 工芸科：ここでは，主に刺繍や裁縫の技術を教える学科のこと。
(注2) 権門勢家の令閨：権力や勢力のある家の妻の尊称。令夫人。
(注3) 妾：女性の自称のへりくだった言い方。わらわ。

　　　a　**史料**によれば，英子は新設の学校で，女性に優美な技術を教えたかったと
　　　考えられる。

　　　b　**史料**によれば，英子は新設の学校で，女性に生計の助けになる技術を教え
　　　たかったと考えられる。

　　　c　この学校が設立された後で，教育勅語が出され忠君愛国の精神が強調され
　　　た。

　　　d　この学校が設立された後で，義務教育の期間が4年から6年に延長され
　　　た。

　　①　a・c　　　　**②**　a・d　　　　**③**　b・c　　　　**④**　b・d

問 4　下線部ⓒの文章が書かれた時期の社会に関して述べた次の文**X・Y**につい
　　て，その正誤の組合せとして正しいものを，下の**①**〜**④**のうちから一つ選べ。
　　　　25

　　　X　女性解放を唱える新婦人協会が活動していた。
　　　Y　女性が政治集会に参加することは禁止されていた。

　　①　**X** 正　　**Y** 正　　　　　　　　**②**　**X** 正　　**Y** 誤
　　③　**X** 誤　　**Y** 正　　　　　　　　**④**　**X** 誤　　**Y** 誤

第6問　Ｈさんの高校の授業では，「第二次世界大戦後の民主化政策」について，戦前からの流れやその後への影響を含めて発表することになった。Ｈさんたちの班は，農地改革をテーマに選び，図書館で文献を調べ，次の発表用**スライド1〜3**を作成中である。この**スライド1〜3**を読み，下の問い(**問1〜7**)に答えよ。
(配点　22)

スライド1

1.　農地改革の歴史的背景(戦前期)

1—1　　ⓐ**寄生地主制の形成**(明治期)

・大地主は自ら耕作せず，農地を小作人に貸し付ける(地主経営)

　→大地主は小作料収入を土地や株式などに投資

1—2　　**寄生地主制の**　ア　(1920 年代〜1930 年代前半)

・1920 年代の慢性的な不況

　→農産物価格の低下

・ⓑ日本農民組合の結成

　→小作料や耕作権をめぐって，小作争議が活発化

1—3　　**まとめ**

1920 年代に小作人の権利意識が高まり，小作争議を通じて，小作人の地位向上はある程度実現した。これによって，明治期に形成された大地主と小作人との関係が，大正期以降に変化していったことが分かった。

問1 下線部@に関連して，明治期の大地主と小作人に関して述べた次の文**X・Y**について，その正誤の組合せとして正しいものを，下の①～④のうちから一つ選べ。| 26 |

　X 大地主は一般に，小作料を現金で受け取っていた。

　Y 小作人の中には，子どもたちを工場などへ働きに出す者がいた。

① **X** 正　**Y** 正　　　　② **X** 正　**Y** 誤

③ **X** 誤　**Y** 正　　　　④ **X** 誤　**Y** 誤

問2 下線部ⓑに関連して，1920年代に活動した組織として正しいものを，次の①～④のうちから一つ選べ。| 27 |

① 全国水平社　　　　② 日本社会党

③ 明六社　　　　　　④ 翼賛政治会

問3 空欄| ア |に入る**語句X・Y**と，その語句が入る**理由a・b**との組合せとして最も適当なものを，下の①～④のうちから一つ選べ。| 28 |

語句

X 発　展

Y 動　揺

理由

a 小作料の引上げが実現した。

b 小作料の引下げを求める動きが広まった。

① **X** ― **a**　　② **X** ― **b**　　③ **Y** ― **a**　　④ **Y** ― **b**

スライド2

---

2. 農地改革の歴史的背景（戦時期）

2―1　総力戦と食糧増産

・労働力や肥料の不足などにより食糧不足が深刻化

　→総力戦遂行のため，食糧の安定供給が必要になる

2―2　農業統制の展開

・小作料統制令の施行（1939 年）…　小作料の引上げを禁止する

・ⓒ<u>米の供出制度の開始</u>（1940 年）…　政府が耕作者から直接買い上げる

・食糧管理法の制定（1942 年）…　公定価格以外の食糧取引を禁止する

・農地審議会で自作農創設の促進を決定（1943 年）

　＊これらの点から，戦時期では　 イ 　が採られたと考えられる

2―3　まとめ

戦時期には，政府が主要食糧の生産・流通・消費を管理した。また，自作農
創設に向けた動きも一部でみられた。戦時期の食糧・農地に関する政策は，
戦後の農地改革に引き継がれる部分もあったが，寄生地主制の強制的な解体
を目指すものではなかった。なお，食糧管理制度は戦後も続いたが，その目
的は変化していった。

問 4　下線部ⓒに関連して，戦時下の物資の統制に関して述べた次の文**X・Y**について，その正誤の組合せとして正しいものを，下の①〜④のうちから一つ選べ。　29

X　砂糖・マッチなどの消費を制限する切符制が開始された。

Y　国家総動員法にもとづき，価格等統制令が出された。

① **X** 正　　**Y** 正　　　　② **X** 正　　**Y** 誤

③ **X** 誤　　**Y** 正　　　　④ **X** 誤　　**Y** 誤

問 5　空欄　**イ**　に入る**政策X・Y**と，その政策の**目的a・b**との組合せとして正しいものを，下の①〜④のうちから一つ選べ。　30

政策

X　小作人（耕作者）を優遇する政策

Y　地主を優遇する政策

目的

a　寄生地主制を強化するため。

b　食糧の生産を奨励するため。

① **X**－**a**　　② **X**－**b**　　③ **Y**－**a**　　④ **Y**－**b**

スライド 3

> ### 3．農地改革の過程と実績
>
> **3―1　GHQ の目標　…　軍国主義の温床の除去**
>
> ・寄生地主制の除去による安定した自作農経営の創出
>
> **3―2　農地改革の過程**
>
> ・政府主導の第一次農地改革案の決定（1945 年）
>
> ・GHQ の勧告にもとづく第二次農地改革の開始（1946 年）
>
> 　→国が公定価格で農地を買収し，小作人に売り渡す（1947～50 年）
>
> **3―3　農地改革の実績**
>
> ・総農地に占める小作地面積の変化
>
> 　45.9 %（1945 年 11 月）　⇒　9.9 %（1950 年 8 月）
>
> 　→農家の大部分が自作農になった
>
> 図　経営規模別農家戸数と兼業農家戸数の割合（%）
>
>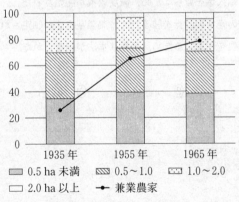
>
> （三和良一・原朗編『近現代日本経済史要覧　補訂版』
> により作成）

問 6 スライド３を参考にしながら，農地改革の過程と実績に関して述べた文として誤っているものを，次の①〜④のうちから一つ選べ。　31

① GHQは，日本の軍国主義の原因の一つに寄生地主制があると考えていた。

② 第一次農地改革案は不徹底であるとみなされ，寄生地主制の除去を求めるGHQの指示により，第二次農地改革が開始された。

③ 1965年の農家の９割以上は経営規模２ha未満であり，1935年時点と比べて経営規模の小規模性は大きく変化していない。

④ 1965年の農家の約８割は兼業農家であり，1935年時点と同様に，専業農家の割合は低いままである。

問 7 この学習のまとめとして，Ｈさんたちは戦後の農業の展開を整理している。その内容に関して述べた次の文 **a** 〜 **d** について，正しいものの組合せを，下の①〜④のうちから一つ選べ。　32

a 米の生産調整のため，減反政策が開始された。

b 米の輸入量を減らすため，減反政策が開始された。

c 農業の経営の改善を図るため，農業基本法が制定された。

d 自作農を創設するため，農業基本法が制定された。

① **a・c**　　② **a・d**　　③ **b・c**　　④ **b・d**

共通テスト

2021

本試験
（第2日程）

日本史B

解答時間 60分
配点 100点

日 本 史 B

（解答番号　1 ～ 32 ）

第1問　次の文章**A・B**は，高校生のけいさんとなおさんとの会話である。この文章を読み，下の問い（問1～6）に答えよ。（史料は，一部省略したり，書き改めたりしたところもある。）（配点　18）

A

け　い：歴史の授業って，男性や戦争の話が多くて，日常の女性の様子とか，ほとんど分からない気がするな。

な　お：僕も同じような疑問があって，先生に質問したら，いくつか女性に関わる史料を教えてもらったよ。**史料1**とかどう？

け　い：これはどういう史料なの？

な　お：　ア　が決起したという史料だよ。近世の百姓一揆や打ちこわしに似ている，という見方もあるみたいだよ。

け　い：帝国議会とかできているんだから，議員さんは，米の不足や米価の問題の解決のために，　ア　の声を聞いてくれれば良かったのに……。

な　お：でも，難しかったかな。このとき普通選挙は，　イ　。

け　い：そうか。今の政治制度とはずいぶん違っているんだね。

な　お：歴史上の女性といえば，@古代には女性の天皇がいたよね。でもその後はどうなったんだろう。ⓑ近世にも女性の天皇はいたんだっけ？

け　い：どうだったかな，後で教科書を開いて，確認してみよう。

史料1

　　昨日午後七時過ぎより漁師町一帯の女房連は海岸に集合し，その数百七，八十
名に達せるが，勿ち五，六十名宛にて三隊に別れ，一隊は浜方有志方へ，一隊
は町内有力者方へ，一隊は町中の米屋及び米所有者の宅を襲うて現下の窮状を
訴えて，所有米は決して他地に売却せざる事，このさい義俠^(注1)的に米の廉
売^(注2)を為されたしと哀願し，尚お若し之を聴容れざれば，家を焼払え，一
家を鏖殺^(注3)せんと脅迫して，事態穏やかならず。

(『高岡新報』1918年8月4日)

　(注1)　義俠：強きをくじき，弱きを助けること。
　(注2)　廉売：安売り。
　(注3)　鏖殺：皆殺し。

問1　**史料1**を読んで，空欄　ア　　イ　に入る語句および文の組合せとして
　　正しいものを，次の①～④のうちから一つ選べ。　1

　①　ア　「米所有者」　　イ　男性を対象としてしか実現していなかったからね

　②　ア　「米所有者」　　イ　まだ実現していなかったからね

　③　ア　「女房連」　　　イ　男性を対象としてしか実現していなかったからね

　④　ア　「女房連」　　　イ　まだ実現していなかったからね

問 2 下線部ⓐに関連して，古代の3人の女性天皇に関して述べた次の文Ⅰ～Ⅲについて，古いものから年代順に正しく配列したものを，下の①～⑥のうちから一つ選べ。 2

Ⅰ この天皇は，恵美押勝の乱を鎮圧して重祚した。

Ⅱ この天皇は，隋に臣従しない形式の国書を出した。

Ⅲ この天皇は，蝦夷が居住する東北地方へ阿倍比羅夫を派遣した。

① Ⅰ－Ⅱ－Ⅲ   ② Ⅰ－Ⅲ－Ⅱ   ③ Ⅱ－Ⅰ－Ⅲ
④ Ⅱ－Ⅲ－Ⅰ   ⑤ Ⅲ－Ⅰ－Ⅱ   ⑥ Ⅲ－Ⅱ－Ⅰ

問 3 下線部ⓑに関連して，近世の天皇・朝廷について述べた文として誤っているものを，次の①～④のうちから一つ選べ。 3

① 禁裏御料は，天皇から江戸幕府に対して与えられた。

② 女性天皇は，古代のみならず，近世にも存在した。

③ 大嘗祭(大嘗会)は，徳川綱吉の時代に復興された。

④ 江戸幕府の将軍の中には，天皇のいる京都へ出向いた者がいた。

B

な　お：**史料2**は女性が書いた詩だよ。

け　い：こうした文学作品以外にも，女性が書いたものはあるのかな？

な　お：先生によると，**史料3**は，中世の女性商人の手紙とされているみたいだよ。この手紙はその後，裏面にお経が書かれて，経典として使われていたんだって。

け　い：そうでもしないと，中世の女性商人がたくさん手紙を交わしていても，ほとんど史料として残らないんだね。実際はこういう女性商人の妻に養ってもらっていた夫もたくさんいたのかもね。

な　お：たぶんね。**史料1～3**を見てきたけれど，ⓒ女性に着目しながら日本史を見直してみるのも面白いよね。

け　い：教科書だけではなく，歴史の本も広く調べてみよう。

史料2

あゝをとうとよ君を泣く　君死にたまふことなかれ（中略）　旅順の城はほろぶとも　ほろびずとても何事か（後略）

史料3

その割符をまだ換金して送金していないならば，今月開催される備後の深津市（ふかつのいち）へ人をやって，割符を換金して用途（注1）をすべて受けとってきてください。私の方で，ある人に負債ができたので，このように連絡する次第です。深津市に着いたならば，尼御前の仮屋（注2）へ人をやってください。

（厳島神社所蔵，大意）

（注1）　用途：銭のこと。
（注2）　尼御前の仮屋：尼御前という女性商人の営む仮設店舗。

問 4　**史料2**と同時期の情勢について記した史料として正しいものを，次の①〜④
のうちから一つ選べ。　| 4 |

① 吾等ハ無責任ナル軍国主義ガ世界ヨリ駆逐セラルルニ至ル迄ハ，平和，安
全及正義ノ新秩序ガ生ジ得ザルコトヲ主張スル

② 戦争に狂喜する者よ，（中略）今回日露の戦争は汝のために果して何物を持
ち来すべきか

③ 洋学者と貿易商人とを除くの外は（中略）攘夷論に反対して開国貿易こそ日
本の利益なれと明言したるものは一人も見るべからず

④ 蒙古人襲来すべきの由，その聞こえ有るの間，御家人等を鎮西に下し遣わ
すところなり

問 5　**史料3**に関して述べた次の文**X**・**Y**について，その正誤の組合せとして正し
いものを，下の①〜④のうちから一つ選べ。　| 5 |

X 現在この手紙が残っているのは，他の目的のために再利用された結果であ
る。

Y この手紙を書いた女性商人は，自身が必要とする銭を，深津市の尼御前の
営む店ならば，十分に所持していると期待している。

① **X** 正　**Y** 正　　　② **X** 正　**Y** 誤
③ **X** 誤　**Y** 正　　　④ **X** 誤　**Y** 誤

問6 下線部ⓒに関して，けいさんとなおさんが女性に関する歴史を調べて，メモを作成した。作成された次のメモ **a ~ d** について，正しいものの組合せを，下の**①~④**のうちから一つ選べ。 6

a 縄文時代には，女性の特徴をよく表した石棒がつくられた。

b 院政期には，八条院領のように，女性のもとに集積された荘園があった。

c 江戸時代には，女性による歌舞伎が行われたが，幕府によって禁じられた。

d 留学から帰った津田梅子が，東京専門学校を設立した。

① a・c   **②** a・d   **③** b・c   **④** b・d

第２問　醍醐天皇は，914年，官人に政治についての意見を提出させた。次の**史料**は，これに応じて三善清行が提出した「意見封事十二箇条」の序論の一部である。この**史料**を読み，下の問い（問１〜４）に答えよ。（史料は，一部省略したり，書き改めたりしたところもある。）（配点　16）

史料

　　　すでにして欽明天皇の代に，仏法初めて本朝に伝え，推古天皇より以後，この教え盛んに行わる。上は群公卿士（注１）より，下は諸国の黎民（注２）に至るまで，寺塔を建立つることなき者は，人数に列せず。故に資産を傾け尽くし，浮図（注３）を興し造る。（中略）降りて天平に及びて，弥　尊重を以てす。遂に田園を傾けて，多く大寺を建つ。（中略）また七道諸国をして国分二寺を建てしむ。造作の費え，各その国の正税（注４）を用いたりき。ここに天下の費え，十分にして五（注５）。

　　　桓武天皇に至りて，都を長岡に遷したまうに，製作すでに畢りて，更に上都（注６）を営む。（中略）皆土木の巧みを究め，尽く調・庸の用に賦す。ここに天下の費え，五分にして三。

（注１）　群公卿士：貴族や官人たち。
（注２）　黎民：庶民。一般の人々。
（注３）　浮図：仏塔。
（注４）　正税：諸国で管理した稲。租と，出挙の利息の稲を，諸国の正倉に蓄えたもの。
（注５）　天下の費え，十分にして五：「国家全体の資産の10分の５を失った」という意味。
（注６）　上都：都。

問１　**史料**の内容について述べた文として正しいものを，次の①〜④のうちから一つ選べ。　　7

① 日本に初めて仏教が伝わったのは，推古天皇の時代である。

② 聖武天皇の時代になって，初めて仏教が広まった。

③ 国分寺・国分尼寺の建立には，人々の資産が使い尽くされた。

④ 桓武天皇は，平安京を造営するために調・庸を用いた。

問2　次の**表**は，**史料**で三善清行が批判している仏教の問題を検証するために，古代の仏教と文化・政治についてまとめたものである。空欄　ア　～　ウ　に入る，各文化の特色を述べた下の文 **a** ～ **c** の組合せとして正しいものを，下の①～⑥のうちから一つ選べ。　8

表

文化の区分	主な寺院・美術作品と文化の特色	仏教と政治との関わり
飛鳥文化	飛鳥寺・法隆寺 玉虫厨子 ア	先進文化として，蘇我氏や王族が積極的に受容。仏教を重んじることを説く憲法十七条が制定された。
白鳳文化	薬師寺 興福寺仏頭 イ	天皇が大寺院を建立し，地方豪族も多く寺院を建立。律令制が施行され，僧侶は国家の統制を受けた。
天平文化	東大寺・唐招提寺 正倉院宝物・鑑真像 ウ	疫病の流行や飢饉が生じたなかで，天皇が仏教の信仰を深め，国分寺建立や大仏造立の事業を進めた。

a　平城京を中心に発展した，国際色豊かな貴族文化である。

b　遣唐使によって伝えられた初唐の文化の影響を強く受けている。

c　高句麗・百済・新羅や中国南北朝の文化の影響を強く受けている。

①　ア－a　イ－b　ウ－c　②　ア－a　イ－c　ウ－b
③　ア－b　イ－a　ウ－c　④　ア－b　イ－c　ウ－a
⑤　ア－c　イ－a　ウ－b　⑥　ア－c　イ－b　ウ－a

問 3 **史料・表**と，6 ～ 8 世紀における政治や社会の状況を踏まえ，この時期の仏
教と文化・政治・社会との関わりについて述べた文として**波線部の誤っている**
ものを，次の①～④のうちから一つ選べ。 9

① 三善清行は，仏教について国家財政の窮乏をもたらしたと批判している
が，6 世紀から 7 世紀前半における積極的な仏教文化の受容は，中国や朝鮮
半島などの先進的な知識・技術の摂取に貢献した。

② 三善清行は，仏教について国家財政の窮乏をもたらしたと批判している
が，7 世紀後半から 8 世紀初めに天皇の主導によって大寺院建立などの事業
が遂行され，中央集権国家の建設が進展した。

③ 三善清行は，仏教について国家財政の窮乏をもたらしたと批判している
が，8 世紀初めに施行された大宝律令により僧侶の活動が厳しく統制され
て，僧侶が政治に介入することはなくなった。

④ 三善清行は，仏教について国家財政の窮乏をもたらしたと批判している
が，8 世紀中頃に疫病が流行したり飢饉が起きたりした際には，仏教は社会
不安を鎮めるための手立てとされた。

問 4　次のレポートは，三善清行が「意見封事十二箇条」を提出した背景について，
　　　史料と表を検討した結果を踏まえて論じたものである。このレポートを読み，
　　　次ページの問い(1)・(2)に答えよ。

レポート

　　醍醐天皇の治世は，天皇親政の理想的な時代として，後に村上天皇の治
世とあわせて「延喜・天暦の治」と賛美されたが，この頃は，現実には旧来
の律令制に基づく天皇主導の国家統治が終焉（しゅうえん）に近づいた時代であった。
中央では，　　エ　　。また，地方では，　　オ　　。そのようなな かで醍醐
天皇の求めに応じ「意見封事十二箇条」を提出した三善清行の行為は，律令
制的な政治の維持を図ろうとした官人による懸命な意思の表明であったと
言えるであろう。

　　清行が史料で述べた事柄のなかには，正確な史実に基づいていない誇張
された部分があり，特に仏教については，国家財政の窮乏をもたらしたと
批判するばかりである。だが，それは，備中介となり地方官人の実務に携
わった自らの経験から⒜当時の政治や社会における問題の深刻さを実感
していた清行が，説得力を強めるためにあえて用いた表現方法と見ること
もできるのではないだろうか。

(1) 空欄 | エ | オ | に入る次の文 a ～ d について，正しいものの組合せを，下の①～④のうちから一つ選べ。 | 10 |

　　a　醍醐・村上両天皇の親政の合間に藤原忠平が摂政・関白となり，この後，忠平の子孫が摂関政治を行う端緒を開いた

　　b　幼少の天皇が即位し，藤原良房が摂政に，ついで藤原基経が摂政・関白となって，藤原氏北家の勢力が強まった

　　c　朝廷から任命された征夷大将軍が，抵抗を繰り返す蝦夷の鎮圧に当たっていた

　　d　朝廷から任命された押領使や追捕使が，各地で盗賊・海賊の逮捕や反乱の鎮圧に当たっていた

　　① エ―a　　オ―c　　　　　② エ―a　　オ―d
　　③ エ―b　　オ―c　　　　　④ エ―b　　オ―d

(2) 下線部ⓐに関して，当時の地方における政治や社会の問題について述べた次の文 X・Y について，その正誤の組合せとして正しいものを，下の①～④のうちから一つ選べ。 | 11 |

　　X　女性の数が多い，実態に基づかない戸籍が作成され，調・庸の徴収が困難になっていた。

　　Y　違法な荘園が停止され，班田の励行が命じられて，律令制の維持が図られた。

　　① X　正　　Y　正　　　　　② X　正　　Y　誤
　　③ X　誤　　Y　正　　　　　④ X　誤　　Y　誤

第3問　中世の政治・社会・文化について述べた次の文章Ａ・Ｂを読み，下の問い
（問1〜5）に答えよ。（史料は，一部省略したり，書き改めたりしたところもあ
る。）（配点　16）

A

　源頼朝は，源平合戦で平氏政権を倒した後，　ア　を戦った源頼義・義家父子
と同じように奥州に攻め入り，武家の棟梁としての地位を示そうとした。頼朝は，
平泉の奥州藤原氏を討つため，1189年8月に平泉を攻略し，同9月に　イ　を
討ち取った。その後頼朝は，ⓐ平泉において戦後処理を行い，10月には鎌倉に帰
還した。これを奥州（奥羽）合戦という。

　奥州合戦に際し，全国的な軍事動員が行われたことで，ⓑ頼朝による武士の編
成が進み，その枠組みは平時にも連続していった。このことから，奥州合戦は，鎌
倉幕府の成立を考える上で極めて重要な画期だと言える。

問1　空欄　ア　　イ　に入る語句の組合せとして正しいものを，次の①〜④
　　のうちから一つ選べ。　12

　　① ア　前九年合戦　　イ　藤原秀衡
　　② ア　前九年合戦　　イ　藤原泰衡
　　③ ア　平忠常の乱　　イ　藤原秀衡
　　④ ア　平忠常の乱　　イ　藤原泰衡

問 2　下線部ⓐに関連して，次の**史料**に関して述べた下の文 **a ~ d** について，正しいものの組合せを，下の①~④のうちから一つ選べ。　13

史料

　　中尊寺の寺僧は，頼朝に対して，奥州藤原氏が造立した平泉内の寺社を書き上げたリストを提出した。頼朝は信仰心をもよおし，それらの諸寺社の所領を保証するとともに，祈禱（きとう）を命じた。頼朝の指示が近隣の寺の壁に貼り出され，寺僧たちはひきつづき寺にとどまることを決心できた。

　　　　　　　　　　　　　　　　　（『吾妻鏡』文治 5（1189）年 9 月 17 日条，大意）

　a　『吾妻鏡』は，江戸時代になって，鎌倉幕府の歴史を記した歴史書である。
　b　『吾妻鏡』は，鎌倉時代に鎌倉幕府の歴史を記した歴史書である。
　c　頼朝は，藤原氏が造立した中尊寺など平泉の堂舎を破壊した。
　d　頼朝は，藤原氏が造立した中尊寺など平泉の堂舎を保護した。

　　① **a・c**　　　　② **a・d**　　　　③ **b・c**　　　　④ **b・d**

問 3　下線部ⓑに関連して，鎌倉幕府の組織編成や政治方針について述べた文として**誤っているもの**を，次の①~④のうちから一つ選べ。　14

　① 遷都を試みるとともに，大輪田泊を整備した。
　② 田地の面積や，領主を把握するために，大田文の作成を命じた。
　③ 中国から渡来した僧侶たちを鎌倉に招いた。
　④ 各国の守護に対して，大犯三カ条を担わせ，国内の御家人を統括させた。

B

　鎌倉幕府の滅亡以降，長期にわたる混乱が続いた。足利尊氏は，後醍醐天皇と対立し，1336年に光明天皇を擁立した。その結果，二つの朝廷が併存し，約60年にわたって内乱状態となった。これを©南北朝の内乱という。

　南北朝の内乱は，非常に多くの戦死者を出した。ⓓ足利尊氏は，諸国に安国寺・利生塔を造立し，元弘の変以来の戦死者の霊を弔った。

問4　下線部©に関して，内乱中の動向について述べた次の文Ｘ・Ｙと，それに該当する語句ａ～ｄとの組合せとして正しいものを，下の①～④のうちから一つ選べ。　15

　Ｘ　軍費(兵粮米)の徴収をめぐり，幕府が発令した。

　Ｙ　南朝勢力は，この人物のもとで九州(大宰府)に影響力を持った。

　ａ　分国法　　　　　ｂ　半済令　　　　　ｃ　以仁王　　　　　ｄ　懐良親王

　①　Ｘ―ａ　　Ｙ―ｃ　　　　②　Ｘ―ａ　　Ｙ―ｄ

　③　Ｘ―ｂ　　Ｙ―ｃ　　　　④　Ｘ―ｂ　　Ｙ―ｄ

問5 下線部ⓓに関連して，信仰に関わる出来事に関して述べた次の文Ⅰ～Ⅲについて，古いものから年代順に正しく配列したものを，下の①～⑥のうちから一つ選べ。 16

Ⅰ 抵抗を続けていた伊勢長島の一向一揆は，徹底的に弾圧された。

Ⅱ 叡尊・忍性の活動により，殺生禁断など戒律を重視する律宗が台頭した。

Ⅲ 応仁の乱直前の寛正の飢饉では，時宗の信者による炊き出しや死者供養が行われた。

① Ⅰ－Ⅱ－Ⅲ   ② Ⅰ－Ⅲ－Ⅱ   ③ Ⅱ－Ⅰ－Ⅲ
④ Ⅱ－Ⅲ－Ⅰ   ⑤ Ⅲ－Ⅰ－Ⅱ   ⑥ Ⅲ－Ⅱ－Ⅰ

第４問　次の**ホワイトボード**は，享保の改革と寛政の改革とにはさまれた時期を
テーマとする授業において，生徒がこの時期の事柄を調べて書き出したものであ
る。これを見て，下の問い（**問１～５**）に答えよ。（資料は，一部省略したり，書き
改めたりしたところもある。）（配点　16）

ホワイトボード

```
・ⓐ幕府の権力を握った人物の名前をとって，田沼時代と呼ばれる。
・商人の力を利用する経済政策が採られ，経済が発展した。
・ⓑ海外の影響を受けた新しい画風の絵画が作成されるようになった。
・西洋の学術が取り入れられ，医学や天文学の研究が進んだ。
・ⓒ蝦夷地の開発が計画された。
・ⓓ百姓一揆や打ちこわしが発生した。また，ⓔ村方騒動が各地で頻発した。
```

問１　この**ホワイトボード**に書き加えることが最も適当な事柄を，次の①～④のう
　　ちから一つ選べ。　| 17 |

　　① 　朝鮮からの国書にある将軍の呼称を「日本国王」に改めさせた。

　　② 　幕府を批判した山県大弐が処刑された。

　　③ 　由井正雪の乱（慶安の変）が発生した。

　　④ 　イギリス軍艦のフェートン号が長崎の港に侵入した。

問２　下線部ⓐに関連して，江戸幕府の支配の仕組みについて述べた文として誤っ
　　ているものを，次の①～④のうちから一つ選べ。　| 18 |

　　① 　老中には複数名が任じられ，幕府の政務を統轄した。

　　② 　大名を監察する役職として，大目付が置かれた。

　　③ 　武家伝奏に任じられた大名が，朝廷を監視した。

　　④ 　諸社禰宜神主法度を制定して，神社・神職を統制した。

問3 下線部ⓑに興味を持った生徒の一人は，画集でいろいろな絵を見ていく中で，亜欧堂田善の銅版画（図）を見つけた。この作品に関して述べた下の文a～dについて，最も適当なものの組合せを，下の①～④のうちから一つ選べ。
19

図 亜欧堂田善『三囲眺望之図』

a この作品が用いた技法は，細かくて正確な表現が求められる地図や解剖図などに用いられた。

b この作品が用いた技法は，陰影をつけずに表情や仕草を強調する美人画などに用いられた。

c この作品のように，西洋の技術や知識を積極的に取り入れようとする姿勢がうかがえる書籍として，志筑忠雄の『暦象新書』がある。

d この作品のように，西洋の技術や知識を積極的に取り入れようとする姿勢がうかがえる書籍として，会沢安（正志斎）の『新論』がある。

① a・c ② a・d ③ b・c ④ b・d

問 4　下線部ⓒに興味を持った生徒の一人は，さらに調べていく中で，次の**史料1**を見つけた。**史料1**を説明した下の文**X・Y**について，その正誤の組合せとして正しいものを，下の①〜④のうちから一つ選べ。 20

史料1

日本の力を増すには，蝦夷の金山を開き，ならびにその出産物を多くするにしくはなし。(中略)然るに，先に言う所のヲロシア(注1)と交易の事起こらば，この力を以て開発有りたき事也。この開発と交易の力をかりて，蝦夷の一国を伏従(注2)せしめば，金，銀，銅に限らず一切の産物，皆我が国の用を助くべし。(中略)また，このままに打ち捨て置きて，カムサスカ(注3)の者共，蝦夷地と一緒になれば，蝦夷もヲロシアの下知に附きしたがう故，最早我が国の支配は受けまじ。

（工藤平助『赤蝦夷風説考』）

(注1)　ヲロシア：ロシアのこと。
(注2)　伏従：服従のこと。
(注3)　カムサスカ：カムチャツカ半島のこと。

X　ロシアとの交易を行い，この力によって蝦夷地の開発を行うべきだと主張している。

Y　蝦夷地がロシアの支配下に置かれることを恐れ，どこの国にも属さない地域として，蝦夷地を自立させるべきだと主張している。

① **X** 正　　**Y** 正　　　　② **X** 正　　**Y** 誤
③ **X** 誤　　**Y** 正　　　　④ **X** 誤　　**Y** 誤

問 5 この学習の最後に，先生が**史料2**を提示して，この時期がどのような時期だったか，**ホワイトボード**の情報も合わせて各自で考えるよう指示した。これに対する生徒の考察である次ページの文 **a ～ d** について，最も適当なものの組合せを，次ページの①～④のうちから一つ選べ。 21

史料2

　すでに町(まち)かた人別の改め(注1)というものも，ただ名のみに成りければ，いかなるものにても，町にすみがたきものはなく，(中略)実に放蕩無頼(ほうとうぶらい)の徒，すみよき世界とは成りたりけり。さるによりて，在(ざい)かた(注2)人別多く減じて，いま関東のちかき村々，荒地多く出来たり。(中略)天明午(うま)のとし(注3)，諸国人別改められしに(注4)，まえの子(ね)のとし(注5)よりは，諸国にて百四十万人減じぬ。この減じたる人，みな死にうせしにはあらず，ただ帳外(ちょうはず)れ(注6)となり，(中略)または江戸へ出て人別にも入らず，さまよいあるく徒とは成りにける。

（松平定信『宇下人言』）

(注1)　人別の改め：一般に，村・町に属する人を，宗門改帳（宗旨人別帳）に登録する作業のことを指す。
(注2)　在かた：都市（町かた）に対する農村の意味。
(注3)　天明午のとし：天明6（1786）年。
(注4)　諸国人別改められしに：幕府によって，6年に1度行われた全国の人口調査のことを指す。
(注5)　まえの子のとし：安永9（1780）年。
(注6)　帳外れ：宗門改帳（宗旨人別帳）の登録から外れること。

a 史料２では，諸国人別改めで把握された人数が大きく減少したことについて，都市の人口が，周辺の荒地へと流出したことが，要因の一つだと述べている。

b 史料２では，諸国人別改めで把握された人数が大きく減少したことについて，農村の人口が，都市へと流出したことが，要因の一つだと述べている。

c この時期には西洋の学術が取り入れられた。**ホワイトボードの下線部ⓓ**を合わせて考えると，西洋で生まれた人権意識に基づいて，幕府を打倒しようとする動きが各地で生じた時期と言える。

d この時期には商品経済が発展した。**ホワイトボードの下線部ⓔ**を合わせて考えると，経済の発展に伴って貧富の差が広がり，不満を持った百姓による村役人の不正の追及が各地で起きた時期と言える。

① a・c ② a・d ③ b・c ④ b・d

第5問 近年では日本を訪れる外国人が増え，日本の人々との交流も深まっている。国際交流の歴史に関心を持ったある生徒が，明治時代における西洋からの制度や技術の導入について調べた。そこで，欧化政策を採った井上馨と，産業の近代化に貢献した渋沢栄一が，共に幕末に一度は攘夷を志向して外国人を排斥しようとしたものの，西洋への渡航を経て，立場を変化させたことを知り，二人の関わりについて次の**年表**を作成した。この**年表**を参照して，下の問い（**問1～4**）に答えよ。（史料は，一部省略したり，書き改めたりしたところもある。）（配点　12）

年表

	井上馨	渋沢栄一
1835 年	周防国の下級武士の家に誕生	
1840 年		武蔵国の百姓の家に誕生
1862 年	品川に建設中のイギリス公使館の焼き打ちを実行	
1863 年	イギリスに渡航	高崎城と横浜居留地の襲撃を計画
1867 年		フランスに渡航
1869 年	ⓐ明治政府で井上が上司，渋沢が部下として働きはじめる	
1871 年		フランスから技術を導入したⓑ富岡製糸場の設立に携わる
1873 年	ⓒ井上と渋沢は辞表を提出し，財政改革の意見書を連名で公表する	
1882 年	条約改正交渉の会議を開き，欧化政策を採る	イギリスから技術を導入したⓓ大阪紡績会社の設立発起人になる
1901 年	ⓔ井上は総理大臣になる条件として渋沢の入閣を求める	
1915 年	死去	
1931 年		死去

問 1 **年表**に関連して，幕末の出来事に関して述べた次の文Ⅰ～Ⅲについて，古い
ものから年代順に正しく配列したものを，下の①～⑥のうちから一つ選べ。

22

Ⅰ 井上馨が**年表**にある攘夷を実行した。

Ⅱ アメリカ総領事ハリスが下田に着任した。

Ⅲ イギリスなどの要求により，日本は輸入の関税率を下げた。

① Ⅰ－Ⅱ－Ⅲ   ② Ⅰ－Ⅲ－Ⅱ   ③ Ⅱ－Ⅰ－Ⅲ

④ Ⅱ－Ⅲ－Ⅰ   ⑤ Ⅲ－Ⅰ－Ⅱ   ⑥ Ⅲ－Ⅱ－Ⅰ

問 2 **年表**の下線部ⓐとⓒとに関連して，明治初期の財政について述べた次の文
X・Yと，それに該当する語句 **a ～ d** との組合せとして正しいものを，下の
①～④のうちから一つ選べ。 23

X 井上馨と渋沢栄一が勤めた大蔵省は，この組織の下に置かれ，財政を担当
した。

Y 明治政府は，財政改革の一環として，この政策を実行し，歳出を削減し
た。

a 神祇官   **b** 太政官

c 地租の2.5％への引下げ   **d** 家禄の廃止

① X－a   Y－c   ② X－a   Y－d

③ X－b   Y－c   ④ X－b   Y－d

問 3　**年表**の下線部ⓑ・ⓓは，西洋の生産技術を導入した近代的な工場であった。この 2 つの工場をモデルとして発展した産業に関して述べた次の文**X・Y**について，その正誤の組合せとして正しいものを，下の①〜④のうちから一つ選べ。　24

　　X　明治末期，下線部ⓑの産業の製品は，外貨獲得のための重要な輸出品であった。
　　Y　明治末期，下線部ⓓの産業の原料は，主に国内で生産されていた。

① **X** 正　　**Y** 正　　　　② **X** 正　　**Y** 誤
③ **X** 誤　　**Y** 正　　　　④ **X** 誤　　**Y** 誤

問 4　次の**史料**は，**年表の下線部ⓒの際の新聞記事**である。**史料**を参照して，この
　　時期の政治に関して述べた下の文 **a ～ d** について，正しいものの組合せを，下
　　の**①～④**のうちから一つ選べ。　| 25 |

史料

　政局は井上伯を中心として，（中略）此_{この}一両日来，伊藤侯と山県侯^{（注）}とは 各_{おのおの}
別々に渋沢氏を招き寄せて（中略）大蔵大臣たらんことを勧誘したるも，氏は其_{それ}
以前既に井上伯自身より勧誘を受けて之_{これ}を固辞したる程なれば，一昨日午前と
午後に伊藤侯と山県侯より説き勧められし時も断然受任し難き旨を答え置き，
（中略）渋沢氏の辞退により（中略）井上伯いよいよ総理を固辞するに至れば，時
局は更に逆転して，其_{その}収拾の程も測り難きが故に，此処_{このところ}伊藤・山県及び其_{その}他
の元老に於_{おい}て最も苦心の存する所なるべく（後略）。

（『時事新報』1901 年 5 月 23 日）

（注）　伊藤侯と山県侯：伊藤博文と山県有朋のこと。

a　**史料**によると，渋沢栄一は要請に応えて大蔵大臣就任を承諾した。

b　**史料**によると，伊藤や山県は元老として新しい内閣づくりに関与した。

c　この時期の総理大臣は，その就任に議会による承認が不要であった。

d　この時期の総理大臣は，陸海軍の統帥権を有していた。

①　a・c　　　　**②**　a・d　　　　**③**　b・c　　　　**④**　b・d

第6問 近現代の食文化・食生活について述べた次の文章**A・B**を読み，下の問い
(問1〜7)に答えよ。(資料は，一部省略したり，書き改めたりしたところもあ
る。)(配点　22)

A

　2013年に和食が世界無形文化遺産として登録され，その料理だけでなく，ⓐ多
様な食材や自然に育まれた食文化も注目されるようになった。ただ，私たちの普段
の食事や食文化は，古くからの伝統を残すだけでなく，様々な歴史的過程の中で誕
生・変化してきたものである。

　例えば，明治初期に西洋料理が紹介され，ⓑ都市部を中心に肉を食べたり牛乳
を飲んだりする習慣が広まった。その後，オムレツ，トンカツ，コロッケなど，今
では身近となった洋食も登場している。また，中華料理や韓国料理などのように，
ⓒ近隣諸国や地域の人々との交流や移動をきっかけに，普及したものもある。近
年では各地域の食文化の特色を生かした「ご当地グルメ」も話題となっている。

問1　下線部ⓐに関連して，食に関わる経済・社会・文化について述べた文として
　　正しいものを，次の①〜④のうちから一つ選べ。　　26

　　① 幕末の外国貿易において，最も輸入額が多かった商品は茶であった。
　　② 地租改正後も，租税は米によって納められたため，反対一揆が起きた。
　　③ 天津条約で割譲された台湾では，日本によって製糖業が振興された。
　　④ 札幌農学校で，クラークが教育を行った。

問 2　下線部ⓑに関連して，次の表は，敗戦後から 1995 年までの一人一日当たり
　　の食料(米，肉類，牛乳・乳製品)消費量を示したものである。また，**データ**
　　a ～ d は，1930 年，1946 年，1975 年，2005 年のいずれかの年の食料消費量の
　　値である。**表の説明**を参考にして，**表中の X・Y** と，それに該当する**データ**
　　a ～ d との組合せとして正しいものを，下の①～④のうちから一つ選べ。
　　　27

表　一人一日当たりの食料消費量及びデータ a ～ d（単位グラム）

品目＼年	1946	1955	1965	1975	1985	1995	a	b	c	d
米	X	302	306	Y	204	185	254	364	241	168
肉類		6	20		62	78	2	4	46	78
牛乳・乳製品		33	103		194	249	4	7	147	252

（矢野恒太記念会編『数字でみる日本の 100 年』により作成）

(注)　1965 年まで肉類には鯨肉を含む。

表の説明

・敗戦後，食生活の洋風化・多様化の影響で，牛乳・乳製品の消費量は増加し
　続け，肉類もほぼ同じ傾向にあった。

・敗戦直後の食糧事情が悪かったため，1946 年時の米の消費量は 1930 年と比
　べて減少した。

① 　X — a　　　Y — c
② 　X — a　　　Y — d
③ 　X — b　　　Y — c
④ 　X — b　　　Y — d

問 3 下線部ⓒに関連して，日本と東アジアの人々の移動に関して述べた次の文
Ⅰ～Ⅲについて，古いものから年代順に正しく配列したものを，下の①～⑥の
うちから一つ選べ。　28

Ⅰ　満州などに進出した日本人の一部が，ソ連によってシベリアに抑留され
た。

Ⅱ　委任統治下にあった南洋諸島に，沖縄出身者など多くの日本人が移り住ん
だ。

Ⅲ　辛亥革命が起きた2年後，孫文らが日本に亡命した。

① Ⅰ－Ⅱ－Ⅲ　　② Ⅰ－Ⅲ－Ⅱ　　③ Ⅱ－Ⅰ－Ⅲ

④ Ⅱ－Ⅲ－Ⅰ　　⑤ Ⅲ－Ⅰ－Ⅱ　　⑥ Ⅲ－Ⅱ－Ⅰ

B

穀物の中でも米は食生活の中心にあった。しかし米を主食にできた人々は少な
く，特に農村では米，雑穀，麦，イモ類などを混ぜて食べていた。

明治時代以降の人口増加による需要の拡大に伴い，米や麦は生産量が増加すると
ともに，海外からの供給も増加した。東南アジアなどでとれた米は，内地の米に比
べて安価で，凶作や米価の高騰の際に，ⓓ都市の貧民や貧しい農民らが消費して
いた。また，ⓔ日本国外から国内に輸入する米の関税については，様々な議論が
交わされた。

その後，ⓕアジア太平洋戦争(太平洋戦争)時には食糧が不足し，人々の生活は
苦しくなった。敗戦後には食糧事情が極めて悪化し，ⓖアメリカから小麦などの
緊急食糧輸入が実施された。これ以後，小麦の供給増加を受けて，学校給食でパン
食が普及するなど食生活の変化が進んだ。

問４ 下線部ⓓに関連して，近代の都市や農村の人々の生活について述べた文とし
　　 て誤っているものを，次の①〜④のうちから一つ選べ。　　29

　　 ① 産業革命期の労働実態を取り上げた『日本之下層社会』が書かれた。
　　 ② 松方デフレによって農産物価格が高騰した。
　　 ③ 昭和恐慌下の東北地方の農村では，欠食児童が増加した。
　　 ④ 昭和恐慌下の都市では，多くの失業者が発生した。

問５ 下線部ⓔに関連して，第一次世界大戦の直前には，関税の維持か廃止かをめ
　　 ぐって議論が生じていた。米の関税維持・廃止の**支持層Ｘ・Ｙ**と，それぞれの
　　 支持の**理由ａ〜ｄ**との組合せとして最も適当なものを，下の①〜④のうちから
　　 一つ選べ。　　30

支持層
　　 Ｘ　米の関税維持を支持する層。例えば，農地を所有し小作米を収入源とする
　　 　　地主。
　　 Ｙ　米の関税廃止を支持する層。例えば，賃金を支払って，労働者を雇用する
　　 　　資本家。

理由
　　 ａ　国内の米価の安定を望んでいるから。
　　 ｂ　国内の米価の低下を望んでいるから。
　　 ｃ　消費者の生活費の低下を望んでいるから。
　　 ｄ　消費者の生活費の上昇を望んでいるから。

　　 ① Ｘ―ａ　　Ｙ―ｃ　　　　② Ｘ―ａ　　Ｙ―ｄ
　　 ③ Ｘ―ｂ　　Ｙ―ｃ　　　　④ Ｘ―ｂ　　Ｙ―ｄ

問6 下線部⑦に関連して，戦時下の食に関して述べた次の文Ｘ・Ｙについて，その正誤の組合せとして正しいものを，下の①～④のうちから一つ選べ。
　　　31

Ｘ　カレーライスなどの洋食が人気となり，人々に広まった。
Ｙ　代用食としてサツマイモの栽培が奨励された。

① Ｘ 正　Ｙ 正　　　② Ｘ 正　Ｙ 誤
③ Ｘ 誤　Ｙ 正　　　④ Ｘ 誤　Ｙ 誤

問7 下線部⑧に関連して，アメリカから緊急食糧輸入が行われた占領期の出来事について述べた次の文Ｘ・Ｙと，それに該当する語句ａ～ｄとの組合せとして正しいものを，下の①～④のうちから一つ選べ。　32

Ｘ　食料不足に悩む国民が，皇居前広場を中心にデモ行動を起こした。
Ｙ　アメリカは日本の占領政策を転換し，インフレの防止と赤字財政解消を要求した。

ａ　二・一ゼネスト　　　　ｂ　食糧メーデー
ｃ　ドッジ＝ライン　　　　ｄ　レッド＝パージ

① Ｘ―ａ　Ｙ―ｃ　　　② Ｘ―ａ　Ｙ―ｄ
③ Ｘ―ｂ　Ｙ―ｃ　　　④ Ｘ―ｂ　Ｙ―ｄ

共通テスト
第2回 試行調査

日本史B

解答時間 60分
配点 100点

日 本 史 B

（解答番号 　1　 ～ 　36　）

第1問 SさんとTさんのクラスは，「歴史の論述」の授業に際し，主題を設定し探究した。次の年表甲・乙は，SさんとTさんそれぞれが設定した主題に沿って作成したものである。下の問い（**問1～6**）に答えよ。（資料は，一部省略したり，書き改めたりしたところもある。）（配点　18）

【年表甲】

主題 時代	Sさんの主題 （　Ⅰ　）
原始	水稲耕作が始まる。
古代	**A** 北陸に東大寺領荘園が置かれる。
中世	**C** ⓐ武田信玄が治水事業を行う。
近世	**E** 印旛沼の干拓事業が失敗する。
近代 現代	足尾銅山の近代化 都市郊外に計画的な大規模住宅地が造成される。 **G**

【年表乙】

主題 時代	Tさんの主題 （　Ⅱ　）
原始	九州南部で噴火により集落が壊滅する。
古代	**B** 東北の太平洋側を津波が襲う。
中世	地震により鎌倉大仏が被害を受ける。 **D**
近世	ⓑ阿波国を津波が襲う（慶長碑文）。 ⓒ阿波国を津波が襲う（宝永碑文）。 **F** 浅間山が噴火し，火砕流の被害が出る。
近代 現代	足尾銅山の近代化 関東大震災が発生し，死傷者が多数出る。 **H**

問1 年表を参考にして，SさんとTさんの主題（Ⅰ）・（Ⅱ）の組合せとして最も適当なものを，次の①～④のうちから一つ選べ。　1

① Ⅰ―開発と人々との関係史　　Ⅱ―災害と人々との関係史

② Ⅰ―災害と人々との関係史　　Ⅱ―開発と人々との関係史

③ Ⅰ―文化と人々との関係史　　Ⅱ―産業と人々との関係史

④ Ⅰ―産業と人々との関係史　　Ⅱ―文化と人々との関係史

問2 次の文ア～ウは，SさんとTさんが年表の空欄　A　～　H　に入る出来事について調べた文である。文ア～ウと空欄　A　～　H　の組合せとして最も適当なものを，下の①～⑥のうちから一つ選べ。　2

ア 築城技術などを応用することで，大規模な治水が可能となり，大河川流域を安定的に耕作したり，台地上を耕地化できるようになった。

イ 兵庫県を中心に都市を襲う地震が発生した。復興に当たってボランティア活動が盛んに行われ，その重要性が人々に認識されることになった。

ウ 民衆に布教していた僧侶が国家からの弾圧を受けながらも，渡来系技術者集団とともに，灌漑用水池を整備するなど社会事業を行った。

① ア―C　　イ―G　　ウ―A

② ア―F　　イ―G　　ウ―B

③ ア―E　　イ―G　　ウ―B

④ ア―D　　イ―H　　ウ―C

⑤ ア―E　　イ―H　　ウ―A

⑥ ア―F　　イ―H　　ウ―D

問3 年表の下線部ⓐのように，戦国大名は様々な方策で領国の振興を図った。Sさんは，この時期の振興策を，いくつかのカードにまとめてみた。クラスの人たちにカードを提示したところ，そのうちの一枚は適当でないとの指摘を受けた。**適当でない**カードを，次の①～④のうちから一つ選べ。 3

①
城下町の振興に向けて，楽市令が出され，商人を呼び寄せようとした。

②
家臣同士の争いや領民の争いを防ぐために独自の法整備に努めた。

③
新たな採掘技術や精錬技術を導入して，金山や銀山を開発した。

④
横行した撰銭行為に対し，銭座を設けて貨幣を鋳造し，経済の活性化を図った。

問 4　次の**写真**は，年表の下線部ⓑ・ⓒの津波碑である。一つの岩に **J（慶長碑文）・K（宝永碑文）** 二つの碑文が彫られている。これらの碑文について述べた文として正しいものを，下の**①〜④**のうちから一つ選べ。　4

写真

（徳島県海部郡海陽町所在）

J

南無阿弥陀仏

……大海三度鳴り、人々おおいに驚き、手をこまねくところ、逆浪しきりに起きる。その高さ十丈、七度来たり、大潮と名ずるなり。……後代のために言い伝う。

K

……地おおいに震え、たちまち海潮湧き出づること一丈余り……。三次反復して止む。しかるに我が浦一人の死者も無し、幸いというべし。後の大震に遭わば、あらかじめ海潮の変をおもいはかり避けよ、則ち可なり。

①　J・K の碑文は，どちらも死者を供養するために彫られた。

②　J・K の碑文は，この浦の人々に警告を発してきた。

③　J・K の碑文に記されている津波の規模は，ほぼ同じであった。

④　J・K は，民衆が建てた碑なので，文化財としての価値は低い。

問 5　それぞれ異なる主題について調べていた S さんと T さんだったが，二人の年表で　足尾銅山の近代化　が共通していることに気付いた。そこで，収集した次の**資料ア〜ウ**をもとに二人で検討し，次ページの**【論述の要旨】**をまとめた。**【論述の要旨】**の空欄　X　・　Y　に入る文 a 〜 d の組合せとして正しいものを，次ページの**①〜④**のうちから一つ選べ。　5

資料ア

つとに力を鉱業につくし，足尾銅山をはじめ各所の鉱山をおこし，経営ひろく泰西（たいせい）の学術を応用し旧来の面目を一新す。産額盛んに増し，販路遠く及び，大に海外の信用を博す。誠に本邦鉱業者の模範とするに足る。その功労の偉なる，特に感賞すべし。

（『古河市兵衛翁伝』）

資料イ

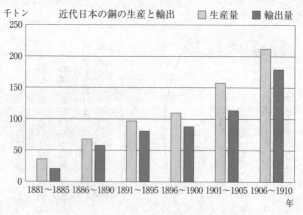

（武田晴人『日本産銅業史』により作成）

資料ウ

近年，鉱業上の器械洋式の発達するに従いて，その流毒ますます多く……渡良瀬川に流出して沿岸その害を被らざるなし。……議会において大声疾呼（たいせいしっこ）その救済の策を求むること，ここに十年，しかし政府の当局は常に言を左右にして，適当の措置を施すことなし。

（『田中正造全集』第三巻）

【論述の要旨】

> 　資料ア・イをもとに，　X　ことが分かるが，**資料イ・ウ**から考える
> と，　Y　ことにより，深刻な水質汚濁などの問題は継続した。いま重
> 視されているように，環境に配慮しながら生産できればよかったのだが。

a　鉱業を盛んにし，地域の振興に尽くしたことで，地域住民の信用を獲得できた

b　西洋技術の導入で銅の生産が増え，多くが輸出されたことで外貨を獲得できた

c　地域の人々の主張に沿って，政府がこの地域の救済を優先した

d　鉱毒の被害が訴えられたものの，政府が経済成長を優先した

① X ─ a　　Y ─ c　　　　② X ─ a　　Y ─ d
③ X ─ b　　Y ─ c　　　　④ X ─ b　　Y ─ d

問6　SさんとTさんは，足尾銅山の近代化について協働して学習したのをきっか
　　けに，二人の主題に対する政府の対応を調べてみると，各時代により違うこと
　　に気付いた。時代ごとの特徴を説明した次の文a〜eについて，古いものから
　　年代順に正しく配列したものを，下の①〜⑥のうちから一つ選べ。　6

a　中央政府の機能が弱く，在地の力で自ら救済することが原則であった。

b　法律が整備され，大規模工事の際には影響を事前評価する仕組みができた。

c　河川の修復のため，地方の諸侯にお手伝普請が課せられた。

d　中央政府の指示により陸・海軍が派遣され，救援に当たった。

e　中央政府の命令で，郡家(郡衙)の倉から米が施される仕組みがあった。

① a ─ e ─ c ─ b ─ d　　　　② a ─ c ─ e ─ d ─ b
③ e ─ c ─ d ─ a ─ b　　　　④ d ─ b ─ a ─ e ─ c
⑤ b ─ e ─ a ─ d ─ c　　　　⑥ e ─ a ─ c ─ d ─ b

第2問　陸上競技の「駅伝」は日本独特のもので，その名称は古代の駅制に由来するという説もある。古代の駅制では，七つの官道（七道）に一定間隔で駅家が設けられ，公用の者は駅家に置かれた馬を乗り継いで目的地に達した。古代の官道と付随する諸施設に関する次の問い（**問1〜4**）に答えよ。（資料は，一部省略したり，書き改めたりしたところもある。）（配点　15）

問1　次の**写真**と**地図**から読み取れる情報**X・Y**と，情報から考えられる古代の官道の性格についての考察**a〜d**の組合せとして正しいものを，下の①〜④のうちから一つ選べ。　7

写真　　　　　　　　　　　　　　　　地図

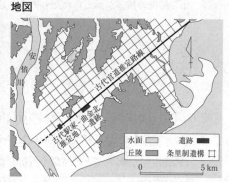

曲金北遺跡（静岡県）　　　　　　（武部健一『古代の道』により作成）

X　発見された道路は直線的な道路である。

Y　官道の推定路線と条里制遺構の一辺とは方位が一致している。

a　官道は，国府と郡や里を結ぶために造られた。

b　官道は，中央と地方との情報伝達の速さを重視して造られた。

c　官道は，都の街路と同じ方位でルートが設定された。

d　官道は，土地の区画制度の基準と関係している。

① 　X — a　　Y — c　　　　　② 　X — a　　Y — d

③ 　X — b　　Y — c　　　　　④ 　X — b　　Y — d

問 2　播磨国の小犬丸遺跡は，古代の官道跡が見つかるとともに，初めて駅家の構造が発掘調査で分かった遺跡である。次の**表**と**資料**を参考に下の問い(1)・(2)に答えよ。

表　小犬丸遺跡の変遷

7 世紀以前	湧水地点があり，谷間の一部で水田耕作が行われていた。
8 世紀前半	山のふもとに 7 m 幅の道路が存在する。（7 m は発見できた道幅）
8 世紀後半〜10 世紀頃	道路は幅を維持したまま使用されている。
11〜12 世紀	道路部は埋まり，新たに掘立柱建物が建てられる。
13 世紀〜	掘立柱建物が姿を消し，水田となる。

（『小犬丸遺跡 II』により作成）

資料　806 年に出された勅

勅すらく，「備後・安芸・周防・長門等の国の駅館は，もと蕃客(注1)に備えて，瓦葺粉壁(注2)とす。頃年，百姓疲弊し，修造すること堪え難し。あるいは蕃客入朝するに，便りに海路に従う。その破損は，農閑に修理せよ。……」。

（『日本後紀』）

(注1)　蕃客：外国使節
(注2)　瓦葺粉壁：瓦葺き屋根で白壁であること。瓦を葺かない掘立柱の平屋建物や竪穴住居が一般的な中で，周囲から目立つ存在であった。

(1)　**表**と**資料**が表している官道の名称を，次の①〜④のうちから一つ選べ。　　8

① 山陽道　　　② 山陰道　　　③ 東海道　　　④ 中山道

(2)　**表**と**資料**から古代の官道制度が衰退した背景として考えられる次の文 X・Y について，その正誤の組合せとして最も適当なものを，下の①〜④のうちから一つ選べ。　　9

X　官道制度の衰退の背景には，百姓を雑徭などの労役に動員する律令制の変化がある。

Y　官道制度の衰退の背景には，外国使節の交通路の転換がある。

① X 正　Y 正　　　　② X 正　Y 誤
③ X 誤　Y 正　　　　④ X 誤　Y 誤

問 3 東北地方の官道や国府・城柵は，「中央政府にとり蝦夷支配の重要拠点で
あった」が，方位を逆転した次の地図Ⅰ〜Ⅲを参考にすれば，「蝦夷にとり中央
政府の脅威を象徴するものであった」と見ることもできる。その根拠として，
地図から読み取れる情報の中から正しいものを**X**〜**Z**から選び，選んだ**情報**と
歴史的事実a〜cの組合せとして正しいものを，下の①〜⑨のうちから二つ選
べ。 10 ・ 11

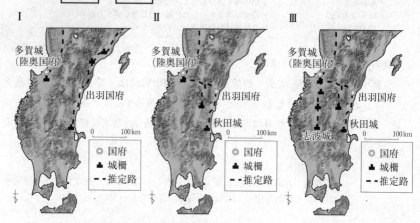

(群馬県立歴史博物館『古代のみち』，地理院地図などにより作成)

(注) 地図中，陰影の薄い部分は平野部を表す。

地図から読み取れる情報

X 中央政府はこの地域には国を設置しなかった。

Y 中央政府はこの地域の平野部から支配域を拡大していった。

Z 中央政府はこの地域の太平洋沿岸部に城柵を多く設置した。

歴史的事実〔a〜cはすべて正しい〕

a 蝦夷は，しばしば多賀城や秋田城を襲撃の対象とした。

b 中央政府は，城柵の近くに関東の農民を移住させて開墾を行った。

c 蝦夷は，独自の言語や墓制などを保持した。

① X — a   ② X — b   ③ X — c

④ Y — a   ⑤ Y — b   ⑥ Y — c

⑦ Z — a   ⑧ Z — b   ⑨ Z — c

問4　古代から近世の日本においては，道路に関（関所）が設けられた。関について
　　の**資料Ⅰ～Ⅲ**と関の機能を説明した文**ア～ウ**を組み合わせ，それを古いものか
　　ら時代順に並び替えた場合，組合せとして正しいものを，下の**①～⑥**のうちか
　　ら一つ選べ。　12

資料Ⅰ　条々
　　一，関所の事
　　　　右，宝戒寺(注1)造営料所として，甲斐国追分宿の関所を寄進せらるるな
　　　　り。……
　　一，関賃銭の事
　　　　右，人別に三文，馬においては五文となすべし。……

資料Ⅱ　覚
　　一，関所を出入る輩，乗物の戸をひらかせ，笠・頭巾をとらせ通すべき事
　　一，往来の女つぶさに証文引合せて通すべき事
　　一，相定る証文なき鉄砲は通すべからざる事

資料Ⅲ　太師藤原恵美朝臣押勝の逆謀，すこぶる泄れたり。……即ち使を遣し
　　　　て三関(注2)を固く守らしむ。

　　（注1）　宝戒寺：鎌倉にある寺院。
　　（注2）　三関：伊勢国の鈴鹿関，美濃国の不破関，越前国の愛発関をさす。

　　ア　主に軍事的機能を果たした。
　　イ　主に経済的機能を果たした。
　　ウ　主に警察的機能を果たした。

①　〔Ⅰ－イ〕→〔Ⅱ－ウ〕→〔Ⅲ－ア〕　**②**　〔Ⅰ－ア〕→〔Ⅱ－ウ〕→〔Ⅲ－イ〕
③　〔Ⅱ－イ〕→〔Ⅲ－ア〕→〔Ⅰ－ウ〕　**④**　〔Ⅱ－ウ〕→〔Ⅲ－ア〕→〔Ⅰ－イ〕
⑤　〔Ⅲ－ア〕→〔Ⅰ－イ〕→〔Ⅱ－ウ〕　**⑥**　〔Ⅲ－イ〕→〔Ⅰ－ア〕→〔Ⅱ－ウ〕

第3問 次の文章は，ある生徒が書いたレポートの要旨である。これを読んで，下の問い（**問1～4**）に答えよ。（資料は，一部省略したり，書き改めたりしたところもある。）（配点 15）

　日本は海に囲まれている。海を介して外からの波が日本に大きな影響を与えたことが分かる。日本の歴史を見た場合，外からの文明的な波は大きく三つあった。一つ目は7～8世紀で，中国の影響の下に日本の古代国家が成立した。二つ目は⒜15～16世紀で，中国とともに南蛮諸国からの影響が強かった。そして，三つ目が19～20世紀で，欧米の波というべき時代で，近世から近代へと大きく転換した。

　そうすると，⒝10～14世紀や17～18世紀は，外からの波が少なかった時代ということができる。

問1 下線部⒜の時代に関連して，「外からの波」を説明するための資料として最も適当なものを，次の**①～④**のうちから一つ選べ。　　13

①

②

③

④

問 2　歴史には様々な見方がある。下線部ⓑの時代には「外からの波」が少なかった という見方に対する反論として成り立つものを，次の①～④のうちから一つ選 べ。　　14

① この時代には，海外渡航許可書を持った貿易船が東南アジアに行ってお り，その交流を通して「外からの波」は少なくなかった。

② この時代には，中国に公式の使節が派遣され，先進的な政治制度や文化な どがもたらされており，「外からの波」は少なくなかった。

③ この時代には，長崎の出島の商館を窓口にして，ヨーロッパの文物を受け 入れており，「外からの波」は少なくなかった。

④ この時代には，中国との正式な国交はなかったが，僧侶や商人の往来を通 して「外からの波」は少なくなかった。

問 3 このレポートは「外からの波」について書かれているが，視点を国内に変えて
見ると様々な変化が起こっている。下線部⑥の時代のうち，13～14世紀の社
会・経済に関する次の問い(1)・(2)に答えよ。

(1) 次の資料は，この時代の商業と交通について書かれている。この資料から
は読み取れない内容を，下の①～④のうちから一つ選べ。 15

資料

凡そ京の町人，浜の商人，鎌倉の誂（あつら）へ物，宰府（大宰府）の交易，室・兵庫
の船頭，淀・河尻の刀禰（とね），大津・坂本の馬借，鳥羽・白河の車借，泊々の借
上，湊々の替銭（注1），浦々の問丸，同じく割符（さいふ）を以て之を進上し，俶載（注2）
に任せて之を運送す。

（『庭訓往来』）

（注1） 替銭：為替を組んで送金すること。または，それを扱った商人。
（注2） 俶載：「俶」は「儵」の誤りか。「儵載（しゅくさい）」ならば，車や船を雇って運送するとい
う意味。

① 商工業者たちは公家や寺社の保護を受けて活動していた。

② 遠隔地間の取引のため，信用手段による決済が行われた。

③ 商品の委託や運送を扱う業者が現れた。

④ 物資の輸送のため，水上・陸上交通とも盛んであった。

(2) この時代は，単位面積当たりの生産性の向上により収穫が増加したとい
う。このことについて述べた次の文X・Yについて，その正誤の組合せとし
て正しいものを，次ページの①～④のうちから一つ選べ。 16

X 二毛作が始まり，土地に養分を供給するために，油粕・糠（ぬか）などの肥料
を，金銭を支払って購入するようになった。

Y 鍬・鎌・鋤などの鉄製農具が広く普及し，牛馬の使用が進んだため，田
畑を効率よく耕せるようになっていった。

① X　正　　Y　正　　　　　② X　正　　Y　誤

③ X　誤　　Y　正　　　　　④ X　誤　　Y　誤

問 4　下線部ⓐの時代のうち，15 世紀について X・Y のような評価もある。それ
　　ぞれの評価を根拠付ける情報を X は a・b，Y は c・d から選ぶ場合，**評価**と
　　根拠の組合せとして最も適当なものを，下の①〜④のうちから一つ選べ。
　　[17]

評価

X　この時代は「政治的に不安定な時代」である。

Y　この時代は「民衆が成長した発展の時代」である。

根拠

a　並立した二つの朝廷を支持する勢力が武力抗争し，また，その一方の内紛
　　などもあって内乱は長期化した。

b　全国の大名を二分した大乱は終結したが，地方には新たな政治権力も生ま
　　れ，地域的な紛争は続いた。

c　村では，共同の農作業や祭礼を通して構成員同士が結び付いていたが，戦
　　乱に対する自衛で内部の結合を強くしていった。

d　村では，指導者が多くの書籍を収集して人々に活用させ，儒学を中心とす
　　る高度な教育を進めていった。

① X － a　　Y － c　　　　② X － a　　Y － d

③ X － b　　Y － c　　　　④ X － b　　Y － d

第4問　近世社会では，幕府や藩の教育政策が展開され，庶民生活の中でも寺子屋などを通じて人々の読み書き能力が高まった。そのため多様な資料が社会の諸階層で生み出され，今日，各地の文書館や博物館などで見ることができる。これらの資料に関する次の問い（**問1〜4**）に答えよ。（資料は，一部省略したり，書き改めたりしたところもある。）（配点　15）

問1　近世の村と文書に関する次の**資料A・B**について述べた文a〜dについて，正しいものの組合せを，下の①〜④のうちから一つ選べ。　18

資料A　幕府が代官に示した法令
　年貢等勘定以下，代官・庄屋に百姓立ち会い相極むべく候（決めるべきである），毎年その帳面に相違これ無しとの判形致し（印を押す）おかせ申すべし，何事によらず庄屋より百姓共に非分申しかけざる様に（不正な言いがかりを付けないように）堅く申し渡すべき事

（『御触書寛保集成』）

資料B　信濃国五郎兵衛新田村の百姓が名主を訴えた訴状
　村方入用帳（村の会計帳簿）と申すもの天保年中よりこれ無く，百姓代に筆算致させず，すべて自分日記へ付け込み，……（名主以外の村）役人に一切相わからざる様取り計らいの事

（『柳沢信哉家文書』）

a　**資料A**では，年貢等の勘定に際し，百姓が不正な言いがかりを付けないよう，書類に印を押させることが定められている。

b　**資料A**では，村で庄屋が年貢等の勘定を行う際には，百姓にも関係書類を見せて公正に行うべきことが定められている。

c　**資料B**から，全村民が各自の日記に村の諸費用を記録し，名主を監視した例があることが分かる。

d　**資料B**から，村で名主が諸費用の勘定を一人で行ったために，名主が訴えられた例があることが分かる。

① a・c　　　② a・d　　　③ b・c　　　④ b・d

問 2　俳句も社会の世相を語る資料である。信濃国の百姓で，文化・文政期に活躍した俳諧師の小林一茶は，数多くの俳句を残している。次の問い(1)・(2)に答えよ。

(1)　化政文化に関して述べた文として**誤っている**ものを，次の①〜④のうちから一つ選べ。　19

① 十返舎一九の著した滑稽本が広く読まれた。

② 富士山を題材にした葛飾北斎の浮世絵が人気を博した。

③ 近松門左衛門が人形浄瑠璃の脚本を書いた。

④ 曲亭(滝沢)馬琴が勧善懲悪を盛り込んだ読本を執筆した。

(2)　次の**甲・乙**の一茶の俳句とその説明**X・Y**について，その正誤の組合せとして最も適当なものを，下の①〜④のうちから一つ選べ。　20

甲　春風の国にあやかれおろしや船　　　（「文化句帖」文化元年）

乙　さまづけ(様付)に育てられたる蚕かな　（「七番日記」文政元年）

X　甲の句からは，外国船の来航が庶民にも伝わっていたことが分かる。

Y　乙の句からは，農家の副業として養蚕が重視されていたことが分かる。

① X　正　　Y　正　　　　　② X　正　　Y　誤

③ X　誤　　Y　正　　　　　④ X　誤　　Y　誤

問 3　次の**甲・乙**は，それぞれ作成目的が異なる近世の絵図である。**甲・乙**につい
て述べた文**X・Y**について，その正誤の組合せとして最も適当なものを，次
ページの**①**～**④**のうちから一つ選べ。 21

甲

(『下野国安蘇郡閑馬村絵図』)
(現在の栃木県佐野市)

（注）　この絵図は，村から領主に提出するために作成されたものと考えられる。

乙

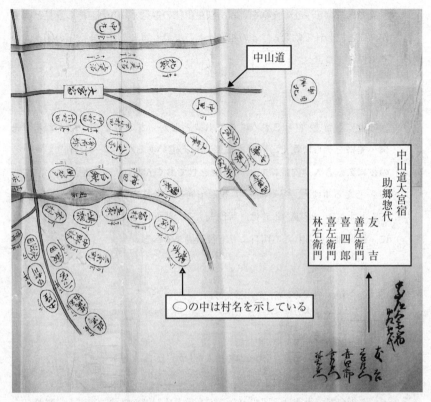

中山道

中山道大宮宿
助郷惣代
友　　吉
善左衛門
喜　四　郎
喜左衛門
林右衛門

○の中は村名を示している

（『中山道大宮宿助郷村絵図』）
（現在の埼玉県さいたま市）

（注）　この絵図の右下に，助郷役を負担する村の代表の署名がある。

Ｘ　甲は山・川・道・耕地・神社など一村全体の概要が示され，村の様子を領
　主が知るために作成された。

Ｙ　乙は街道・宿場・その周辺の村名などが示され，庶民の物見遊山のために
　作成された。

① Ｘ　正　　Ｙ　正　　　　② Ｘ　正　　Ｙ　誤
③ Ｘ　誤　　Ｙ　正　　　　④ Ｘ　誤　　Ｙ　誤

問4　次の**資料**は，近世の幕府の公文書管理に関して，儒学者の荻生徂徠が述べた意見である。ａ～ｄの文章を読み，荻生徂徠の意見ａ，ｂと，その意見と関係があると思われる政策ｃ，ｄの組合せとして最も適当なものを，下の①～④のうちから一つ選べ。　22

資料

何の役にも留帳(注1)これなく，これよろしからざる事なり。大形は(注2)先例・先格をそらに覚えて取扱う故に，覚え違いあるなり。……当時は(注3)その役に久しき人，内証にて(注4)書留をしておく人あれども，面々の手前にて(注5)したる事ゆえ，多くは甚だ秘して同役にも見せず，手前の功ばかりを立てんとす。……留帳ある時は，新役人もその帳面にて役儀の取扱い相知るる故に，御役仰付けられたる明日よりも役儀勤まるべし。

（『政談』）

(注1)　留帳：役所の業務記録，公文書。
(注2)　大形は：大方は，たいていは。
(注3)　当時は：最近は，近頃は。
(注4)　内証にて：内々に，内緒で。
(注5)　面々の手前にて：それぞれの役人たちが自分で。

ａ　この資料で徂徠は，留帳がなくても役人は記憶や経験に基づき，問題なく業務を遂行できると述べている。

ｂ　この資料で徂徠は，自分の功績のために作成する書留とは別に，留帳を作成すると，行政効率が上がると述べている。

ｃ　この資料にある徂徠の意見と関わる政策として，新しく人材を登用する足高の制が考えられる。

ｄ　この資料にある徂徠の意見と関わる政策として，庶民の意見を聞く目安箱の設置が考えられる。

① ａ─ｃ　　② ａ─ｄ　　③ ｂ─ｃ　　④ ｂ─ｄ

第 5 問　近代日本の経済・国際関係に関する次の **A・B** の資料や文章を読み，下の
問い（**問 1 ～ 5**）に答えよ。（資料は，一部省略したり，書き改めたりしたところも
ある。）（配点　16）

A　次の図はＵさんが近代史の学習内容を整理したものである。

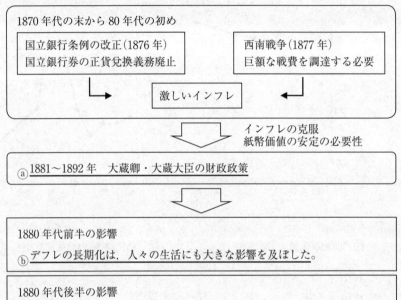

問 1　下線部ⓐの政策について述べた文として正しいものを，次の**①～④**のうちか
ら一つ選べ。　| 23 |

①　歳入を増加させるため，地租の引き上げを行った。

②　日本銀行を設立し，銀兌換の銀行券を発行した。

③　不換紙幣を処分するために，歳出超過の予算が編成された。

④　緊縮財政がとられたので，軍事費への支出は削減された。

問 2　下線部ⓑを示すデータとして**適当でないもの**を，次の①〜④のうちから一つ選べ。　24

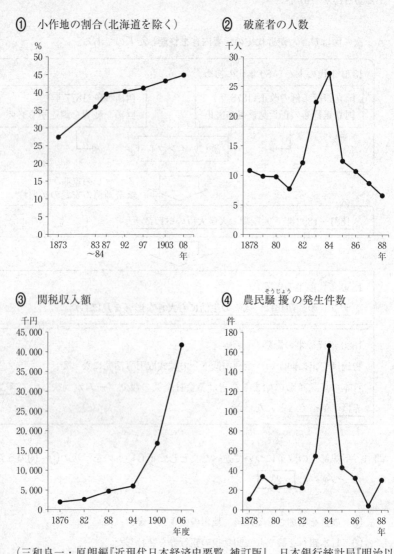

①　小作地の割合（北海道を除く）

②　破産者の人数

③　関税収入額

④　農民騒擾の発生件数

（三和良一・原朗編『近現代日本経済史要覧 補訂版』，日本銀行統計局『明治以降本邦主要経済統計』，青木虹二『明治農民騒擾の年次的研究』により作成）

問 3　下線部ⓒに関連して，この時期に勃興した代表的な産業の営業状況を示した
　　　次の資料**甲**・**乙**に関して述べた文**X**・**Y**について，その正誤の組合せとして正
　　　しいものを，下の**①**〜**④**のうちから一つ選べ。　25

　甲　紡績機械および蒸気機械などは，英国に派遣された技術長が有名なオール
　　　ダムのプラット社およびヒック社に直接談判し，改良機械を注文した。

（三重紡績会社『第 2 回実際考課帖』）

　乙　貨物の収入がこのように増加したのは，線路の延長によって地方物産の価
　　　格に変動が生じ，販路が広がったことと，沿線の人々の多くが汽車を便利と
　　　感じるようになり，従前の船便を止めて汽車便にするなど，ますます鉄道を
　　　利用するものが増えたことによる。

（日本鉄道会社『第 11 回報告』）

　X　甲が示す産業の技術導入をめぐり，この企業は主体的でなかった。
　Y　乙が示す産業の発達は，国内の物流のあり方に影響を与えた。

①　X　正　　　Y　正　　　　　　**②**　X　正　　　Y　誤
③　X　誤　　　Y　正　　　　　　**④**　X　誤　　　Y　誤

B　Uさんは，日清戦争後の日本について考えるため，1897年にフランス人のビゴーが描いた次の**図**をもとに調べ，下のメモをまとめた。

図

メモ

　台車に乗って大きく描かれているのが日本であり，ナポレオンを気取って多くの人々に台車をひかせて，進むべき道を示している。進むべき行き先は絵の中で示されている。この絵のタイトルは「危険な黄色人種」とされている。

問 4 図と同じ危機意識で描かれたビゴーの風刺画として最も適当なものを，次の ①～④のうちから一つ選べ。　26

①

②

アジア帝国

社交界に出入りする紳士淑女

③

元旦（お祈り）。先生，私をお導きください……

ビスマルク

伊藤博文

④

魚釣り遊び

問 5　次の資料Ⅰ～Ⅳは，日清戦争後の日本や日本と諸外国との関係を示している。資料Ⅰ～Ⅳを参考にして，イギリスが利益を得ることになった下関条約の条項を，下の①～④のうちから二つ選べ。　27　・　28

資料Ⅰ　日清戦争の賠償金の使途　　資料Ⅱ　主な開港場と列強の勢力範囲（1900年前後）

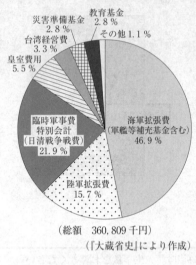

（総額　360,809 千円）
（『大蔵省史』により作成）

（濱下武志『世界歴史大系　中国 5』などにより作成）
（注）　アヘン戦争後，清国はイギリス・アメリカ・
　　　フランスに片務的な最恵国待遇を認めていた。

資料Ⅲ

日本の主力艦調達先
（日清戦争後～日露戦争）

種別	調達先	隻数
戦艦	イギリス	4 隻
巡洋艦	イギリス	4 隻
	イタリア	2 隻
	フランス	1 隻
	ドイツ	1 隻

（『日本外交文書』により作成）

資料Ⅳ

清国の対外借款（日清戦争賠償金関係）

成立時期	借款金額	年利	借款引受国
1895 年	4 億フラン	4.0 %	ロシア・フランス
	（英貨換算　1,582 万ポンド）		
1896 年	1,600 万ポンド	5.0 %	イギリス・ドイツ
1898 年	1,600 万ポンド	4.5 %	イギリス・ドイツ

（『日本外交文書』などにより作成）

①　清国は朝鮮の独立を認める。

②　遼東半島・台湾・澎湖諸島を日本に割譲する。

③　日本に賠償金 2 億 両（テール）を支払う。

④　新たに沙市・重慶・蘇州・杭州を開市・開港する。

第 6 問　近現代史に関するまとめの授業で，時代の転換点を考えてみることにな
り，Aさん，Bさん，Cさんは，次のような中間発表を行った。それぞれの発表を
読み，下の問い(**問 1 ～ 7**)に答えよ。(配点　21)

A さんの発表

　私は，日露戦争での勝利が日本の大きな転換点の一つだと思います。その理由
は，日本人の意識に大きな変化があったのではないかと考えたからです。(a)夏目
漱石の『三四郎』の一節を取り上げたいと思います。この作品の中で漱石は，中学校
教師に「こんな顔をして，こんなに弱っていては，いくら日露戦争に勝って，一等
国になってもだめですね。」と語らせ，「三四郎は日露戦争以後こんな人間に出会う
とは思いもよらなかった。」と書いています。漱石が描いたこの時期は，(b)日露戦
争後の日本人の意識の変化があったと考えられ，時代の転換点だったと思います。

問 1　発表に備えてAさんは下線部(a)について調べた。この人物の説明として最も
　　適当なものを，次の(1)～(4)のうちから一つ選べ。　29

　　(1)　民権論や国権論の高まりの中で，政治小説を著述した。

　　(2)　近代化が進む中で，知識人の内面を国家・社会との関係で捉えた。

　　(3)　都会的感覚と西洋的教養をもとに，人道主義的な文学を確立した。

　　(4)　社会主義運動の高揚に伴って，階級理論に基づいた作品を残した。

問2　Aさんの発表をきっかけに，クラス内で下線部ⓑの捉え方について再度調べ
てみることになった。その結果，次の甲・乙の二つがあることが分かった。
甲・乙とそれぞれの根拠として考えられる歴史的な出来事ア〜エの組合せとし
て最も適当なものを，下の①〜④のうちから一つ選べ。　30

甲　戦争に勝利して，明治維新以来の課題が克服され，日本も近代的な国家に
　　なったという意識が大きくなった。

乙　莫大な対外債務を背負い，重税にあえいでいる民衆は，戦争の成果に満足
　　せず，政治への批判的意識が高まった。

ア　農村では旧暦も併用されるなど，従来と変わらない生活が続いていた。

イ　八幡製鉄所の経営が安定し，造船技術が世界的水準となるなど重工業が発
　　達した。

ウ　戊申詔書を発布して，国民に勤労と倹約を奨励し，国民道徳の強化に努め
　　た。

エ　新聞・雑誌などが激しく政府を批判したので，新聞紙条例を発布して取り
　　締まった。

① 甲－ア　乙－ウ　　　　② 甲－ア　乙－エ

③ 甲－イ　乙－ウ　　　　④ 甲－イ　乙－エ

Bさんの発表

　私は，大正から昭和初期にかけての文化の大衆化を大きな転換点と考えました。その理由は，文化の大衆化が，今日の政治思想につながる©吉野作造が唱えた民本主義を人々に広め，いわゆる「憲政の常道」を支える基盤を作ったと考えたからです。この時期に　X　ことを背景にして，新聞や総合雑誌の発行部数の急激な増加，円本の発刊など，マスメディアが発達し，社会運動が広がることに結び付くと考えました。

問3　Bさんの発表の空欄　X　に入る文として最も適当なものを，次の①～④のうちから一つ選べ。　31

① 小学校教育の普及が図られ，就学率が徐々に上昇した
② 啓蒙思想の影響で欧化主義などの傾向が現れた
③ 洋装やカレーライスなどの洋風生活が普及した
④ 中等教育が普及し，高等教育機関が拡充された

問4　Bさんの発表に対して，下線部©を転換の理由とすることに疑問が出された。そこでBさんがさらに調べたところ，吉野の理論について，現在の日本国憲法の基本原理と比較すると時代的な限界があることが分かった。その時代的な限界を示す吉野の言葉の要約を，次の①～④のうちから一つ選べ。　32

① 民本主義は，国民主権を意味する民主主義とは異なるものである。
② 民本主義は，日本語としては極めて新しい用例である。
③ 民本主義は，政権運用の方針の決定が民衆の意向によるということである。
④ 民本主義は，民衆の利益や幸福を求めるものである。

Cさんの発表

　私は，1960年代を大きな転換点と考えました。1960年に岸内閣に代わった池田内閣が「国民所得倍増計画の構想」を閣議決定し，「今後10年以内に国民総生産26兆円に到達することを目標」としました。その結果，<u>ⓓ経済が安定的に成長する時代を迎えると同時にその歪みも現れました。</u>この時期には社会全体も大きく変化しました。例えば　Y　。こうした変化から私は大きな転換点と考えました。

問5　下線部ⓓについて，その因果関係をCさんは，次のような図を作って発表することにした。甲・乙に入る語句の最も適当な組合せを，下の①〜④のうちから一つ選べ。　33

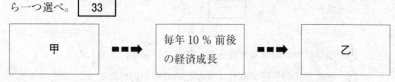

甲　ア　マイクロエレクトロニクス技術の導入などによる内需拡大

　　イ　技術革新に伴う大企業の膨大な設備投資

乙　ウ　公害の発生

　　エ　バブル経済の出現

① 甲―ア　乙―ウ　　　　② 甲―ア　乙―エ

③ 甲―イ　乙―ウ　　　　④ 甲―イ　乙―エ

問6　Cさんの発表の空欄　Y　に入る文として**適当でないもの**を，次の①〜④のうちから一つ選べ。　34

① 農村では，大都市への人口流出が激しくなり，農業人口が減少しました

② 生活様式が画一化し，多くの人々が中流意識を持つようになりました

③ 高校・大学への進学率が上昇し，高等教育が広がりました

④ 円高の進行で，アジアなどに生産拠点を移す産業の空洞化が進みました

問 7　Ａさん，Ｂさん，Ｃさんの発表に対して，賛成や反対の意見が出された後，ほかにも転換点はあるのではないかという提案があり，次の①・②があげられた。あなたが転換点として支持する**歴史的事象**を次の①・②から一つ選び，その**理由**を下の③〜⑧のうちから一つ選べ。なお，**歴史的事象**と**理由**の組合せとして適当なものは複数あるが，解答は一つでよい。

あげられた歴史的事象　　35

①　ポツダム宣言の受諾　　　　　　　②　1945 年の衆議院議員選挙法改正

理由　　36

③　この宣言には，経済・社会・文化などに関する国際協力を実現するための機関を創設することが決められていたから。

④　この宣言には，共産主義体制の拡大に対して，日本が資本主義陣営に属することが決められていたから。

⑤　この宣言には，日本軍の武装解除など，軍国主義を完全に除去することが決められていたから。

⑥　従来，女性の選挙権は認められてきたが，被選挙権がこの法律で初めて認められるようになったから。

⑦　初めて女性参政権が認められて選挙権が拡大するとともに，翌年多くの女性議員が誕生したから。

⑧　この法律により，女性が政治集会を主催したり参加したりすることが可能になったから。

共通テスト
第1回 試行調査

日本史B

解答時間 60分
配点 100点

日 本 史 B

（解答番号 | 1 | ～ | 31 | ）

第 1 問 以下は，18 歳選挙権の話を聞いた生徒たちが，中世までの日本における
「会議」や「意思決定」の方法をテーマとして，資料を調査し，発表を行った学習活動
の成果である。各班の発表資料を読み，下の問い（**問 1 ～ 5**）に答えよ。（資料は，
一部省略したり，書き改めたりしたところもある。）

A班　発表資料

　平安時代における「会議」

資料　『小右記』など

1005（寛弘 2）年 4 月に行われた会議の概要

左大臣の藤原道長，右大臣の藤原顕光，……参議の藤原行成の合わせて 10
人の公卿が，内裏の陣座(注)に集まった。……資料を回覧したあと，地方か
ら申請された件について，藤原行成から順番に意見を述べていった。全員が
意見を述べ終わると，行成はその内容を定文という書類にまとめた。そこ
には，藤原道長ら 2 人が申請を却下せよとの意見，藤原顕光ら 8 人が申請を
許可せよとの意見であると書かれていた。定文は天皇に奏上され，申請の諾
否が決められた。

（注）　陣座：公卿が会議する場

資料の分析

会議の参加者	議事の進め方	決定の方法
公卿が参加	I	II

仮説　この時代では，一部の貴族など限られた人々が国の政治に参画していた。
　　　　会議は，ルールに基づいて運営されていた。

問 1　A 班の発表資料の表中 I・II に入る内容の組合せとして正しいものを，下の
①～④のうちから一つ選べ。　　1

〔　I　〕　a　地位の低い公卿から意見を述べた

　　　　　b　最高位の公卿から意見を述べた

〔　II　〕　c　藤原道長が最終決断を行った

　　　　　d　天皇への参考意見を提供した

① I ― a　　II ― c　　　　② I ― a　　II ― d

③ I ― b　　II ― c　　　　④ I ― b　　II ― d

B班　発表資料

　鎌倉時代における「会議」

資料　『御成敗式目』

およそ評定の間，理非 ^(注1) においては，親疎あるべからず，好悪あるべからず。ただ道理の推すところ，心中の存知 ^(注2)，傍輩 ^(注3) を憚らず，権門 ^(注4) を恐れず，詞 を出す ^(注5) べきなり。

(注1)　理非：正しいことと正しくないこと
(注2)　心中の存知：心の中で思っていること　　(注3)　傍輩：仲間・同僚
(注4)　権門：権勢のある家柄　　(注5)　詞を出す：発言する

資料の分析　この**資料**によれば，会議での合意形成の原理・原則がはっきりと打ち出されている。

　　　私たちは，**資料**の中の　　ア　　という部分が重要であると思った。なぜなら，　イ　である。

仮説　武士の中でも限られた人々が，評定という形式で会議を開き，幕府の政治を行っていた。

問 2　B班の発表資料中の空欄　ア　に入る言葉は I・II の二つが考えられる。
I・II の言葉と空欄　イ　に入る理由 a ～ d の組合せとして正しいものを，
下の①～④のうちから一つ選べ。　2

ア

I　道理の推すところ　　　　II　権門を恐れず

イ

a　正しい判断を行うためには，武家社会の慣習に従うことが大切だから

b　正しい判断を行うためには，多数決の原理に従う必要があるから

c　正しい判断を行うためには，身分が上のものに遠慮しないことが必要だか
　ら

d　正しい判断を行うためには，律令法の規定に従うことが大切だから

① I － a　　II － c　　　　　② I － a　　II － d

③ I － b　　II － c　　　　　④ I － b　　II － d

C班　発表資料

室町時代の惣村

惣村

寄合(惣村の自治的協議機関)

大事なことは全員参加による審議で判断

乙名・年寄・沙汰人(指導者層)

惣百姓(一般構成員)

協議されたこと

資料　『今堀日吉神社文書』

定　条々事

一　寄合ふれ二度に出でざる人は，五十文咎(注)たるべき者なり

一　森林木なへ(苗)切木は，五百文ずつ，咎たるべき者なり

一　木柴ならびにくわの木は，百文ずつの，咎たるべき者なり

衆議に依て定むる所，件の如し

文安五年
(1448)

(注)　咎：この場合は罰金のこと

下人・名子(隷属農民)

資料の分析　この**資料**では，「寄合」での話し合いにより　ウ　が決められていた。

仮説　この時代に惣村で，　ウ　が決められたのは，　エ　という背景があったからだと考えられる。

問 3　C班の発表資料中，空欄　ウ　エ　に入る語句の組合せとして適当な
ものを，下の①～④のうちから一つ選べ。　3

ウ

X　村における年貢の納入に関すること

Y　村における裁判権の行使に関すること

エ

a　領主が制定した掟による裁判により，村人同士の連帯意識が薄れた

b　自分たちの村の秩序を，自分たちの力で共同して守ろうとした

①　X―a　　　②　X―b　　　③　Y―a　　　④　Y―b

D 班　発表資料

┌─────────────┐
│ 戦国時代の堺 │
└─────────────┘

調べてわかったこと

　　堺は，有力な町衆である会合衆によって治められている。それは，ベニス市
における執政官のような存在だったらしい。

さらに調べたこと

　　ベニス市の執政官について，先生から次の資料（堺より古い時代らしい）を紹
介された。

資料　『フリードリヒ 1 世事績録』におけるベニス市などの記述

┌──┐
│（北イタリアの諸都市では）命令者よりも執政官の意見によって治められてい │
│る。市民の間には 3 つの身分すなわち領主，陪臣^(注)，平民があることが知 │
│られているが，横暴を抑えるため，執政官は一身分からではなく各身分から │
│選ばれる。また支配欲が出ないよう，執政官はほぼ毎年交代する。 │
│ │
│（注）　陪臣：領主の家臣 │
└──┘

仮説　堺の町の運営は，次の図のように表すことができる。

┌─────────────────────┐
│ │
│ │
│ │
│ 図　オ │
│ │
│ │
│ │
└─────────────────────┘

歴史学研究会編『世界史史料 5』岩波書店

問 4　Ｄ班の発表資料中，図**オ**に入るものとして最も適当なものを，次の**①**～**④**の
うちから一つ選べ。（図中の○印は堺のこと。）　| 4 |

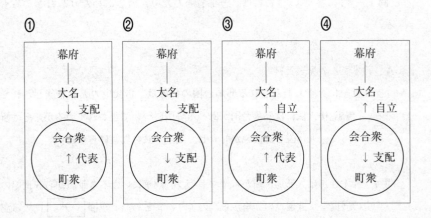

問 5　中世までの日本における「会議」や「意思決定」について，Ａ～Ｄ班の学習を
基に，生徒たちは現在と比較して，次の**Ｘ・Ｙ**のように考えをまとめた。**Ｘ・
Ｙ**の正誤の組合せとして正しいものを，下の**①**～**④**のうちから一つ選べ。
| 5 |

Ｘ　現在と同じように，ルールにもとづいて議事が進められた。

Ｙ　現在とは違って，社会の階層によって参加が制限された。

①　Ｘ　正　　Ｙ　正　　　　　　**②**　Ｘ　正　　Ｙ　誤

③　Ｘ　誤　　Ｙ　正　　　　　　**④**　Ｘ　誤　　Ｙ　誤

第 2 問　「国の始まり」をテーマとする学習で，鈴木さんは邪馬台国について，山本さんは「日本」という国号について調べた。それぞれの発表資料を読み，下の問い（問 1 〜 4）に答えよ。（資料は，一部省略したり，書き改めたりしたところもある。）

A　鈴木さんの発表資料

　　3 世紀に存在したとされる邪馬台国の位置は，古代史の大きな謎とされている。「魏志」倭人伝には邪馬台国があった場所について書かれているが，その解釈をめぐって，九州説と近畿説が対立し，論争が長い間続けられた。

問 1　鈴木さんは，邪馬台国からヤマト（大和）政権にいたる 3 世紀から 5 世紀の歴史の展開を，近畿説の立場から次のようにまとめた。空欄 ┃ **ア** ┃ に入る記述として適当なものを，下の ①〜④ のうちから一つ選べ。 ┃ **6** ┃

---

　3 世紀には，邪馬台国を中心に，30 カ国ほどが連合して，他の政治連合と対立していた。

　4 世紀には， ┃ **ア** ┃

　5 世紀には，近畿地方の王権が関東から九州まで勢力をのばし，中国の王朝に朝鮮半島の軍事的支配権の承認を要求した。

---

① 近畿地方の勢力は力を弱めたので，五経博士を招いて統治方法を学んだ。

② 近畿地方の勢力は力を弱めたので，関東の勢力が政治的な中心となった。

③ 近畿地方の勢力が力を強め，仏教の信仰を中心とする政治的統合を進めた。

④ 近畿地方の勢力が力を強め，墳墓や祭祀の形式をともにする政治的統合を進めた。

問 2　鈴木さんはさらに，女王が魏へ使者を派遣した時に，人々が考えていそうなことを推測してみた。次の資料の下線部X，Yの人物が考えたと思われることを，下のa～dから選ぶ場合，最も適当な組合せを，①～④のうちから一つ選べ。　[7]

資料　「魏志」倭人伝

　　女王国(注1)より以北には，とくに一大率を置き，諸国を検察せしむ。……X下戸，大人と道路に相逢へば，逡巡して草に入り，辞を伝へ事を説くには，あるいは 蹲 りあるいは 跪 き，両手は地に拠り，これが恭敬をなす。……その国，もとまた男子を以て王となす。住まること七，八十年，倭国乱れ，相攻伐して年を歴たり。……倭の女王(注2)，Y大夫難升米(注3)らを遣し，郡(注4)に詣り，天子に詣りて朝献せんことを求む。

（注1）　女王国：邪馬台国　　（注2）　倭の女王：卑弥呼のこと。
（注3）　難升米：人名　　（注4）　郡：ここでは，朝鮮半島に置かれた帯方郡のこと。

a　「毎日の暮らしのことしか分からない自分には関わりがないことだ」
b　「敵国である邪馬台国が魏と結ぶことは大変困ったことだ」
c　「無事に中国にわたり，魏の皇帝と上手に交渉をまとめたい」
d　「内政にかかわる監督官の自分には，職務だけで頭がいっぱいだ」

①　X－a　　Y－c　　　　　②　X－a　　Y－d
③　X－b　　Y－c　　　　　④　X－b　　Y－d

B 山本さんの発表資料

　「日本」という国号がいつ成立したのかはよく分かっていないが，8 世紀初めの
遣唐使は「日本国使」を名乗っている。東アジアの国際社会で，ⓐ「倭」に代わっ
て「日本」が認められたのは，この頃のようだ。貧窮問答歌で知られる山上憶良も
この遣唐使の一員として唐に渡ったときに，「日本」という文字を詠みこんだ歌を
作っている。11 世紀初めにⓑ藤原道長が埋納した経筒には，「大日本国左大臣正
二位藤原朝臣道長」と記されていて，道長が「日本」を意識していたことが分かる。

問 3　下線部ⓐに関連して，先生が次のような図と年表を示してくれた。山本さん
　　　は，倭国使と百済使で描かれ方が違うことに気付き，その理由を考えた。理由
　　　X・Y について，その正誤の組合せとして正しいものを，下の①〜④のうちか
　　　ら一つ選べ。　8

図

倭国使　　　　　　　　　　　　　　　　　　　百済使

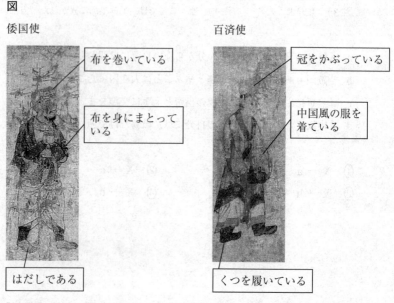

布を巻いている

布を身にまとって
いる

はだしである

冠をかぶっている

中国風の服を
着ている

くつを履いている

「梁職貢図」梁の武帝（在位 502〜549）時代の梁への外交使節の姿を描いている。

年表

6世紀前半の梁(中国)と倭・百済との外交関係

西暦(年)	事 項
502	梁が，百済王・倭王に将軍号を与える
512	百済が梁に朝貢する
521	百済が梁に朝貢する／梁が百済王に将軍号を与える
534	百済が梁に朝貢する
541	百済が梁に朝貢し，博士や工匠・画師を求める
549	百済が梁に朝貢する

理由

X 百済は，中国から積極的に文化を受け入れているようなので，百済使は中国風の身なりに描かれているのだろう。

Y 当時，倭は梁にひんぱんに朝貢していないようなので，倭国使は古い時代の風俗で描かれているのだろう。

① X 正　Y 正　　② X 正　Y 誤
③ X 誤　Y 正　　④ X 誤　Y 誤

問 4　次の写真は，下線部ⓑの経筒である。この経筒に示される仏教信仰を表す文化財として**適当でないもの**を，下の①〜④のうちから一つ選べ。　9

大日本国左大臣正二位藤原朝臣道長

経筒に記された埋経の趣旨

「この経筒に経典を納めて埋める。それは極楽浄土に往生することを願うからである。」

①

②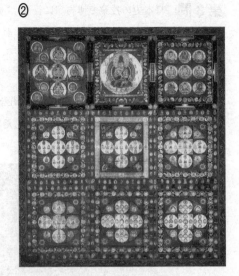

③

④

第3問　日本史の授業で博物館に行き，「展示資料を一つ選んで，どんなことが分かるか調べてみよう」という課題が出された。次の A・B について，下の問い（**問1〜4**）に答えよ。（資料は，一部省略したり，書き改めたりしたところもある。）

A　A班は，展示資料から「伯耆国東郷荘下地中分絵図」を選んで，表面の絵図と裏面の説明（裏書）を調べてみることにした。

資料 I　絵図

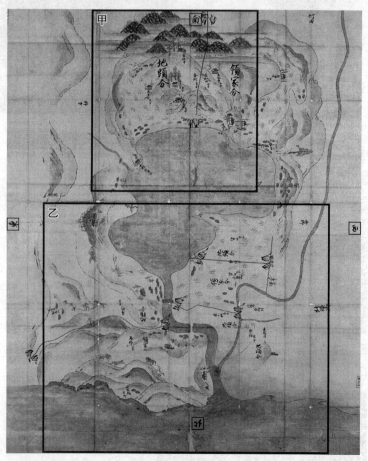

（注）　甲・乙の部分は次ページに拡大してある。

甲

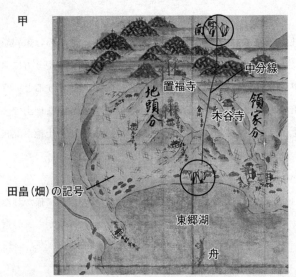

南

中分線

置福寺

地頭分

木谷寺

領家分

田畠（畑）の記号

東郷湖

舟

甲・乙の

には

執権・連署の署名

が見られる。

乙

一宮

東郷湖

伯井田

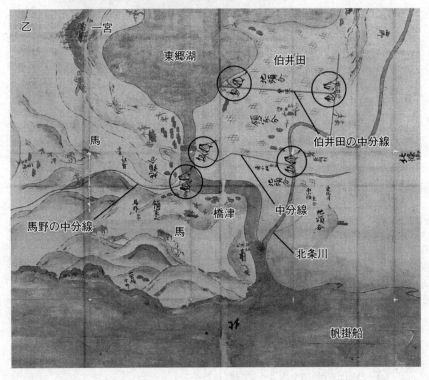

馬

伯井田の中分線

北条

馬野の中分線

馬

橋津

中分線

北条川

北

帆掛船

資料 II　絵図の裏書

　領家と地頭が和解し，道路がある場所はそこを境界とし，ないところは朱線を
引き，東側（地頭分）と西側（領家分）に土地を折半した。ただし，このやり方にす
ると，伯井田は荘園の西側なので領家分となるが，田畠は田畠で分割するという
取り決めから，伯井田をさらに領家方と地頭方に分割した。このような理由で，
馬野（牧場）・橋津（港）・伯井田などの地区は，領家分・地頭分双方の土地が混在
することとなった。

問 1　次のA～Dは，土地制度の変遷を時代順に示している。この絵図に描かれた
　　ようなことが行われた時期として正しいものを，下の①～⑤のうちから一つ選
　　べ。　| 10 |

　　A　荘園の増加が進み，一国内は荘園と国衙領で構成されるようになった。
　　B　東国に誕生した武家政権は，地頭設置を朝廷に認めさせ，地頭は荘官など
　　　　の権限をひきついだ。
　　C　没収した朝廷方所領に新たに地頭がおかれ，地頭の設置範囲が西日本にも
　　　　拡大した。
　　D　戦国大名の領国支配が強化されるとともに，荘園はほぼ解体した。

　　① Aより前　　　　　② AとBの間　　　　　③ BとCの間
　　④ CとDの間　　　　　⑤ Dより後

問 2　絵図中に何本もの中分線が見られる理由として適当なものを，次の①～④の
　　うちから一つ選べ。　| 11 |

　　① 道路がある所だけで境界を定めたから。
　　② 田畠（畑）や牧場など土地の用途ごとに分割したから。
　　③ 荘園の中央に湖が存在するから。
　　④ 地頭が有利になるように分割したから。

問 3　A班は，博物館で学芸員から，「絵図という一つの資料からのみでは，分かることに限界がある」ということを学んだ。この絵図から**読み取ることのできないもの**を，次の①〜④のうちから一つ選べ。 12

① 東郷荘には，どのような宗教施設があったか。

② 東郷荘の人々が，どのような仕事をしていたか。

③ 東郷荘では，年貢や公事はどのような方法で徴収されたか。

④ 東郷荘の下地中分は，政権により承認されていたか。

B　B班は，寺院に関する展示資料から，仏堂（仏像を安置する建物）の構造や仏像の配置が，仏教の社会的役割によって変化してきたことに気付き，カードと模式図を作成した。

問 4　各時代における仏教の社会的役割に関する 3 枚のカード（時代順になっているとは限らない）を参考にして，図ア～ウについて，古いものから順に配列した場合，正しいものを，下の①～⑥のうちから一つ選べ。　13

| カード 国家の安定を目的とした仏教であったので，僧侶だけが仏堂の中で読経した。 | カード 民衆を救済する仏教が成立し，信者が一斉に集まって祈る場としての仏堂が作られた。 | カード 仏の加護を願って，一定期間仏堂にこもる習慣が貴族の間に広がっていった。 |

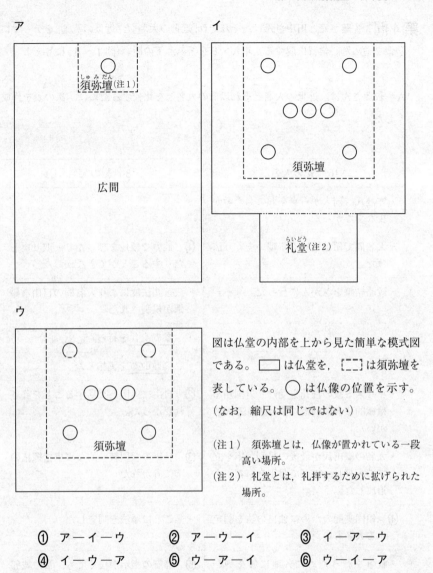

ア

須弥壇(注1)

広間

イ

須弥壇

礼堂(注2)

ウ

須弥壇

図は仏堂の内部を上から見た簡単な模式図
である。□□は仏堂を，〔¯¯〕は須弥壇を
表している。○は仏像の位置を示す。
（なお，縮尺は同じではない）

(注1)　須弥壇とは，仏像が置かれている一段
　　　高い場所。
(注2)　礼堂とは，礼拝するために拡げられた
　　　場所。

① アーイーウ　　　② アーウーイ　　　③ イーアーウ

④ イーウーア　　　⑤ ウーアーイ　　　⑥ ウーイーア

第４問　佐藤さんと田中さんは，それぞれ「近世の大名」と「近世の流通」をテーマに学習を進めた。学習に関する文章Ａ・Ｂを読み，下の問い(**問1～4**)に答えよ。

A　佐藤さんは，近世の大名とそれ以前の大名とを比較するために，次の表を作成した。

16世紀の大名	18世紀の大名
・守護代，国人から身をおこした者が少なくなかった。	
・大名間で領地をめぐる戦いをくり広げた。	①　武力で領地を奪ったり，取り戻したりすることができなかった。
・政略結婚をさかんに行った。	・武家諸法度により大名間の自由な婚姻が規制された。
	・ⓐ参勤交代を行った。
	・ⓑ藩政改革を実施した。
・キリスト教の洗礼を受け，外国船を積極的に自領の港に招き入れる大名がいた。	②　自由に外国と交易することを許されなかった。
・大名の織田氏が最後の足利将軍を立てて入京し，やがて将軍を京都から追放した。	③　将軍の全国統一的な軍事指揮権の下に置かれた。
④　領国支配のために独自の法を制定する大名もいた。	・藩ごとに藩法を制定した。
・戦争を行うために各地に城を築いた。	⑤　幕府の指示がなくても，常に城郭を整備・修復するよう求められた。

問 1　佐藤さんが作成した表を見て，内容が**誤っているもの**を，表中の①～⑤の文章のうちから一つ選べ。　　14

問 2　佐藤さんは，下線部ⓐの制度のもと，大名が，次第に「江戸育ちにて江戸を
　　故郷と思う」(注1)ようになり，「国元にいるよりも，江戸に行くことを楽しみ
　　にする」(注2)，「江戸好き」(注3)になっていったという資料があることを知っ
　　た。この資料を基にして，佐藤さんは次の4つの仮説を立てた。仮説として**成
　　り立たないもの**を，下の①〜④のうちから一つ選べ。　15

（注1）『政談』より　　（注2）『徳川実紀』より　　（注3）『草茅危言』より

① 　江戸文化に親しんだ生活は，藩邸の出費を増加させ，財政が悪化したので
　　はないか。

② 　幼少時より江戸住まいが長いので，大名や嫡子の交流が盛んになったので
　　はないか。

③ 　享保の改革の政策である上げ米の制は，大名には喜んで迎えられたのでは
　　ないか。

④ 　廃藩置県が実施される際，知藩事であった旧大名は東京集住に大きく抵抗
　　しなかったのではないか。

問 3　佐藤さんは，下線部ⓑの理解を深めるため，近世の各時期に実施された藩政改革について，改革が必要になった状況と改革の施策とを矢印で結んだカードを作成した。両者の関係が**適当でないもの**を，次の**①**〜**④**のカードのうちから一つ選べ。　16

①	②	③	④
17 世紀 戦乱は終わったが，寛永の飢饉が発生した。 ↓ 治水や新田開発を進め，財政の安定を図った。	18 世紀後半 年貢収入の減少等により財政が危機に陥った。 ↓ 領内の特産物を増産し，自由に販売させた。	19 世紀前半(1) 国内外の危機的状況に対応を迫られた。 ↓ 有能な中・下級武士を登用して改革を推進した。	19 世紀前半(2) 藩権力の強化には財力と軍事力が必要だった。 ↓ 専売制を強化したり，洋式技術を導入したりした。

B　田中さんは，西日本ではうどんなどの出汁に昆布が多く使われていることをテレビ番組で知った。番組では，昆布がとれない地域の消費量が多いことが紹介されていた。田中さんは，昆布について調べてみると次のような情報があり，その歴史的背景が近世にあると気付いた。

> ○昆布は，主に北海道で採取される海産物である。
> ○年間の昆布購入金額で上位に入る都市として，富山市・鹿児島市・神戸市・福井市・北九州市・大阪市のほか，那覇市がある。（総務庁家計調査より）
> ○中国では，高級食材や薬として昆布が消費された。

問 4　田中さんは，近世の流通に関して次の **a ~ d** の事項をまとめた。那覇市の昆布消費量が多いことの歴史的背景となる事項の組合せとして，最も適当なものを，下の**①~④**のうちから一つ選べ。　| 17 |

a　近世には，北前船など日本海側の海上交通が整備され，蝦夷地と大坂を結ぶ流通が盛んになった。

b　近世には，諸藩で専売制の導入が進み，参勤交代の時に将軍への献上品とされた。

c　近世には，島津氏が琉球王国を支配し，中国への使節派遣と交易を継続させた。

d　近世には，出島を通じてオランダとつながる海外交通路が維持された。

①　a ― c　　　**②**　a ― d　　　**③**　b ― c　　　**④**　b ― d

第5問　高校生の明子さん・太郎さん・武史さんは，江戸時代末期から明治時代に

かけての勉強をしている。その学習で使った**A・B**の資料と会話文を読み，下の問

い(**問1〜5**)に答えよ。

A　幕末期の年表

西暦(年)	事　項
1853	ⓐペリー来航
1854	日米和親条約調印
1858	ⓑ日米修好通商条約調印
1860	桜田門外の変　(**ア**)
1863	八月十八日の政変
1864	禁門の変
	四国連合艦隊，下関を砲撃
	第一次長州征討(長州戦争)
1866	薩長同盟(薩長連合)
	第二次長州征討(長州戦争)　(**イ**)
1867	大政奉還
	王政復古の大号令

問 1　下線部ⓐに関連して，明子さんは，このできごとの前後関係を説明するために
　　　3 枚のカードを作成した。次の a ～ d の文のうち，カード 1 とカード 3 に入る
　　　文の組合せとして適当なものを，下の①～④のうちから一つ選べ。　18

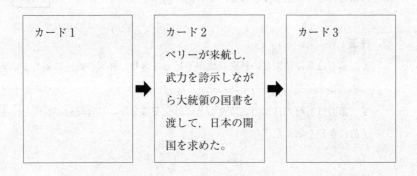

a　アメリカはカリフォルニアまで領土を拡げ，太平洋を横断する貿易船や捕
　　鯨船の安全に関心を持った。

b　アメリカでは国内を二分した戦争が終わって統一が回復され，海外通商に
　　関心が生じた。

c　瓦版や錦絵が多数出回り，民衆の間でもアメリカなど欧米への関心が高
　　まった。

d　新たに開港場が設けられ，アメリカは日本にとって最大の貿易相手国と
　　なった。

① 　カード 1 ― a　　　カード 3 ― c
② 　カード 1 ― a　　　カード 3 ― d
③ 　カード 1 ― b　　　カード 3 ― c
④ 　カード 1 ― b　　　カード 3 ― d

問 2　下線部ⓑに関連して，太郎さんは，条約交渉における幕府の対応について調べた結果，X・Y の二つの異なる評価があることが分かった。X・Y の評価をそれぞれ根拠づける情報を X は a・b，Y は c・d から選ぶ場合，**評価**と**根拠**の組合せとして適当なものを，下の①～④のうちから一つ選べ。　19

評価

X　幕府は西洋諸国との外交経験が不足しており，外国の威圧に屈して，外国の利益を優先した条約を結んだ。

Y　幕府は当時の日本の実情をもとに外交交渉を行い，合理的に判断し，主体的に条約を結んだ。

根拠

a　のちに条約を改正することを可能とする条文が盛り込まれていた。

b　日本に税率の決定権がなく，両国が協議して決める協定関税制度を認めた。

c　外国人の居住と商業活動の範囲を制限する居留地を設けた。

d　日米和親条約に引き続き，日本は片務的最恵国待遇を認めた。

① X － a　　Y － c　　　　② X － a　　Y － d

③ X － b　　Y － c　　　　④ X － b　　Y － d

問 3　明子さんと太郎さんは，なぜ江戸幕府が滅亡したのかを考えた。その結果，
滅亡までの十数年間に，幕府が統治能力を失う重大なできごとがあり，それが
幕府滅亡への画期(ターニングポイント)になったとの結論にいたった。明子さ
んは，年表中の(**ア**)のできごとを画期ととらえた。太郎さんは，年表中の(**イ**)
のできごとを画期ととらえた。あなたは，どちらの考えを支持するか。支持す
るできごとと**理由**を正しく組み合わせよ。**できごと**は次の**①**・**②**のうちか
ら，**理由**は下の**①**〜**④**のうちから一つずつ選べ。

できごと　　|　20　|

①　年表中の(**ア**)のできごと　　　　　**②**　年表中の(**イ**)のできごと

理由　　|　21　|

①　この事件の結果，流通機構が混乱し，幕府の市場統制力が弱まったから。

②　この事件の結果，圧倒的な軍事力を背景とした幕府支配が困難となったか
ら。

③　この事件の結果，幕府は朝廷への報告を行い，諸大名にも広く意見を述べ
させたため，外交を専断できなくなったから。

④　この事件の結果，一部の幕閣による専制政治を進めてきた幕府が，強権で
反対派を押さえられなくなったから。

B　明治時代に作られたすごろく

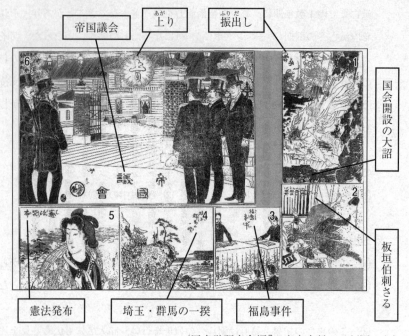

（歴史学研究会編『日本史史料 4　近代』より）

［班学習での会話］

太　郎：これ，昔のすごろくだって。面白そうだ。

明　子：振り出しは，「国会開設の大詔」から始まっている。

武　史：「埼玉・群馬の一揆」は，自由民権運動が激化した様子を描いている。そ
　　　　して「憲法発布」にいたる。

太　郎：上がりは「帝国議会」で，各コマはそれぞれ年代順に描かれている。だか
　　　　らこのすごろくは　　ウ　　が主題になっているのだろうね。

武　史：ところで，衆議院の議員はどう選ばれていたのだろうか。初期の議会で
　　　　は，わずかな人しか選挙権を持っていなかったらしい。でも(c)次第に
　　　　選挙権を有する人たちが多くなっていったんだね。どのぐらいの人が選
　　　　挙権を持っていたのだろうか。

太　郎：そういえば，最近では選挙年齢が 18 歳に引き下げられたよ。

問 4 会話文中の空欄 ウ に入る語句として最も適当なものを，次の①～④の うちから一つ選べ。 22

① 資本主義が確立する過程

② 帝国主義が確立する過程

③ 立憲政治が成立する過程

④ 政党政治が成立する過程

問 5 下線部ⓒに関連して，3人がこのことを証明するために今後調べるべきこと がらとして**適当でないもの**を，次の①～④のうちから一つ選べ。 23

① 選挙後の政党の勢力分布が分かるので，第1回帝国議会の議場と議員の様 子が描かれている絵画資料を調べる。

② 議論の内容から社会的な背景が分かるので，選挙法の改正を審議している 議会の議事録を調べる。

③ 納税資格と選挙権を持つ人の増減の関係が分かるので，選挙資格を持つ納 税者の推移を調べる。

④ どのような人々に投票を呼びかけているかが分かるので，衆議院選挙で使 われたポスターを調べる。

第6問　明治時代から第二次世界大戦後にかけての日本の経済・社会に関するＡ～

Ｃの文章や資料を読み，下の問い（**問1～8**）に答えよ。（資料は，一部省略した

り，書き改めたりしたところもある。）

Ａ　次のグラフは，1880年から1940年にいたる全製造工業生産額の10年ごとの

増加分に3つの分野の工業生産額の増加分が占めていた割合（寄与率）をパーセン

トで示したものである。寄与率の高い工業は，当該期の成長をけん引した部門と

みなすことができる。

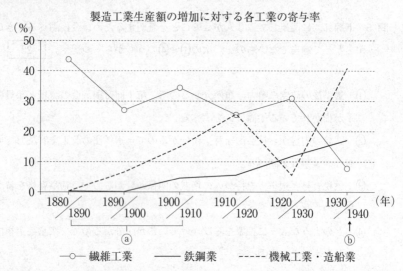

製造工業生産額の増加に対する各工業の寄与率

（篠原三代平『長期経済統計10 鉱工業』より作成）
（注）　1934～36年価格による。

問1　このグラフの概要を説明した次の文Ｘ・Ｙについて，その正誤の組合せとし

て正しいものを，下の**①**～**④**のうちから一つ選べ。　**24**

Ｘ　繊維工業は，1920年代まで日本の製造工業生産額の成長をけん引していた。

Ｙ　機械工業・造船業は，軍備が拡大する時期に成長する傾向がみられた。

①　Ｘ　正　　Ｙ　正　　　　　　　**②**　Ｘ　正　　Ｙ　誤

③　Ｘ　誤　　Ｙ　正　　　　　　　**④**　Ｘ　誤　　Ｙ　誤

問 2　ⓐの期間におけるグラフの変化の背景にある国内産業と貿易との関係を説明
　　　した文として**誤っているもの**を，次の①〜④のうちから一つ選べ。　25

　　①　紡績業で機械制大量生産が進んだので，綿糸輸出が増加した。

　　②　造船奨励法の制定により，鉄鋼船の輸入に歯止めがかかった。

　　③　製糸業が発展したので，生糸輸出が外貨獲得に貢献した。

　　④　官営八幡製鉄所の操業開始により，鉄鋼が中国へ輸出された。

問 3　次の I 〜 III のうち，ⓑの時期の経済政策を示した資料としてあてはまるもの
　　　はどれか。その正誤の組合せとして正しいものを，下の①〜④のうちから一つ
　　　選べ。　26

　　I　日本帝国政府は……主要消費者貨物の生産に必要となる商品を，ただちに
　　　最大限度まで生産するよう刺激し，奨励しなければならない。……住民の
　　　食，衣および住に必要となる商品の生産に優先順位を与えなければならない。

　　II　わが国製鉄事業の実情から考えられることは，その事業を振興して外国品
　　　の輸入を防ぎ，なお進んで輸出方面に進展するためには，八幡製鉄所および
　　　民間製鉄所を打って一丸とする大合同会社を設立し，その完全な統制の下に
　　　徹底的合理化を図る。

　　III　現在の時局を考慮して綿花の輸入を制限するとともに，これを原材料とす
　　　る綿製品の輸出を促進し……内地用綿製品の製造に使用されている綿糸の消
　　　費はできるかぎりこれを節約することとし，差し当りこれを従来の七・八割
　　　程度にとどめ置く必要がある。

　　　　　　　　　　　　　　　　　　　　　　　　（通商産業省編『商工政策史』）

　　①　I　正　　II　正　　III　誤　　　②　I　正　　II　誤　　III　誤

　　③　I　誤　　II　正　　III　正　　　④　I　誤　　II　誤　　III　正

B　日中戦争からアジア太平洋戦争（太平洋戦争）の時期にかけては，多くの <u>ⓒ戦</u><u>争を題材とした絵画</u>が描かれた。その多くは <u>ⓓ敗戦直後</u> に GHQ が接収し，アメリカへと移送されたが，1970 年に無期限貸与という形で日本へ返還された。

問 4　下線部ⓒに関連して，次の**図**と**資料**に関する説明として適当なものを，下の①～⑥のうちから二つ選べ。　　27

図

© Fondation Foujita / ADAGP, Paris & JASPAR, Tokyo, 2021 E4076

資料

　　1937 年～41 年の日中戦争時の戦争画には特徴があります。まず，入念な描き込みで戦争を演出しないこと。次に，後ろ姿の兵隊が奮闘するシチュエーションで見る人の感情移入を誘うものが多いこと。

　　41 年の真珠湾攻撃を経て戦局が急展開すると……日本軍は善玉らしく，敵兵は悪玉らしく描かれ，「正義の味方の勝利」がてらいなく表現されるようになります。

　　ところが，42 年のミッドウェー海戦における日本軍敗北を機に戦局は悪化し，従軍画家は激減します。作戦記録画はその頃から，写真などの資料も少ない中で，想像力をもって描かれることになりました。

画家としては，発注元の軍を意識することはあっても，基本的には展覧会を見る国民に向けて描く気持ちが強かったと思います。国民のほうもまた，みずから戦意高揚されることを望んで戦争画を見に行っていたふしがあります。

(河田明久「『戦争画』の基礎知識」)

① 図は，日中戦争勃発後の1937年から41年の間に描かれた絵画である。

② 図は，1941年の日米開戦直後に描かれた絵画である。

③ 図は，1942年のミッドウェー海戦敗北による戦局悪化後に描かれた絵画である。

④ 図は，絶望的な死闘が行われ，まもなく戦争が終わることを国民に知らせるものとして美術展に出品された絵画である。

⑤ 図は，日本兵の死という主題で，総力戦への覚悟を国民に促すものとして美術展に出品された絵画である。

⑥ 図は，戦時体制下で弾圧された社会主義運動を暗示するものとして美術展に出品された絵画である。

問5 下線部⑤に関連して，敗戦直後に日本人が置かれた状況に関して述べた次の文X・Yと，該当する地域a〜dとの組合せとして正しいものを，下の①〜④のうちから一つ選べ。 [28]

X ソ連軍侵攻の影響で，日本国内への引揚げに際して残留孤児となった人が多くうまれた。

Y 日本本土から切り離され，長い間アメリカの施政権下に置かれることとなった。

a 旧満州国　　　b 台 湾　　　c 北海道　　　d 沖 縄

① X — a　Y — c　　　　② X — a　Y — d

③ X — b　Y — c　　　　④ X — b　Y — d

C　経済企画庁の『経済白書』は，1955年の日本経済について「もはや戦後ではない」と記した。このことは，戦後の経済復興が一段落したことを示すとともに，⒠当時の政治・社会・外交においても一つの画期をなすものであった。そして，この年から　　ア　　が発生し，経済成長の時代が到来するのである。

　ところで，鉱工業生産指数，実質国民総生産，実質個人消費などの指標は 1950年代前半に戦前水準(1934〜36年平均)を超えていたが，貿易は戦前最大の輸出先であった　　イ　　との貿易を失った影響などから立ち遅れ，1950年代後半に入ってようやく戦前水準を超えた。日本は 1955年に GATT(関税及び貿易に関する一般協定)に加盟するが，⒡自由貿易体制の構築にはその後も長い年月を要した。

問6　空欄　　ア　　　イ　　に入る語句の組合せとして正しいものを，次の①〜④のうちから一つ選べ。　29

① ア　アメリカ軍による特殊需要　　　イ　イギリス
② ア　アメリカ軍による特殊需要　　　イ　中　国
③ ア　大型設備投資による景気拡大　　イ　イギリス
④ ア　大型設備投資による景気拡大　　イ　中　国

問7　下線部⒠に関連して，この時期のできごとを説明した文として適当でないものを，次の①〜④のうちから一つ選べ。　30

① アメリカの水爆実験で日本の漁船が被爆した事件をきっかけに反核運動が高まり，原水爆禁止を求める最初の世界大会が開かれた。
② 労働運動は，吉田内閣打倒などの政治主義的なものから，「春闘」方式で賃金上昇を求める方向へと変化した。
③ 革新勢力が党勢を拡大する動きを受け，財界の強い要望を背景に初の単一保守政党が誕生した。
④ 韓国との交渉を進め，朝鮮半島唯一の合法政府として国交を樹立する条約に調印した。

問 8　下線部⑤に関連して，次の表の期間に関して述べた文 a ～ d について，正し
いものの組合せを，下の①～④のうちから一つ選べ。　| 31 |

日本の食料自給率

(単位：%)

品目	1955年度	1960年度	1965年度	1970年度	1975年度	1980年度	1985年度
米	110	102	95	106	110	100	107
小麦	41	39	28	9	4	10	14
大豆	41	28	11	4	4	4	5
野菜	100	100	100	99	99	97	95
果実	104	100	90	84	84	81	77
牛乳及び乳製品	90	89	86	89	81	82	85
肉類	100	93	93	89	76	80	81
砂糖類	—	18	31	22	15	27	33
魚介類	107	108	100	102	99	97	93

(三和良一・原朗編『近現代日本経済史要覧』補訂版より作成)

a　外国産果物の輸入自由化が広がり，身近な食品となっていった。

b　輸送手段の発展で，水産物は輸入に大きく依存するようになった。

c　食生活の変化により，洋食関連品目の輸入が増えた。

d　専業農家が大きく減少し，輸入米が増加した。

①　a・c　　　②　a・d　　　③　b・c　　　④　b・d

センター試験

2020

本試験

日本史B

解答時間 60 分　配点 100 点

日 本 史 Ｂ

（解答番号　1　～　36　）

第1問　次の文章**Ａ・Ｂ**は，高校生のチカコと，歴史の教員をめざしている大学生の姉マサコとの会話である。この文章を読み，下の問い（**問1～6**）に答えよ。（史料は，一部省略したり，書き改めたりしたところもある。）（配点　16）

Ａ

チカコ：学校の授業，面倒だなあ。なんで勉強しなくちゃいけないの？

マサコ：何いってるの。知識や技術を身につけておかないと，将来困るでしょ。

チカコ：それはそうだけど……。そもそも私たちが受けているような学校教育は，日本ではいつから始まったのかな？

マサコ：江戸時代の寺子屋も，識字率の上昇に大きな役割を果たしたといわれるけれど，国民皆学を前提とした統一的な教育制度は，文部省設置の翌年に　ア　が公布されてから始まったといえるんじゃないかな。

チカコ：それ以前はどうなっていたの？

マサコ：近代的な教育制度とは異なるけれど，ⓐ書物を収集して知識の蓄積をはかったり，人材を育成したりすることは，古代以来ずっと行われてきているよ。

チカコ：そういえば，この間，遠足で足利学校に行ってきたよ。キリスト教の布教を目的として16世紀なかばに来航したイエズス会宣教師の　イ　は，ここを「坂東の大学」とヨーロッパに紹介したって聞いたよ。

マサコ：そうだね。でも，こうした学びの場は，すべての人々に等しく開かれていたわけじゃないよ。のちに近代的な教育制度が整備されても，男女の教育内容には違いがあり，学ぶ機会にも男女で差があったんだ。大学などの高等教育機関に進学できる女子は，ごく少数だったというし。

チカコ：ⓑ教育の歴史を振り返ると，みんなが等しく自由に学べるというのは，当たり前じゃないことがわかるんだね。

問1 空欄 ア イ に入る語句の組合せとして正しいものを，次の①〜④のうちから一つ選べ。 1

① ア 学 制　イ フランシスコ゠ザビエル

② ア 学 制　イ ヤン゠ヨーステン

③ ア 教育令　イ フランシスコ゠ザビエル

④ ア 教育令　イ ヤン゠ヨーステン

問2 下線部ⓐに関連して，次の**図1・2**に関して述べた下の文**X・Y**について，その正誤の組合せとして正しいものを，下の①〜④のうちから一つ選べ。 2

図1　平安京左京の図の一部
（『拾芥抄』（注）により作成）

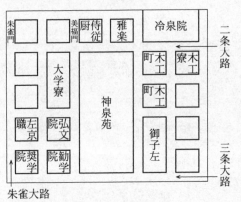

(注)　中世に成立した百科事典。

図2　『続日本紀』の写本（部分）

金沢文庫の蔵書印

X 図1には，藤原氏が設置した大学別曹の所在地が示されている。

Y 図2の写本が収蔵されていた金沢文庫は，北条実時により設立された。

① **X** 正　**Y** 正　　　　② **X** 正　**Y** 誤

③ **X** 誤　**Y** 正　　　　④ **X** 誤　**Y** 誤

問 3　下線部ⓑに関連して，古代から近現代の教育について述べた文として正しい
ものを，次の①〜④のうちから一つ選べ。　　3

①　平安時代に空也が設けた綜芸種智院では，庶民も教育を受けることができ
た。

②　室町時代の地方の武士の子弟たちは，寺院などに預けられ，『読史余論』な
どを使った教育を受けていた。

③　江戸時代には，町人たちが資金を出し合い，京都に町人教育のための懐徳
堂を開いた。

④　日中戦争が長期化するなか，小学校が国民学校に改められ，国家主義的な
教育が強化された。

B

チカコ：それにしても，なぜ歴史を学ぶ必要があるのかな？　歴史を学んだり研究
　　　　したりしても，経済的な利益や©技術革新には結びつかないから，そん
　　　　なのは無駄だっていってる人がいたよ。

マサコ：それはとても貧しい発想だね。過去を顧みることは大切なことだし，だか
　　　　らこそ，過去の記録をまとめた歴史書が，昔からたくさん残されているん
　　　　じゃないかな。

チカコ：確かに。この間，学園祭で模擬店を出した時に，先輩たちが残してくれた
　　　　記録を参考にしながら準備したんだけど，これも過去の記録に学んでいる
　　　　ことになるね。

マサコ：そうだね。だけど⒟過去の記録にもとづいた歴史書の中には，特定の目
　　　　的のために記述されているものがあるから，すべてを鵜呑みにしてはいけ
　　　　ないよ。

チカコ：なんだか難しいなあ……。

マサコ：だから，偏りのない幅広い知識が必要なんだよ。それに，社会状況によっ
　　　　ては，特定の主義・主張に沿わない考え方が弾圧されることもあるんだ。
　　　　たとえば，⒠歴史書としての『古事記』『日本書紀』の特質を明らかにした
　　　　津田左右吉の著書は，発表当初も現在も，実証的な研究として評価されて
　　　　いるけど，思想・言論の統制が強化された時期には問題視され，発禁処分
　　　　を受けたこともあったんだよ。

チカコ：そうなんだ……。いろいろな考え方や立場が尊重されない社会なんて，と
　　　　ても窮屈で嫌だな……。偏った考えにおちいらないためにも，いろんな知
　　　　識を身につけないとね。

マサコ：やっぱり教育って大事だね。私も教員をめざして頑張ろう。

問 4　下線部ⓒに関連して，海外からもたらされ，その後の日本に影響を与えた新たな技術に関して述べた次の文 Ⅰ ～ Ⅲ について，古いものから年代順に正しく配列したものを，下の①～⑥のうちから一つ選べ。　　4

Ⅰ　種子島時堯は，ヨーロッパ人のもたらした鉄砲の使用法・製造法を家臣に学ばせた。

Ⅱ　豊臣秀吉の朝鮮侵略の際に連れてこられた朝鮮人陶工により，新たな製陶技術が伝えられた。

Ⅲ　東大寺の再建に協力した宋人の陳和卿は，大陸由来の建築様式をもたらした。

①　Ⅰ－Ⅱ－Ⅲ　　　②　Ⅰ－Ⅲ－Ⅱ　　　③　Ⅱ－Ⅰ－Ⅲ
④　Ⅱ－Ⅲ－Ⅰ　　　⑤　Ⅲ－Ⅰ－Ⅱ　　　⑥　Ⅲ－Ⅱ－Ⅰ

問 5　下線部ⓓに関して述べた次の文 Ｘ・Ｙ と，それに該当する語句 a ～ d との組合せとして正しいものを，下の①～④のうちから一つ選べ。　　5

Ｘ　この書物は，藤原氏の繁栄の歴史を描くことを目的に，かなを用いて著された。

Ｙ　この人物は，仏教や儒教が伝わる前の，日本古来の思想や生活を究明する目的で，歴史書の研究を進めた。

a　『今昔物語集』　　　　　　　b　『栄華(栄花)物語』
c　本居宣長　　　　　　　　　d　伊藤仁斎

①　Ｘ－a　　Ｙ－c　　　　　②　Ｘ－a　　Ｙ－d
③　Ｘ－b　　Ｙ－c　　　　　④　Ｘ－b　　Ｙ－d

問6　下線部ⓔに関連して，次の**史料**に関して述べた次ページの文 **a ～ d** について，正しいものの組合せを，次ページの**①**～**④**のうちから一つ選べ。　6

史料

　記紀の上代の部分^(注1)の根拠となっている最初の帝紀・旧辞は，六世紀の初めごろの我が国の社会状態に基づき，当時の官府^(注2)者の思想を以て皇室の由来を説き，またいくらかの伝説や四世紀の終りごろからそろそろ世に遺しはじめられた記録やを材料として^(注3)，近い世の皇室の御事跡を語ったものであって，民族の歴史というようなものでは無い。そうして，其の中でも特に上代の部分は，約二世紀の長い間^(注4)に幾様の考を以て，幾度も潤色^(注5)せられ変改せられて，今に遺っている記紀の記載となったのである。（中略）記紀の上代の物語は歴史では無くして寧ろ詩である。そうして詩は歴史よりも却ってよく国民の内生活^(注6)を語るものである。

（津田左右吉『古事記及び日本書紀の新研究』1919年）

（注1）　記紀の上代の部分：ここでは，神武天皇以後の時代のこと。
（注2）　官府：政府・朝廷のこと。
（注3）　伝説や…記録やを材料として：伝説や記録などを材料として。
（注4）　約二世紀の長い間：津田が帝紀・旧辞が成立したと考える6世紀初めから，記紀が成立した8世紀初めまでの約200年間のこと。
（注5）　潤色：文章上で事実を誇張したり，とりつくろったりすること。
（注6）　内生活：思想のこと。

a　津田は，記紀の上代の記述には，記紀が編纂された時代の人々の手が加わっていないので，史実とみなすことができると主張している。

b　津田は，記紀の上代の記述には，記紀が編纂された時代の思想がよく表れていると主張している。

c　**史料**の書籍が刊行された大正期には，吉野作造が民意を政治に反映させるべきだと主張した。

d　**史料**の書籍が刊行された大正期には，三宅雪嶺らが『日本人』を創刊し，国粋（国粋保存）主義を唱えた。

① a・c　　② a・d　　③ b・c　　④ b・d

第2問　古代国家の辺境支配に関する次の文章**Ａ・Ｂ**を読み，下の問い（**問1～6**）に答えよ。（史料は，一部省略したり，書き改めたりしたところもある。）（配点　16）

Ａ　律令国家成立当初の_ⓐ東北地方以北や九州南部以南の地域は，いまだ中央政府の支配下に組み込まれておらず，辺境と位置づけられた。辺境の人々は東北地方では蝦夷，九州南部では隼人などとよばれ，中央政府との対立を経ながら徐々にその支配下に組み込まれていった。

　8世紀初め，中央政府は隼人の抵抗を抑え，九州南部に薩摩国，ついで　ア　を設置した。　ア　では，720年に隼人が国司を殺害するという反乱が起きたが，それが鎮圧された後は，隼人の大きな抵抗はみられなくなった。

　一方，東北地方に対しても，大化改新後，中央政府による支配領域拡大の動きが本格化した。東北地方の太平洋側では，改新後に陸奥国が設置されたと推測され，蝦夷支配を進めるために城柵が設けられた。その一つが724年に設置された多賀城で，ここには陸奥国府と　イ　がおかれた。_ⓑ8世紀から9世紀にかけて造られた城柵については，発掘調査の成果から，東北地方以外の国府との違いや共通点がわかってきている。

問1　空欄　ア　イ　に入る語句の組合せとして正しいものを，次の①～④のうちから一つ選べ。　7

　① ア　肥後国　イ　大宰府

　② ア　肥後国　イ　鎮守府

　③ ア　大隅国　イ　大宰府

　④ ア　大隅国　イ　鎮守府

問 2　下線部ⓐに関して述べた次の文 **a ～ d** について，正しいものの組合せを，下の①～④のうちから一つ選べ。　　8

　a　東北地方では，縄文時代の遺跡として三内丸山遺跡が発見されている。

　b　北海道では，弥生時代になると水稲耕作が行われるようになった。

　c　南西諸島では，弥生文化とは異なる貝塚文化が展開した島々があった。

　d　種子島・屋久島は，10世紀になってから中央政府の支配領域に組み込まれた。

　　① **a・c**　　　　② **a・d**　　　　③ **b・c**　　　　④ **b・d**

問3　下線部⑤に関連して，国府と城柵の遺構を描いた次の**図1・2**に関して述べた下の文**X・Y**について，その正誤の組合せとして正しいものを，下の①〜④のうちから一つ選べ。なお，**図1・2**はほぼ同じ縮尺である。　┃ 9 ┃

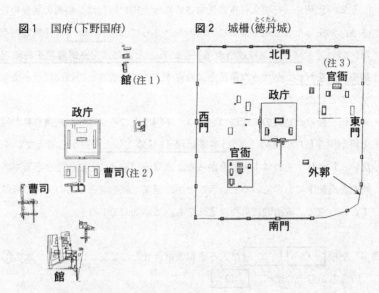

図1　国府（下野国府）

館（注1）

政庁

曹司（注2）

曹司

館

図2　城柵（徳丹城）

とくたん

北門

（注3）
官衙

政庁

西門

東門

官衙

外郭

南門

(注1)　館：国司の居館。
(注2)(注3)　曹司・官衙：役人が執務をする建物。役所。

X　図からは，下野国府にも徳丹城にも，政庁とは別に，役人が執務する施設が配置されていることがわかる。

Y　図からは，徳丹城は，下野国府とは異なり，政庁と役所などを囲む外郭を備えていることがわかる。

① **X** 正　　**Y** 正　　　　② **X** 正　　**Y** 誤

③ **X** 誤　　**Y** 正　　　　④ **X** 誤　　**Y** 誤

B 蝦夷の抵抗は奈良時代以降も続いた。780年には，　　ウ　　が反乱を起こし，多賀城を焼き討ちするに至った。多賀城は再建されたものの，これより後，蝦夷との戦いが長く続くことになった。

平安時代初め，征夷大将軍に任命された坂上田村麻呂は，蝦夷の族長らを降伏させ，制圧した北上川中流域に胆沢城を，さらに北に　　エ　　を建設し拠点とした。ついで©嵯峨天皇は政治改革を進めるとともに，文室綿麻呂を将軍として蝦夷征討を行ったが大きな争乱とはならず，ここに蝦夷との戦いはひとまず終息することになった。

抵抗を続けた蝦夷の実態については，不明なところが多い。蝦夷自身が残した史料が現存しないため，ⓓ『日本書紀』をはじめとした史料から考えていくしかない。しかし，それは中央政府からみた蝦夷像であることに注意が必要である。蝦夷を支配下においているということが，国家の統治者としての天皇の権威を示すという点で，政治的に重要な意味をもっていたのである。

問4 空欄　　ウ　　　エ　　に入る語句の組合せとして正しいものを，次の①～④のうちから一つ選べ。　10

① ウ　阿弖流為　　エ　志波城
② ウ　阿弖流為　　エ　秋田城
③ ウ　伊治呰麻呂　エ　志波城
④ ウ　伊治呰麻呂　エ　秋田城

問 5　下線部ⓒに関連して述べた次の文 **X・Y** と，それに該当する人物名 **a ～ d** との組合せとして正しいものを，下の①～④のうちから一つ選べ。　11

X　桓武天皇の時に行われた徳政相論（徳政論争）で，蝦夷征討の中止を主張した。

Y　唐風の書にすぐれた嵯峨天皇・空海とあわせて，のちに三筆の一人に数えられた。

a　藤原緒嗣　　　**b**　藤原仲成　　　**c**　橘諸兄　　　　**d**　橘逸勢

① **X － a**　　**Y － c**　　　　② **X － a**　　**Y － d**
③ **X － b**　　**Y － c**　　　　④ **X － b**　　**Y － d**

問 6 下線部ⓓに関連して，次の**史料**に関して述べた下の文 a ～ d について，正しいものの組合せを，下の①～④のうちから一つ選べ。 ┃ 12 ┃

史料

　小錦下坂合部連石布（注1）（中略）を遣わして，唐国に使せしむ。よりて道奥（注2）の蝦夷男女二人をもちて，唐天子（注3）に示せたてまつる。伊吉連博徳（注4）が書に曰く，「（中略），天子問いて曰く，『その国（注5）に五穀有りや』とのたまう。使人謹み答えて，『無し。肉を食いて存活う（注6）』という。天子問いて曰く，『国に屋舎有りや』とのたまう。使人謹み答えて，『無し。深山の中にして樹本（注7）に止住う』という。（中略）」という。

（『日本書紀』斉明天皇 5（659）年 7 月戊寅（3 日）条）

（注1）　小錦下坂合部連石布：このときに派遣された遣唐使の一人。「小錦下」は冠位の一つ。
（注2）　道奥：陸奥のこと。
（注3）　唐天子：唐の皇帝高宗。
（注4）　伊吉連博徳：このときの遣唐使に随行した一人。
（注5）　その国：蝦夷の居住地。
（注6）　存活う：生活する。
（注7）　樹本：木の下。樹下。

a　遣唐使が，蝦夷を連れて唐に渡ったことが読み取れる。

b　遣唐使が，唐の皇帝に質問をする様子が読み取れる。

c　蝦夷について，肉を食べ，山の中で樹木の下に居住していると説明されている。

d　蝦夷について，穀物を食べ，建物に居住していると説明されている。

　　①　a・c　　　②　a・d　　　③　b・c　　　④　b・d

第３問　中世の社会に関する次の文章Ａ・Ｂを読み，下の問い（問１〜６）に答え
よ。（史料は，一部省略したり，書き改めたりしたところもある。）（配点　16）

Ａ　入浴と浴室の歴史は，古代から寺院と深くかかわっていた。平城宮跡では浴室
と考えられる遺構も見つかっているが，天皇や有力貴族が建立した寺院にこそ，
鉄釜を備える浴室が数多く造られた。

　　寺院の浴室は温室や湯屋とよばれ，僧侶たちによって心身を清めるために使わ
れた。中世に入ると，僧侶集団が，寺院の運営にかかわる意思決定を行うための
集会を湯屋で開くようになる。@強訴など僧侶たちの決起行動が始まる場所に
なることもあり，湯屋は僧侶たちの結束を象徴する場となった。

　　中世の京都には，こうした寺院の内部施設ではない湯屋が，遅くとも鎌倉時代
には出現してくる。これらの中には，ⓑ裁判のために地方の荘園から京都へ
やってきた百姓が立ち寄れるような，開かれた入浴施設もあった。

　　さらに戦国時代には，一条や正親町などの地名を冠した風呂が京都に散在する
ようになり，貴族も利用していることが，山科言継の日記にみえる。浴室が寺院
以外の場に広がっていく動きは，ⓒ中世の都市で顕著となったのである。

問１　下線部@に関して述べた次の文Ｘ・Ｙについて，その正誤の組合せとして正
　　しいものを，下の①〜④のうちから一つ選べ。　　13

　　Ｘ　延暦寺や興福寺などの大寺院は，僧兵を組織し，神輿や神木を押し立てて
　　　朝廷に要求を認めさせようとした。
　　Ｙ　平安時代末期，朝廷が強訴を抑えるために地方の武士を大量に動員したこ
　　　とから，武家の棟梁の地位は低下した。

　　①　Ｘ　正　　Ｙ　正　　　　　②　Ｘ　正　　Ｙ　誤
　　③　Ｘ　誤　　Ｙ　正　　　　　④　Ｘ　誤　　Ｙ　誤

問 2　下線部ⓑに関連して，鎌倉時代後期に紀伊国阿氐河荘の百姓たちが荘園領主
　　　への訴願のために作成した次の**史料**に関して述べた次ページの文 **a ～ d** につい
　　　て，正しいものの組合せを，次ページの①～④のうちから一つ選べ。　14

史料

阿氐河の上村百姓ら謹んで言上

（中略）

一，御材木の事，あるいは地頭の京上（注1），あるいは近夫（ちかふ）（注2）と申し，か
　　くのごとくの人夫を，地頭の方へ責め使われ候えば，おま暇（注3）候わず
　　候。その残り，わずかに漏れ残りて候人夫を，材木の山出し（ま）（注4）へ，出
　　で立て候えば，逃亡の跡（注5）の麦蒔けと候て，追い戻し（注6）候いぬ。お
　　れら（注7）がこの麦蒔かぬものならば，めこ（注8）どもを追いこめ，耳を切
　　り，鼻を削ぎ（そ），髪を切りて，尼になして，縄絆を打ちて（なわほだし）（注9），苛ま（さいな）
　　ん（注10）と候うて，責めせんごう（注11）せられ候あいだ，御材木いよいよ遅
　　なわり候いぬ（注12）。

　　　　　　　　　　　　　　　　　　　　　　　　　　　　（『高野山文書』（注13））

　（注1）　京上：京都にのぼる。
　（注2）　近夫：近所で使役される役。
　（注3）　おま暇：余暇。
　（注4）　山出し：山から引き出すこと。
　（注5）　逃亡の跡：逃亡した百姓の耕地。
　（注6）　追い戻し：百姓を山から帰らせ。
　（注7）　おれら：おまえたち。
　（注8）　めこ：「妻子」として妻と理解する説と，「女子」として女性と理解する説とが
　　　　　ある。
　（注9）　縄絆を打ちて：縄やひもで縛って。
　（注10）　苛まん：他人の失策，法に背いた行いなどを叱責する。
　（注11）　責めせんごう：責める，体罰を加える。
　（注12）　御材木いよいよ遅なわり候いぬ：荘園領主への材木の納入が遅れてしまっ
　　　　　た。
　（注13）　原文をひらがな漢字交りの文に書き改めた。

a　史料を作成した百姓たちは，逃亡した百姓を連れ戻して麦を蒔かせるように命じられた，と述べている。

b　史料を作成した百姓たちは，逃亡した百姓の耕地に麦を蒔くように命じられた，と述べている。

c　史料を作成した百姓たちは，荘園領主から頻繁に使役されたため，材木の納入が遅れた，と主張している。

d　史料を作成した百姓たちは，地頭から頻繁に使役されたため，材木の納入が遅れた，と主張している。

①　**a・c**　　　②　**a・d**　　　③　**b・c**　　　④　**b・d**

問 3　下線部ⓒに関して述べた文として正しいものを，次の①〜④のうちから一つ選べ。　15

①　多くの禅僧が招かれた鎌倉には，天竜寺や建仁寺などが建立された。

②　大内氏の城下町山口には文化人が集まり，書籍の出版も行われた。

③　奈良や堺では，大原女や桂女といった女性の行商人が進出した。

④　京都の商工業者などからなる一向宗の信者たちが法華一揆を結んだ。

B　中世の地域社会では，経済力を蓄えた⒟<u>武士の成長</u>にも支えられながら，湯屋を持つ寺院の造営が増えていく。そうした寺院のなかには，近隣の住民たちに，入浴の機会を与える施湯が行われることもあった。とくに畿内の村落では，住民組織が維持経費を負担する寺院内の湯屋や，荘園経営の現地機関である政所に隣接する湯屋も現れはじめた。

　　仏教が社会に浸透するなかで，摂津国有馬の温泉寺で，僧侶が湯治客を相手に温泉の由緒を語ったように，温泉は寺院と結びついて発展した。また，温泉の湯を遠隔地に運ばせる召し湯の習慣も有力武士に取り入れられた。

　　温泉の利用者は，貴族や武士にとどまったわけではない。⒠<u>戦国大名などの定めた法令</u>の中には，百姓らの温泉利用について規定したものがある。たとえば，温泉を使う人々の性別や仕事に応じて規制が加えられたり，湯治の旅人から銭を徴収する規定がみえる。⒡<u>交通路の整備や物流の発展</u>とあいまって，中世末期には湯治におもむく人々が広い階層におよんでいたのである。

問 4　下線部⒟に関連して，中世の武士に関して述べた文として**誤っているもの**を，次の①〜④のうちから一つ選べ。　　16

①　あいつぐ戦乱や武士の活躍を描く軍記物語が数多く作られた。

②　幕府の指示を受けて年貢などを奪い取る武士たちが，悪党とよばれた。

③　地方の国人たちは，しばしば紛争解決などのために一揆を結んだ。

④　農村で成長した地侍の中には，戦国大名の家臣になる者が現れた。

問5　下線部ⓔに関連して，戦国大名の領国支配に関して述べた次の文Ｘ・Ｙについて，その正誤の組合せとして正しいものを，下の①～④のうちから一つ選べ。　17

Ｘ　治水や灌漑施設の整備を行った。

Ｙ　役人を現地に派遣し，田畑の面積を測量する指出検地を行った。

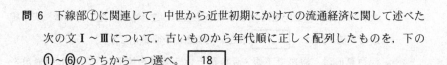

① Ｘ　正　　Ｙ　正　　　　② Ｘ　正　　Ｙ　誤

③ Ｘ　誤　　Ｙ　正　　　　④ Ｘ　誤　　Ｙ　誤

問6　下線部ⓕに関連して，中世から近世初期にかけての流通経済に関して述べた次の文Ⅰ～Ⅲについて，古いものから年代順に正しく配列したものを，下の①～⑥のうちから一つ選べ。　18

Ⅰ　各地の湊に，年貢などの運送や保管に当たる問（問丸）が現れた。

Ⅱ　新たに永楽通宝が中国から輸入され，流通し始めた。

Ⅲ　関所や座の廃止など，商業取引を円滑にする政策がとられた。

① Ⅰ－Ⅱ－Ⅲ　　　② Ⅰ－Ⅲ－Ⅱ　　　③ Ⅱ－Ⅰ－Ⅲ

④ Ⅱ－Ⅲ－Ⅰ　　　⑤ Ⅲ－Ⅰ－Ⅱ　　　⑥ Ⅲ－Ⅱ－Ⅰ

第4問 中世末から近世における銀と鉄の生産や流通に関する次の文章**A・B**を読み，下の問い(**問1～6**)に答えよ。(史料は，一部省略したり，書き改めたりしたところもある。)(配点 16)

A 灰吹法(はいふきほう)とよばれる精錬技術が導入されたことで，16世紀中頃から17世紀前半の日本は，世界有数の銀の産出国になった。当時のポルトガル人が作製した地図には，中国地方の ア 周辺に「銀鉱山王国」と記されている。この頃，東アジア市場に進出してきた②ポルトガル人・スペイン人・オランダ人などの日本貿易の重要な目的は銀の獲得であり，日本は生糸・火薬などを輸入した。

　戦国大名は，経済力と軍事力の強化のために鉱物資源の開発に力を入れたため，大名間で銀山の支配をめぐる争いが発生することもあった。その後，天下統一を進める徳川氏は， ア などの主な銀山を直轄化した。

　⑥江戸幕府は，銀座で丁銀・豆板銀という銀貨を鋳造し，国内での通用を図った。一方，貿易においては，丁銀の使用を促した。その後，銀の国外流出量が増加し，17世紀中頃以降に銀の産出量が減少すると，幕府はさまざまな対策を講じた。18世紀には，幕府は イ を発し，長崎における貿易額を制限して銀の流出を防ごうとした。

問1 空欄 ア イ に入る語句の組合せとして正しいものを，次の①～④のうちから一つ選べ。 **19**

① ア 石見銀山　イ 海舶互市新例(正徳新令)
② ア 石見銀山　イ 相対済し令
③ ア 生野銀山　イ 海舶互市新例(正徳新令)
④ ア 生野銀山　イ 相対済し令

問 2　下線部ⓐに関連して述べた次の文Ⅰ～Ⅲについて，古いものから年代順に正しく配列したものを，下の①～⑥のうちから一つ選べ。　| 20 |

  Ⅰ　京都・堺・長崎の商人に，輸入生糸を一括購入させる制度が始まった。

  Ⅱ　幕府がスペイン船の日本来航を禁止した。

  Ⅲ　貿易に熱心な豊後の大名大友義鎮が，キリスト教の布教を保護した。

  ①　Ⅰ － Ⅱ － Ⅲ　　　　②　Ⅰ － Ⅲ － Ⅱ　　　　③　Ⅱ － Ⅰ － Ⅲ

  ④　Ⅱ － Ⅲ － Ⅰ　　　　⑤　Ⅲ － Ⅰ － Ⅱ　　　　⑥　Ⅲ － Ⅱ － Ⅰ

問 3　下線部ⓑに関連して，近世の貨幣について述べた文として正しいものを，次の①～④のうちから一つ選べ。　| 21 |

  ①　丁銀はおもに東日本，小判はおもに西日本で通用した。

  ②　小判は，取引のたびに両替商で重さを量って使用する貨幣であった。

  ③　元禄時代，幕府は収入を増やすため貨幣改鋳を行った。

  ④　松平定信は，南鐐二朱銀を鋳造して，貨幣制度の統一を試みた。

B　近世には，砂鉄を原料とし，木炭を燃料とするたたら製鉄が発達した。たたら製鉄は近世以前より行われていたが，近世になると，鉄を精錬する炉は大きな建屋に覆われるようになり，炉内に送風する鞴(ふいご)などの©技術改良も進んだ。また河川・水路の水流を利用して土砂と砂鉄を分離させ，砂鉄を採取する鉄穴流(かんな)しが用いられるようになった。これらのすぐれた技術によって，鉄の生産量が増大し，⒟村には鉄製農具が普及して農業の生産力が向上した。

　しかし，たたら製鉄では，燃料として大量の木炭を必要としたため木炭用材が乱伐され，山が荒廃することもあった。また，鉄穴流しは，土砂の大量流出や水質悪化につながり，田畑に被害をもたらしたり，洪水を引き起こす危険性を高めたりすることもあった。

　鉄は諸産業を支える重要な産物であったが，その増産は環境問題を引き起こし，人々の暮らしを脅かしていくこともあった。⒠たたら製鉄の維持と田畑・山林の保護を両立させることは，幕府や諸藩にとって重要な課題となった。

問 4　下線部©に関連して，近世における技術について述べた文として正しいものを，次の①〜④のうちから一つ選べ。　22

① 桐生の織屋が独占していた高機の技術が，西陣などの各地に伝えられた。

② 佐賀藩は反射炉を築き，大砲を鋳造した。

③ 入浜式にかわって揚浜式の塩田が瀬戸内海沿岸で発達し，塩の生産量が増大した。

④ シドッチによって活字印刷術がもたらされ，キリシタン版が出版された。

問 5　下線部ⓓに関連して，近世の村・農業について述べた文として**誤っているも**
の**を**，次の①〜④のうちから一つ選べ。　23

① 村には本百姓のほかに，田畑を持たない水呑百姓も居住した。

② 農具として，深く耕すことができる備中鍬が普及した。

③ 特産品として，紅花の生産が出羽でさかんになった。

④ 関東の村々では，江戸の問屋による木綿・菜種の流通独占に反対する国訴
が組織された。

問 6　下線部ⓒに関連して，次の**史料**は，1823 年に鳥取藩が鉄穴流しについて領
　　内に通達した文書の一部である。この**史料**に関して述べた下の文**X・Y**につい
　　て，その正誤の組合せとして正しいものを，下の①〜④のうちから一つ選べ。

　　　 24

史料

一，近来日野川(注1)下，別して(注2)鉄穴砂〔かんなおびただ〕夥しく流れ出し，川底高く相成〔あい〕
　　り，出水の砌〔みぎり〕(注3)は御田地・村々危急につき，種々御普請(注4)これあり候〔そうら〕
　　えども，只今の通りにてはその甲斐〔かい〕これなきにつき，炉ならびに鉄穴場所取
　　り調べ候処〔ところ〕，近来莫大〔ばくだい〕の員数〔いんずう〕(注5)相増し候。右の趣にては，遠からざる
　　内，小鉄(注6)も払底〔ふってい〕に相成り，山林も伐り尽し，御郡中(注7)の衰微，眼前
　　の事(注8)に候。

　　　　　　　　　　　　　　　　　　　　　　　　　　（『鳥取藩史』第 6 巻）

　（注1）　日野川：鳥取県西部を流れる河川。
　（注2）　別して：特に。
　（注3）　出水の砌：洪水の時。
　（注4）　普請：土木工事。ここでは治水工事のこと。
　（注5）　員数：炉や鉄穴の数。
　（注6）　小鉄：砂鉄。
　（注7）　郡中：郡内の村々。
　（注8）　眼前の事：明らかなこと。

X　この**史料**は，鉄穴流しによって川底が上昇したため，洪水対策を行ったと
　　ころ効果があった，と述べている。

Y　この**史料**は，炉と鉄穴流しを行う場所が増加したため，近い将来，砂鉄の
　　枯渇と山林の荒廃によって村々が衰微する，と述べている。

① **X** 正　**Y** 正　　　　　② **X** 正　**Y** 誤
③ **X** 誤　**Y** 正　　　　　④ **X** 誤　**Y** 誤

第5問　幕末から明治前期の民衆運動に関する次の文章を読み，下の問い(**問1**～
4)に答えよ。(配点　12)

　　江戸幕府がアメリカとの間で自由貿易を取り決める　ア　を締結し，ついでイ
ギリスなどと同様の条約を結び自由貿易が開始されると，物価の高騰や流通の混乱
などが引き起こされた。ⓐ幕府はこれに対処する経済政策を打ち出したが，あま
り効果はなく，各地で一揆や打ちこわしが急増した。

　　幕末から明治前期にかけて，こうした政治や社会の混乱が民衆の不安を大きくし
た。長引く世情の不安定さから世直しを求めたり，明治政府成立後も従来の社会の
仕組みを大きく変える諸政策に反対するなど，ⓑ為政者への不信を示す民衆運動
が頻発した。

　　また国会開設を唱える土佐の　イ　など政治結社が各地で設立され，政府に対
し民主的改革を要求する自由民権運動が全国的に展開した。しかし，ⓒ民権運動
が行きづまると急進派の民権家が加波山事件や大阪事件などを起こし，さらに同時
期の不況によって困窮した民衆が，民権家と結びついて蜂起する場合もあった。

問1　空欄　ア　イ　に入る語句の組合せとして正しいものを，次の①～④
　　のうちから一つ選べ。　25

① ア　日米和親条約　　　イ　立志社

② ア　日米和親条約　　　イ　交詢社

③ ア　日米修好通商条約　イ　立志社

④ ア　日米修好通商条約　イ　交詢社

問 2　下線部ⓐについて述べた文として正しいものを，次の①〜④のうちから一つ選べ。　26

① 金貨の改鋳を行い，これによって物価が下落した。

② 株仲間が物価高騰の要因になっていると考え，これを解散させた。

③ 薪（まき）などの日用品の価格高騰を抑えるため，薪水給与令を出した。

④ 生糸などを，産地から横浜へ直接出荷することを禁じた。

問 3　下線部ⓑに関連して，幕末から明治前期に発生した民衆運動や事件に関して述べた次の文Ⅰ〜Ⅲについて，古いものから年代順に正しく配列したものを，下の①〜⑥のうちから一つ選べ。　27

Ⅰ　生糸の値下がりなどで打撃をうけた農民たちが，困民党とよばれる集団を結成し，高利貸・警察を襲撃した。

Ⅱ　社会の先行きへの不安が募るなか，民衆が「ええじゃないか」と唱え乱舞した。

Ⅲ　「血税」とは人の生き血を絞り取ることであるとの噂（うわさ）が広がり，「血取」役人が来たとの情報をきっかけに，民衆が役所などを襲撃した。

① Ⅰ─Ⅱ─Ⅲ　　② Ⅰ─Ⅲ─Ⅱ　　③ Ⅱ─Ⅰ─Ⅲ
④ Ⅱ─Ⅲ─Ⅰ　　⑤ Ⅲ─Ⅰ─Ⅱ　　⑥ Ⅲ─Ⅱ─Ⅰ

問 4　下線部ⓒが発生していたのと同じ時期に起きた出来事に関して述べた文として誤っているものを，次の①〜④のうちから一つ選べ。　28

① 太政官制が廃止され，新たに内閣制度が定められた。

② 洋画の分野で二科会が創立され，文部省美術展覧会（文展）に対抗した。

③ 三菱（三菱会社）と共同運輸会社が合併して，日本郵船会社が設立された。

④ 朝鮮で甲申事変（甲申政変）が発生し，清軍によって鎮圧された。

第6問　近現代の風刺漫画について述べた次の文章Ａ～Ｃを読み，下の問い(**問1～8**)に答えよ。(史料は，一部省略したり，書き改めたりしたところもある。)
(配点　24)

Ａ　明治期の新聞・雑誌の中には，1875年の　　ア　　などで政府から弾圧を受け
たものもあった。しかし，日清・日露の両戦争では，速報性の高い新聞号外や戦
場の様子をセンセーショナルに報じる雑誌が人気を博し，戦争を支持する雰囲気
をつくった。ⓐ戦況を報道する従軍記者の中には作家も含まれていた。

　　他方で，政治や社会のあり方を，ユーモアを込めて批判する風刺漫画も，この
時期にさかんになった。全ページ絵入り，カラー印刷を売りにした『東京パック』
が人気を集め，北沢楽天らすぐれた漫画家が活躍した。しかし，多くの雑誌と同
様に『東京パック』も戦争に肯定的な漫画を掲載している。戦争を批判する風刺漫
画を大きく掲載したメディアは，『平民新聞』などごく少数であった。

　　ⓑ日露戦争は国民に多大な負担を強いて行われ，戦時中の増税の多くは戦後
も継続された。政府は国民の不満が社会主義思想の浸透につながることを恐れて
社会主義への弾圧を強めた。1910年，多数の社会主義者が検挙される　　イ　　
が起こったが，この事件で政府の対応を批判できた漫画はほとんどなかった。

問1　空欄　　ア　　　イ　　に入る語句の組合せとして正しいものを，次の①～④
のうちから一つ選べ。　　29

①　ア　治安警察法　　イ　三・一五事件

②　ア　治安警察法　　イ　大逆事件

③　ア　新聞紙条例　　イ　三・一五事件

④　ア　新聞紙条例　　イ　大逆事件

問 2　下線部ⓐに関連して，従軍記者と戦争に関して述べた次の文 I ～ III につい
　　て，古いものから年代順に正しく配列したものを，下の①～⑥のうちから一つ
　　選べ。　30

　　I　『東京日日新聞』の岸田吟香が，台湾出兵に従軍した。

　　II　博文館から派遣された田山花袋が，日露戦争に従軍した。

　　III　『郵便報知新聞』の犬養毅が，西南戦争に従軍した。

　　①　I － II － III　　　　②　I － III － II　　　　③　II － I － III
　　④　II － III － I　　　　⑤　III － I － II　　　　⑥　III － II － I

問 3　下線部ⓑに関連して，日露戦争後の外交について述べた文として正しいもの
　　を，次の①～④のうちから一つ選べ。　31

　　①　日本は，韓国の外交権を奪ったほか，漢城に統監府をおいて，伊藤博文が
　　　その初代統監となった。

　　②　日本を中心とする列国の軍隊によって，清国内の民衆反乱が鎮圧され，北
　　　京議定書が結ばれた。

　　③　日本は，軍艦を江華島付近に派遣して朝鮮を挑発し，これを機に開国させ
　　　た。

　　④　日本は，韓国での権益を確保するために，ロシアと協調する外交路線では
　　　なく，イギリスと同盟を結ぶ路線を選んだ。

B ⓒ第一次世界大戦にともなう好景気を背景に，新聞・雑誌も発行部数を伸ばした。同時に，この時期に発行された総合雑誌は，自由主義・民本主義やマルクス主義に関する論説を掲載するなど，ⓓ大正デモクラシーの思潮をつくり出した。

　風刺漫画でもこの思潮が顕著にみられた。この時期にマスメディアとして発達した大手新聞の漫画欄や，宮武外骨が創刊した風刺雑誌『赤』には，労働者階級の視点に立った風刺画が多く掲載されている。小川治平や岡本一平らは，ⓔ政治・社会を大きく変えようとする動きについてわかりやすく示した漫画を多く発表し，柳瀬正夢は『無産者新聞』などにアメリカのプロレタリア漫画を模した力強い漫画を寄稿した。このように風刺漫画は，権力批判だけでなく，当時焦点となっていたさまざまな問題の要点をわかりやすく示す役割も果たした。

問 4　下線部ⓒに関連して述べた文として**誤っているもの**を，次の①～④のうちから一つ選べ。　32

① 物価の急騰が賃金の上昇を上回り，労働者の生活を圧迫した。

② 債務国だった日本は，これを機に債権国になった。

③ 造船業など重化学工業が拡大する一方で，繊維産業は衰退した。

④ 輸入超過であったそれまでの貿易収支は，一転して輸出超過となった。

問 5 下線部ⓓに関連して述べた次の文Ｘ・Ｙと，それに該当する語句ａ～ｄとの組合せとして正しいものを，下の①～④のうちから一つ選べ。 33

 Ｘ 『東洋経済新報』の誌上で植民地放棄論(小日本主義)を展開した。
 Ｙ 民衆の政治意識の成長を促した総合雑誌として大きく発展した。

 ａ 石橋湛山   ｂ 北一輝   ｃ 『白樺』   ｄ 『中央公論』

 ① Ｘ－ａ Ｙ－ｃ   ② Ｘ－ａ Ｙ－ｄ
 ③ Ｘ－ｂ Ｙ－ｃ   ④ Ｘ－ｂ Ｙ－ｄ

問 6 下線部ⓔに関連して，大正期の政治・社会に関して述べた文として正しいものを，次の①～④のうちから一つ選べ。 34

 ① 血のメーデー事件(メーデー事件)をきっかけに，破壊活動防止法が制定された。
 ② 第１次若槻礼次郎内閣は，ジーメンス(シーメンス)事件の責任を問われて総辞職した。
 ③ 労働組合が解散させられ，大日本産業報国会が結成された。
 ④ 護憲三派の提携が成立し，第二次護憲運動を展開した。

Ｃ　日中戦争が全面化すると，国内には人的・物的資源を幅広く戦争に動員する総
力戦体制が構築された。徴兵による労働力不足を補うために，(f)多くの国民が
軍需産業をはじめとする重要産業に動員された。

　　漫画家がもっていた読者への影響力も，総力戦体制のなかに組み込まれていっ
た。1930年代初頭まで労働運動を支持していた加藤悦郎は，1941年に建設漫画
会を結成し，国策を喧伝する漫画を描くようになった。1943年5月には日本漫
画奉公会が結成され，明治期から活躍してきた北沢楽天が会長に，大正期に活躍
した岡本一平が顧問に就任した。

　　敗戦後，GHQ の改革が進むなか，再び権力を批判する(g)風刺漫画がさかんに
描かれた。紙不足のなかでも，さまざまな雑誌が発行され，GHQ の検閲で認め
られた範囲内ではあるが，政治に対する風刺漫画が多く掲載された。他方，戦時
下に漫画家が行った戦争協力については，のちにその責任が議論され，漫画家自
身のなかにも自らの責任について語る者もいた。

問7　下線部(f)に関連して述べた次の文Ｘ・Ｙについて，その正誤の組合せとして
　　正しいものを，下の①～④のうちから一つ選べ。　| 35 |

　　Ｘ　アジア太平洋戦争（太平洋戦争）期には，未婚の女性が女子挺身隊に組織さ
　　　れた。
　　Ｙ　国家総動員法にもとづく国民徴用令によって，重要産業への国民の動員が
　　　行われた。

①　Ｘ　正　　Ｙ　正　　　　　②　Ｘ　正　　Ｙ　誤

③　Ｘ　誤　　Ｙ　正　　　　　④　Ｘ　誤　　Ｙ　誤

問 8 下線部⑤に関連して，次の図は，1946年に発表された風刺漫画で，「田」の字の上であぐらをかいている人物にこん棒が振り下ろされている。この図に関して述べた下の文 a ～ d について，正しいものの組合せを，下の①～④のうちから一つ選べ。 36

図

農地改革指令

農土也改革指令

(まつやまふみお画，湯本豪一『風刺漫画で日本近代史がわかる本』)

a 図の人物は，地主を表している。

b 図の人物は，小作人を表している。

c この改革は，自作農の増加を目指した。

d この改革は，自作農の減少を目指した。

① a・c   ② a・d   ③ b・c   ④ b・d

2019

本試験

日本史B

解答時間 60 分　配点 100 点

日 本 史 Ｂ

（解答番号　1　～　36　）

第1問　次の文章Ａ・Ｂは，ある大学の歴史サークルに所属する静さんと，後輩の九郎さんの会話である。この文章を読み，下の問い（**問1～6**）に答えよ。（史料は，一部省略したり，書き改めたりしたところもある。）（配点　16）

Ａ

　静　　：町名が変わるってニュースを見たよ。九郎君の出身地じゃない？

　九　郎：そうなんですよ。武士の苗字のもととなった地名で，ゆかりの行事や文化も多く残る土地なのに，合併で今風な町名になってしまうんです。

　静　　：合併で自治体の名称が変わることは避けられない面もあるけど，(a)地名はその土地の歴史や文化を知る上で大事なものだから，残念だね。

　九　郎：そういえば，山口県の秋吉台の近くにある長 登 銅山は，「ならのぼり」が語源だと聞いたことがあるな。ここの銅は(b)銭貨の鋳造以外に，平城京に運んで東大寺の大仏造立に使ったんだっけ。

　静　　：地名から，人やモノの移動・交流の歴史を知ることのできる例だね。長登銅山やその付近で出土した木簡や土器などを根拠として，銅山の開発や経営に渡来人が関与したことも指摘されているよ。

　九　郎：渡来人といえば，京都府の太秦は，渡来人の秦氏に由来していますね。

　静　　：神奈川県の秦野なども秦氏に関係する地名だとの説もあるし，渡来人は関東にも多く移住していたようだね。その活動は東北にもおよんでいて，天平年間に陸奥守として金を献上した百済王敬福は，倭国に亡命した百済王族の子孫だよ。また，869年に陸奥国で大地震と津波が発生したときには，貿易のため大宰府に滞在していた新羅人たちが，陸奥国に移住させられている。瓦造りなどの技術を復興に役立てることが期待されたんだ。

　九　郎：9世紀の新羅人は東アジアの国際貿易に乗り出していましたね。

　静　　：当時，日本は新羅と対立し，国交も断絶に近かったけど，一方で(c)新羅

人の活動はめざましく，日本を頻繁に訪れていた。唐でも，あちこちの都市に新羅人街ができていて，ゆかりの地名が今に残る例もあるそうだよ。

九　郎：国家的な外交とは別に，民間レベルの交流の歴史も大事ということか。

問1　下線部ⓐに関連して，地名の由来について述べた次の文X・Yと，それに該当する語句a～dとの組合せとして正しいものを，下の①～④のうちから一つ選べ。　┃　1　┃

X　奈良時代に編纂が命じられた，諸国の地理や産物などをまとめたこの書物には，各地域の地名の由来が記されている。

Y　沖縄の地名に残るグスク（城）とは，多くは琉球の地方豪族（首長）である彼らが築いた拠点に由来する。

a　万葉集　　　　b　風土記　　　　c　在庁官人　　　d　按　司

①　X－a　　Y　　c　　　　　　②　X－a　　Y－d

③　X－b　　Y－c　　　　　　④　X－b　　Y－d

問2　下線部ⓑに関連して，古代から近代までの貨幣について述べた文として正しいものを，次の①～④のうちから一つ選べ。　┃　2　┃

①　飛鳥時代には，日本最初の鋳造銭貨（銅銭）として和同開珎がつくられた。

②　鎌倉時代には，幕府が金座・銀座・銭座を設け，貨幣を発行した。

③　江戸時代には，幕府が中国から寛永通宝を輸入し，全国へ流通させた。

④　昭和期には，高橋是清蔵相のもとで，日本は管理通貨制度に移行した。

問 3　下線部ⓒに関連して，次の**史料**は，平安時代に遣唐使とともに入唐した延暦
　　寺僧の円仁が，帰国する遣唐使一行と別れて，不法に唐に残留しようとした際
　　の記述である。この**史料**に関して述べた下の文**X・Y**について，その正誤の組
　　合せとして正しいものを，下の①～④のうちから一つ選べ。　　3

史料

　其の九隻の船(注1)は，官人を分配し，船頭として押領(注2)せしむ。押領す
るものは，本国水手(注3)の外，更に新羅人の海路を暗ずる(注4)もの六十余人
を雇いて，船ごとに或いは七，或いは六，或いは五人なり。亦新羅訳語正
南(注5)をして留まるべき方便(注6)を商らしむ(注7)。未だ定まらざるな
り(注8)。

　　　　　　　　　　　　　　　　　　　　　（円仁『入唐求法巡礼行記』）

（注1）　其の九隻の船：行きの船が破損したので，遣唐使が帰国のため現地で調達し
　　　　た9隻の新羅船。
（注2）　押領：監督・統率。
（注3）　本国水手：「本国」は日本。「水手」は水夫。
（注4）　暗ずる：暗記する。暗唱する。
（注5）　新羅訳語正南：「訳語」は通訳。「正南」は金正南という新羅人で，行きの遣唐
　　　　使の船で入唐。
（注6）　留まるべき方便：円仁が唐に残留するための方法。
（注7）　商らしむ：検討させる。
（注8）　未だ定まらざるなり：どうするのが良いか決まらない。

X　この遣唐使は，帰国の航海のために，各船に日本人の官人・水夫を配置
　　し，さらに新羅人の熟練した船乗りを雇用して配置している。
Y　この遣唐使には，新羅人の通訳が随行しており，円仁は唐への残留計画を
　　彼に秘密にしている。

① **X** 正　　**Y** 正　　　　② **X** 正　　**Y** 誤
③ **X** 誤　　**Y** 正　　　　④ **X** 誤　　**Y** 誤

B

九　郎：そういえば北海道には，アイヌ語に由来する地名が多いですね。

　静　：アイヌは，自分たちの活動したほとんどあらゆる場所に，生活と密着した
　　　　呼称をつけていて，そこには彼らの歴史や文化があらわれているよ。

九　郎：確かに北海道やその周辺地域では，長らく特定の国家に属することなく，
　　　　アイヌなどの人々が独自の歴史と文化を築いてきましたね。近年，アイヌ
　　　　については，隣接諸地域との活発な交易活動や，モンゴル帝国と戦いをくり広げ
　　　　広げたことなど，その歴史の躍動的な側面も注目を集めていますね。

　静　：でも，特定の国家に属してこなかったからこそ，⒟<u>北海道やその周辺地</u>
　　　　<u>域に日本やロシアが進出し</u>，領土に組み込んでいくと，そこに暮らす人々
　　　　の運命は大きく翻弄されてしまうよ。

九　郎：そうですね。たとえば，明治政府がロシアとの国境を画定するため
　　　　　　ア　　を結んだときには，多くのアイヌが故郷から遠く離れた土地への
　　　　移住を余儀なくされ，伝染病などで亡くなっていますね。

　静　：アイヌに農地を与えるなどして救済する名目の　　イ　　も，生活向上には
　　　　あまり成果がなく，同化政策としての面が強かったといわれているね。

九　郎：それでも，アイヌ民族としての自覚を今に受け継ぎつつ，現代社会を生き
　　　　る人々は少なくないと聞いています。先住民族としてのアイヌの立場を訴
　　　　え続けた萱野 茂は，常々「地名は，アイヌが先住民族であるあかしを大地
　　　　に刻んでいる」といっていましたね。

　静　：2008 年には，前年の「先住民族の権利に関する国際連合宣言」をうけて，
　　　　「アイヌ民族を先住民族とすることを求める決議」が国会で採択されたけ
　　　　ど，そこではアイヌの人々が⒠<u>近代以降，貧困や差別に苦しんだこと</u>に
　　　　も言及されているね。先住民族の権利は，今日的な問題なんだよ。

九　郎：地名は現代を考えるヒントにもなっているんですね。

問4 空欄 ア イ に入る語句の組合せとして正しいものを，次の①～④
のうちから一つ選べ。 4

① ア 樺太・千島交換条約 イ 自作農創設特別措置法
② ア 樺太・千島交換条約 イ 北海道旧土人保護法
③ ア 日露和親条約 イ 自作農創設特別措置法
④ ア 日露和親条約 イ 北海道旧土人保護法

問5 下線部ⓓに関して述べた次の文Ⅰ～Ⅲについて，古いものから年代順に正し
く配列したものを，下の①～⑥のうちから一つ選べ。 5

Ⅰ 松前氏（蠣崎氏）がアイヌとの交易の独占権を幕府から認められた。
Ⅱ ロシアの極東進出・南下への対応として，幕府による蝦夷地の探検・調査
が進められた。
Ⅲ 蝦夷ヶ島の南端に和人が進出し，各地に館とよばれる拠点が成立すると，
コシャマインに率いられたアイヌが蜂起した。

① Ⅰ－Ⅱ－Ⅲ ② Ⅰ－Ⅲ－Ⅱ ③ Ⅱ－Ⅰ－Ⅲ
④ Ⅱ－Ⅲ－Ⅰ ⑤ Ⅲ－Ⅰ－Ⅱ ⑥ Ⅲ－Ⅱ－Ⅰ

問6　下線部ⓔに関連して，近代以降の人々の権利の問題を取り上げた人物や団体について述べた次の文**X・Y**と，それに該当する語句 **a ～ d** との組合せとして正しいものを，下の①～④のうちから一つ選べ。　**6**

X　この人物は，自らの体験を素材に，労働者たちの争議を描いた『太陽のない街』を執筆した。

Y　この団体は，被差別部落の人々が，自らの手で社会的差別を撤廃することをめざし，1922 年に結成された。

a　永井荷風　　　　**b**　徳永直　　　　**c**　全国水平社　　**d**　平民社

① X － a　　Y － c　　　② X － a　　Y － d
③ X － b　　Y － c　　　④ X － b　　Y － d

第2問 原始・古代の歴史研究と資料について述べた次の文章**A・B**を読み，下の問い(**問1～6**)に答えよ。(史料は，一部省略したり，書き改めたりしたところもある。)(配点　16)

A 歴史の研究においては，史書や古文書などの文献史料のほかにも，石碑や鉄剣銘など，石や金属製品に記された文字資料である金石文も，重要な研究材料となる。金石文は，文献史料にはみえない事柄を伝えたり，既知の出来事などを裏づけたりすることがある。後者の例として，<u>ⓐ福岡県志賀島で江戸時代に発見された金印</u>がある。これは，北部九州の勢力が，中国の王朝と交渉をもっていたことを示す貴重な資料である。

　また，<u>ⓑ6世紀の古墳である島根県松江市の岡田山一号墳からは，文字の記された鉄製の大刀が出土しており，「各田卩臣(額田部臣)」という字句を読み取ることができる</u>。これは，部民制の存在を示す重要な資料といえる。

　さらに，大阪府高槻市では，<u>ⓒ藤原仲麻呂政権下で活躍した石川年足の墓誌</u>が江戸時代に発見されているが，そこには年足の官職が「御史大夫」と記されている。『続日本紀』には，仲麻呂が官職名を中国風に改め，大納言を御史大夫とした，という記載があり，この墓誌はそれを裏づける資料として重要である。

問1 下線部ⓐと最も関係の深い出来事を述べた文として正しいものを，次の①～④のうちから一つ選べ。　　7

① 倭人社会は百余国に分かれ，前漢の楽浪郡に定期的に使者を送った。

② 倭の奴国の王が後漢の皇帝に使者を送った。

③ 卑弥呼が魏の皇帝に使者を送った。

④ 壱与が晋の皇帝に使者を送った。

問2　下線部ⓑに関して，この時期のヤマト政権の民衆支配の仕組みについて述べた次の文ａ～ｄについて，正しいものの組合せを，下の①～④のうちから一つ選べ。　8

ａ　ヤマト政権は，畿内の豪族を各地に国造として派遣し，民衆を統治させた。

ｂ　有力な豪族は，それぞれに隷属する私有民として部曲を保有した。

ｃ　大王やその一族に奉仕する集団として，名代・子代が各地に設定された。

ｄ　伴造は，職業集団である伴や品部に率いられ，朝廷の職務を分担した。

①　ａ・ｃ　　　　②　ａ・ｄ　　　　③　ｂ・ｃ　　　　④　ｂ・ｄ

問3　下線部ⓒに関して述べた次の文Ｘ・Ｙと，それに該当する語句ａ～ｄとの組合せとして正しいものを，下の①～④のうちから一つ選べ。　9

Ｘ　仲麻呂の打倒を企てたが，失敗して滅ぼされた。

Ｙ　仲麻呂の反乱の平定後，称徳天皇の発願でつくられ，中に印刷された経典が納められた。

ａ　橘奈良麻呂　　　ｂ　藤原広嗣　　　ｃ　百万塔　　　ｄ　正倉院宝庫

①　Ｘ―ａ　Ｙ―ｃ　　　　②　Ｘ―ａ　Ｙ―ｄ

③　Ｘ―ｂ　Ｙ―ｃ　　　　④　Ｘ―ｂ　Ｙ―ｄ

B　古代の文献史料の多くが，都を中心とした中央の歴史を伝えるのに対し，金石文は，それが残された地域の歴史を伝える資料としても重要である。

群馬県高崎市に所在する山上碑（やまのうえひ）は，681年に立てられた石碑で，「佐野三家」をめぐる現地の豪族層の動向を読み取ることができる。碑文に登場する「放光寺（ほうこうじ）」は，11世紀に，上野国の(d)国司の交替に際して作成された文書にもその名を確認することができる。さらに，群馬県前橋市の寺院の遺跡からは，「放光寺」と記された瓦が出土し，その場所に「放光寺」があったと推定されている。

また，栃木県大田原市に現存する(e)那須国造碑は，那須直韋提（なすのあたいいで）という現地の豪族の死後，彼の一族によって造られたものと考えられ，律令体制形成期の那須地方の様子や，地方行政制度の展開の一端を伝えている。

さらに，熊本県宇城市にある浄水寺寺領碑は，826年頃の石碑で，浄水寺の所有する田地の所在地や用途，面積などが記載されており，(f)平安時代の地方社会における田地の実態を考えるうえで重要な手がかりとなる。

問4　下線部(d)に関連して，古代の国司制度に関して述べた次の文Ⅰ～Ⅲについて，古いものから年代順に正しく配列したものを，下の①～⑥のうちから一つ選べ。　10

Ⅰ　律令制にもとづく地方統治の拠点として，国府が設置されはじめた。

Ⅱ　国司の交替の際の引継ぎを厳しく監督するため，新たに勘解由使が設置された。

Ⅲ　赴任する国司の最上席者が，大きな権限と責任を負い，受領とよばれるようになった。

①　Ⅰ－Ⅱ－Ⅲ　　②　Ⅰ－Ⅲ－Ⅱ　　③　Ⅱ－Ⅰ－Ⅲ
④　Ⅱ－Ⅲ－Ⅰ　　⑤　Ⅲ－Ⅰ－Ⅱ　　⑥　Ⅲ－Ⅱ－Ⅰ

問5　下線部©に関連して，次の**史料**は，那須国造碑に刻まれた碑文の一部である。この**史料**に関して述べた下の文**X・Y**について，その正誤の組合せとして正しいものを，下の①～④のうちから一つ選べ。　| 11 |

史料

永昌元年己丑(注1)四月，飛鳥浄御原の大宮(注2)の那須国造，追大壱(注3)那須直韋提，評督(注4)を賜る。歳は庚子に次る年，正月二壬子の日(注5)，辰節に殞る(注6)。故に，意斯麻呂(注7)等，碑銘を立て偲びて爾云う(注8)。(後略)

(注1)　永昌元年己丑：「永昌」は唐の年号(元号)。年を干支による表記と組み合わせて示している。
(注2)　飛鳥浄御原の大宮：飛鳥浄御原宮の朝廷。
(注3)　追大壱：天武天皇の時代に定められた冠位。
(注4)　評督：評の長官のこと。
(注5)　歳は庚子に次る年，正月二壬子の日：年月日を干支による表記と組み合わせて示している。
(注6)　殞る：死去すること。
(注7)　意斯麻呂：韋提の一族で，その後継者。
(注8)　爾云う：「このように述べる」という意味。この後に続く内容を示す表現で，ここでは(後略)の部分を指す。

X　**史料**からは，那須地方の豪族層に，中国王朝にかかわる知識・情報が知られていたことを読み取ることができる。

Y　**史料**からは，大宝律令にもとづく官僚制や地方行政組織を読み取ることができる。

① **X** 正　**Y** 正　　　　② **X** 正　**Y** 誤
③ **X** 誤　**Y** 正　　　　④ **X** 誤　**Y** 誤

問 6　下線部⑥に関して述べた文として**誤っているもの**を，次の①〜④のうちから
一つ選べ。　12

①　財政が悪化した朝廷は，公営田や官田（元慶官田）を設置して，財源確保を
はかった。

②　班田収授を励行させるため，班田の期間を 12 年ごとに改めたが，班田の
実施は困難になっていった。

③　開発領主たちの中には，国司の干渉から逃れるため，所領を中央の貴族や
寺社に寄進するものがあった。

④　官物や臨時雑役などの税が，土地を対象に課されるようになったことで，
戸籍にもとづく支配が強化された。

第3問 中世の政治と社会に関する次の文章**A・B**を読み，下の問い(問1〜6)に答えよ。(配点 16)

A 古代中国に起源をもつ年号(元号)は，君主などが定めた，2字以上の漢字を冠して年を表す称号である。

近世以前の日本では，ⓐ天皇の即位や災害など多様な契機によって，新しい年号に改める改元が行われた。年号の使用をめぐって，中世には特徴的な事件が起こっている。

12世紀末の内乱では，東日本で挙兵した源頼朝や ┃ ア ┃ が，改元後も治承の年号をしばらく使い続け，都落ちした平氏も安徳天皇時代の年号にこだわるなど，異なる年号が並行して用いられた。また，建武新政の崩壊後，14世紀末に ┃ イ ┃ の仲介で南北朝の合体(合一)が実現するまでは，二つの朝廷が別々に年号を制定する場合が多かったこともよく知られている。

朝廷が改元した新しい年号を受け入れるか否か，朝廷が分裂した場合にどちらの年号を採用するかは，ⓑ中世の支配階層にとって，重要な政治的選択となったのである。

問1 空欄 ┃ ア ┃ イ ┃ に入る語句の組合せとして正しいものを，次の①〜④のうちから一つ選べ。 ┃ 13 ┃

① ア 源義家 イ 足利義輝

② ア 源義家 イ 足利義満

③ ア 源義仲 イ 足利義輝

④ ア 源義仲 イ 足利義満

問 2 下線部ⓐに上皇が関与した院政期の政治について述べた文として正しいものを，次の①〜④のうちから一つ選べ。 14

① 法や慣習を無視した専制的な政治が行われ，国司の制度が廃された。

② 院庁が出す院庁下文などの文書が国政に効力をもつようになった。

③ 荘園の寄進がおとろえ，知行国の制度が院政の経済的基盤とされた。

④ 所領関係の訴訟を処理する機関として，雑訴決断所をおいた。

問 3 下線部ⓑに関連して，12世紀末から14世紀の出来事について述べた次の文Ⅰ〜Ⅲについて，古いものから年代順に正しく配列したものを，下の①〜⑥のうちから一つ選べ。 15

Ⅰ 中先代の乱を機に天皇の政権に離反する武士が現れた。

Ⅱ 鎌倉殿とその軍勢が奥州藤原氏を滅ぼした。

Ⅲ 元からの度重なる朝貢要求を幕府が拒否した。

① Ⅰ—Ⅱ—Ⅲ   ② Ⅰ—Ⅲ—Ⅱ   ③ Ⅱ—Ⅰ—Ⅲ

④ Ⅱ—Ⅲ—Ⅰ   ⑤ Ⅲ—Ⅰ—Ⅱ   ⑥ Ⅲ—Ⅱ—Ⅰ

B　ⓒ南北朝の合体の２年後から始まる応永という年号は，近世以前で最長の 35
年も続いた。この年号は，後小松・称光の２代の天皇にわたり使用され続け，称
光天皇の即位から 15 年ものあいだ改元されなかった点で注目される。

　　この年号が正長に改められたのは，元将軍義持の没後，弟の義教が将軍候補と
なった後である。さらに，正長が永享に改められたのはその翌年，義教の将軍職
就任後であった。ところが，ⓓ義教の将軍職就任を認めなかった鎌倉公方は，
永享の年号を使用しなかった。室町将軍が改元の実施に強い影響力をもつように
なり，将軍と対立する鎌倉公方が新年号を拒絶する態度を示したのである。

　　支配者の権力争いが年号使用のあり方に反映する一方で，ⓔ中世の地方社会
には，朝廷の定めたものではない年号の使用例が確認できるようになる。とりわ
け 15 世紀末に東日本の一部で「福徳」という年号が使用された例などは，地方社
会の独自性がさらに強まったことを象徴する。しかし，こうした私的な年号は，
統一政権の出現する近世に入ると，急速に姿を消していく。

問 4　下線部ⓒの時期の出来事について述べた文として**誤っているもの**を，次の
　　①～④のうちから一つ選べ。　　| 16 |

　　①　京都北山の北山殿(第)に金閣が造営された。
　　②　朝鮮軍が倭寇の本拠地と考える対馬を攻撃した。
　　③　鎌倉府で反乱を起こした上杉禅秀が追討された。
　　④　中国の寧波で細川氏と大内氏との紛争が生じた。

問 5 下線部ⓓに関連して，鎌倉公方に関して述べた次の文X・Yについて，その正誤の組合せとして正しいものを，下の①〜④のうちから一つ選べ。 ⬛17

X 足利義教は関東に軍兵を送り，足利持氏らを討ち滅ぼした。

Y 鎌倉公方は，のちに古河公方と堀越公方とに分裂した。

① X 正 Y 正　　　　② X 正 Y 誤

③ X 誤 Y 正　　　　④ X 誤 Y 誤

問 6 下線部ⓔに関連して，室町時代から戦国時代の地方社会に関して述べた次の文a〜dについて，正しいものの組合せを，下の①〜④のうちから一つ選べ。 ⬛18

a 稲の品種改良が進み，早稲・中稲・晩稲の作付けが普及した。

b 美濃の紙や河内の木綿など，特産品の生産がおとろえた。

c 時宗や律宗からなる林下の布教活動がさかんに行われた。

d イエズス会の布教活動が九州で始まった。

① a・c　　　② a・d　　　③ b・c　　　④ b・d

第4問　近世の社会・政治・文化に関する次の文章**A・B**を読み，下の問い（**問
1～6**）に答えよ。（史料は，一部省略したり，書き改めたりしたところもある。）
（配点　16）

A　江戸時代，土木技術の発展を背景に_ⓐ大規模な土木工事が行われるように
なった。治水事業や用水路の開削，新田開発も進められ，17世紀には耕地面積
が大幅に増加した。関東平野では，乱流して江戸湾に注いでいた利根川の付け替
え工事が1654年に完成し，氾濫原や沖積地の耕地化を促した。同年，多摩川の
水を江戸に引く玉川上水も完成したが，その水は分水され武蔵野台地の灌漑にも
利用された。新田村の増加を一つの要因に，全国の村の数が増えた。

　　ⓑ江戸時代の村は，百姓によって自治的に運営されていた。たとえば，村に
とって近隣の山や野は，燃料を採取する森林，あるいは肥料や飼料となる草を採
取する採草地として重要で，これらの管理は村で行われていた。しかし，採草地
として利用するために樹木の生育を抑制することが，土砂の流出を招き，災害を
引き起こすこともあった。また，ⓒ山や野の利用をめぐる村々の争いもしばし
ば起きた。さらに，新田開発の進行にともない，開発の対象が山や野にまでおよ
び，山や野を利用していた村々が開発に反対することもあった。

問 1　下線部ⓐに関して述べた次の文 **X・Y** と，それに該当する語句 **a ～ d** との組合せとして正しいものを，下の①～④のうちから一つ選べ。　19

　　X　この人物は京都の豪商で，富士川の整備，高瀬川の開削に当たった。
　　Y　江戸幕府が，大名に河川の改修などの負担を命じた。

　　a　本阿弥光悦　　　**b**　角倉了以　　　　**c**　手伝普請　　　　**d**　小物成

　　①　X ― a　　Y ― c　　　　　②　X ― a　　Y ― d
　　③　X ― b　　Y ― c　　　　　④　X ― b　　Y ― d

問 2　下線部ⓑに関連して，近世の村や百姓について述べた文として正しいものを，次の①～④のうちから一つ選べ。　20

　　①　年貢の納入に村は関与せず，百姓が個々に責任を持った。
　　②　街道周辺には，助郷役を負担させられる村々があった。
　　③　村の運営経費である村入用は，幕府が支給した。
　　④　百姓は犯罪防止のために，結（ゆい）・もやいに編成された。

問3　下線部ⓒに関連して，次の**史料**は，安房国（現在の千葉県南部）の川名村と
金尾谷村での，採草地をめぐる争論（紛争）に関し，1830年に作成された和解
の文書である。この**史料**に関して述べた下の文**X・Y**について，その正誤の組
合せとして正しいものを，下の①〜④のうちから一つ選べ。　| 21 |

史料

川名村・金尾谷村両村堺(注1)，金堀山頂上 秣場(注2)争論に及び，既に御公
訴(注3)に及び申すべきところ，隣村舟形村名主九右衛門・那古村寺領名主武
兵衛・深名村組頭市郎右衛門・白坂村組頭長左衛門取り扱い(注4)立ち入り，
双方へ異見 仕り(注5)，承知納得の上，（中略），四ヶ村立ち入り，争論相預
かり(注6)，両邑(注7)永々入会の秣場に熟談(注8)仕り候。

（『千葉県の歴史』資料編近世2）

(注1)　村堺：村の境。
(注2)　秣場：肥料や飼料を採取するための採草地。
(注3)　公訴：おおやけ（ここでは幕府）に訴え出ること。
(注4)　取り扱い：仲裁すること。
(注5)　異見仕り：意見すること。忠告すること。
(注6)　争論相預かり：紛争の処置を一任してもらうこと。
(注7)　邑：村。
(注8)　熟談：よく話し合って示談すること。

X　この紛争は，近隣の名主2人と組頭2人によって仲裁された。

Y　この紛争の対象となった採草地は，当事者の両村で共同利用することで合
　　意した。

① **X** 正　**Y** 正　　　　② **X** 正　**Y** 誤
③ **X** 誤　**Y** 正　　　　④ **X** 誤　**Y** 誤

B　大田南畝は1749年に幕府の御家人の家に生まれた。早くから文才を発揮し，四方赤良と号して天明期の　ア　の流行の中心となり，洒落本や黄表紙なども発表した。しかし(d)寛政の改革を推進する松平定信が政界に登場した頃，戯作活動から一時退いた。出版統制により洒落本・黄表紙作家の　イ　らが処罰されるのをよそに，南畝は漢詩文の研鑽につとめた。

　1794年，南畝は幕府が行った学術試験に優秀な成績で合格した。勘定所の役人に登用され，民衆教化のために善行者の事跡を記録した『孝義録』の編纂に加わり，また，勘定所の古い書類の整理にも従事した。南畝は書類の一部を書き抜き，『竹橋蠹簡』『竹橋余筆』として編集したが，これらは現在，幕府財政などに関する貴重な史料になっている。さらに，1801年に大坂の銅座，1804年には長崎奉行所に赴任し，(e)長崎滞在中にはロシアの使節に面会している。こうした活躍にもかかわらず旗本に取り立てられることはなかったが，晩年文名はますます上がり，大坂滞在時に名乗り始めた蜀山人の号でも今に知られている。

問4　空欄　ア　　イ　に入る語句の組合せとして正しいものを，次の①〜④のうちから一つ選べ。　22

① ア　川　柳　　イ　井原西鶴

② ア　川　柳　　イ　山東京伝

③ ア　狂　歌　　イ　井原西鶴

④ ア　狂　歌　　イ　山東京伝

問5 下線部ⓓに関して述べた文として**誤っているもの**を，次の①～④のうちから一つ選べ。 23

① 各地に社倉や義倉をつくり，飢饉に備えて米穀を蓄えさせた。

② 江戸町会所を設け，町入用の節約分を運用させて貧民救済などに充てた。

③ 上知令を出し，江戸・大坂周辺を幕府の直轄地にしようとした。

④ 石川島に人足寄場をつくり，無宿人を強制的に収容した。

問6 下線部ⓔに関して述べた次の文Ⅰ～Ⅲについて，古いものから年代順に正しく配列したものを，下の①～⑥のうちから一つ選べ。 24

Ⅰ キリスト教の宣教師・信者26名が，長崎で処刑された。

Ⅱ 中国人の居住地を1か所に限定するため，唐人屋敷が設けられた。

Ⅲ 平戸にあったオランダ商館が，長崎の出島に移された。

① Ⅰ－Ⅱ－Ⅲ　　　② Ⅰ－Ⅲ－Ⅱ　　　③ Ⅱ－Ⅰ－Ⅲ

④ Ⅱ－Ⅲ－Ⅰ　　　⑤ Ⅲ－Ⅰ－Ⅱ　　　⑥ Ⅲ－Ⅱ－Ⅰ

第5問　近世・近代における公家と華族に関する次の文章を読み，下の問い（問
1〜4）に答えよ。（配点　12）

　　江戸幕府は公家の居所を京都に限り，幕政への関与を許さなかった。庶民にとり
見慣れぬ公家は興味関心の対象であり，御所への参内を見物する人々も多かった。
　　幕末になり，(a)開国問題で朝廷の政治的影響力が増すと，政治の舞台で活躍す
る公家が現れた。なかでも岩倉具視は，将軍徳川家茂と皇女和宮の婚姻を進め公武
合体を画策し，それに反対した公家から糾弾され蟄居に処された。しかし，蟄居中
に薩摩藩の倒幕派と通じ，摂政・関白や将軍職を廃止して天皇中心の政府樹立をめ
ざす　　ア　　など新政府の基本方針の策定にかかわり，明治維新の立役者となった。
　　1869年，明治政府は大名や公家を華族とし，その後，(b)東京へ移住させた。四
民平等の政策を進める一方で，華族に四民の模範として皇室を守る役割を求めつ
つ，維新以来の功労者も華族とするなど(c)華族制度を整備していった。公家出身
の華族も，法律案を審議する　　イ　　の議官をつとめるなど，国政にかかわった。
西園寺公望のように総理大臣をつとめた者もいる。国民の中に特別な存在を設ける
華族制度は，日本国憲法の施行まで続いた。

問1　空欄　　ア　　　イ　　に入る語句の組合せとして正しいものを，次の①〜④
　　のうちから一つ選べ。　25

①　ア　王政復古の大号令　　イ　元老院

②　ア　王政復古の大号令　　イ　大審院

③　ア　五榜の掲示　　　　　イ　元老院

④　ア　五榜の掲示　　　　　イ　大審院

問2　下線部ⓐに関連して述べた次の文**Ｘ・Ｙ**について，その正誤の組合せとして正しいものを，下の①〜④のうちから一つ選べ。　26

 　Ｘ　井伊直弼は，孝明天皇の勅許を得て，開国に踏み切った。
 　Ｙ　安藤信正は，朝廷との融和をはかる公武合体に反対し，老中を辞職した。

① Ｘ　正　　Ｙ　正　　　　　② Ｘ　正　　Ｙ　誤
③ Ｘ　誤　　Ｙ　正　　　　　④ Ｘ　誤　　Ｙ　誤

問3　下線部ⓑに関連して，明治初期の東京に関して述べた文として正しいものを，次の①〜④のうちから一つ選べ。　27

① 戊辰戦争によって江戸城は焼失し，その跡に皇居が造営された。
② はじめての電信が，東京—新潟間に開通した。
③ 廃藩置県によって旧藩主は知藩事を罷免され，東京へ居住させられた。
④ 自由民権運動の全国的組織である愛国社は，東京で結成された。

問4　下線部ⓒについて述べた文として**誤っているもの**を，次の①〜④のうちから一つ選べ。　28

① 廃藩置県後も，政府は華族に家禄を支給した。
② 華族令によって，華族には爵位が与えられた。
③ 大日本帝国憲法によって，天皇と華族に軍隊の統帥権が認められた。
④ 華族は貴族院議員になる資格を持っていた。

第6問　近現代の日米関係に関する次の文章 **A ～ C** を読み，下の問い(**問1 ～ 8**)に
答えよ。(史料は，一部省略したり，書き改めたりしたところもある。)(配点　24)

A　日露戦争に勝利した日本は，列国と協定や協約を結び，アジアへの進出を強め
ていった。アメリカとの間でも，1917年に　**ア**　を結び，中国における日本
の権益と中国の領土保全・門戸開放を相互に承認しあった。

　　第一次世界大戦後，日本は⒜幣原喜重郎外相による米英との協調外交を展開
し，中国に対して内政不干渉政策をとった。しかし，中国で国権回復を求める民
族運動が広がると，満州への波及を恐れる軍部のなかで強硬外交への転換を主張
する動きが強まり，政友会や国家主義団体，財界でも同様の動きが起こった。

　　1930年代以降，満州事変から日中戦争へと，日本が中国大陸への軍事進出を
拡大していくと，アメリカは中国を支援して，これに対抗した。日中戦争が泥沼
化していくなかで，日本軍が　**イ**　に進駐すると，アメリカは対日経済制裁を
強化した。日米関係の亀裂はさらに深まり，アジア太平洋戦争(太平洋戦争)が始
まった。開戦後，⒝アメリカで生活する日本人と日本で生活するアメリカ人
は，それぞれ収容所に入れられたり，交換船で本国に送還されたりした。

問1　空欄　**ア**　**イ**　に入る語句の組合せとして正しいものを，次の①～④
のうちから一つ選べ。　**29**

① **ア**　石井・ランシング協定　　**イ**　フランス領インドシナ(仏印)

② **ア**　石井・ランシング協定　　**イ**　フィリピン

③ **ア**　桂・タフト協定　　**イ**　フランス領インドシナ(仏印)

④ **ア**　桂・タフト協定　　**イ**　フィリピン

問 2　下線部ⓐについて述べた文として正しいものを，次の①〜④のうちから一つ
選べ。　30

①　日本全権として，ポーツマス条約に調印した。

②　初代朝鮮総督として，武断政治を実施した。

③　首相として，降伏文書に調印した。

④　首相として，新憲法の制定に着手した。

問 3　下線部ⓑに関連して，近現代における海外での日本人の動向に関して述べた
文として正しいものを，次の①〜④のうちから一つ選べ。　31

①　日朝修好条規の締結をきっかけに，朝鮮で東洋拓殖会社が設立された。

②　日露戦争の後に，多数の日本軍の軍人・軍属がシベリアに抑留された。

③　満州事変の勃発により，満州への移民が廃止された。

④　アジア太平洋戦争(太平洋戦争)敗戦前後の混乱のなかで，中国から帰国で
きず，残留孤児となる者が生じた。

B　日本の敗戦後，連合国の対日占領で主導権を握ったのはアメリカであった。連合国軍最高司令官となったマッカーサーは，東京にGHQをおいて，日本の民主化と非軍事化を進める占領政策を実施した。その際，GHQは，日本政府に指令や勧告を発する　ウ　統治の形態をとった。

占領政策にはアメリカの民間人が多数参加し，特別公使として赴任したドッジは，日本政府に対して，歳出を極力　エ　超均衡予算を編成させた。ⓒ戦前に日本に滞在したことがあるベアテ゠シロタは，GHQの女性スタッフとして，日本国憲法の草案作りに参加し，女性の地位向上を提案した。

戦後の文化にアメリカが与えた影響も大きかった。戦時中禁止されていたアメリカ映画やジャズが復活し，ラジオ放送では，英会話講座が人気を博した。しかし，GHQは，日本人に完全に自由な言論や表現活動を保障したわけではなく，新聞や雑誌の原稿，ラジオ放送や映画，芝居などの脚本まで，ⓓ検閲の対象とした。

問4　空欄　ウ　　エ　に入る語句の組合せとして正しいものを，次の①〜④のうちから一つ選べ。　32

① ウ　間　接　　エ　抑制する

② ウ　間　接　　エ　増加させる

③ ウ　直　接　　エ　抑制する

④ ウ　直　接　　エ　増加させる

問5　下線部ⓒに関連して，幕末以降に日本に滞在したアメリカ人について述べた文として**誤っているもの**を，次の①〜④のうちから一つ選べ。　33

① ハリスは，江戸幕府に通商条約の締結を求めた。

② モースは，地方制度について明治政府に助言した。

③ フェノロサは，日本の伝統美術を高く評価した。

④ クラークは，札幌農学校で教育に当たった。

問 6　下線部ⓓに関連して，次の**史料**は，GHQ が日本政府に出した指示の一部である。この**史料**に関して述べた下の文**X・Y**について，その正誤の組合せとして正しいものを，下の①〜④のうちから一つ選べ。　34

史料

連合軍最高司令部(注1)　一九四五年九月一九日

日本帝国政府ニ対スル覚書

題名　日本ニ与フル新聞紙法

一　報道ハ厳格ニ真実ヲ守ラザルベカラズ

二　直接タルト推論ノ結果タルトヲ問ハズ，公安(注2)ヲ害スベキ事項ハ何事モ掲載スベカラズ

三　連合国ニ対シ，虚偽 若ハ破壊的ナル批判ヲ為スベカラズ

四　進駐連合軍ニ対シ，破壊的ナル批判ヲ加ヘ，又ハ同軍ニ対シ，不信若ハ怨恨ヲ招来スルガ如キ事項ヲ掲載スベカラズ

(「占領軍進駐ニ伴フ報道取扱要領等」)

(注1)　連合軍最高司令部：連合国軍最高司令官総司令部。
(注2)　公安：社会全体の平安と秩序。

X　この**史料**では，GHQ は，真実であれば公安を害することでも報道することを許している。

Y　この**史料**では，GHQ は，連合軍に対する不信や怨恨を招くような報道を禁止している。

①　**X**　正　　**Y**　正　　　　　②　**X**　正　　**Y**　誤

③　**X**　誤　　**Y**　正　　　　　④　**X**　誤　　**Y**　誤

C　1950年，朝鮮戦争が勃発すると，吉田茂内閣はアメリカの求めに応じて警察予備隊を創設し，再軍備を進めた。1951年，日本はサンフランシスコ平和条約に調印し，国際社会への復帰の道筋をつけた。同時に日米安全保障条約を結び，さらに翌年，同条約に基づいて　オ　を結んだ。これらの結果，沖縄や小笠原諸島などはアメリカの施政権下におかれることとなり，同国の軍隊が日本国内の基地に駐留を続けることとなった。

　1960年代に入ってからも，アメリカはアジアへの介入を続け，東アジア情勢は大きく変化した。　カ　内閣は，アメリカのアジア政策に協力する姿勢をとり，日韓基本条約を結ぶ一方，沖縄返還交渉を進めた。日米関係をめぐっては，1980年代には貿易摩擦なども起きたが，1990年代以降，ⓔ軍事・防衛での協力が進んだ。

問7　空欄　オ　　カ　に入る語句の組合せとして正しいものを，次の①～④のうちから一つ選べ。　35

①　オ　日米相互防衛援助協定（MSA協定）　カ　佐藤栄作

②　オ　日米相互防衛援助協定（MSA協定）　カ　大平正芳

③　オ　日米行政協定　カ　佐藤栄作

④　オ　日米行政協定　カ　大平正芳

問8　下線部ⓔに関連して，1990年代の日米の軍事・防衛関係に関して述べた次の文a～dについて，正しいものの組合せを，下の①～④のうちから一つ選べ。　36

a　湾岸戦争の際，日本は多国籍軍への資金援助要請を拒絶した。

b　湾岸戦争後，国会でPKO協力法（国連平和維持活動協力法）が成立した。

c　日米協力のための新ガイドライン関連法が成立した。

d　在日米軍基地に反対する運動が広がり，砂川事件が起こった。

①　a・c　　　②　a・d　　　③　b・c　　　④　b・d

2018

本試験

日本史B

解答時間 60 分　配点 100 点

日　本　史　B

（解答番号　[1] ～ [36]）

第1問　次の文章A・Bは，歴史学科を卒業し，ある自治体の観光課に配属された
Rと，同課の先輩Tとの会話である。この文章を読み，下の問い（**問1～6**）に答
えよ。（史料は，一部省略したり，書き改めたりしたところもある。）（配点　16）

A

R：観光課の重要な仕事の一つは，地域の知名度を高めて，多くの人々をうちの自
　　治体に呼び込むことですね。観光といえば，やはり特産品と歴史，そして「く
　　まモン」のようなゆるキャラは外せないように思いますが，どうでしょうか。

T：確かに最近は，どこの自治体も地域の文化資源を活用して積極的に観光客を呼
　　び込み，地域の振興につなげようとしていますね。君の出身地の埼玉県ではど
　　んな状況だったのかな。

R：たとえば，ⓐ国宝の鉄剣が出土した埼玉古墳群が「さきたま古墳公園」として
　　整備され，観光スポットとなっています。それに，深谷市は「ふっかちゃん」で
　　アピールしていますが，そのゆるキャラは特産品の深谷ネギからきてますね。

T：特産品には歴史的に培われた産業に関係するものも多く，歴史と無関係ではな
　　い場合が多いようだね。ゆるキャラと歴史の関係はどうだろうか。

R：彦根市の「ひこにゃん」のように，戦国大名や江戸時代の領主が地域を代表する
　　キャラクターになる場合が多いように思います。中世から近世に変わる時期
　　は，社会体制やⓑ土地制度などに大きな変化があっただけに，印象深い時期
　　の一つとなっているのかもしれませんね。それに，「出世大名家康くん」は徳川
　　家康がモデルですが，現在の浜松市の特産品である鰻や工業生産品も含む，地
　　域の歴史・産物を凝縮したキャラクターですよ。

T：「出世大名家康くん」は羽織に鰻の丁髷という格好だけど，昔の人物をモチー
　　フとする場合はⓒ衣装をはじめとする風俗も現代とは違うから，歴史的な考
　　証が必要になってくるね。観光課の仕事と歴史は，結構，関係が深いんだよ。

Ｒ：そうですね。僕としては，まずはこれからこの地域の歴史を地道に調べて，人知れず残されている魅力的な文化資源を探してみようと思います。

問 1　下線部@に関連して，次の**史料**は埼玉県の稲荷山古墳から出土した鉄剣銘の一部である。この**史料**に関して述べた下の文**Ｘ・Ｙ**について，その正誤の組合せとして正しいものを，下の**①**〜**④**のうちから一つ選べ。　　1

史料

（前略）其の児，名は乎獲居の臣。世々^(注1)，杖刀人の首と為り^(注2)，奉事し^(注3)来り今に至る。獲加多支鹵の大王の寺^(注4)，斯鬼の宮に在る時，吾^(注5)，天下を左治し^(注6)，此の百練の利刀^(注7)を作らしめ，吾が奉事の根原を記す也。

　　　　　　　　　　　　　　　　　（「稲荷山古墳出土鉄剣銘（裏面：部分）」）

（注1）　世々：代々の大王の治世。また（前略）とした部分には，「乎獲居の臣」に至る代々の先祖の名が記されている。
（注2）　杖刀人の首と為り：「杖刀人」という大王の親衛隊の中心をつとめ。
（注3）　奉事し：大王に奉仕し。
（注4）　寺：役所（朝廷）。
（注5）　吾：「乎獲居の臣」のこと。
（注6）　左治し：統治を助け。
（注7）　百練の利刀：何回も鍛えたよく切れる刀剣。

Ｘ　**史料**には，「獲加多支鹵の大王」の役所（朝廷）が「斯鬼の宮」にある時，「乎獲居の臣」は，大王が天下を治めることを助けたことが記されている。

Ｙ　**史料**にある「獲加多支鹵の大王」は，熊本県の江田船山古墳から出土した鉄刀銘にある人物と同一とみなされる。

①　Ｘ　正　　Ｙ　正　　　　　　**②**　Ｘ　正　　Ｙ　誤
③　Ｘ　誤　　Ｙ　正　　　　　　**④**　Ｘ　誤　　Ｙ　誤

問 2　下線部⑥に関して，土地制度にかかわる次の図・写真 I ～IVについて述べた文として正しいものを，次ページの①～④のうちから一つ選べ。　　2

I 　東大寺領糞置荘開田図

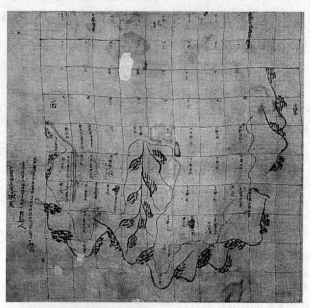

II 　伯耆国東郷荘の下地中分図

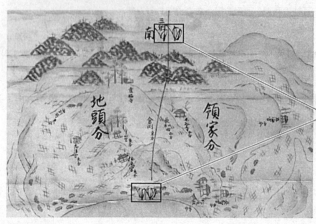

執権・連署の
花押（サイン）

Ⅲ　検地仕法

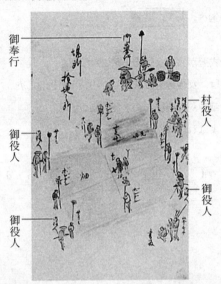

御奉行

御役人

御役人

村役人

御役人

Ⅳ　地　券

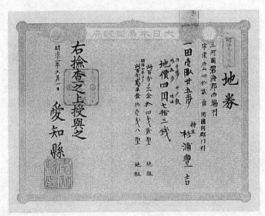

① 　Ⅰでは，条坊制にもとづく土地区画のための線が引かれている。

② 　Ⅱでは，荘園領主同士が和解し，幕府の関与のもと下地中分が成立した。

③ 　Ⅲでは，奉行が役人や村役人らを監督し，検地を行っている。

④ 　Ⅳでは，土地所有者・土地面積・収穫高などがそれぞれ記されている。

問 3　下線部©に関連して述べた次の文 **a** ～ **d** について，正しいものの組合せを，下の①～④のうちから一つ選べ。　　3

　a　平安時代には，束帯や衣冠が宮廷女性の正装となった。

　b　戦国・安土桃山時代には，女性の普段着として小袖が一般化した。

　c　江戸時代には，生地に華やかな模様を表す友禅染が流行した。

　d　明治時代には，モボとよばれる男性が繁華街を闊歩した。

　① **a・c**　　　② **a・d**　　　③ **b・c**　　　④ **b・d**

B

R：地域の発信力というと，やはり世界遺産の影響は大きいですね。2014年，世界文化遺産に登録された富岡製糸場が一躍有名な観光地となったことは記憶に新しいです。明治政府は，自立した近代国家をつくるために，西洋の技術を導入し，殖産興業を推進して ア をはかりました。富岡製糸場は，⒟輸出品である生糸の品質向上のために設置された官営模範工場だったんですね。

T：近年，こうした日本の近代化遺産が注目を集め，明治維新150周年にちなんだイベントも各地で実施されたり計画されたりしているようだよ。

R：でも，全国的に有名な遺産だけが注目されていますが，地域の歴史上，重要な近代の遺産も身近に多く残されています。こうした文化資源は，今，将来を見据えて保存しておかないと，どんどん消滅していく危険性がありませんか。

T：その視点はとても重要だね。そういえば，祖父の実家がある山口市にも，初代朝鮮総督ゆかりの図書館だった建物が人知れず残っていたな。

R：それは，結構，貴重な文化資源ですよ。

T：ただ，明治維新を経て近代国家となった日本が，軍事的にアジア諸地域へ侵攻し，⒠他国を植民地にしたり領有したりしたことも忘れてはいけない。それに，世界遺産は観光資源として魅力的だけど，本来は遺産の保存が目的だしね。ところが，世界遺産に登録されたことで観光客が急増したため，深刻な交通渋滞やゴミ問題が発生したり，史跡や自然の保存に支障が出ている場合もあるんだ。たとえば，院政期には，白河上皇も行った イ がさかんだったけど，その参詣道の周辺では近年，石仏の破壊や盗難も発生しているらしいよ。

R：史跡や自然を観光に活用することと，それらを保存し未来に継承していくこととは，目先の経済振興を優先したいという思惑などもあって，簡単に両立とはいかないですね。いろいろな問題点を教えていただきありがとうございます。

問4　空欄　ア　　イ　に入る語句の組合せとして正しいものを，次の①〜④
のうちから一つ選べ。　4

① ア　富国強兵　　イ　熊野詣
② ア　富国強兵　　イ　伊勢詣（伊勢参り）
③ ア　民力休養　　イ　熊野詣
④ ア　民力休養　　イ　伊勢詣（伊勢参り）

問5　下線部ⓓに関連して，近代以前の商品の生産や流通に関して述べた文として
誤っているものを，次の①〜④のうちから一つ選べ。　5

① 平安時代には，輸入品が唐物として珍重されるようになった。
② 鎌倉時代には，問（問丸）が商品の運送にかかわった。
③ 室町時代には，地方で見世棚が普及し，市場の市日が減少した。
④ 江戸時代には，肥前で磁器がさかんに生産され，海外へ輸出された。

問6　下線部ⓔに関連して，次の写真X・Yと，それが設置された場所（境界線・
都市）を示した次ページの地図上の位置a〜dとの組合せとして正しいもの
を，次ページの①〜④のうちから一つ選べ。　6

X

写真の文字は右から左に読み，上
段最後の文字は「國」で「国」のこ
と。石碑の裏面には，ロシア語で
「ロシア」「境界」の文字と，石碑の
設置年を示す「1906」の数字が刻ま
れている。

Y 関東州の管轄と南満州鉄道株式会社の保護・監督にあたる機関

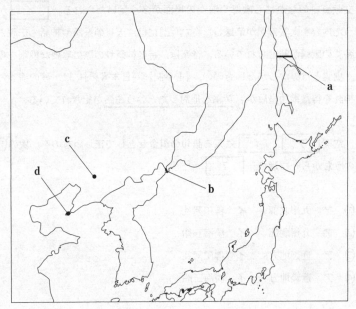

① X － a　　Y － c　　② X － a　　Y － d
③ X － b　　Y － c　　④ X － b　　Y － d

第2問　原始・古代の国家・社会と音楽との関係に関する次の文章A・Bを読み，下の問い(**問1～6**)に答えよ。(史料は，一部省略したり，書き改めたりしたところもある。)(配点　16)

A　発掘調査によって，原始・古代の人々の奏でた音を推測させる資料が見つかることがある。たとえば，縄文時代の遺跡から石や土で作られた笛が発見されているが，これは狩猟の場面などで使用されたと考えられている。弥生時代の釣り鐘状の青銅器である銅鐸は，　**ア**　を中心に出土している。その表面には脱穀の様子を描いたものなどがあり，農耕の祭りのなかで用いられた可能性が高いとされる。古墳時代に製作された埴輪のなかには，琴や太鼓を演奏する人物をかたどったものがある。これは，当時の葬送儀礼の様子を推測させる資料であるとともに，ⓐ大王や豪族に仕えた楽人の存在をうかがわせるものでもある。

　文献資料のなかにも歌舞や演奏の場面が多く見いだされる。　**イ**　が誦み習った内容を太安万侶が筆録した『古事記』には，天皇の系譜や神話・伝説とともに多くの歌謡が載せられている。音楽は，特に神祭りの際に重要な役割を果たした。史実とはみなしがたいものの，『古事記』や『日本書紀』には，琴の演奏によって神託を得た神功皇后がⓑ新羅を征討したという説話が記されている。

問1　空欄　**ア**　**イ**　に入る語句の組合せとして正しいものを，次の①～④のうちから一つ選べ。　**7**

① ア　九州北部　　イ　稗田阿礼

② ア　九州北部　　イ　淡海三船

③ ア　近畿地方　　イ　稗田阿礼

④ ア　近畿地方　　イ　淡海三船

問2　下線部ⓐに関連して，ヤマト政権の政治連合に参加した豪族について述べた
文として正しいものを，次の①〜④のうちから一つ選べ。　　8

①　豪族は，政治連合に参加すると，前方後円墳の築造が禁止された。

②　豪族は，屯倉とよばれる私有地を領有して，みずからの経済基盤とした。

③　豪族は，氏を単位として，ヤマト政権の職務を分担した。
　　　　　うじ

④　豪族は，子弟を公奴婢にして，大王へ出仕させた。

問3　下線部ⓑに関連して，ヤマト政権（倭）と朝鮮半島との関係に関して述べた次
の文Ⅰ〜Ⅲについて，古いものから年代順に正しく配列したものを，下の①〜
⑥のうちから一つ選べ。　　9

Ⅰ　新羅と結んだ筑紫国造磐井が，大規模な反乱を起こした。

Ⅱ　朝鮮半島での立場を有利にするため，倭の五王が中国へ朝貢した。

Ⅲ　朝鮮半島に渡った倭の兵が，好太王（広開土王）に率いられた高句麗の軍隊
　　と交戦した。

①　Ⅰ－Ⅱ－Ⅲ　　　②　Ⅰ－Ⅲ－Ⅱ　　　③　Ⅱ－Ⅰ－Ⅲ

④　Ⅱ－Ⅲ－Ⅰ　　　⑤　Ⅲ－Ⅰ－Ⅱ　　　⑥　Ⅲ－Ⅱ－Ⅰ

B　律令国家が思想的な基盤の一つとした儒教では，「礼」とともに「楽」が重視された。そのため，<u>律令制度</u>のもとでは，ユーラシア各地に由来する外来の音楽と，日本古来の音楽との教習を国家的に行う役所として，雅楽寮が設置された。鎮護国家の役割を担い，国家的に推進された仏教においても，音楽は重視された。特に，聖武天皇の娘である孝謙天皇のときに開催された<u>大仏開眼供養会</u>では，華やかに音楽が演奏された。

　平安時代になると，奏楽は天皇や貴族の教養として重視され，宮中や貴族の邸宅で音楽が演奏される場面も増加した。雅楽寮の役割は縮小し，かわって天皇の警護を主な任務とする近衛府が，音楽をともなう宮廷儀礼も担うようになり，奏楽の面での比重を増した。また浄土信仰の流行のなかで，音楽は極楽浄土の様子を表現する手段にも用いられた。たとえば，平等院鳳凰堂の壁面には，本尊阿弥陀如来像を囲むように，さまざまな楽器を持つ菩薩像がかけられている。宮廷の周辺で発展した音楽は，寺社を拠点の一つとして<u>地方へ伝わっていった</u>。

問 4　下線部ⓒに関連して，律令制下の政治の仕組みに関して述べた文として**誤っているもの**を，次の①〜④のうちから一つ選べ。　| 10 |

① 国政は，太政大臣・左大臣・右大臣・大納言などの会議で審議された。

② 官吏養成機関である大学には，郡司の子弟が多く入学した。

③ 官人には位階が与えられ，原則として位階に対応した官職に任じられた。

④ 官庁には，長官（かみ）・次官（すけ）・判官（じょう）・主典（さかん）の四等官がおかれた。

問 5　下線部@に関連して，次の**史料**に関して述べた下の文**X**・**Y**について，その正誤の組合せとして正しいものを，下の①〜④のうちから一つ選べ。　11

史料

　盧舎那大仏の像成りて，始めて開眼す。是の日，東大寺に行幸したまふ。天皇，親ら文武の百官を率ゐて，設斎大会(注1)したまふ。(中略)僧一万を請ふ。既にして雅楽寮と諸寺との種々の音楽，並に咸く来り集る。復，王臣諸氏の五節・久米儛・楯伏(注2)・蹋歌・袍袴(注3)等の歌儛有り。(中略)仏法東に帰りてより，斎会の儀，嘗て此の如く盛なるは有らず。

（『続日本紀』）

　(注1)　設斎大会：食物を僧に供養して行う大規模な法会。斎会も同じ。
　(注2)　五節・久米儛・楯伏：日本古来の歌舞の種類。
　(注3)　蹋歌・袍袴：外来の歌舞の種類。

X　天皇が多くの官人を引き連れ，国家的事業として大仏開眼供養会を行った。

Y　大仏開眼供養会では，国内外の多彩な音楽・歌舞によって，儀式の盛大さが演出された。

① **X** 正　　**Y** 正　　　　② **X** 正　　**Y** 誤
③ **X** 誤　　**Y** 正　　　　④ **X** 誤　　**Y** 誤

問 6　下線部ⓒに関連して，平安時代の地方支配に関して述べた次の文 **X**・**Y** と，それに該当する語句 **a** 〜 **d** との組合せとして正しいものを，下の①〜④のうちから一つ選べ。　12

X　徴税単位にわけられた田地の納税を請け負った。

Y　一国の実質的な支配権を与えられ，近親者を国守に任命するなどして，その国からの収益を取得した。

　a　検田使　　　**b**　負　名　　　**c**　預　所　　　**d**　知行国主

　①　**X** ― **a**　　**Y** ― **c**　　　　②　**X** ― **a**　　**Y** ― **d**
　③　**X** ― **b**　　**Y** ― **c**　　　　④　**X** ― **b**　　**Y** ― **d**

第3問 中世から近世初期までの地震とその影響に関する次の文章**A・B**を読み，下の問い(**問1～6**)に答えよ。(史料は，一部省略したり，書き改めたりしたところもある。)(配点 16)

A 中世の日本列島で起きた数々の地震は，当時の人々によって，天変地異として恐れられるだけでなく，しばしば政治の動きと関連づけられてきた。

1185年，壇の浦で平氏が滅びた直後に_(a)@<u>京都</u>を襲った大地震は，その原因についてさまざまな憶測が飛び交うなか，平清盛が龍になって起こしたものと噂^{うわさ}されたという。また，1293年に大地震にみまわれた鎌倉では，余震の続くなかで得宗家の北条貞時が内管領の **ア** を殺害している。ⓑ<u>朝廷に対する鎌倉幕府の影響力が高まるなか</u>，この鎌倉での事態は朝廷にも深刻に受けとめられ，関東の地震を公式の理由とする改元がはじめて行われた。

このように，地震と武士の政争とは相前後して起こることがあり，こうした事態がたびたびあったため，地震に対する貴族たちの意識も変化をみせるようになる。観応の擾乱では， **イ** と高師直の軍事衝突が地震と重なったこともあり，地震の発生を武士の引き起こす政争の前兆と心配する貴族も現れた。

問1 空欄 **ア** **イ** に入る語句の組合せとして正しいものを，次の①～④のうちから一つ選べ。 **13**

① ア 三浦泰村   イ 足利尊氏

② ア 三浦泰村   イ 足利直義

③ ア 平頼綱   イ 足利尊氏

④ ア 平頼綱   イ 足利直義

問 2　下線部@に関連して，中世の京都とその周辺について述べた文として正しい
ものを，次の①〜④のうちから一つ選べ。　14

① 院政期には，仏教を厚く信仰する天皇らにより，法勝寺をはじめとする六
勝寺が造営された。

② 鎌倉時代には，月行事を代表とする町組が形成された。

③ 室町時代には，京と鎌倉の往来がさかんとなり，『十六夜日記』などの紀行
文が書かれた。

④ 戦国時代には，酒屋に対する幕府の課税が始まった。

問 3　下線部⑥に関連して，朝廷と鎌倉幕府との関係に関して述べた次の文Ⅰ〜Ⅲ
について，古いものから年代順に正しく配列したものを，下の①〜⑥のうちか
ら一つ選べ。　15

Ⅰ　幕府は朝廷の監視などを目的に六波羅探題を設置した。

Ⅱ　幕府は皇位の継承について，両統迭立の方針を提案した。

Ⅲ　幕府からの求めにより，皇族がはじめて将軍となった。

① Ⅰ—Ⅱ—Ⅲ　　　② Ⅰ—Ⅲ—Ⅱ　　　③ Ⅱ—Ⅰ—Ⅲ

④ Ⅱ—Ⅲ—Ⅰ　　　⑤ Ⅲ—Ⅰ—Ⅱ　　　⑥ Ⅲ—Ⅱ—Ⅰ

Ｂ　中世の日本列島で発生した地震は，人々の生活に大きな影響をもたらした。な
　かでも，一定の周期で列島に襲いかかる南海トラフ巨大地震による被害は甚大な
　ものであった。地域社会におよんだ被害の状況は，いくつかの資料から知ること
　ができる。たとえば土佐国では，11世紀末の地震によって，海辺に立地する
　ⓒ荘園の耕地が海中に沈んだという。また伊勢国では，15世紀末の地震と津波
　によって，ⓓ大湊などの港町が壊滅的な状況に追い込まれ，復興に時間を要し
　た。

　　16世紀末に，豊臣秀吉はⓔ伏見城を築くにあたって，部下に地震への備えを
　指示する手紙を出した。そのなかで彼は，地震を「なまつ」と表現している。地震
　と「なまつ」，すなわち鯰が結びつけられた史料は，この秀吉の手紙が最古だとい
　われている。その後，建設が進められた伏見城は，1596年の大地震によって倒
　壊した。地震に対する秀吉の懸念は現実のものとなったのである。

問4　下線部ⓒに関連して，中世の農耕が描かれた次の図に関して述べた下の文
a～dについて，正しいものの組合せを，下の①～④のうちから一つ選べ。
16

（『大山寺縁起絵巻』）

a　牛に耕具を引かせた農作業の様子が描かれている。
b　牛と竜骨車を用いた灌漑の様子が描かれている。
c　苗を植える作業のそばで，踊念仏が行われている。
d　苗を植える作業のそばで，田楽が行われている。

①　a・c　　　②　a・d　　　③　b・c　　　④　b・d

問5　下線部ⓓに関連して，中世の都市に関して述べた次の文X・Yについて，その正誤の組合せとして正しいものを，下の①〜④のうちから一つ選べ。 17

X　瀬戸内では，鎌倉時代以降，兵庫などの港町は衰退していった。

Y　河内国の富田林などでは，浄土真宗の寺院や道場を中心に寺内町が形成された。

① X　正　　Y　正　　　　　② X　正　　Y　誤
③ X　誤　　Y　正　　　　　④ X　誤　　Y　誤

問6　下線部ⓔに関連して，桃山文化について述べた文として**誤っているもの**を，次の①〜④のうちから一つ選べ。 18

① 三味線を伴奏に人形を操る人形浄瑠璃が始まった。

② 城郭内部の障壁画などに濃絵の手法が用いられた。

③ 小歌に節づけをした隆達節が庶民の人気を博した。

④ 簡素さよりも豪華さをたっとぶ侘茶が大成された。

第4問　近世の外交・思想・宗教に関する次の文章**Ａ・Ｂ**を読み，下の問い(**問1～6**)に答えよ。(史料は，一部省略したり，書き改めたりしたところもある。)
(配点　16)

Ａ　豊臣秀吉による二度の朝鮮侵略に際して多くの朝鮮人捕虜が日本に連行された
が，その結果として，捕虜により伝えられた学問や技術が日本に影響を与えたと
いう側面もある。たとえば，藤堂高虎の軍に捕らえられ，伏見に連行された姜
沆(カンハン)は，京都五山の僧であった　**ア**　に朱子学を教えている。

　徳川家康は近隣諸国との安定した外交関係構築をめざし，朝鮮に対しては，悪
化した関係を　**イ**　を通じて修復しようとした。その結果 1607 年に朝鮮の使
節が来日し，両国間の講和が成立した。その後幕府は(a)海外との交流を制限し
ていくが，朝鮮とは，将軍の代替わりの際に使節の派遣を受けるなど，国家間の
交流が続けられた。

　(b)日朝関係の修復過程では，朝鮮人捕虜の帰国が大きな課題となった。姜沆
は 1600 年に帰国したが，講和成立後も多くの朝鮮人が日本に残されたままだっ
た。なかには講和成立から 30 年以上を経てようやく帰国できた者などもいた
が，終生日本で過ごした者も多かった。

問1　空欄　**ア**　**イ**　に入る語句の組合せとして正しいものを，次の**①**～**④**
のうちから一つ選べ。　 19

①　ア　熊沢蕃山　　イ　対馬藩

②　ア　熊沢蕃山　　イ　薩摩藩

③　ア　藤原惺窩　　イ　対馬藩

④　ア　藤原惺窩　　イ　薩摩藩

問 2　下線部ⓐに関連して，近世日本が海外から取り入れた技術・文化に関して述べた次の文Ⅰ～Ⅲについて，古いものから年代順に正しく配列したものを，下の①～⑥のうちから一つ選べ。　| 20 |

Ⅰ　活字印刷術を用いた天草版(キリシタン版)が出版された。

Ⅱ　亜欧堂田善が，西洋画の技法を用いた作品を描いた。

Ⅲ　幕府は高島秋帆に，西洋砲術の演習を行わせた。

① Ⅰ－Ⅱ－Ⅲ　　② Ⅰ－Ⅲ－Ⅱ　　③ Ⅱ－Ⅰ－Ⅲ

④ Ⅱ－Ⅲ－Ⅰ　　⑤ Ⅲ－Ⅰ－Ⅱ　　⑥ Ⅲ－Ⅱ－Ⅰ

問 3　下線部ⓑに関連して，江戸時代の日朝関係について述べた文として正しいものを，次の①～④のうちから一つ選べ。　| 21 |

① 幕府は 1609 年の己酉約条にもとづき，日朝貿易を独占した。

② 朝鮮から日本へ送られた使節は，謝恩使とよばれた。

③ 釜山に倭館がおかれ，日朝貿易の窓口とされた。

④ 徳川家綱は，朝鮮からの国書における将軍の表記を「日本国王」に改めさせた。

B　江戸時代には，誰もが檀那寺をもつようになった。これは，幕府がキリシタン
禁制の徹底を目的に　ウ　制度を設け，寺院に檀家・檀徒であることを証明さ
せたためである。また家の安定的な存続が可能になった庶民層においても，位牌
や墓を伝え，先祖をまつることが，この制度のもとで広がった。

　一方，町や村には多くの神社もあった。村の神社での祭祀や祭礼は農業など生
業にも深く関係し，ⓒ村民の結びつきを支える場となった。1665 年に幕府が発
布した　エ　により，公家の吉田家を通じて神職が統制され，村の神職の組織
化が進んでいった。

　また僧侶や神職以外にも，町や村には陰陽師や修験者などのさまざまな宗教者
がおり，祈禱や占いなどを行って，人々の信仰にこたえた。江戸時代後期になる
と村々を訪れる宗教者が増加し，治安状況の悪化とあいまって，ⓓ彼らが村々
へ出入りすることを，領主が制限することもあった。

問 4　空欄　ウ　　エ　に入る語句の組合せとして正しいものを，次の①〜④
　　のうちから一つ選べ。　22

①　ウ　寺　請　　エ　諸社禰宜神主法度

②　ウ　寺　請　　エ　禁中並公家諸法度

③　ウ　本　末　　エ　諸社禰宜神主法度

④　ウ　本　末　　エ　禁中並公家諸法度

問5　下線部ⓒに関連して，次の**史料**は山城国久世郡寺田村の記録の一部である。この**史料**に関して述べた下の文**X・Y**について，その正誤の組合せとして正しいものを，下の①～④のうちから一つ選べ。　23

史料

同年(注1)九月十九日の晩，念仏寺へ庄屋・年寄(注2)寄り合い，山盗の穿儀(注3)これ有り候，盗み申すもの共呼び出し，（中略）しめて(注4)七人は，立木を切り申すゆえ，二里(注5)四方追放に申しつけ候。

（『上田氏旧記』）

(注1)　同年：1700(元禄13)年。
(注2)　庄屋・年寄：村役人。
(注3)　穿儀：取り調べ。
(注4)　しめて：合計。
(注5)　二里：一里はおよそ4km。

X　村役人の会合において，盗人の取り調べがなされている。

Y　立木の盗人に対し，追放刑という処分が下されている。

① **X** 正　　**Y** 正　　　　② **X** 正　　**Y** 誤
③ **X** 誤　　**Y** 正　　　　④ **X** 誤　　**Y** 誤

問6　下線部ⓓに関連して，江戸時代後期の村社会の変容や，それに対する領主の対応について述べた文として**誤っているもの**を，次の①～④のうちから一つ選べ。　24

① 幕府は関東農村の治安悪化に対応するため，関東取締出役を設置した。
② 村役人が百姓の要求を領主に直訴する村方騒動が頻発した。
③ 大坂周辺の綿織物業で，マニュファクチュアが展開した。
④ 荒廃した村落を立て直すため，二宮尊徳が報徳仕法を実施した。

第5問 幕末から明治維新にかけての軍制改革と西洋医学に関する次の文章を読み，下の問い（**問1～4**）に答えよ。（配点 12）

　幕末期，幕府は西洋諸国に対抗するため軍制改革を行った。1862年の文久の改革においては，　ア　や京都守護職を新たにおくなど，幕府職制を変更するとともに，西洋式軍制を採用した。一方，⒜攘夷論も強まるなかで，戦争時における傷病兵の外科治療という課題も浮上し，幕府の西洋医学の教育機関である医学所は外科研究に力を入れた。またこのころ幕府は庶民からも兵を集めていたこともあって，庶民に患っている者が多かった性感染症の研究も行っていた。

　明治維新期，戊辰戦争の傷病兵治療で⒝西洋医学の必要性がますます明らかとなり，明治政府は学術試験を課すなどして軍医の質の向上をはかった。1871年の　イ　では，諸藩の軍隊を解体した。その後⒞徴兵令を発布したが，これに先立ち，軍医は成人男子の身長を調査し，徴兵に適した体格の標準値を策定していた。

問1 空欄　ア　　イ　に入る語句の組合せとして正しいものを，次の①～④のうちから一つ選べ。　25

① ア　政事総裁職　　イ　版籍奉還

② ア　政事総裁職　　イ　廃藩置県

③ ア　議　定　　　　イ　版籍奉還

④ ア　議　定　　　　イ　廃藩置県

問 2　下線部ⓐに関連して述べた文として正しいものを，次の①～④のうちから一つ選べ。　26

① 老中阿部正弘は，幕府の独断で日米和親条約を締結した。

② 孝明天皇の妹和宮が徳川慶喜に嫁いだことは，攘夷派を刺激した。

③ 大老井伊直弼は，坂下門外で水戸浪士らに暗殺された。

④ 幕府が攘夷実行を約束したことをうけ，長州藩は外国船を砲撃した。

問 3　下線部ⓑに関連して，19世紀の西洋医学に関して述べた次の文Ⅰ～Ⅲについて，古いものから年代順に正しく配列したものを，下の①～⑥のうちから一つ選べ。　27

Ⅰ　志賀潔が赤痢菌を発見した。

Ⅱ　蘭学や蘭方医を志す者のために，緒方洪庵が大坂で適塾を開いた。

Ⅲ　西洋医学教育の分野でも，お雇い外国人の招聘が始まった。

① Ⅰ－Ⅱ－Ⅲ　　② Ⅰ－Ⅲ－Ⅱ　　③ Ⅱ－Ⅰ－Ⅲ

④ Ⅱ－Ⅲ－Ⅰ　　⑤ Ⅲ－Ⅰ－Ⅱ　　⑥ Ⅲ－Ⅱ－Ⅰ

問 4　下線部ⓒに関連して述べた次の文Ｘ・Ｙについて，その正誤の組合せとして正しいものを，下の①～④のうちから一つ選べ。　28

Ｘ　徴兵告諭にもとづき発布された徴兵令は，国民皆兵を原則とした。

Ｙ　徴兵制度は民衆にとって負担となり，血税一揆などの抵抗を生んだ。

① Ｘ　正　　Ｙ　正　　　　② Ｘ　正　　Ｙ　誤

③ Ｘ　誤　　Ｙ　正　　　　④ Ｘ　誤　　Ｙ　誤

第6問　戦前からジャーナリストとして活動し、戦後は首相にもなった石橋湛山に関する次の文章**A～C**を読み、下の問い(**問1～8**)に答えよ。(史料は、一部省略したり、書き改めたりしたところもある。)(配点　24)

A　石橋湛山が『東洋経済新報』で言論活動を始めたのは、デモクラシーが世界的に広がるなかで、日本でも民主主義的・自由主義的な学問・思想が展開した時期であった。のちに大正デモクラシーとよばれるこの風潮のなかで、　**ア**　は、政治の目的を民衆の利益と幸福を実現することと位置づけ、民衆の意向を無視してはならないとする民本主義を唱えた。

　　この時期には、新聞や、総合雑誌の『　**イ**　』『改造』などを舞台にデモクラシーを促進する言論が展開され、知識人を中心に結成された黎明会や、東京帝国大学学生らによる新人会などの団体も生まれた。

　　石橋湛山はこうした潮流に対応し、国内政治については国民主権論を唱えて議会政治の進展を説くとともに、⒜女性の社会的地位に関しても積極的に発言した。国際政治に対しては小日本主義を唱えて日本の膨張政策を批判した。その主張の背景には、⒝民族運動の高まりへの理解とともに、国際的な貿易拡大の動向を踏まえた経済的合理主義があった。

問1　空欄　**ア**　　**イ**　に入る語句の組合せとして正しいものを、次の①～④のうちから一つ選べ。　**29**

① **ア** 吉野作造　**イ** 中央公論

② **ア** 吉野作造　**イ** 明六雑誌

③ **ア** 河上肇　　**イ** 中央公論

④ **ア** 河上肇　　**イ** 明六雑誌

問 2 下線部ⓐについて述べた次の文 **X・Y** と，それに該当する語句 **a ～ d** との組合せとして正しいものを，下の①～④のうちから一つ選べ。　30

　　X 平塚らいてうや市川房枝が，女性の地位の向上や，権利の擁護などを目的として 1920 年に結成した。

　　Y 女性や子どもの就業時間制限や深夜業禁止などを規定したが，法の適用範囲が狭いなど，不十分な内容であった。

　　a 赤瀾会　　　　　　　　　　　　**b** 新婦人協会
　　c 工場法　　　　　　　　　　　　**d** 商　法

　　① X — a　　Y — c　　　　② X — a　　Y — d
　　③ X — b　　Y — c　　　　④ X — b　　Y — d

問 3 下線部ⓑに関連して，第一次世界大戦後の民族運動の展開に関して述べた文として正しいものを，次の①～④のうちから一つ選べ。　31

　　① 日本からの独立を求める運動が，朝鮮全土で展開された。
　　② 韓国の民族運動家によって，伊藤博文が殺害された。
　　③ 毛沢東の指導のもとに，中国統一をめざす北伐が開始された。
　　④ 西安事件をきっかけに，第 1 次国共合作が実現した。

B 関東大震災以降，大正デモクラシーの潮流は徐々に後退していった。1924年に東洋経済新報社の主幹となった石橋湛山は，政党内閣に対し軍備縮小を要求し続けるとともに，金解禁論争などで注目を集めた。

満州事変以降，政府が_ⓒ思想や言論の統制を強化するなかで，共産主義者らの転向があいついだ。日中戦争，アジア太平洋戦争（太平洋戦争）へと戦争が拡大するにつれ，思想統制は厳しさを増していった。日中戦争以降，多くの文化団体が解散させられて国策への協力を求められ，_ⓓ戦争とのかかわりを深めていった。

石橋は，そのようななかでも，経済界の強い支持を受けながら言論活動を続け，_ⓔ軍部の政治介入と戦争拡大の風潮を批判した。

問4　下線部ⓒに関連して，近現代の思想・言論への統制に関して述べた次の文 I ～ Ⅲについて，古いものから年代順に正しく配列したものを，下の①～⑥のうちから一つ選べ。　32

　I　東京帝国大学教授の河合栄治郎が，ファシズム批判を理由に休職処分となった。

　Ⅱ　日本最初の社会主義政党である社会民主党が安部磯雄らによって結成されたが，直後に解散させられた。

　Ⅲ　第1回男子普通選挙で無産政党から当選者が出ると，共産党員が大量検挙され，労働農民党などが解散させられた。

① I － Ⅱ － Ⅲ　　　② I － Ⅲ － Ⅱ　　　③ Ⅱ － I － Ⅲ

④ Ⅱ － Ⅲ － I　　　⑤ Ⅲ － I － Ⅱ　　　⑥ Ⅲ － Ⅱ － I

問5　下線部ⓓに関連して，戦中・戦後の文化に関して述べた文として**誤っている**ものを，次の①～④のうちから一つ選べ。　　33

①　戦争に協力する文学者団体として，日本文学報国会が設立された。

②　石川達三が，中国戦線における日本軍を題材にした小説を執筆した。

③　本土空襲に備えて，文化財保護法が制定された。

④　敗戦後，黒澤（黒沢）明の映画が国際的に高い評価を得た。

問6　下線部ⓔに関連して，軍部に対する政党の影響力を防ぐ目的で定められた軍部大臣現役武官制に関して述べた次の文Ｘ・Ｙについて，その正誤の組合せとして正しいものを，下の①～④のうちから一つ選べ。　　34

Ｘ　大正政変をうけて成立した内閣において，軍部大臣現役武官制の現役規定が削除された。

Ｙ　五・一五事件直後に成立した内閣において，軍部大臣現役武官制が復活した。

①　Ｘ　正　　Ｙ　正　　　　　②　Ｘ　正　　Ｙ　誤

③　Ｘ　誤　　Ｙ　正　　　　　④　Ｘ　誤　　Ｙ　誤

C 戦後，政界に進出した石橋湛山は，第１次(f)吉田茂内閣の大蔵大臣として経済復興政策を進めた。その後，公職追放にあったが，公職追放解除後は，憲法改正・再軍備・自主外交などをかかげて成立した鳩山一郎内閣の通商産業大臣に就任した。1956年，自由民主党総裁に選ばれた石橋は，鳩山内閣のあとをうけて組閣したが，病気のため２か月で辞職した。

　石橋は，政界の第一線を退いたあとも，政治・外交について積極的に発言し続けた。(g)日米安全保障条約改定以降は，日米中ソの平和同盟締結を唱えるなど，東アジアの国際秩序の安定をめざす活動に力を入れている。石橋は，国際連合を中心にすえた国際平和の構築を模索したのである。

問７　下線部(f)の人物について述べた文として正しいものを，次の①～④のうちから一つ選べ。 35

① 保守合同によって結成された自由民主党の初代総裁となった。

② 日本社会党を中心とする連立政権の首相となった。

③ 全面講和論をしりぞけ，サンフランシスコ平和条約を締結した。

④ 連合国軍の進駐を受け入れ，降伏文書に調印した。

問8　下線部⑧に関連して，次の**史料**に関して述べた下の文 **a ~ d** について，正しいものの組合せを，下の①~④のうちから一つ選べ。　| 36 |

史料

　今や日ソ間の貿易協定は着々成果をあげつつあるが，中国との国交の打開をも速やかに実現すべきである。（中略）全人類の四分の一にも達する隣の大国が，今ちょうど日本の明治維新のような勢いで建設の途上にある。それをやがて破綻するだろうと期待したり，また向こうから頭を下げてくるまで待とうとするような態度が，はたして健康な外交であろうか。戦後十五年を経て，すでに戦後の時代は去ったようにいう人もあるが，今次大戦の中心は中国にあったのであり，その日中戦争を終息せしむることこそ戦争終結のための最大の課題ではないか。しかも相手は暴虐の限りをつくした日本に対して，仇を恩で返すことを国是とし，一切の報復主義を排して逆に手を差し伸ばして来ている。

（石橋湛山「池田外交路線へ望む」1960 年）

a　この文章で石橋は，日本政府の外交姿勢に疑問を呈している。

b　この文章で石橋は，日本政府の外交姿勢を高く評価している。

c　この文章が書かれた当時，日本はすでに中華民国と平和条約を結んでいた。

d　この文章が書かれた当時，日本はすでに中華人民共和国と平和条約を結んでいた。

① a・c　　　② a・d　　　③ b・c　　　④ b・d

2017

本試験

日本史B

解答時間 60 分　配点 100 点

日 本 史 B

$$\left(\text{解答番号}\boxed{1}\sim\boxed{36}\right)$$

第1問 次の文章A・Bは，大学生Sとその友人Tの手紙の一部である。この文章を読み，下の問い（**問1～6**）に答えよ。（史料は，一部省略したり，書き改めたりしたところもある。）（配点　16）

A　SからTへの手紙

　　突然の手紙で，びっくりさせたかな。実は中国に向かう船で，この手紙を書いています。前から計画していたアジアを巡る30日間一人旅。ついに，この春休みに決行したのです。出航した昨日は，⒜瀬戸内の海上で日没を迎えました。港に帰る小船の航跡，島々に灯る明かり。暗くなるまでずっと眺めていました。

　　今朝，船は　**ア**　に寄港しました。船からは，復元された天守閣や，寺院と教会が入り混じる風情ある町並みを望めます。江戸時代初めにオランダやイギリスの商館が置かれた地として，高校で習ったけれど，それ以前から大陸と往来する船が出入りしていたそうです。港の出口に小さな祠が見え，その向こうには大海が広がっています。⒝昔からいろいろな思いを胸に，海を渡る人たちがいました。その光景を想像しながら，航海の安全と一人旅の成就を願いました。

　　日本の山や島は次第に小さくなり，やがて見えなくなります。夕方，進行方向に大きな島影が現れ，船員さんが韓国の済州（チェジュ）島だと教えてくれました。高麗王朝がモンゴルに服属したあとも，抵抗を続けた　**イ**　の拠点となった島です。講義で習った歴史の舞台を目の当たりにして，とても感動しました。

　　この手紙は船が着いたらすぐに投函します。いつも触れていないと落ち着かなかったスマホは，家に忘れてきてしまいました。どうなるかと思っていたけれど，全然平気。手紙を書くのも新鮮でした。君の住所を覚えていてよかったよ。

問1　空欄　ア　　イ　に入る語句の組合せとして正しいものを，次の①～④のうちから一つ選べ。　1

① ア 平 戸　イ 按 司
② ア 平 戸　イ 三別抄
③ ア 長 崎　イ 按 司
④ ア 長 崎　イ 三別抄

問2　下線部ⓐに関連して，原始・古代から近世の瀬戸内地方について述べた文として正しいものを，次の①～④のうちから一つ選べ。　2

① 縄文時代には，魚群を見張るために高地性集落がつくられた。
② 平安時代には，源経基が海賊らを率いて反乱を起こした。
③ 室町時代には，主要な港で幕府や寺社などが津料を徴収した。
④ 江戸時代には，堤を築いて潮の干満を利用する揚浜の塩田が普及した。

問3　下線部ⓑに関して述べた次の文Ｘ・Ｙについて，その正誤の組合せとして正しいものを，下の①～④のうちから一つ選べ。　3

Ｘ　留学生として隋に渡った高向玄理は，帰国後に国博士に任じられた。
Ｙ　中国から渡ってきた僧の隠元隆琦（隠元）によって，日本に黄檗宗が伝えられた。

① Ｘ 正　Ｙ 正　　　　　　② Ｘ 正　Ｙ 誤
③ Ｘ 誤　Ｙ 正　　　　　　④ Ｘ 誤　Ｙ 誤

B ＴからＳへの手紙

　手紙なんて本当に久しぶり。こちらも今，春休み恒例の鉄道旅行中。今回の
テーマは日本海に寄り添う旅。海が見える列車にたくさん乗ることが目的です。
出発直前に届いた手紙も，車中で読ませてもらいました。

　見聞を広めようと途中下車もしました。たとえば，尼子氏と毛利氏が領有を
争った港町温泉津。朝鮮から伝わった新技術によって生産量が増大した　ウ
銀山の積出し港で，船をつなぐために加工した岩も，世界遺産の一部だそうです。

　舞鶴では，歴史展のために集められた (c)多くの写真を見せていただきまし
た。満州生まれの祖母から，引揚げの時にここへ上陸したことは聞いていたけ
ど，引揚げが 10 年以上も続いたことや，舞鶴と面する日本海では，船舶の往来
が頻繁にあったことなどを知ることができました。

　今，泊まっている　エ　では，港の近くの神社で，奉納された和船の模型や
絵馬をたくさん見せていただきました。アメリカとの通商条約で開港された
　エ　は，開港される前からにぎわっていたことを，はじめて知りました。

　旅の途中でいろいろ調べられるので，スマホはやっぱり必携品。でも，最近
SNS でのやりとりにちょっと疲れていたので，手紙っていいなと改めて思いま
した。(d)移動や情報伝達の手段は時代とともに変化すると思っていたけど，長
く続いているやり方には，それなりの良い所があるのですね。

問 4　空欄 ウ ・ エ と，それらの場所を示した次の地図上の位置 **a** ～ **d** と
の組合せとして正しいものを，下の①～④のうちから一つ選べ。　4

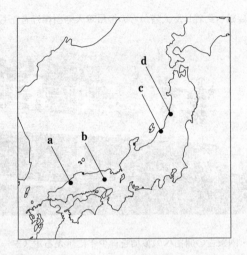

①　ウ—**a**　　エ—**c**　　　②　ウ—**a**　　エ—**d**

③　ウ—**b**　　エ—**c**　　　④　ウ—**b**　　エ—**d**

問5 下線部ⓒに関連して，Tが見た次の写真 I ～ Ⅲ について，古いものから年代順に正しく配列したものを，次ページの①～⑥のうちから一つ選べ。 5

I 船で舞鶴へ到着した大陸からの復員軍人や引揚げ者たち

Ⅱ 満州・内蒙古の開拓への参加を青少年に訴えるポスター

I・Ⅱともに舞鶴引揚記念館所蔵

Ⅲ　宣戦布告後，日本海航行に関して出された電報

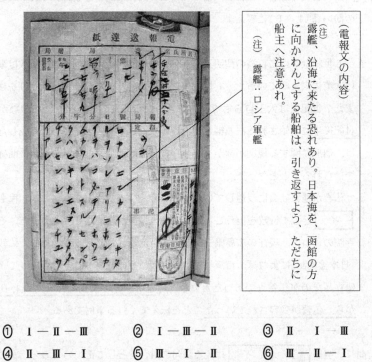

（電報文の内容）

露艦、沿海に来たる恐れあり。日本海を、函館の方に向かわんとする船舶は、引き返すよう、ただちに船主へ注意あれ。
（注）

（注）　露艦：ロシア軍艦

① Ⅰ－Ⅱ－Ⅲ　　② Ⅰ－Ⅲ－Ⅱ　　③ Ⅱ－Ⅰ－Ⅲ

④ Ⅱ－Ⅲ－Ⅰ　　⑤ Ⅲ－Ⅰ－Ⅱ　　⑥ Ⅲ－Ⅱ－Ⅰ

問6　下線部ⓓに関連して，古代から近代の交通や通信について述べた文として誤っているものを，次の①～④のうちから一つ選べ。　　6

① 古代には，中央と地方を結ぶ道路が整備され，駅家が置かれた。

② 中世の陸上輸送では，馬借や車借といった業者が活躍した。

③ 近世には，幕府の継飛脚や民間の町飛脚などが，書状を運んだ。

④ 近代に入ると，日本で最初の鉄道が新橋・横須賀間に敷設された。

第2問　古代の思想・信仰と政治・社会との関係に関する次の文章Ａ・Ｂを読み，下の問い（**問1〜6**）に答えよ。（配点　16）

A　6世紀なかばに百済の聖明王から仏像や経典が伝えられると，仏教は豪族の間に次第に広まっていった。6世紀末には　**ア**　氏が飛鳥寺（法興寺）を建立し，また7世紀には大王自らも寺院を造営しはじめた。こうした流れのなか，@<u>7世紀後半に開始された法典編さんの到達点として</u>，8世紀初めに完成した律令では，僧尼に関する規則が細かく定められ，仏教は国家の制度のなかに明確に位置づけられることとなった。

　仏教が地方社会に浸透していくうえでの一つの拠点となったのは，律令制下で　**イ**　として行政を担うことになる地方豪族が建てた寺院であった。そうした寺院の一つに，現在の広島県三次市にあったとされる三谷寺がある。仏教説話集『日本霊異記』によれば，百済救援の軍に加わった豪族が僧をともなって帰還し，建立したのが三谷寺であったという。ⓑ<u>東アジアの変動と深くかかわりあいながら，仏教が受容されていった</u>ことを伝えてくれる事例である。

問1　空欄　**ア**　**イ**　に入る語句の組合せとして正しいものを，次の①〜④のうちから一つ選べ。　**7**

① ア 大伴　イ 国司
② ア 大伴　イ 郡司
③ ア 蘇我　イ 国司
④ ア 蘇我　イ 郡司

問 2　下線部ⓐに関連して，7世紀後半の諸政策について述べた文として正しいものを，次の①〜④のうちから一つ選べ。　| 8 |

① 飛鳥の地に，西大寺や大官大寺などの大寺院が建立された。

② 最初の全国的な戸籍である庚午年籍がつくられた。

③ 冠位十二階が制定され，豪族が新たな身分秩序のもとに再編された。

④ 大王の系譜などを採録する『旧辞』の編さんが開始された。

問 3　下線部ⓑに関連して，古代における東アジア諸国からの文化や技術の受容に関して述べた次の文a〜dについて，正しいものの組合せを，下の①〜④のうちから一つ選べ。　| 9 |

a　5世紀には，進んだ技術をもつ渡来人が陵戸に編成された。

b　6世紀には，百済から渡来した五経博士をはじめとする諸博士が，儒教や暦法などを伝えた。

c　7世紀には，百済からの亡命貴族の影響もあり，漢詩文が作られるようになった。

d　8世紀には，遣唐使は遭難の危険が少ない朝鮮半島沿岸を通過するようになった。

① a・c　　　② a・d　　　③ b・c　　　④ b・d

Ｂ　8世紀から9世紀にかけての©あいつぐ政治抗争を通して，政争に敗れ非業の死をとげた人々の霊(怨霊)が飢饉や疫病などのたたりをなすとの考えが形づくられた。それは，疫神をまつることで疫病から逃れようとする信仰と結びつき，御霊会の開催へとつながっていった。催された御霊会では，怨霊や疫神を慰めるために読経が行われており，平穏な暮らしへの期待が仏教とも結びついていたことをうかがわせる。

　その一方で，10世紀頃から，この世の不安から逃れて来世で浄土に往生することを願う⒟浄土信仰が，階層を問わず多くの人々の心をとらえるようになった。貴族層による大規模な阿弥陀堂の造営も行われたが，そうした造寺の背景には，⒠地方支配の変容により権限を強化された受領の財力があった。

　このように，中央・地方における政治や社会の動向とかかわって，新たな信仰が形成され，人々の間に広まっていったのである。

問4　下線部©に関して述べた次の文Ⅰ～Ⅲについて，古いものから年代順に正しく配列したものを，下の①～⑥のうちから一つ選べ。　　10

　　Ⅰ　造都を主導していた藤原種継が暗殺され，早良親王が首謀者として処罰された。

　　Ⅱ　三筆の一人として知られる橘逸勢が，謀反を企てたとして流罪になった。

　　Ⅲ　政権を批判して九州で反乱を起こした藤原広嗣が敗死した。

　　① Ⅰ－Ⅱ－Ⅲ　　　② Ⅰ－Ⅲ－Ⅱ　　　③ Ⅱ－Ⅰ－Ⅲ
　　④ Ⅱ－Ⅲ－Ⅰ　　　⑤ Ⅲ－Ⅰ－Ⅱ　　　⑥ Ⅲ－Ⅱ－Ⅰ

問 5　下線部ⓓに関連して，浄土信仰の興隆やその背景について述べた文として**誤っているもの**を，次の①〜④のうちから一つ選べ。　| 11 |

① 末法思想が広がるなか，11 世紀なかばに平等院鳳凰堂が建てられた。

② 空也は，京の市中で念仏を唱えて往生を説き，阿弥陀信仰を広めた。

③ 定朝は，一木造の技法を考案して，仏像の大量需要にこたえた。

④ 院政期には，豊後の富貴寺大堂など，阿弥陀堂が地方でも建てられた。

問 6　下線部ⓔに関連して，9・10 世紀の地方支配に関して述べた次の文**X・Y**について，その正誤の組合せとして正しいものを，下の①〜④のうちから一つ選べ。　| 12 |

X 9 世紀前半には，大宰府管内に公営田が設置され，直営方式による財源の確保がはかられた。

Y 10 世紀前半には，荘園整理令が発布され，記録荘園券契所(記録所)が設置された。

① **X** 正　**Y** 正　　　　② **X** 正　**Y** 誤

③ **X** 誤　**Y** 正　　　　④ **X** 誤　**Y** 誤

第3問 中世の政治・社会・文化に関する次の文章**A・B**を読み，下の問い(問
1～6)に答えよ。(史料は，一部省略したり，書き改めたりしたところもある。)
(配点 16)

A ⓐ鎌倉幕府の支配の基盤には，将軍と御家人の間に結ばれた主従関係があっ
た。先祖伝来の所領に対する支配を保証された御家人は，軍事的な奉仕で将軍の
恩に報いた。彼らはまた，合戦での戦功によって，新たな所領を恩賞として獲得
した。一族の維持，拡大をめざす彼らにとって，恩賞は大きな関心事であったか
ら，その分配をめぐる不満が，政治に大きな影響を与えることがあった。

ⓑ承久の乱では，御家人が後鳥羽上皇方(京方)の没収所領の地頭に任命され
たが，新たな没収所領が生まれなかった蒙古襲来では，恩賞をめぐって武士の不
満が高まった。こうした不満を押さえるため，幕府は専制政治を強めたが，か
えって武士の反発を買った。そしてその結果，ⓒ幕府は1333年に滅亡し，建武
の新政が始まった。

建武の新政では，武士への論功行賞を行う機関も設置されたが，土地をめぐる
武家社会の慣習を無視した政策などが原因で，武士の不満はさらに増大した。こ
うしたなかで，この政権は崩壊し，南北朝の内乱が始まる。

問1 下線部ⓐに関して述べた次の文**X・Y**について，その正誤の組合せとして正
しいものを，下の①～④のうちから一つ選べ。 ☐13☐

X 平氏から没収した荘園を含む関東御領は，幕府の経済基盤となった。
Y 守護は，天皇や将軍の御所を警護する京都大番役の催促を職務とした。

① **X** 正 **Y** 正
② **X** 正 **Y** 誤
③ **X** 誤 **Y** 正
④ **X** 誤 **Y** 誤

問 2　下線部ⓑに関連して，鎌倉幕府が幕府側に味方した武士に与えた文書である
次の**史料**に関して述べた下の文**a～d**について，正しいものの組合せを，下の
①～④のうちから一つ選べ。　| 14 |

史料

　備後国地毗 庄 (注1)の事，地頭重俊の子息太郎，京方において死去せしむと
いえども，同次郎(注2)，御方において合戦の忠を致しおわんぬ。しかれば重
俊の地頭職，相違なく安堵せしむべきの状，仰せにより下知くだんの如
し(注3)。

（承久 3 (1221)年 7 月 26 日関東下知状）

（注 1）　備後国地毗庄：現在の広島県にあった荘園。
（注 2）　同次郎：重俊の子息である次郎。
（注 3）　仰せにより下知くだんの如し：幕府の命令は以上の通りである。

a　次郎は，後鳥羽上皇側の味方として承久の乱に参加した。

b　次郎は，鎌倉幕府側の味方として承久の乱に参加した。

c　息子が鎌倉幕府側に味方したので，重俊は地頭職を安堵された。

d　息子が後鳥羽上皇側に味方したので，重俊は地頭職を没収された。

①　**a・c**　　　②　**a・d**　　　③　**b・c**　　　④　**b・d**

問 3 下線部ⓒに関連して，その前後の出来事に関して述べた次の文Ⅰ～Ⅲについて，古いものから年代順に正しく配列したものを，下の①～⑥のうちから一つ選べ。 15

Ⅰ 元に建長寺船が派遣された。

Ⅱ 雑訴決断所が設置された。

Ⅲ 北畠親房が『神皇正統記』を著した。

① Ⅰ－Ⅱ－Ⅲ   ② Ⅰ－Ⅲ－Ⅱ   ③ Ⅱ－Ⅰ－Ⅲ

④ Ⅱ－Ⅲ－Ⅰ   ⑤ Ⅲ－Ⅰ－Ⅱ   ⑥ Ⅲ－Ⅱ－Ⅰ

B 長期化していた南北朝の内乱も，足利義満の時代には終息に向かった。この時期には幕府機構の整備も進み，将軍を補佐する ア には，足利一門の有力守護が交替で任命された。義満は軍事・財政にも力を入れ， イ とよばれる直轄軍を編成し，地方の幕府直轄領を管理させた。幕府はこの直轄領からの収入のほか，京都の金融業者や流通業者に課税し，財源としたが，その背景には，ⓓ地方での諸産業の発達と，それにともなう商業・流通の活発化がある。

　義満の施策は宗教にもおよび，南宋の制度にならって五山の制を整えた。これは禅宗保護策であると同時に，住職の任免などを通じた，幕府による仏教統制策でもあった。

　こうしたなかで禅宗はおおいに栄え，禅僧のなかには幕府から政治顧問として重用されたり，外交使節に任じられたりする者もいた。ⓔ禅宗寺院は政治，文化などさまざまな面で，中国との交流の窓口になった。

問4　空欄　ア　　イ　に入る語句の組合せとして正しいものを，次の①～④のうちから一つ選べ。　16

① ア　執　権　　イ　評定衆
② ア　執　権　　イ　奉公衆
③ ア　管　領　　イ　評定衆
④ ア　管　領　　イ　奉公衆

問5　下線部ⓓに関して述べた次の文X・Yと，それに該当する語句a～dとの組合せとして正しいものを，下の①～④のうちから一つ選べ。　17

X　石清水八幡宮の保護のもと，大山崎を拠点に独占的な販売を行った。
Y　貨幣の需要の高まりによって粗悪な銭が流通し，良銭が求められた。

a　綿　座　　　　b　油　座　　　　c　撰　銭　　　　d　分一銭

① X－a　　Y－c　　　　　② X－a　　Y－d
③ X－b　　Y－c　　　　　④ X－b　　Y－d

問6　下線部ⓔに関連して，室町時代の対外関係について述べた文として正しいものを，次の①～④のうちから一つ選べ。　18

① 朝鮮は日本に対し，倭寇の取締りを求めた。
② 足利義持は，朝貢形式をきらって朝鮮との関係を絶った。
③ 日本は書籍や陶磁器をおもに輸出し，中国から刀剣や屏風をおもに輸入した。
④ 水墨画が中国から伝えられ，如拙や藤原隆信らが活躍した。

第4問 近世の文化・政治・社会に関する次の文章A・Bを読み，下の問い（問
1～6）に答えよ。（史料は，一部省略したり，書き改めたりしたところもある。）
（配点　16）

A　　　ア　　　は本名を杉森信盛といい，1653年生まれといわれているが，幼少期
のことはあまりよくわかっていない。父の杉森信義は越前吉江藩に仕える武士で
あったが，のち浪人となる。信盛については10代後半には京都に住み，公家に
仕えていたことがわかっている。この時期の_⑥上方は経済先進地として栄え_，
かつ文化の中心でもあった。

　やがて彼は武士身分を捨て，宇治加賀 掾 一座のもとで歌舞伎や浄瑠璃の作者
となり，浄瑠璃の竹本義太夫や竹田出雲，歌舞伎の坂田藤十郎に作品を提供する
ようになった。代表作として，世話物では『曽根崎心中』『心中天網島』，時代物で
は『国性爺合戦』などがある。『国性爺合戦』は，日本で生まれた鄭成功が中国大陸
へ渡り，滅亡した　　イ　　の再興をめざし，日本に援兵を要請したという史実を
題材にした作品である。規模が壮大で異国情緒もあり，人気を博した。

　当時は上方を中心に，彼に代表される文芸をはじめとして，芸能や学問，
_⑥美術工芸_など多彩な文化が発展した。

問1　空欄　　ア　　　イ　　に入る語句の組合せとして正しいものを，次の①～④
　　のうちから一つ選べ。　19

　　① ア　井原西鶴　　　イ　明

　　② ア　井原西鶴　　　イ　清

　　③ ア　近松門左衛門　イ　明

　　④ ア　近松門左衛門　イ　清

問2　下線部ⓐに関連して，近世の上方について述べた文として正しいものを，次の①～④のうちから一つ選べ。　20

　　①　京都の豪商である末次平蔵は，富士川や賀茂川の整備を行った。
　　②　元禄期には大坂堂島の十組問屋が，幕府に公認された。
　　③　上方で生産された醬油が，幕末まで江戸の市場を独占した。
　　④　蝦夷地や日本海側の産物が，北前船で上方へ運ばれた。

問3　下線部ⓑに関連して，次の作品**X・Y**と，それに該当する作者名**a～d**との組合せとして正しいものを，下の①～④のうちから一つ選べ。　21

X　　　　　　　　　　　　　　　　**Y**

（上蓋）

（全体）

出典：X・YともにColBase（https://colbase.nich.go.jp/）

　　a　住吉如慶　　　**b**　菱川師宣　　　**c**　尾形光琳　　　**d**　野々村仁清

　　①　**X－a　　Y－c**　　　　　　②　**X－a　　Y－d**
　　③　**X－b　　Y－c**　　　　　　④　**X－b　　Y－d**

B　1787(天明7)年は，政治・社会に関する大きな変動が起きた年である。
　 ウ 　が老中に就任し，いわゆる「寛政の改革」が始まった。この年，ⓒ江戸
や大坂など多くの都市で，商家が襲われる打ちこわしが発生し，数年来の飢饉に
より各地で多発した百姓一揆とあいまって，社会不安が増大していた。

　京都では困窮民が天皇の御所の周囲を拝礼してまわるという事態が発生した。
当時朝廷は幕府の統制下にあって政治的発言をすることは難しかったが，政治や
社会に深い関心をもっていた光格天皇は幕府に対し，困窮民の救済を打診すると
いう異例の対応を行った。

　同じく1787年に行われた光格天皇の大嘗祭では，古い儀式が数多く再興され
た。これは，武家政権成立以前の天皇像を理想とする，光格天皇の君主意識のあ
らわれとされる。この天皇は，のちに幕府との間で　 エ 　を引き起こし，対立
することもあった。ⓓ尊王思想が興隆するなか，朝廷をめぐる新たな動きもみ
えはじめた年といえよう。

問4　空欄　 ウ 　　 エ 　に入る語句の組合せとして正しいものを，次の①〜④
　　のうちから一つ選べ。　 22

　①　ウ　松平定信　　エ　尊号一件(事件)

　②　ウ　松平定信　　エ　紫衣事件

　③　ウ　水野忠邦　　エ　尊号一件(事件)

　④　ウ　水野忠邦　　エ　紫衣事件

問 5　下線部ⓒに関連して，次の**史料**は，1787 年の江戸の打ちこわしの際に，先手(さき)組に出された指示である（『御触書天明集成』）。この**史料**に関して述べた下の文**X・Y**について，その正誤の組合せとして正しいものを，下の①～④のうちから一つ選べ。　　23

史料

御先手(注1)長谷川平蔵(ほか 9 名略)

町方騒々しき趣相聞え候に付，組のもの(注2)召し連れ，今日より相廻(まわ)り，暴れ候ものども召し捕え，町奉行へ相渡さるべく候，尤(もっと)も手にあまり候はば，切捨てに致し候ても苦しからず候間，其(その)趣心得らるべく候(略)

(注 1)　先手：先手組のこと。幕府の軍事部門(番方)の一組織で，江戸城・将軍の警備や江戸の治安維持を担当。
(注 2)　組のもの：長谷川平蔵らが率いる与力・同心。

X　先手組に，江戸市中の見回りをするよう指示している。

Y　逮捕した者を，町奉行所に引き渡すように先手組に命じている。

①　**X**　正　**Y**　正　　　　　②　**X**　正　**Y**　誤
③　**X**　誤　**Y**　正　　　　　④　**X**　誤　**Y**　誤

問 6　下線部ⓓに関して述べた次の文 **I ～ Ⅲ** について，古いものから年代順に正しく配列したものを，下の①～⑥のうちから一つ選べ。　　24

I　宝暦事件において，京都で公家に尊王論を説いた竹内式部が追放された。

Ⅱ　藤田東湖・会沢安(正志斎)らが，尊王攘夷論を説いた。

Ⅲ　明和事件で，幕政を批判し尊王論を説いた山県大弐が死罪となった。

①　I －Ⅱ－Ⅲ　　　②　I －Ⅲ－Ⅱ　　　③　Ⅱ－I －Ⅲ
④　Ⅱ－Ⅲ－I　　　⑤　Ⅲ－I －Ⅱ　　　⑥　Ⅲ－Ⅱ－I

第5問 幕末から明治期の大坂(大阪)に関する次の文章を読み，下の問い(**問**1～4)に答えよ。(配点 12)

　近世の大坂は，諸藩の蔵屋敷が置かれ，全国的な商業・金融の中心として栄え，幕末には京都とともに政治の主要な舞台となった。1863年以降は，西上した将軍　ア　が大坂城や京都の二条城に滞在し，長州征討(長州戦争)では多数の幕府方の軍が大坂の町家・寺院に駐留して，民衆の生活を圧迫した。特に1866年には凶作とあいまって米価が高騰し，ⓐ民衆は多くの米屋を襲った。また同年に　ア　が大坂城で病死し，将軍職を継いだ徳川慶喜も同城で政務を執った。

　新政府の成立直後に，ⓑ大久保利通が大阪への遷都を唱えた。これは，即位したばかりの　イ　を，守旧的な公家から引き離すことに加え，大阪の海陸交通の便利さも重視してのことであった。しかし，大阪への遷都は行われず，明治初年の大阪経済は，新政府による多額の御用金賦課，諸藩債務の破棄やその返済の長期化，蔵屋敷の廃止などで打撃を受けた。その後，ⓒ薩摩出身の五代友厚や各地からの実業家と在来の大阪商人とが協力して，大阪商法会議所を創設し，大阪経済は復興していった。

問1 空欄　ア　　イ　に入る語句の組合せとして正しいものを，次の①～④のうちから一つ選べ。 | 25 |

① ア　徳川家定　イ　孝明天皇

② ア　徳川家定　イ　明治天皇

③ ア　徳川家茂　イ　孝明天皇

④ ア　徳川家茂　イ　明治天皇

問2　下線部ⓐに関連して，幕末期の民衆の動きに関して述べた次の文X・Yについて，その正誤の組合せとして正しいものを，下の①~④のうちから一つ選べ。　26

X　各地で，世直しを求める大規模な一揆が発生した。
Y　「ええじゃないか」とよばれる民衆の乱舞が流行した。

①　X　正　Y　正　　　　　②　X　正　Y　誤
③　X　誤　Y　正　　　　　④　X　誤　Y　誤

問3　下線部ⓑについて述べた文として正しいものを，次の①~④のうちから一つ選べ。　27

①　幕末期に，木戸孝允とともに長州藩の中で実権を握った。
②　岩倉使節団を送り出したあとの国内政治を担当した。
③　警察や地方行政などを管轄する内務省を設置した。
④　西郷隆盛と大阪会議を開き，漸進的な国会開設方針を決めた。

問4　下線部ⓒに関連して，明治期の政商や実業家に関して述べた文として**誤って**いるものを，次の①~④のうちから一つ選べ。　28

①　新政府から特権を得た住友は，三池炭鉱の払い下げをうけた。
②　五代友厚は，開拓使の官有物の払い下げをうけようとした。
③　岩崎弥太郎は，海運業に参入し，三菱財閥の基礎を築いた。
④　古河市兵衛は，足尾銅山を取得して，鉱山業を営んだ。

第6問　近現代の公園に関する次の文章**A**～**C**を読み，下の問い(**問1**～**8**)に答え
よ。(史料は，一部省略したり，書き改めたりしたところもある。)(配点　24)

A　2008年末，日比谷公園(東京都千代田区)で年越し派遣村が開設され，失業者
に対する炊き出しや職業相談などが行われた。失業問題や貧困問題を政治課題と
して表面化させたこの取組みは，大きく報じられた。

　　1903年に開園した日比谷公園は，当初から政治的なメッセージを発信する場
として，様々な事件の舞台となった。日露講和条約に反対した民衆による焼打ち
事件のほか，1952年には日比谷公園から皇居前広場に向かったデモ隊が，警官
隊と衝突する　ア　が発生した。1929年，公園内に建設された@日比谷公会
堂は，政治演説会や音楽鑑賞の場を市民に提供した。公会堂では1960年に日本
社会党の浅沼稲次郎が演説中に⑥刺殺される事件が起こっている。

　　また，日比谷公園は近代国家日本の発展を祝い，国民意識を醸成する空間でも
あった。たとえば，戦争に際しては，シンガポール陥落(1942年)の祝勝会が開
かれている。さらに　イ　発布二十周年記念祝賀会(1909年)や東京奠都(注)五
十年祭(1919年)の会場にもなった。

(注)　奠都：都をその地に定めること。

問1　空欄　ア　　イ　に入る語句の組合せとして正しいものを，次の①～④
のうちから一つ選べ。　29

①　ア　血のメーデー事件(メーデー事件)　イ　普通選挙法

②　ア　血のメーデー事件(メーデー事件)　イ　憲　法

③　ア　三・一五事件　　　　　　　　　　イ　普通選挙法

④　ア　三・一五事件　　　　　　　　　　イ　憲　法

問 2 下線部ⓐに関連して，日比谷公会堂で開催された催事に関する次の新聞記事と広告Ⅰ～Ⅲについて，古いものから年代順に正しく配列したものを，下の①～⑥のうちから一つ選べ。 30

Ⅰ　満州事変二周年記念大会

Ⅱ　サイパン奪還国民有志大会

Ⅲ　四党代表立会大演説会

左派社会党・自由党・右派社会党・改進党

① Ⅰ－Ⅱ－Ⅲ　　② Ⅰ－Ⅲ－Ⅱ　　③ Ⅱ－Ⅰ－Ⅲ

④ Ⅱ－Ⅲ－Ⅰ　　⑤ Ⅲ－Ⅰ－Ⅱ　　⑥ Ⅲ－Ⅱ－Ⅰ

問 3 下線部ⓑに関連して，近代日本の要人殺害事件について述べた次の文**X・Y**と，それに該当する語句**a～d**との組合せとして正しいものを，下の①～④のうちから一つ選べ。　31

X 初代韓国統監をつとめたこの人物は，ハルビン駅で安重根に殺害された。

Y この事件では，三井合名会社理事長の団琢磨（琢磨）らが殺害された。

a 原　敬　　　　　　　　　　**b** 伊藤博文
c 虎ノ門事件（虎の門事件）　　　**d** 血盟団事件

① **X** — **a**　　**Y** — **c**　　　② **X** — **a**　　**Y** — **d**
③ **X** — **b**　　**Y** — **c**　　　④ **X** — **b**　　**Y** — **d**

B　公園は，新たな技術や文化との出会いの場でもあった。上野公園（東京都台東区）では，第1回内国勧業博覧会（1877年）が開かれ，機械・美術品などが展示された。公園を舞台とした勧業博は，日本の産業・文化の近代化に貢献し，ⓒ工業国家日本の出発を示すものとなった。

　天王寺公園（大阪府大阪市）の地で開かれた第5回内国勧業博覧会（1903年）では，建物を装飾したイルミネーション，5色にライトアップされた大噴水，エレベータなどが人気を集めた。この博覧会では，下の**図**に描かれているように，電気という科学技術の成果が来場者に強い印象を与え，ⓓその様子は出版物を通じて人々に伝えられた。出品物の過半は工業関係が占めたが，農業関係でも，ⓔ米穀自給率低下が問題とされた当時の情勢において，生産技術改良に積極的に取り組んだ千葉県農会の事績が表彰された。

図　「第五回内国勧業博覧会電灯装飾之図」

（『風俗画報』）

問 4 下線部ⓒに関して述べた次の文 **X・Y** と，それに該当する場所 **a ～ d** との組合せとして正しいものを，下の①～④のうちから一つ選べ。 32

X 三菱に払い下げられたこの地の造船所は，大規模造船に取り組み，日清戦争後の日本の造船業を牽引した。

Y 八幡製鉄所は，この地から産出する鉄鉱石を原材料として利用した。

a 兵 庫   **b** 長 崎   **c** 大 冶   **d** 筑 豊

① X ― a   Y ― c   ② X ― a   Y ― d
③ X ― b   Y ― c   ④ X ― b   Y ― d

問 5 下線部ⓓに関連して，明治期の出版や文化について述べた文として正しいものを，次の①～④のうちから一つ選べ。 33

① 『中央公論』に掲載された民撰議院設立建白書は，自由民権運動が広がるきっかけとなった。

② 新聞紙条例にもとづき，横浜毎日新聞が創刊された。

③ 北村透谷は『文学界』の誌上で，人間の感情を重視するロマン主義を説いた。

④ 大衆娯楽雑誌として『キング』が創刊され，多くの読者を獲得した。

問 6 下線部ⓔに関連して，米の生産に関する統計（10 年ごとの平均値）の動向を示した次の表に関して述べた下の文 **X・Y** について，その正誤の組合せとして正しいものを，下の①〜④のうちから一つ選べ。　34

米の生産に関する統計（10 年ごとの平均値）

	米生産量 （1,000 t）	田耕地面積 （1,000 ha）	1 ha あたり 米生産量（kg）
1881〜1890 年	4,990	2,660	1,876
1891〜1900 年	5,972	2,685	2,224
1901〜1910 年	6,917	2,819	2,454
1911〜1920 年	8,104	2,950	2,747

（アジア経済研究所編『日本農業 100 年　農林水産業累年統計表』により作成）
（注）　小数点以下は四捨五入。

X　1 ha あたり米生産量の増加率は，田耕地面積の増加率よりも高い。

Y　1901 年以降の米生産量の上昇は，農業協同組合（農協）のもとで推進された機械化の結果である。

① **X** 正　**Y** 正　　　　② **X** 正　**Y** 誤
③ **X** 誤　**Y** 正　　　　④ **X** 誤　**Y** 誤

C 公園のなかには，国家がさまざまな節目や行事を記念して設置したものがある。たとえば1965年に開園した水元公園（東京都葛飾区）の歴史は，1940年の「紀元二千六百年奉祝典」をきっかけとした水元緑地の計画にさかのぼることができる。このときの「奉祝典」は，「㋑国体の精華（注）を発揮」して国難を克服することを呼びかけて挙行され，各地で記念行事が行われた。

1968年には，佐藤栄作内閣が明治百年記念式典を開催して，日本の近代化の成果をたたえた。これにともない，国土の緑化や歴史の保存・顕彰などの記念事業が，全国各地で実施された。このとき建設省は，全国で10か所の「明治百年記念森林公園」を指定した。㋖維新百年記念公園（山口県山口市）や，佐賀県立森林公園（佐賀県佐賀市）などが，これにあたる。

(注) 精華：すぐれたところ。

問 7 下線部㋑に関して述べた文として正しいものを，次の①〜④のうちから一つ選べ。 35

① 陸軍省は『国体の本義』を刊行して，国民に向けて国体の尊厳を説いた。
② 治安維持法は，国体の変革と共産主義否認を目的とする結社を禁止した。
③ 田中義一内閣は治安維持法を改正し，最高刑を死刑へと引き上げた。
④ ポツダム宣言には国体護持を保証する条件が記されていた。

問 8 下線部㋖に関連して，長州藩出身者が組織した内閣に関して述べた次の文Ⅰ〜Ⅲについて，古いものから年代順に正しく配列したものを，下の①〜⑥のうちから一つ選べ。 36

Ⅰ 寺内正毅内閣が，軍隊を出動させて米騒動を鎮圧した。
Ⅱ 桂太郎内閣が，大逆事件を契機に社会主義者を弾圧した。
Ⅲ 山県有朋内閣が，軍部大臣現役武官制を定めた。

① Ⅰ — Ⅱ — Ⅲ   ② Ⅰ — Ⅲ — Ⅱ   ③ Ⅱ — Ⅰ — Ⅲ

④ Ⅱ — Ⅲ — Ⅰ   ⑤ Ⅲ — Ⅰ — Ⅱ   ⑥ Ⅲ — Ⅱ — Ⅰ

本試験

日本史B

解答時間 60 分　配点 100 点

日 本 史 B

（解答番号　$\boxed{1}$ ～ $\boxed{36}$ ）

第1問　次の文章**A・B**は，大学生Ｋとその友人Ｈの日記の一部である。この文章を読み，下の問い（**問1～6**）に答えよ。（史料は，一部省略したり，書き改めたりしたところもある。）（配点　16）

A　Ｋの日記　1月20日

　　大学の日本史の授業で「歴史研究と史料」というレポート課題が出される。「史料としての日記」というテーマを思いつく。歴史を学ぶと日記が時々登場するからだ。Ｈといっしょに取り組みたいものだ。

　　手始めに歴史の辞典類を調べた。日本の日記の歴史は思ったより古い。すでに ⓐ『日本書紀』には，官人の日記とされる文章が引用されている。7世紀後半に $\boxed{ア}$ に派遣された伊吉博徳の記録などがそれだ。現存する最古の自筆日記は，$\boxed{イ}$ の『御堂関白記』らしい。$\boxed{イ}$ の「此の世をば我が世とぞ思ふ望月のかけたることも無しと思へば」という和歌も，同時代の藤原実資の日記『小右記』に記されて伝わった。

　　このような貴族の日記をはじめ，日本には日記が多く残されている。たんにその日の出来事を書くだけではなく，私的な感情や批判を書く場合も少なくない。

　　その形式もさまざまであったようだ。『御堂関白記』は，日ごとの干支や吉凶などが記してある暦の紙面に，筆者が書き込んだものだった。今，書店で売られている日記帳は，日々の体験を書く行為の広がりとともに，ⓑ印刷と出版が普及したことの結果であるが，分厚いものから小さなサイズのものまで，じつに多くの種類が見られる。

　　日記にも歴史があることがわかった。調べてみると面白い。Ｈは歴史好きだ。こんな話をすればきっと日記に興味をもってくれるだろう。

問1　空欄　｜　ア　｜　イ　｜　に入る語句として正しいものを，次の①～④のうちから一つ選べ。　｜　1　｜

① ア　唐　　イ　藤原道長

② ア　唐　　イ　藤原頼通

③ ア　宋　　イ　藤原道長

④ ア　宋　　イ　藤原頼通

問2　下線部ⓐに関して述べた次の文Ｘ・Ｙについて，その正誤の組合せとして正しいものを，下の①～④のうちから一つ選べ。　｜　2　｜

Ｘ 『日本書紀』は，神話からはじまり，聖武天皇の時代までの出来事を記している。

Ｙ 『日本書紀』など，古代の歴史書を研究した津田左右吉は，『古事記伝』を著した。

① Ｘ　正　　Ｙ　正　　　　　② Ｘ　正　　Ｙ　誤

③ Ｘ　誤　　Ｙ　正　　　　　④ Ｘ　誤　　Ｙ　誤

問3　下線部ⓑに関連して，印刷・出版に関して述べた文として正しいものを，次の①～④のうちから一つ選べ。　｜　3　｜

① 鎌倉時代，律宗の僧侶は五山版とよばれる漢詩文集，仏典などを刊行した。

② キリスト教宣教師がもたらした活字印刷機で，キリシタン版（天草版）が出版された。

③ 享保の改革では，洒落本が取り締まられ，山東京伝らが処罰をうけた。

④ GHQは，戦時中の言論統制を否定し，占領政策を批判する自由を認めた。

B　Hの日記　1月23日

　　Kから日記の話を聞いた。日記といえば，紀貫之の『土佐日記』のような，
　ウ　で書かれた日記について調べればよいと思っていた。ところが，もっと
広く考えなければならないようだ。古代から，役所ではのちの参照に備えて職務
日誌がつけられ，これらも日記とよばれた。鎌倉幕府の歴史書『　エ　』も，幕
府内部のこのような記録や貴族の日記などを参照しているらしい。

　　一方，江戸時代の村には，庄屋の日記などが残されている例がある。それらに
は，ⓒ人々の暮らしに直結する災害や米価の変動など，村や家を継ぐ子孫に伝
えるべき経験や歴史も記されている。このように日記には，多様な情報が盛り込
まれており，当時の社会や生活をうかがう重要な手がかりになる。だから歴史研
究の史料にもなるわけだ。

　　自分の気持ちを率直に書いている日記の場合でも，他人の目を意識しているこ
とがある。たとえばⓓ自由民権運動に参加し，女性の地位向上につとめた岸田
俊子は，他人が自分の日記を見れば「無学無識」をあざけるだろうが，「吾は死後
の名は少しも思い煩うものにあらず」と書いている。彼女はのちに自らの日記が
読まれることを想定しているようだ。

　　日記はたしかに重要な史料だ。書かれた内容だけでなく，書いた人の境遇や，
書かれた時代にも目を向けていくと，もっといろいろなことがわかってくるだろ
う。

問 4　空欄　ウ　　エ　に入る語句として正しいものを，次の①～④のうちか
　　ら一つ選べ。　4

　①　ウ　漢　文　　エ　愚管抄

　②　ウ　漢　文　　エ　吾妻鏡

　③　ウ　か　な　　エ　愚管抄

　④　ウ　か　な　　エ　吾妻鏡

問5　下線部ⓒに関連して，米の生産や価格に関して述べた文として正しいもの
を，次の①〜④のうちから一つ選べ。　　5

① 弥生時代前期の水田は乾田中心であったが，後期には湿田の比重が高まっ
た。

② 奈良時代，多収穫米の外来品種である大唐米が，日本列島全域に普及し
た。

③ 民衆が米価の高騰に苦しむなか，幕政を批判して大塩平八郎が武装蜂起し
た。

④ シベリア出兵を見越した米の買い占めで米価が暴落し，米騒動が起こっ
た。

問6　下線部ⓓに関連して，女性と社会のかかわりに関して述べた次の文Ｘ・Ｙに
ついて，その正誤の組合せとして正しいものを，下の①〜④のうちから一つ選
べ。　　6

Ｘ　学制公布直後から，女子の就学率は男子とほぼ等しかった。

Ｙ　市川房枝らが新婦人協会を結成し，女性の政治参加を主張した。

① Ｘ 正　　Ｙ 正　　　　　　② Ｘ 正　　Ｙ 誤
③ Ｘ 誤　　Ｙ 正　　　　　　④ Ｘ 誤　　Ｙ 誤

第2問　原始・古代の漆と香の文化に関する次の文章Ａ・Ｂを読み，下の問い（問1〜6）に答えよ。（史料は，一部省略したり，書き改めたりしたところもある。）
（配点　16）

Ａ　"japan"ともよばれてヨーロッパで珍重された漆の製品は，日本の伝統的な工芸品である。漆の利用は古く，縄文早期の遺跡から赤色漆塗りの製品が出土している。漆は塗料のほか，接着剤としても使用された。縄文を施した土器や，人間を模した造形の　ア　などとともに，漆製品は縄文時代の文化を代表する。

　奈良時代には，漆を用いた乾漆の技法によって多くの仏像がつくられた。イ　はその一例である。また，各地の漆を使用した工房跡などから，漆液が染みこんで硬化し，土中で分解されずに残存した紙が出土している。これは容器に入れた漆の乾燥を防ぐための蓋紙で，おもに役所で不要となった文書が再利用された。ⓐ漆液の染みこんだ文書は漆紙文書とよばれ，古代史研究の貴重な史料である。

　平安時代には，螺鈿や蒔絵などの技術も確立し，調度品や建物を装飾した。また赤色漆を塗った食器は「朱器」とよばれ，藤原冬嗣が所有していたとされる朱器は，ⓑ藤原氏の氏長者に代々伝えられて，権力の象徴ともなった。

問1　空欄　ア　イ　に入る語句の組合せとして正しいものを，次の①〜④のうちから一つ選べ。　7

① ア　土偶　イ　法隆寺百済観音像
② ア　土偶　イ　東大寺法華堂不空羂索観音像
③ ア　埴輪　イ　法隆寺百済観音像
④ ア　埴輪　イ　東大寺法華堂不空羂索観音像

問2　下線部ⓐに関連して，多賀城跡から出土した次の**史料**（漆紙文書）に関して述べた下の文**X・Y**について，その正誤の組合せとして正しいものを，下の①〜④のうちから一つ選べ。　8

史料　多賀城跡出土の計帳の一部　＊上下左右が欠けている。

口一人
部　継刀自売（つとじめ）　年廿
根得戸別項（ねどこのこのべっこう）
（注2）
部　百継（べ）　年廿二歳
門長（かどおさ）　年廿歳
（注1）
猿売（さるめ）　年

（注1）　猿売：人名。名前の末尾に「売」がつくのは女性。
（注2）　別項：戸の人数に変動があったことを示す記載。

X　「猿売」は女性なので，調・庸を負担しなかった。

Y　計帳を使った支配は，東北地方にまでおよんでいた。

① **X** 正　**Y** 正　　　　② **X** 正　**Y** 誤
③ **X** 誤　**Y** 正　　　　④ **X** 誤　**Y** 誤

問3　下線部ⓑに関連して，平安時代の藤原氏について述べた文として正しいものを，次の①〜④のうちから一つ選べ。　9

① 冬嗣は桓武天皇から蔵人頭に任じられ，のちの摂関家の基礎を築いた。

② 良房は他氏を退けるとともに，臣下ではじめて摂政の任についた。

③ 忠平は醍醐・村上両天皇の摂政・関白となって実権を握った。

④ 頼長は源義朝と結んで平治の乱を起こしたが，平氏に討たれた。

B 漆は日本列島内に産するが，香木などの香の原料はおもに熱帯アジア原産で，6世紀の仏教伝来とともに日本に伝わったとされる。法隆寺に伝えられていた香木には，7・8世紀の中央アジアの商人が使用したソグド文字の印やパフラヴィー文字が刻まれており，ⓒアジアに広がる香の交易が想定できる。原産地からソグド商人らの手を経て中国や朝鮮半島にもたらされ，外交使節や商人らによって，日本に伝えられたのである。

平安時代，香は陶磁器などと並ぶ高価な輸入品であったが，ⓓ仏教の儀式や，貴族の生活のなかでさかんに用いられた。交易はおもにⓔ九州の大宰府を通じて行われ，貴族らも九州へ使者を派遣して，来航した中国商人らから競ってこれを購入した。日本からは，金や水銀，硫黄，漆器などが輸出された。

問 4　下線部ⓒに関連して，奈良時代の貴族らが，来日した新羅の使節団から購入
しようとした品目を書きあげた次の**史料**(現代語訳)に関して述べた下の文**a**～
dについて，正しいものの組合せを，下の①～④のうちから一つ選べ。
10

史料

合わせて 23 種

　(中略)

薫陸(注1)15 斤(注2)
　にんじん
人参(注3) 4 斤
　かりろく　　　　　　か
呵梨勒(注4)200 顆(注5)

　(中略)

用意した代価は綿(注6)500 斤，糸 30 斤

以上，購入したい新羅物と用意した代価などは，上記の通りです。謹んで申し
あげます。

　天平勝宝 4 (752)年 6 月 23 日

(注1)　薫陸：薫陸香。インド等原産の香料。
(注2)　斤：重さの単位。
(注3)　人参：朝鮮半島原産の薬物。
(注4)　呵梨勒：東南アジア原産の薬物。
(注5)　顆：個数を示す単位。
(注6)　綿：真綿。繭から作られた綿。

a　新羅は，香の中継貿易を行っていた。

b　新羅とのこの交易の代価は，銭貨であった。

c　この文書が作成された頃，朝鮮半島では新羅・高句麗・百済が分立してい
た。

d　この文書が作成された頃，東大寺では大仏の開眼供養の儀式が行われた。

①　a・c　　　②　a・d　　　③　b・c　　　④　b・d

問5　下線部⑪に関して述べた次の文X・Yと，それに該当する語句a～dとの組
合せとして正しいものを，下の①～④のうちから一つ選べ。　11

X　唐に渡って密教を学び，帰国後，天台宗の密教化を進めた。
Y　念仏による極楽往生の教えを説いた書で，源信（恵心僧都）が著した。

a　玄昉　　b　円珍　　c　『往生要集』　　d　『日本往生極楽記』

① X—a　　Y—c　　　　② X—a　　Y—d
③ X—b　　Y—c　　　　④ X—b　　Y—d

問6　下線部ⓔに関連して，大宰府にかかわる出来事に関して述べた次の文I～III
について，古いものから年代順に正しく配列したものを，下の①～⑥のうちか
ら一つ選べ。　12

I　刀伊（女真人）が九州北部に来襲したが，大宰権帥の藤原隆家によって撃退
された。
II　政府は九州北部の要地を防衛するために，水城や大野城を築いた。
III　右大臣の菅原道真は失脚し，大宰権帥に左遷されて任地で死去した。

① I—II—III　　　② I—III—II　　　③ II—I—III
④ II—III—I　　　⑤ III—I—II　　　⑥ III—II—I

第３問 中世から近世初期までの政治・社会・文化に関する次の文章**Ａ**・**Ｂ**を読み，下の問い(**問１～６**)に答えよ。(史料は，一部省略したり，書き改めたりしたところもある。)(配点 16)

Ａ 鎌倉時代の武士は，農業経営に適した，自身の所領の要地に館をかまえた。その周辺には，佃・門田などとよばれる直営地をもち，その地の耕作には，隷属する ┃ **ア** ┃ や自身の所領内の農民を使っていた。彼らは，騎射三物とよばれる，騎射の技術を競う流鏑馬・笠懸・犬追物の訓練を，武士のたしなみとして行っていた。ⓐこの時代の武士の実態は，絵巻物に見ることができる。

　一方，武士の中には武術のみではなく，ⓑ学問・文学や宗教・思想に関心をもつ者もいた。幕府がおかれた鎌倉では，将軍や執権の一族を中心に新しい文化が育まれた。┃ **イ** ┃ は万葉調の和歌を詠み，『金槐和歌集』を残した。また，北条氏は中国から禅僧を招くなど，禅宗の発展に寄与した。

問１ 空欄 ┃ **ア** ┃ **イ** ┃ に入る語句の組合せとして正しいものを，次の①～④のうちから一つ選べ。┃ 13 ┃

① ア 足 軽　イ 源頼家

② ア 足 軽　イ 源実朝

③ ア 下 人　イ 源頼家

④ ア 下 人　イ 源実朝

問 2　下線部ⓐに関連して，次の図甲・乙に関して述べた下の文Ｘ・Ｙについて，その正誤の組合せとして正しいものを，下の①〜④のうちから一つ選べ。

14

甲：『一遍上人絵伝』

乙：『蒙古襲来絵詞』（『蒙古襲来絵巻』）

Ｘ　甲には，防御施設を備えた武士の館が描かれている。

Ｙ　乙には，火薬を利用した武器を使う元軍と，日本の武士との戦闘が描かれている。

① Ｘ 正　Ｙ 正　　　　② Ｘ 正　Ｙ 誤

③ Ｘ 誤　Ｙ 正　　　　④ Ｘ 誤　Ｙ 誤

問 3　下線部ⓑについて述べた文として正しいものを，次の①〜④のうちから一つ

選べ。　| 15 |

① 北条義時は学問に関心をもち，和漢の書物を集めた金沢文庫を設けた。

② 伊勢神宮の神官度会家行は，本地垂迹説による唯一神道を完成させた。

③ 日蓮は，「南無阿弥陀仏」をとなえると極楽浄土へ往生すると説いた。

④ 平氏の興亡を描いた『平家物語』が，琵琶法師により平曲として語られた。

B　1467（応仁元）年，幕府管領家である畠山・斯波両家の相続争いと，将軍家の相続争いが結びつき，諸大名をまきこむ応仁の乱が勃発した。それに引き続いて起こった地方の争乱のなかから，新たな支配者である戦国大名が登場した。彼らのなかには，©家臣団の統制や流通の円滑化をはかるため，法を定める者があった（史料１，史料２）。

　戦国時代から近世初期の戦闘方法に注目すると，『長篠合戦図屏風』に描かれた鉄砲隊のように，ⓓヨーロッパ人の日本への来航の影響による変化があった。また，この時期には城にも変化がみられた。ⓔ防御を優先した山城から，政治経済などの利便性を優先して，城下町をもった平山城・平城へと変化し，大きな石を積み上げた石垣で囲まれるようになった。

史料１

　朝倉(注1)が館の外，国内に城郭を構えさせまじく候，惣別(注2)分限あらん者(注3)一乗谷(注4)へ引越し，郷村には代官計置かるべき事。

（朝倉孝景条々）

（注1）　朝倉：戦国大名朝倉氏。　　　　（注2）　惣別：総じて。
（注3）　分限あらん者：所領のある者。　（注4）　一乗谷：朝倉氏の居館があった地。

史料２

　　　　掟
一，市の日一ヶ月
　　一日　　六日　　十一日　　十六日　　二十一日　　二十六日
　　　　（中略）
一，諸役(注)は一切これあるべからざる事
　　以上
右，楽市として定め置くところ件の如し。

（北条氏世田谷新宿楽市掟書）

（注）　諸役：ここでは，市で課せられる税。

問4　下線部ⓒに関して述べた次の文ａ～ｄについて，正しいものの組合せを，下の①～④のうちから一つ選べ。　16

　　ａ　**史料1**では，所領をもつ家臣が一乗谷に住むことを定めている。
　　ｂ　**史料1**では，家臣が自身の所領内に城を築くことを定めている。
　　ｃ　**史料2**では，1か月に6回，市を開く日を定めている。
　　ｄ　**史料2**では，この市での取引に課税するよう定めている。

　　　① ａ・ｃ　　　　② ａ・ｄ　　　　③ ｂ・ｃ　　　　④ ｂ・ｄ

問5　下線部ⓓに関して述べた次の文Ⅰ～Ⅲについて，古いものから年代順に正しく配列したものを，下の①～⑥のうちから一つ選べ。　17

　　Ⅰ　オランダ船リーフデ号が豊後国に漂着した。
　　Ⅱ　スペイン人が肥前国平戸に来航し，日本との貿易を始めた。
　　Ⅲ　種子島に漂着したポルトガル人が鉄砲を伝えた。

　　　① Ⅰ－Ⅱ－Ⅲ　　　　② Ⅰ－Ⅲ－Ⅱ　　　　③ Ⅱ－Ⅰ－Ⅲ
　　　④ Ⅱ－Ⅲ－Ⅰ　　　　⑤ Ⅲ－Ⅰ－Ⅱ　　　　⑥ Ⅲ－Ⅱ－Ⅰ

問6　下線部ⓔに関して，戦国から近世初期の城・町について述べた文として**誤っ**ているものを，次の①～④のうちから一つ選べ。　18

　　① 織田信長は，近江国に天守閣(天主)をもつ城を築いた。
　　② 豊臣(羽柴)秀吉は，石山本願寺跡に大坂城を築いた。
　　③ 伊勢国の大湊は城下町として栄え，自治的に運営された。
　　④ 浄土真宗の寺院を中心とした寺内町が，建設された。

第 4 問　近世の政治・社会・文化に関する次の文章**Ａ・Ｂ**を読み，下の問い（**問 1 ～ 6**）に答えよ。（史料は，一部省略したり，書き改めたりしたところもある。）（配点　16）

Ａ　江戸幕府は，1619（元和 5 ）年に大坂を直轄地にし，その周辺に@徳川氏一族や譜代大名を重点的に配置した。徳川家康の子頼宣は紀伊国に移され，三家（御三家）の一つである紀伊藩（紀州藩）が成立した。

　　紀伊藩 2 代藩主の子として生まれた徳川吉宗は，1705（宝永 2 ）年，兄たちのあいつぐ死により 5 代藩主となった。吉宗は，倹約と治水事業をすすめ，財政立て直しをはかり，ⓑ特産品みかんの販路拡大も奨励した。

　　その後，1716（享保元）年に 7 代将軍が幼くして亡くなると，三家のうちから吉宗が 8 代将軍に就任した。吉宗はⓒ財政再建をはじめとするさまざまな政治改革を行い，一定の成果をあげた。

問 1　下線部@に関連して，幕府と大名の関係について述べた文として正しいものを，次の①～④のうちから一つ選べ。　19

①　大名に，京都への参勤交代を命じた。

②　大名を監察するために，目付をおいた。

③　有力な外様大名に，老中の職を独占させた。

④　武家諸法度を制定し，諸大名にその遵守を命じた。

問 2　下線部ⓑに関連して，近世の特産品と産地について述べた次の文X・Yと，地図中に示した場所a～dの組合せとして正しいものを，下の①～④のうちから一つ選べ。　20

　　X　この地方は，紅花の代表的な産地として発展した。
　　Y　この地では，西陣織など高度な技術にもとづく織物が生産された。

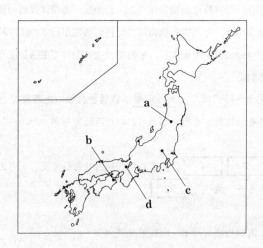

　　①　X－a　　Y－c　　　　　②　X－a　　Y－d
　　③　X－b　　Y－c　　　　　④　X－b　　Y－d

問 3　下線部ⓒに関して述べた次の文X・Yについて，その正誤の組合せとして正しいものを，下の①～④のうちから一つ選べ。　21

　　X　漢訳洋書の輸入制限を強化した。
　　Y　小石川養生所を設置し，貧民に医療を施した。

　　①　X　正　　Y　正　　　　　②　X　正　　Y　誤
　　③　X　誤　　Y　正　　　　　④　X　誤　　Y　誤

B　只野真葛(1763～1825)こと工藤あや子は，江戸詰の仙台藩医工藤平助の長女として，江戸に生まれた。工藤平助は海外情勢に詳しく，ロシアに関する研究書や，林子平の著書『　ア　』の序文を書いたことで知られている。

真葛は，仙台藩士と結婚して仙台に移ったのち，彼女の父母やその一族のことを随筆ⓓ『むかしばなし』に書き記した。その後，社会の現状を批判した『独　考』を書きあげると，出版を決意し，長編小説『　イ　』執筆中の江戸の作家曲亭馬琴(滝沢馬琴)に原稿を送った。しかし，馬琴は真葛の論を批判し，出版はかなわなかった。それでも真葛は，男性の活躍が目立つ江戸時代に，社会に対する批判を自分の言葉で表現し，それを社会に向けて主張しようとした女性として，注目される。

真葛が生きた時代は，ⓔ対外危機が認識され始めた時期であるとともに，国内の政治や社会に対する批判があらわれた時代でもあった。

問4　空欄　ア　　イ　に入る語句の組合せとして正しいものを，次の①～④のうちから一つ選べ。　22

① ア　海国兵談　　イ　南総里見八犬伝
② ア　海国兵談　　イ　東海道中膝栗毛
③ ア　慎機論　　　イ　南総里見八犬伝
④ ア　慎機論　　　イ　東海道中膝栗毛

問 5　下線部ⓓに関連して，次の**史料**に関して述べた下の文 **a ～ d** について，正しいものの組合せを，下の①～④のうちから一つ選べ。　23

史料

用人（注1）いう，「我が主人（注2）は，富にも禄にも官位にも不足なし。この上の願いには，田沼老中の時，仕置きたる事とて，ながき代（注3）に人のためになる事をしおきたく願うなり。何わざをしたらよからんか」と問い合わせしに，父様（注4）御こたえに，「それはいかにもよき御心付（こころづけ）なり。さあらば，国を広くする工夫よろしかるべし」。

問（注5）「それは，いかがしたる事ぞ」。

答（注6）「それ，蝦夷国は松前より地つづきにて，日本へ世々随（したが）い居（お）る国なり。これをひらきて，みつぎ物をとる工面をなされかし。日本を広くせしは田沼様のわざとて，永々人の仰（あお）ぐべき事よ」。

（只野真葛『むかしばなし』）

（注1）　用人：ここでは田沼意次の家来。　　（注2）　我が主人：田沼意次。
（注3）　ながき代：後世。　　　　　　　　　（注4）　父様：工藤平助。
（注5）　問：用人の問い。　　　　　　　　　（注6）　答：工藤平助の答え。

a　田沼の用人は，主人（田沼）は金もうけや地位の上昇にしか関心がないと述べている。

b　田沼の用人は，主人（田沼）は後世に残る仕事をしたいと願っていると述べている。

c　田沼は，工藤の意見をふまえ，蝦夷地開発の可能性を調査するため，最上徳内らを同地に派遣した。

d　田沼は，工藤の意見をふまえ，蝦夷地・松前に近づく外国船を打ち払うよう命じた。

①　a・c　　　②　a・d　　　③　b・c　　　④　b・d

問 6 下線部ⓔに関連して，19世紀前半の対外関係の事件・事項について述べた
文として**誤っているもの**を，次の①〜④のうちから一つ選べ。 24

① 宣教師シドッチが，蝦夷地に潜入して捕らえられた。

② 商人高田屋嘉兵衛が，ロシアによって抑留された。

③ オランダ商館医シーボルトが，鳴滝塾を開いた。

④ イギリス船フェートン号が，長崎に侵入した。

第5問　明治期の地方制度に関する次の文章を読み，下の問い（**問1〜4**）に答え
よ。（配点　12）

　明治新政府は，ⓐ戊辰戦争のさなか，各地で旧幕府領を接収する一方，諸大名
にも自らに従うよう求めた。直轄地には府と県をおき，大名領を藩として，当初
は，従来どおり大名の所領支配を容認した。1871年には，薩摩・長州・　ア
の3藩の軍事力を背景に廃藩置県を断行し，各府県には府知事や県令を中央から派
遣し，支配にあたらせた。

　府県の下の行政区画については，政府は大区小区制を導入したが，全国で統一的
に施行されたわけではなかった。1878年には，これを廃止し，都市部を区，その
他を郡とし，その下に町村をおく　イ　を施行した。そして，郡・区に郡長・区
長，町村に戸長がおかれた。

　1888年，ⓑ政府は，顧問として雇ったドイツ人モッセの助言を得て，市町村を
自治体として認める市制・町村制を制定し，ついで1890年には府県制・郡制を定
めた。この時期にはⓒ中央の制度改革もさかんに行われている。

問1　空欄　ア　イ　に入る語句の組合せとして正しいものを，次の①〜④
　　のうちから一つ選べ。　25

　　① ア　越　前　イ　郡区町村編制法

　　② ア　越　前　イ　地方自治法

　　③ ア　土　佐　イ　郡区町村編制法

　　④ ア　土　佐　イ　地方自治法

問 2　下線部ⓐの時期の新政府がとった施策について述べた文として正しいもの
を，次の①〜④のうちから一つ選べ。　26

①　五箇条の誓文を公布し，四民平等を定めた。

②　五榜の掲示を出し，キリスト教を許可した。

③　政体書を制定し，中央政府の組織を整えた。

④　徴兵令を出し，集めた兵によって旧幕府軍と戦った。

問 3　下線部ⓑに関連して，お雇い外国人に関して述べた次の文Ｘ・Ｙについて，
その正誤の組合せとして正しいものを，下の①〜④のうちから一つ選べ。
27

Ｘ　ロエスレルは，大日本帝国憲法の起草にあたり助言した。

Ｙ　フェノロサは，日本の伝統美術の復興につとめた。

①　Ｘ　正　　Ｙ　正　　　　②　Ｘ　正　　Ｙ　誤
③　Ｘ　誤　　Ｙ　正　　　　④　Ｘ　誤　　Ｙ　誤

問 4　下線部ⓒに関して述べた次の文Ⅰ〜Ⅲについて，古いものから年代順に正し
く配列したものを，下の①〜⑥のうちから一つ選べ。　28

Ⅰ　太政官制が廃され，内閣制度が定められた。

Ⅱ　天皇の最高諮問機関として枢密院が設置された。

Ⅲ　欽定憲法として大日本帝国憲法が発布された。

①　Ⅰ－Ⅱ－Ⅲ　　　②　Ⅰ－Ⅲ－Ⅱ　　　③　Ⅱ－Ⅰ－Ⅲ
④　Ⅱ－Ⅲ－Ⅰ　　　⑤　Ⅲ－Ⅰ－Ⅱ　　　⑥　Ⅲ－Ⅱ－Ⅰ

第6問 日本とオリンピックとのかかわりに関する次の文章 **A〜C** を読み，下の問い(問1〜8)に答えよ。(史料は，一部省略したり，書き改めたりしたところもある。)(配点　24)

A 日本がはじめてオリンピックに参加したのは1912年の第5回ストックホルム大会で，日本選手はわずか2名であった。1920年代になるとⓐ国際連盟や多国間の条約のもとで国際平和がめざされるなか，オリンピックには参加国が増え，内容も充実していった。しだいに日本選手の競技力も高まり，第9回アムステルダム大会(1928年)では，2選手が金メダルを獲得し，初の女性選手である人見絹枝も銀メダルを獲得する活躍をみせたのである。

　こうしたなか，ⓑ関東大震災からの復興を遂げた東京ではオリンピック誘致の気運が高まり，1931年の市会による建議をうけて，オリンピック開催都市に名乗りをあげた。翌年の第10回ロサンゼルス大会に際しては，ⓒ満州事変後の厳しい国際世論のなかにあって，日本は前回の3倍を超える大選手団を送り込み，好成績を収めた。政情不安や不況が続くなか，国民は国際舞台での日本選手の活躍に喝采を送った。

問1　下線部ⓐに関して述べた文として正しいものを，次の①〜④のうちから一つ選べ。　29

　① 日本はアメリカ，イギリス，ロシアとともに国際連盟の常任理事国となった。

　② アメリカの呼びかけに応じ，加藤友三郎内閣はワシントン会議への参加を決めた。

　③ 四か国条約では，中国の主権尊重や各国の経済上の機会均等などが取り決められた。

　④ 不戦条約(パリ不戦条約)では，国家の政策の手段としての戦争を放棄することが宣言された。

問 2　下線部ⓑに関連して，関東大震災後の都市文化に関する次の図甲・乙に関して述べた下の文Ｘ・Ｙについて，その正誤の組合せとして正しいものを，下の①〜④のうちから一つ選べ。　30

甲　　　　　　　　　　　乙

Ｘ　甲の著者は，プロレタリア文学運動の代表的な作家の一人である。

Ｙ　乙は，新劇の劇団による公演のポスターである。

① Ｘ　正　　Ｙ　正　　　　　② Ｘ　正　　Ｙ　誤

③ Ｘ　誤　　Ｙ　正　　　　　④ Ｘ　誤　　Ｙ　誤

問 3　下線部ⓒに関連して，満州事変前後の出来事に関して述べた次の文Ⅰ〜Ⅲについて，古いものから年代順に正しく配列したものを，下の①〜⑥のうちから一つ選べ。　31

Ⅰ　犬養毅首相が海軍将校らに殺害された。

Ⅱ　日中両軍の間で塘沽停戦協定が結ばれた。

Ⅲ　金輸出を解禁し，金本位制に復帰した。

① Ⅰ－Ⅱ－Ⅲ　　　② Ⅰ－Ⅲ－Ⅱ　　　③ Ⅱ－Ⅰ－Ⅲ

④ Ⅱ－Ⅲ－Ⅰ　　　⑤ Ⅲ－Ⅰ－Ⅱ　　　⑥ Ⅲ－Ⅱ－Ⅰ

B　1936年の国際オリンピック委員会（IOC）総会で，東京はヘルシンキを破り，
1940年大会の開催都市に選ばれた。この総会のあと引き続いて開幕したベルリ
ン大会では，⒟植民地出身者も日本選手団の一員として出場しており，朝鮮出
身のマラソン選手孫基禎（ソンギジョン）が金メダルを獲得した。このときのラジ
オの実況放送は，「日本マラソンの四半世紀にわたる悲願が今や達成されました」
と伝えた。この大会はまた，ナチス・ドイツの国威発揚と対外宣伝の舞台とな
り，『民族の祭典』と題された記録映画も制作された。⒠マス・メディアの発達
は，ナショナリズムを高揚させる要因ともなった。

　　日中戦争が始まると，東京はオリンピックを辞退すべきであるとの声が国内外
からあがり，第1次近衛文麿内閣は東京大会の中止を決定した。内閣はその理由
を⒡「今や支那事変の推移は，長期戦の備えを一層堅くするがために物心両面に
わたり，ますます国家の総力をあげて，事変の目的達成に一路邁進するを要する
情勢にある」（『東京朝日新聞』1938年7月16日）ためだと説明した。

問4　下線部⒟に関連して，日本の朝鮮支配に関して述べた文として**誤っているも
の**を，次の①〜④のうちから一つ選べ。　│ 32 │

① 初代朝鮮総督には寺内正毅が就任した。

② 朝鮮総督府は防穀令を出して，日本内地への米穀移出を禁じた。

③ 三・一独立運動を鎮圧したのち，朝鮮総督府は憲兵警察制度を廃止した。

④ 日中戦争期には，神社参拝や日本語の使用が強制された。

問 5　下線部©に関連して，1930年代のマス・メディアに関して述べた次の文
　　　Ｘ・Ｙについて，その正誤の組合せとして正しいものを，下の①～④のうちか
　　　ら一つ選べ。　　33

　　　Ｘ　日本でもトーキー映画が制作・上映されるようになった。
　　　Ｙ　ラジオから流れる美空ひばりの歌謡曲が人気を博した。

　　　①　Ｘ　正　　Ｙ　正　　　　　②　Ｘ　正　　Ｙ　誤
　　　③　Ｘ　誤　　Ｙ　正　　　　　④　Ｘ　誤　　Ｙ　誤

問 6　下線部①に関して述べた次の文 **a ～ d** について，正しいものの組合せを，下
　　　の①～④のうちから一つ選べ。　　34

　　　a　日中戦争は「大東亜共栄圏の建設」を目的として開始された。
　　　b　近衛首相による「国民政府を対手（あいて）とせず」との声明は，同政府との交渉によ
　　　　　る和平の道を閉ざした。
　　　c　「挙国一致」をスローガンに，国民の戦意高揚と戦争協力を促す運動が行わ
　　　　　れていた。
　　　d　日中戦争勃発後，ただちにアメリカは石油の対日輸出を禁じた。

　　　①　a・c　　　　②　a・d　　　　③　b・c　　　　④　b・d

C　第二次世界大戦後最初のロンドン大会には, ⓖ連合国の占領下にあった日本は参加できなかった。しかし講和条約が発効すると, ヘルシンキ大会で復帰を果たすとともに大会招致活動にも取り組み, その結果1964年オリンピック大会の東京開催が決まった。敗戦後の荒廃から復興した姿を世界にアピールすべく, 準備には国家の威信をかけて取り組んだ。競技施設のほかに, 鉄道や道路などに膨大な社会資本投資が行われ, 経済成長を後押しした。

　国民がオリンピックに熱狂するさなか, 新聞には次のような投書が掲載された。

　　　わたしは, いなかから上京して紡績会社で働いています。スポーツは大好き
　　で, オリンピック競技を実際に観戦するのが夢でした。しかし, 給料が安く
　　て入場券が買えず, 寮のテレビでがまんしています。わたしの働く工場は隅
　　田川(だがわ)の支流の一つ, 十間川(じっけんがわ)沿いにあります。川の水はどろどろで, ごみが浮
　　かび, ガスの発生で目や鼻が痛くなるほどです(『朝日新聞』1964年10月22
　　日)。

　このように, ⓗ高度経済成長のひずみがあらわになり始めていたのである。

問 7　下線部ⓖに関連して, 占領下に行われた農地改革に関する次の法律の条文に
　　関して述べた下の文 **a 〜 d** について, 正しいものの組合せを, 下の**①〜④**のう
　　ちから一つ選べ。　35

　　第一条　この法律は, 耕作者の地位を安定し, その労働の成果を公正に享受さ
　　せるため　ア　を急速且つ広汎に創設し, 以(もっ)て農業生産力の発展と農村に
　　おける民主的傾向の促進を図ることを目的とする。

　a　空欄　ア　に入る語句は「自作農」である。
　b　空欄　ア　に入る語句は「兼業農家」である。
　c　この改革により, 地主の土地所有面積が制限された。
　d　この改革の結果, 寄生地主制が温存された。

　　①　a・c　　　　**②**　a・d　　　　**③**　b・c　　　　**④**　b・d

問 8　下線部⓵に関連して述べた次の文Ｘ・Ｙと，それに該当する下の地図上の位
置 **a ～ d** の組合せとして正しいものを，下の**①～④**のうちから一つ選べ。
36

Ｘ　石油化学コンビナートによる大気汚染を原因とする公害病が発生した。

Ｙ　革新勢力の支持を受けて当選した美濃部亮吉知事が，公害規制や福祉政策
に取り組んだ。

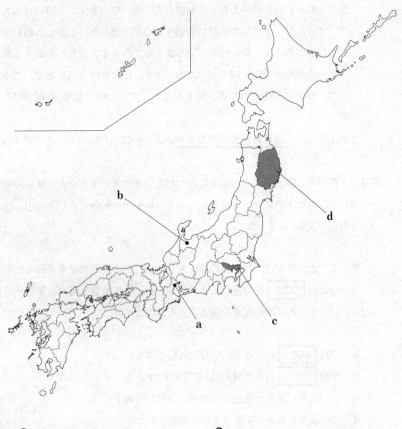

① Ｘ－a　　Ｙ－c　　　　　② Ｘ－a　　Ｙ－d

③ Ｘ－b　　Ｙ－c　　　　　④ Ｘ－b　　Ｙ－d

地 理 歴 史 ・ 公 民 解 答 用 紙

注意事項
1 訂正は、消しゴムできれいに消し、消しくずを残してはいけません。
2 所定欄以外にはマークしたり、記入したりしてはいけません。
3 汚したり、折り曲げたりしてはいけません。

・1科目だけがマークしなさい。
・解答科目欄が無マーク又は複数マークの場合は、0点となります。

解答科目欄	
地理歴史	世 界 史 Ａ ○
	世 界 史 Ｂ ○
	日 本 史 Ａ ○
	日 本 史 Ｂ ○
	地 理 Ａ ○
	地 理 Ｂ ○
公民	現 代 社 会 ○
	倫 理 ○
	政 治 ・ 経 済 ○
	倫理、政治・経済 ○

解答欄（解答番号 1〜13）

各解答番号につき選択肢 1 2 3 4 5 6 7 8 9

解答欄（解答番号 14〜26）

各解答番号につき選択肢 1 2 3 4 5 6 7 8 9

解答欄（解答番号 27〜39）

各解答番号につき選択肢 1 2 3 4 5 6 7 8 9

地 理 歴 史 ・ 公 民 解 答 用 紙

注意事項
1 訂正は、消しゴムできれいに消し、消しくずを残してはいけません。
2 所定欄以外にはマークしたり、記入したりしてはいけません。
3 汚したり、折りまげたりしてはいけません。

解 答 科 目 欄		
地 理	世 界 史 Ａ	○
	世 界 史 Ｂ	○
	日 本 史 Ａ	○
歴 史	日 本 史 Ｂ	○
	地 理 Ａ	○
	地 理 Ｂ	○
公 民	現 代 社 会	○
	倫 理	○
	政 治 ・ 経 済	○
	倫理, 政治・経済	○

・1科目だけマークしなさい。
解答科目欄が無マーク又は複数マークの場合は、0点となります。

解答欄 (解答番号 1〜13)

解答番号	解 答 欄
1	① ② ③ ④ ⑤ ⑥ ⑦ ⑧ ⑨
2	① ② ③ ④ ⑤ ⑥ ⑦ ⑧ ⑨
3	① ② ③ ④ ⑤ ⑥ ⑦ ⑧ ⑨
4	① ② ③ ④ ⑤ ⑥ ⑦ ⑧ ⑨
5	① ② ③ ④ ⑤ ⑥ ⑦ ⑧ ⑨
6	① ② ③ ④ ⑤ ⑥ ⑦ ⑧ ⑨
7	① ② ③ ④ ⑤ ⑥ ⑦ ⑧ ⑨
8	① ② ③ ④ ⑤ ⑥ ⑦ ⑧ ⑨
9	① ② ③ ④ ⑤ ⑥ ⑦ ⑧ ⑨
10	① ② ③ ④ ⑤ ⑥ ⑦ ⑧ ⑨
11	① ② ③ ④ ⑤ ⑥ ⑦ ⑧ ⑨
12	① ② ③ ④ ⑤ ⑥ ⑦ ⑧ ⑨
13	① ② ③ ④ ⑤ ⑥ ⑦ ⑧ ⑨

解答欄 (解答番号 14〜26)

解答番号	解 答 欄
14	① ② ③ ④ ⑤ ⑥ ⑦ ⑧ ⑨
15	① ② ③ ④ ⑤ ⑥ ⑦ ⑧ ⑨
16	① ② ③ ④ ⑤ ⑥ ⑦ ⑧ ⑨
17	① ② ③ ④ ⑤ ⑥ ⑦ ⑧ ⑨
18	① ② ③ ④ ⑤ ⑥ ⑦ ⑧ ⑨
19	① ② ③ ④ ⑤ ⑥ ⑦ ⑧ ⑨
20	① ② ③ ④ ⑤ ⑥ ⑦ ⑧ ⑨
21	① ② ③ ④ ⑤ ⑥ ⑦ ⑧ ⑨
22	① ② ③ ④ ⑤ ⑥ ⑦ ⑧ ⑨
23	① ② ③ ④ ⑤ ⑥ ⑦ ⑧ ⑨
24	① ② ③ ④ ⑤ ⑥ ⑦ ⑧ ⑨
25	① ② ③ ④ ⑤ ⑥ ⑦ ⑧ ⑨
26	① ② ③ ④ ⑤ ⑥ ⑦ ⑧ ⑨

解答欄 (解答番号 27〜39)

解答番号	解 答 欄
27	① ② ③ ④ ⑤ ⑥ ⑦ ⑧ ⑨
28	① ② ③ ④ ⑤ ⑥ ⑦ ⑧ ⑨
29	① ② ③ ④ ⑤ ⑥ ⑦ ⑧ ⑨
30	① ② ③ ④ ⑤ ⑥ ⑦ ⑧ ⑨
31	① ② ③ ④ ⑤ ⑥ ⑦ ⑧ ⑨
32	① ② ③ ④ ⑤ ⑥ ⑦ ⑧ ⑨
33	① ② ③ ④ ⑤ ⑥ ⑦ ⑧ ⑨
34	① ② ③ ④ ⑤ ⑥ ⑦ ⑧ ⑨
35	① ② ③ ④ ⑤ ⑥ ⑦ ⑧ ⑨
36	① ② ③ ④ ⑤ ⑥ ⑦ ⑧ ⑨
37	① ② ③ ④ ⑤ ⑥ ⑦ ⑧ ⑨
38	① ② ③ ④ ⑤ ⑥ ⑦ ⑧ ⑨
39	① ② ③ ④ ⑤ ⑥ ⑦ ⑧ ⑨

2024